100개의 퍼즐로
이해하는
해커의 지문
follow_the_party

100개의 퍼즐로
이해하는
해커의 지문
follow_the_party

들어가며

모든 선거는 감시의 사각지대가 있는 이상 그 자체로 부정선거 가능성을 내포하고 있다. 대만에서 현장 투개표를 고집하고, 일본이 후보의 이름을 써넣어서 유권자 필적을 남기는 것, 프랑스가 투명 투표함을 사용하는 것 모두 선거 감시의 사각지대를 없애고 사후 검증을 용이하게 하기 위한 고심의 결과라고 할 수 있다.

한국의 선거제도는 전 세계에서 감시의 사각지대가 가장 많은 선거제도일 것이다. 중앙선거관리위원회와 우체국, 그리고 법원에 대한 절대 신뢰를 전제로 운용되고 있다. 투표관리관 개인도장 날인 대신 도장을 인쇄하거나 심지어 도장이 찍혀 있지 않아도 유효표로 인정되는 것, 투표한 유권자를 확인할 수 있는 선거명부를 선관위가 독점 보유하고 수사 자료로도 쓸 수 없는 현상은 기이하기까지 하다.

더욱이 문제를 제기하는 사람들을 음모론자 극우로 낙인 찍는 21세기 야만의 살풍경이 한국 사회를 휩쓸고 있다. 한국 사람들이 스스로 노예의 길로 걸어들어 가고 있다.

관리자가 권력을 갖고 시스템을 장악하고 있는 이상 결국 모든 증거는 인멸되고 멸실될 수 있다. 로이킴 발견의 위대성은 인멸될 수 없는 증거를 발견한 데 있다. 로이킴이 2020년 4·15총선 한달만에 발견한 [follow_the_party] 알고리즘은 선관위에 의해 이미 발표된 데이터에서 나온 것으로 지울 수도 폐기할 수도 없는 것이다.

로이킴 발견은 두 개의 축으로 이루어진다. 제 1발견, 더불어민주당 각 지역구의 사전선거에서 얻은 비율(비중)과 당일선거에서 얻은 비율을 비교하여 그려낸 '비중 비교 그래프'의 패턴은 인위적인 조작 없이 생성될 수 없다. 전국 253개 지역구에서 당일 50%이상을 얻은 지역구는 모두 사전 비율이 당일 비율보다 낮은 현상은 결코 자연발생할 수 없는 것으로 분명한 조작의 증거다. 제 2발견, 암호문자 [follow_the_party] 추출은 궁극의 범법자를 특정해냈다는 면에서 구국(救國)의 기적이다.

바야흐로 공산주의 교양에 영혼을 맡긴 86세대가 가고 자유민주주의를 사랑하는 새로운 세대가 오고 있다. 이 세대는 분명 어렵지 않게 [follow_the_party] 알고리즘을 이해할 수 있을 것이다. 이 책은 그들을 위한 것이다.

2020년 4월 15일 총선 이후 우리의 모든 활동은 '부정선거'를 규명하는 데 초점이 맞춰져 있었다. 수많은 사람들이 이 일에 열정을 바쳤지만 우리도 고유한 한 영역을 차지하고 고군분투했다. 공학박사 맹주성 이사장의 전문적인 식견은 전산을 이용한 대규모 부정선거의 전모를 이해하는 데 핵심적이고 중대한 지침을 제공했다. 그동안 많은 저항에도 불구하고 음모론으로 몰리던 부정선거론은 모든 화제의 중심에 있었고, 윤석열 대통령의 비상계엄은 부정선거 규명전의 관점에서 절정을 나타냈다. 부정선거 규명전은 계엄 이전과 이후로 나뉠 수 있다.

대통령의 계엄에도 불구하고 부정선거를 음모론으로 몰거나 화제 자체를 덮으려는 결사적인 저항은 결코 멈추지 않는다. 그들의 한결 같은 외침은 "증거를 대라"이다. 모든 증거는 이미 충분히 제출되었다. 모든 사실적인 증거는 법정에 제출되고 또한 검사와 판사 앞에서 다투어지지 않는 이상 법적으로 무의미하다. 대규모 범죄를 다루는 형사 사건에서 입증책임은 국가에 있다. 그러나 누구도 수사도 영장도 기소도 증거 제출도 하지 않는다. 대통령조차 이 일에 손댈 권력을 갖고 있지 않음이 드러났다. 부정선거론을 음모론으로 몰고 법정을 닫는 순간 검찰 경찰 사법부의 존재이유는 더 이상 유지될 수 없다. 범죄자가 검사 판사 경찰을 겁박하는 본말전도 주객전도는 필연적으로 예비된 비극이다.

부정선거의 사실적 증거 중에 맨 앞에 내세워야 하는 것은 부정선거가 가능한 '시스템' 그 자체에 있다. 모든 감시의 사각지대는 부정선거가 일어나는 영역이라고 해도 틀리지 않다. 부정을 막기 위해 고안된 제도는 중앙선관위에 의해 모두 폐기되거나 준수되지 않고 있다. 사전선거 기간 국가전산망은 선관위에 의해 합법적으로 열리고, 투표관리관 도장은 인쇄되고 있으며, 투표지나 투표함의 이동경로 중 상당한 시간은 어떤 정당의 감시도 받지 않는다. 진정한 미스테리는 부정이 끼어들 틈이 이토록 많은 선거제도에도 불구하고 부정선거는 결코 일어나지 않는다고 주장하는 여당 야당의 하나된 입장에 있다. 총체적 위기는 선거제도의 위기에 있고, 이것은 안보문제면서 경제문제로 이어진다.

어떤 감사로부터도 자유로운 무소불위의 기관인 중앙선관위가 범죄의 주체라면 증거인멸은 당연한 결과가 될 것이다. 우리가 2020년 4월

15일 총선 결과 데이터에서 추출된 [follow_the_party] 알고리즘 연구에 몰두했던 이유는 모든 증거가 인멸되었을 때에도 유일하게 인멸될 수 없는 증거로 이 알고리즘은 남는다는 사실 때문이다. 투표지를 태우고, 전산장비를 해체하고, 명부가 멸실되어도 [follow_the_party]는 없어지지 않는다. 이 데이터는 2020년 4월 16일 중앙선관위가 직접 공표한 것이기 때문이다.

이 책은 우리가 펴내는 [follow_the_party] 관련 세 번째 책이고, 독자 대중에게 최대한 친절하게 한발 더 다가가려는 노력으로 씌여졌다. 이전의 『해커의 지문』도 『해커의 지문 발견기』도 수정되어야 할 부분들을 포함하고 있었지만 이 책 역시 길 위에 있는 책이다. 많은 독자들의 질문과 질타를 겸허히 기다린다.

2025년 3월 18일에 시작한 이 시리즈는 2025년 5월 27일 10시에 끝났다. 70일 동안 100개의 칼럼을 쓰느라고 사력을 다했다. 시리즈가 끝난 직후 단행본으로 내놓았어야 했는데 이제야 서둘러 해가 바뀌기 전에 책으로 엮어 놓는다.

2020년 4·15 총선은 부정선거 규명전에 있어 신기원을 이루었다. 우리는 지난 5년 이상의 시간 동안 총력을 기울여 부정선거 규명전에 침전해 함께 싸워오면서, 지금과 같은 형태의 대규모 부정선거의 역사가 뜻밖으로 오래되었음을 알게 되었다. 다만 4·15 총선은 그 이전 어떤 부정선거보다 더 대담해지고 더 대규모적으로 감행된 것이었다. 그 대담한 행각의 정점이 선거 조작 계획표에 [follow_the_party]라는 해커의 지문을 삽입한 짓이었다고 보고 있다. 계획은 선거 결과로 고스란히 실현되었고, 결과 데이터에 조작자의 지문까지 그대로 반영되어 나타난 것이다.

해커의 지문 [follow_the_party]는 부정선거 규명전을 한결 치열하게 만드는 데 기여했다. 대한민국을 틀어쥐고 있는 검은 손의 실체가 중국 공산당임을 강력하게 암시해 주었기 때문이다. 그러나 이 사실은 부정선거 규명전을 펼치는 진영 내부에서도 인정되지 않았고, 국민의힘을 중심으로 소위 보수 진영은 더욱 거세게 비난했다. 2020년 5월, 세상에 [follow_the_party]에 관한 희대의 스캔들이 전해진 지 만 5년이 되기 전인 2024년 12월 3일, 윤석열 대통령은 우리의 주장을 뒷받침해 주는 계엄을 단행했다.

윤석열 대통령이 규정한 '하이브리드 전쟁'의 핵심에 선거를 둘러싼 치밀하고도 정교한 초한전이 있었다. 대통령의 계엄은 그동안의 부정선거 규명전을 새로운 차원으로 바꿔 놓았다. 그동안 부정선거의 존재 자체를 부인했던 진영도 흔들리기 시작했다. STOP THE STEAL이라는 구호는 젊은이들의 세계를 강타했다. 결국 이 새로운 물결이 부정선거 규명전의 새로운 차원을 열고 있음에도 불구하고 이 물결에 참여하는 사람들 중에서도 [follow_the_party]는 여전히 음모론의 영역으로 치부되고 있다.

필자가 이 100개의 퍼즐을 써내려갈 수밖에 없었던 직접적인 이유는 부정선거 규명전에 뛰어든 사람들 속에서 이런 비난이 봇물 터지듯 나오기 시작했기 때문이다. 부정선거 규명전에 뒤늦게 뛰어들어 운동의 헤게모니를 추구하는 사람들이 벌이는 행동이라면 자제 바란다. 다만 이러한 상황은 부정선거 규명전에 뛰어든 청년들에게 [follow_the_party]에 대해 더 구체적으로 알려주어야 할 필요성을 제기했다. 그것은 처음부터 이 검증 작업에 참여해온 필자의 몫이 될 수밖에 없었다.

부정선거 규명에 헌신해온 사람들 중에도 [follow_the_party]를 잘 이해하고 있는 사람은 거의 찾아보기가 어렵다. 그러나 [follow_the_party]의 발견은 광범위한 전산조작을 확고히 뒷받침한다. 계엄과 탄핵재판 국면에서 A-WEB에 대한 문제가 제기되었고, 미국에서는 트럼프 대통령의 대대적인 기구 개혁이 있었다. 부정선거 문제는 국내를 넘어서서 국제적인 문제이고, 한국의 부정선거 문제는 또한 중국의 안보 문제와도 연결되어 있다는 사실이 드러나기 시작한 지점에서 [follow_the_party]의 개연성은 확대되고 있다.

작금의 부정선거는 하나의 거대한 시스템이 되어 가동되는 난치의 국가암이다. 이 국가암을 원천적으로 치료하는 데 있어 [follow_the_party]의 발견은 암의 유전자를 찾아낸 것만큼 값진 일이며 한국인의 저력을 보여준 위대한 발견이다. 우리는 이 발견을 통해 부정선거 메커니즘을 전반적으로 이해하는 데 큰 도움을 받았다. 사전선거가 부정선거가 일어나는 센터이고, 특히 우체국을 거치는 관외 사전선거의 문제점을 이해하는 데 도움을 받았다. 중앙선관위는 막대한 예산을 사용하면서 사전선거 기간에만 전산망을 분리하지 않고 외부로 망을 열어주는 이유에 대해 예산 핑계를 대고 있다. 어불성설이다.

사전선거 기간에 망을 열지 않으면 지금의 부정선거는 어렵다. 투개표 현장에서 화웨이 통신망이 잡히는 현상은 결코 우연이 아니다. 대한민국 선거를 조작하는 검은 손은 필시 외부에도 있고, 그들은 대한민국 국민들을 향해 은밀하고도 노골적으로 '공산당을 따르라'(Follow the Party)고 명령하고 있다.

이 책은 [follow_the_party]를 이해하기 원하는 사람들을 위한 가이드북이다. 우리는 이미 『해커의 지문』(2022년), 『해커의 지문 발견기』(2023)을 펴내고 애니메이션 《배춧잎투표지 출생의 비밀》을 통해 [follow_the_party]를 알려왔고, 또 이 책을 통해 더 구체적으로 해설하고 있지만 이 문제는 앞으로도 공론의 장에서 더 활발히 논의되어야 할 주제라고 생각한다.

앞으로 이 100개의 글들을 꼼꼼이 읽고 부정선거 문제를 연구하는 독자들이 많았으면 한다. 부족한 부분을 누군가 채워 나가기를 소망하는 마음으로 이 책을 내놓는다. 칼럼은 경어체로 기술했다. 이 주제에 문외한인 분들을 강의에 초대하여 친절하게 설명해 드리려는 마음으로 썼다.

이 책에서 발견자 로이킴과 검증자 후사장에 대한 언급은 모두 필명을 사용했다. 로이킴 김상훈, 후사장 장영후 두 분은 실명으로도 활동하지만 이 책에서는 그분들이 스스로 택한 필명을 주로 사용하기로 한다. 두 분의 헌신과 나라 사랑하는 마음에 경의를 표한다. 또한 이 책의 독서와 연구 작업에 동참하시는 분들은 언제든지 필요한 자료를 요청해 주시기 바란다.

지금 이 시간 수많은 박해받는 애국자 여러분들께 이 책을 올려 드린다.

2025년 12월 1일

김미영

일러두기

1. [follow_the_party]로 통일시켜 표기하되 이 책에서 해커의 지문으로 지목된 숫자(문자)는 16개로 대괄호([,])는 포함되지 않습니다.
2. 본문 중 쓰인 'ftp'는 'follow_the_party'를 편의상 줄인 것입니다.

Contents

들어가며   004

해커의 지문 [follow_the_party] 핵심 개념   022

100개의 퍼즐

시리즈를 시작하면서 2025.03.18   028

ftp 해설 01
더 많은 독자들과 함께 하기 위하여 2025.03.19   030

ftp 해설 02
더불어민주당 사상 처음으로 253개 전 지역구에 후보내다 2025.03.19   032

ftp 해설 03
전국 253개 지역구 공천 없이는 ftp 삽입 불가능 2025.03.19   034

ftp 해설 04
2024 총선에는 ftp가 없었다 2025.03.20.06   036

ftp 해설 05
이근형 판세표는 ftp 문제로 들어가는 통로 2025.03.20.08   037

ftp 해설 06
171표차로 진 남영희 선거소송을 취하시킨 이해찬 2025.03.21.08   039

ftp 해설 07
선거 전에 정확한 여론조사와 조작 계획표가 있었다 2025.03.21.10   041

ftp 해설 08
작업자 표시가 [follow_the_party]인 것은 중대 전략 2025.03.22.07   043

ftp 해설 09
이근형의 한 단계 보정, 장영후의 세 단계 보정 2025:03:23:06   045

ftp 해설 10
정확한 여론조사는 권력이다 2025:03:23:07   047

ftp 해설 11
3차 보정의 전술 목표 1. 필요표가 최소화되도록 최적화 2025:03:23:09   050

ftp 해설 12
3차 보정의 전술 목표 2. 전국 민주당 최저 득표율 15% 2025:03:23:10   052

ftp 해설 13
ftp는 괴담이 아니라 명백한 사실이며 반인도범죄! 2025:03:24:08   055

ftp 해설 14
ftp는 선거 계획표에 넣어둔 작업자 표시 알고리즘 2025:03:24:09   058

ftp 해설 15
ftp는 노력 없이 안 보인다! 2025:03:24:14   061

ftp 해설 16
중국 공산당은 세계 선거에 관심이 많다! 2025:03:25:10   063

ftp 해설 17
모든 증거가 '착한 선관위의 작은 실수',
즉 부실로 치환되는 중 2025:03:26:16   065

ftp 해설 18
ftp를 괴담, 음모론으로 모는 사람들의 몇 가지 유형 2025:03:27:08   068

ftp 해설 19
로이킴 스캔들 2025:03:28:10   070

ftp 해설 20
하태경의 ftp 공격 1 2025:03:28:12   072

ftp 해설 21
하태경의 ftp 공격 2 2025:03:29:06   077

ftp 해설 22
로이킴은 누구인가? 2025:03:29:08   082

ftp 해설 23
애니챈 여사와 로이킴 2025:03:29:10   084

ftp 해설 24
253개 지역구 번호를 활용하여 16개 문자를 넣다 2025:03:29:09   086

ftp 해설 25
ftp는 방정식이 아닌 추단으로 발견한 알고리즘 2025:03:31:10   089

ftp 해설 26
1차, 2차, 3차 보정(조작) 개념 없이 ftp 이해할 수 없어 2025:04:01:09   092

ftp 해설 27
프로그래머 입장에서 그려 본 ftp 삽입 가상회의 1 2025:04:01:11   095

ftp 해설 28
왜 소문자로만 된 16문자를 택했나
– 프로그래머 입장에서 그려 본 ftp 삽입 가상회의 2 2025:04:02:08   112

ftp 해설 29
해커의 지문은 왜 꼭 숫자를 변환한 문자여야 했나 2025:04:03:12   116

ftp 해설 30
프로그래머는 발견자가 아니라 설계자의 입장 2025:04:03:08   119

ftp 해설 31
로이킴과 후사장의 작업은 출발점 다르나 상호보완적 2025:04:04:10   122

ftp 해설 32
4·15총선 결과에서만 나타나는 인위적으로 삽입된 패턴 2025:04:04:18 126

ftp 해설 33
로이킴 발견의 다섯 단계 2025:04:05:08   129

ftp 해설 34
ftp 추출에는 덧셈, 뺄셈, 곱셈, 나눗셈만 필요 2025:04:05:13   132

ftp 해설 35
프로그램의 기준점이
더불어민주당 당일 50% 득표 지역이라는 사실의 중대성 2025:04:06:08 136

ftp 해설 36
로이킴 공식은 처음부터 조작 공식이 아니라 최적화 공식 2025:04:07:10 138

ftp 해설 37
패턴과 경향성 발견을 통해 ftp 접근 2025:04:07:12 142

ftp 해설 38
비중값 계산이라는 표준화로 선명한 패턴 발견 2025:04:09:15 145

ftp 해설 39
부정선거 증거는 비중 그래프에서 이미 확보 2025:04:10:08 148

ftp 해설 40
비중값은 당락 바꾸는 1차 보정값(조작값)과 무관 2025:04:11:08 151

ftp 해설 41
4·15총선 인천 연수을은 조작값 약 1만 표 필요한데
ftp 위해 약 400표 더 옮긴 꼴 2025:04:13:17 154

ftp 해설 42
게리맨더링은 지역구별, 최적화는 전국적 관점 2025:04:14:11 158

ftp 해설 43
로이킴은 천재인가? 2025:04:15:07 162

ftp 해설 44
더불어민주당 50% 당일 득표율 기준으로 상하로 분기되는
비중 그래프를 이해하는 간단한 방법 2025:04:15:10 165

ftp 해설 45
피보나치 수열 스캔들은 맥락을 무시한 꼬투리잡기
추리의 한 과정일 뿐 2025:04:15:12 170

ftp 해설 46
ftp 탐색 과정은 필연적으로 시행착오가 따른다 2025:04:16:08   174

ftp 해설 47
로이킴 발견 1(비중그래프)과 발견 2(ftp)는
긴밀하게 연결되어 있다 2025:04:19:14   179

ftp 해설 48
놀라운 발견: 일곱 개씩 묶인 서른 여섯 개의 선거구 그룹 2025:04:20:09   183

ftp 해설 49
클러스터에 숨겨진 암호문자를 찾아서 2025:04:21:15   186

ftp 해설 50
해커의 지문을 보여주는 난수판 2025:04:21:20   200

ftp 해설 51
해커의 지문은 숨어 있다! 2025:04:22:09   205

ftp 해설 52
비중그래프에서 암호문자 추적으로 넘어간 과정 2025:04:23:13   207

ftp 해설 53
로이킴이 무신경하게 유도한 대소문자 혼선 2025:04:24:08   211

ftp 해설 54
문자가 나타내는 아스키코드에 수렴해 가기 위한
1차 시뮬레이션 2025:04:25:12   214

ftp 해설 55
프로그래머가 보는 소문자를 택한 이유 2025:04:26:07   217

ftp 해설 56
로이킴: 바게트 속 숨겨진 반지 찾기처럼
없는 데 버려가며 ftp 발견 2025:04:27:09   220

ftp 해설 57
로이킴: 선거구 36그룹 순번합을 각각 개별적으로
100에 가까운 수로 수렴시키는 규칙 적용 2025:04:27:11   224

ftp 해설 58
순번합 36개 그룹을 각각 100으로 수렴시킨 이유 2025:04:28:09   230

ftp 해설 59
프로그래머가 재구성한 ftp 삽입 로직 2025:04:28:12   232

ftp 해설 60
ftp 이해에는 사칙연산 이상의 수학 지식이 필요없다 2025:04:29:07   234

ftp 해설 61
로이킴은 현실 데이터, 후사장은 가상 데이터에서 ftp 탐색 2025:04:29:09   236

ftp 해설 62
로이킴 데이터와 후사장 데이터가 다른 이유 2025:04:29:09   239

ftp 해설 63
배춧잎투표지와 ftp 2025:04:30:10   243

ftp 해설 64
힘으로서의 ftp 2025:05:01:07   247

ftp 해설 65
증거로서의 ftp 2025:05:01:10   251

ftp 해설 66
ftp는 임의로 만들 수 없고
수학적 추리를 통해 단계적으로 발견된 암호 2025:05:01:14   255

ftp 해설 67
선거 결과 데이터와 선거구 순번의 필연적 관련성 규명이
ftp 검증의 포인트 2025:05:02:09   257

ftp 해설 68
후사장: 4·15총선이 설계 그대로 100% 결과가 실현됐다면
해커의 지문은 [follow_the_party] 2025:05:03:09   261

ftp 해설 69
프로그래머가 추정해 본 ftp 설계 로직 1 2025:05:03:09   264

ftp 해설 70
프로그래머가 추정해 본 ftp 설계 로직 2 2025:05:04:20   268

ftp 해설 71
후사장의 선거구 정렬기준에 대한 설명에
오류가 포함되어 있어 일부 수정 필요 2025:05:05:11   271

ftp 해설 72
로이킴 ftp 발견 모델은
데이터 정규화(normalization)와 유사? 2025:05:06:10   276

ftp 해설 73
후사장 시뮬레이션 1. 기초 판세표 2025:05:07:11   279

ftp 해설 74
후사장 시뮬레이션 2. 기본 판세표 2025:05:08:10   282

ftp 해설 75
후사장 시뮬레이션 3. 전략전술 최적화 판세표 2025:05:08:12   285

ftp 해설 76
로이킴 발견 최종편: 문자판 맞추기 2025:05:10:19   288

ftp 해설 77
보론 및 질의응답 1:
로이킴의 ftp발견 초기 발표에서
'이동값'과 '이동변환값'이라는 데이터는 무엇입니까? 2025:05:11:08   300

ftp 해설 78
보론 및 질의응답 2:
로이킴과 후사장의 나눈수 규칙은 왜, 어떻게 다릅니까? 2025:05:11:09   304

ftp 해설 79
보론 및 질의응답 3:
해커의 지문 ftp는 비례대표 계획표에는
반영되어 나타나지 않았습니까? 2025:05:12:09   307

ftp 해설 80
보론 및 질의응답 4:
국민의힘은 부정선거 문제에 왜 침묵할까요? 2025:05:13:07   311

ftp 해설 81
보론 및 질의응답 5:
부정선거에 전자개표기가 사용될까요? 2025:05:13:14   314

ftp 해설 82
보론 및 질의응답 6:
선관위는 투표관리관 개인도장 날인법을
왜 불법적으로 폐기했을까요? 2025:05:14:10   316

ftp 해설 83
보론 및 질의응답 7:
선관위 명부에 등장한 19세기 사람들의 실체는 무엇일까요? 2025:05:14:13   319

ftp 해설 84
보론 및 질의응답 8:
빳빳한 투표지는 증거로서의 능력이 있습니까? 2025:05:15:08   325

ftp 해설 85
보론 및 질의응답 9:
A-WEB과 ftp는 어떻게 관련되어 있습니까? 2025:05:15:11   330

ftp 해설 86
보론 및 질의응답 10:
중국 공산당은 왜 대한민국 자유선거를
자신들의 안보 문제로 보고 있습니까? 2025:05:17:15   335

ftp 해설 87
보론 및 질의응답 11:
왜 줄기차게 다산그룹을
IT 부정선거의 핵심으로 지목해 온 것입니까? 2025:05:17:16   339

ftp 해설 88
보론 및 질의응답 12:
한국에서 일어나는 대규모 부정선거의 주범은 누구입니까? 2025:05:18:16   343

ftp 해설 89
보론 및 질의응답 13:
전문가들이 말하는 선거 결과의 '대수의 법칙' 위배 관련
학술적 견해는 증거로서의 능력이 있습니까? 2025:05:20:10   347

ftp 해설 90
보론 및 질의응답 14:
대규모 부정선거를 막을 수 있는
범법자들의 아킬레스건은 무엇입니까? 2025:05:20:12 351

ftp 해설 91
보론 및 질의응답 15:
투표율은 부정선거와 어떤 관련이 있습니까? 2025:05:21:11 354

ftp 해설 92
보론 및 질의응답 16:
부정은 사전투표에서만 이루어지고
당일 본투표는 안전한 것입니까? 2025:05:22:07 358

ftp 해설 93
보론 및 질의응답 17:
관외사전투표에서 우편 등기번호 획득은
우정사업본부와 선관위의 공모로 이루어지는 것입니까? 2025:05:23:08 363

ftp 해설 94
선관위의 거짓말 반박 1:
선거범죄 입증책임은 후보가 아니라 '검사'가 갖고 있다! 2025:05:24:11 368

ftp 해설 95
선관위의 거짓말 반박 2:
선관위는 투표관리관 개인도장 날인법을
선관위 규칙으로 폐기시켜 날인을 거부하고 있다! 2025:05:24:12 373

ftp 해설 96
선관위의 거짓말 반박 3:
선관위는 진정한 통합선거인명부를 제출한 적 없고,
선관위 명부와 행안부 명부가 다른 것은 명백히 조작 증거다! 2025:05:25:10 376

ftp 해설 97
선관위의 거짓말 반박4:
일명 신권다발 투표지는 선관위가 사용하는 형상이 복원되는
고품질 용지가 아니고, 한꺼번에 투입된 위조 투표지다! 2025:05:25:11 380

ftp 해설 98
결론 1: [follow_the_party] 발견이라는 기적 2025:05:25:19   384

ftp 해설 99
결론 2: 마이 스토리 2025:05:26:11   388

ftp 해설 100
결론 3: 다시 이승만이냐 김일성이냐 선택의 기로 2025:05:27:10   393

부록

로이킴과 후사장 「해커의 지문 발견기」 서문 중에서   400

벤처 성공 신화 남민우의 '다산네트웍스'
선거 부정 카르텔의 핵심 격월간 「뉴 패러다임」(NP) 2025년 1-2월호   409

중국 일대일로 대리회사
세계 부정선거 센터 A-WEB 격월간 「뉴 패러다임」(NP) 2025년 3-4월호   420

미국 정당 변천사에서 보는
부정선거 척결의 방향 격월간 「뉴 패러다임」(NP) 2024년 5-6월호   429

해커의 지문 [follow_the_party] 핵심 개념 (발췌)

해커의 지문 ftp 발견의 중요 단계

(i) 4·15 총선 결과 데이터 속에서 〈프로듀스 101〉과 같은 **조작함수**를 발견하려 했다.

(ii) 데이터를 분석하기 위해 표준화(standardization)를 통해 더불어민주당 당일득표율 50%에서 분기되는 **사전 당일 비중 그래프**를 발견했다.

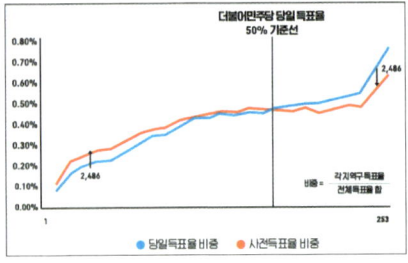

사전 당일 비중 그래프

(iii) 사전 당일 비중 차이값과 더불어민주당 각 지역구 당일득표수를 곱해 오름차순으로 정리하여 만든 클러스터 그래프를 통해 **일곱 개씩 지역구가 묶인 36개의 그룹**을 발견했다.

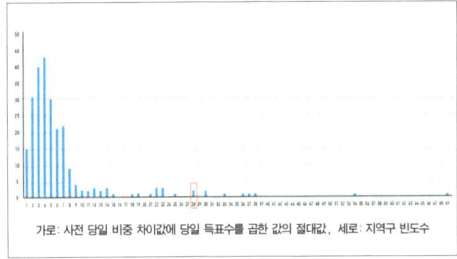

(iv) 이 그룹들의 지역구 순번합을 구해 각각의 그룹이 100에 가까워지는 **데이터 평준화를 시도**했다.

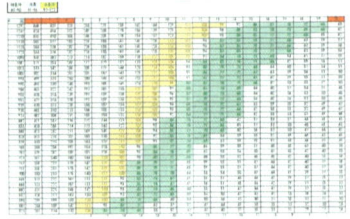

4·15총선 결과 실제 데이터를 바탕으로 한 정렬

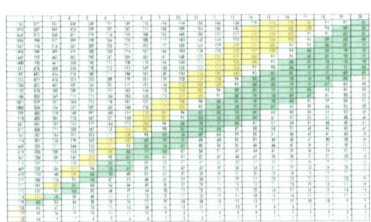

선거 결과를 반영하지 않은 선거구 순번합만의 정렬

[해설] 로이킴이 2020년 5월에 발표한 이 표는 많은 논란과 오해를 불러 일으켰다. 우선 '이동값'과 '이동변환값'이라는 개념에서 비롯된 혼선이었다. 로이킴은 양수값 지역에서 음수값 지역으로 혹은 그 반대로 '이동하는 값'이라고 보고 '이동값', 그리고 그 비율에 당일 득표수를 곱해서 나온 값을 '이동변환값'이라고 표현했는데 이 의미를 제대로 이해 못한 사람들이 "데이터를 끼워 맞추고 이동변환값을 반복 조정해 원하는 글자가 나오도록 조작했다"는 것이다. 81쪽 이에 대해 후사장은 당락을 바꾸는 기본 목표값이 적용된 다음에 더 주고 덜 주는 개념이기 때문에 '이동값' 개념은 추가적으로 들어가는 '보정비율' 또는 '조작비율'로 바꾸는 것이 낫겠다는 의견을 제출했다. 그렇다면 '이동변환값'도 '보정비율변환값' 또는 '조작비율변환값'으로 바꾸어야 한다. 그러나 명칭을 바꾸는 것은 수용 가능해도 그 실질적인 중요성은 변하지 않을 것이다. 이 값들은 항등식을 만들어놓고 특정 문자를 추출하기 위해 꿰어 맞춰진 것이 아니라 실제 데이터에서 정확하게 추출되는 임의적 조정이 없는 객관적 수치다. 이 수치들이 나타내는 패턴을 분석하여 당일 50% 이상에서는 사전 당일 차이값이 모두 음수고 이하에서는 모두 양수임을 밝혀냈고, 그 차이값에 당일 득표수를 곱한 값들의 오름차순을 구해 36개 그룹을 정리할 수 있었다. 『해커의 지문』에서는 프로그래머 장영후 해설이 이 표를 인정한 바탕에서 이루어졌으므로 로이킴 발견의 궤적을 밝혀 두기 위해 수록했다면 여기서는 이 표를 이해할 수 있는 전 과정을 다루고 있으므로 이 표의 중요성을 강조하기 위해 재수록한다. [follow_the_party] 검증은 『해커의 지문』(2021년)『해커의 지문 발견기』(2023년) 그리고 다시 2년 만에 발견되는 이 책까지 3부작으로 전개되었음을 확인해 둔다.

민주당 사전투표율 = ((당일 지역 득표율/ 총 당일득표율+ 이동값/당일득표수) + 0.000722280071989174%) x 이동값/이동변환값

| | | | | | | | | 100% 만드는 절대값 | 이동값/이동변환값 |
| | | | | | | | | 0.000722280071989174% | 14071.69% |

| | | | 총합 | | 11491% | | −0.1500% | 100% | |

지역구	지역	선거구	당일득표율	당일	이동값	이동변환값	실이동변환값 (반올림값)	이동변환값 비중	지역별 비중	결과	실제 사전	차이
224	경북	경주시	9,375	11.94%	281.4338856437040	2	2	0.019%	1	0.12%	17.34%	17.34%	0.00%
250	경남	산청함양거창합천	7,741	13.94%	140.7169426218520	1	1	0.007%	2	0.13%	18.18%	18.18%	0.00%
231	경북	상주문경	6,896	14.09%	281.4338856437040	2	2	0.022%	3	0.15%	20.46%	20.46%	0.00%
236	경북	창원시성산구	11,944	14.22%	422.1508284655560	3	3	0.024%	4	0.15%	20.86%	20.86%	0.00%
1	대구	서구	9,366	14.83%	281.4338856437040	2	2	0.019%	5	0.15%	20.87%	20.87%	0.00%
233	경북	군위의성청송영덕	6,215	15.98%	140.7169426218520	1	1	0.018%	6	0.16%	22.24%	22.24%	0.00%
225	경북	김천시	6,390	16.90%	140.7169426218520	1	1	0.022%	7	0.17%	23.86%	23.86%	0.00%
229	경북	영주영양봉화울진	10,736	17.02%	422.1508284655560	3	3	0.025%	8	0.17%	24.47%	24.47%	0.00%
230	경북	영천청도	8,807	17.75%	562.8677712874080	4	4	0.041%	9	0.20%	27.63%	27.63%	0.00%
234	경북	고령성주칠곡	12,677	20.51%	422.1508284655560	3	3	0.020%	10	0.20%	28.01%	28.01%	0.00%
75	대구	수성구을	13,226	20.87%	281.4338856437040	2	2	0.018%	11	0.20%	28.21%	28.21%	0.00%
111	울산	울산동구	11,515	21.58%	281.4338856437040	2	2	0.020%	12	0.21%	29.35%	29.35%	0.00%
72	대구	대구북구갑	14,581	21.93%	562.8677712874080	4	4	0.028%	13	0.22%	30.90%	30.90%	0.00%
226	경북	안동예천	14,249	22.20%	562.8677712874080	4	4	0.026%	14	0.22%	30.99%	30.99%	0.00%
69	대구	중남구	10,887	22.62%	422.1508284655560	3	3	0.026%	15	0.22%	31.41%	31.41%	0.00%
332	경북	경산시	21,130	23.10%	985.0185997529640	7	7	0.031%	16	0.23%	32.76%	32.76%	0.00%
77	대구	달서구갑	15,261	23.28%	703.5847141092600	5	5	0.030%	17	0.23%	32.93%	32.93%	0.00%
78	대구	달서구병	12,982	23.42%	562.8677712874080	4	4	0.031%	18	0.24%	33.17%	33.17%	0.00%
79	대구	달성군	21,969	23.78%	985.0185997529640	7	7	0.031%	19	0.24%	33.61%	33.61%	0.00%
143	경기	고양시갑	21,817	23.83%	985.0185997529640	7	7	0.034%	20	0.24%	34.05%	34.05%	0.00%
77	대구	달서구갑	24,387	24.93%	844.3016569311120	6	6	0.026%	21	0.24%	34.23%	34.23%	0.00%
246	경남	밀양의령함안창녕	20,776	25.41%	844.5847141092600	5	5	0.024%	22	0.25%	34.67%	34.67%	0.00%
68	대구	중남구갑	20,565	26.38%	844.3016569311120	6	6	0.027%	23	0.26%	36.23%	36.23%	0.00%
227	경북	구미시갑	18,803	26.76%	844.3016569311120	5	5	0.025%	24	0.26%	36.34%	36.34%	0.00%
70	대구	동구을	21,107	27.22%	703.5847141092600	5	5	0.026%	25	0.26%	36.88%	36.88%	0.00%
44	서울	강남구병	19,741	27.93%	703.5847141092600	5	5	0.027%	26	0.27%	38.13%	38.13%	0.00%
222	경북	포항시북구	27,825	28.07%	1125.7355425748200	8	8	0.029%	27	0.27%	38.59%	38.59%	0.00%
237	경남	창원시마산합포구	17,837	29.02%	562.8677712874080	4	4	0.024%	28	0.28%	38.95%	38.95%	0.00%
108	울산	울산중구	23,214	29.02%	985.0185997529640	7	7	0.032%	29	0.28%	40.09%	40.09%	0.00%
241	경남	진주시갑	14,144	29.10%	562.8677712874080	4	4	0.031%	30	0.29%	40.16%	40.16%	0.00%
73	대구	대구북구을	28,204	29.71%	1125.7355425748200	8	8	0.029%	31	0.29%	40.62%	40.62%	0.00%
4	서울	서초구갑	21,575	30.33%	844.3016569311120	6	6	0.027%	32	0.29%	41.10%	41.10%	0.00%
223	경북	포항시남구을	26,913	30.91%	985.0185997529640	7	7	0.026%	33	0.30%	41.72%	41.72%	0.00%
59	부산	해운대구갑	26,376	31.72%	985.0185997529640	7	7	0.027%	34	0.30%	42.79%	42.79%	0.00%
182	강원	춘천철원화천양구을	20,506	31.89%	844.3016569311120	6	6	0.028%	35	0.31%	43.04%	43.04%	0.00%
228	경북	구미시을	19,756	32.05%	844.3016569311120	6	6	0.031%	36	0.31%	43.34%	43.34%	0.00%
235	경남	창원시의창구	32,032	32.45%	1407.1694282185200	10	10	0.031%	37	0.31%	44.23%	44.23%	0.00%
243	경남	사천남해하동	19,435	32.50%	844.3016569311120	6	6	0.030%	38	0.32%	44.35%	44.35%	0.00%
242	경남	통영고성	19,205	32.88%	844.3016569311120	6	6	0.032%	39	0.32%	44.85%	44.85%	0.00%
240	경남	진주시을	20,993	33.17%	844.3016569311120	6	6	0.027%	40	0.32%	45.06%	45.06%	0.00%
179	강원	강릉시	22,839	33.57%	985.0185997529640	7	7	0.028%	41	0.32%	45.08%	45.08%	0.00%
174	경기	여주양평	24,968	33.82%	844.3016569311120	6	6	0.025%	42	0.32%	45.09%	45.09%	0.00%
42	서울	강남구을	22,722	33.94%	844.3016569311120	6	6	0.026%	43	0.33%	45.28%	45.28%	0.00%
171	경기	거제시	26,179	34.05%	985.0185997529640	7	7	0.028%	44	0.33%	45.76%	45.76%	0.00%
62	부산	사하구을	22,450	34.23%	844.3016569311120	6	6	0.026%	45	0.33%	45.78%	45.78%	0.00%
74	대구	수성구갑	32,073	34.79%	1125.7355425748200	8	8	0.024%	46	0.33%	46.15%	46.15%	0.00%
63	부산	금정구	30,298	35.04%	1125.7355425748200	8	8	0.026%	47	0.33%	46.67%	46.67%	0.00%
65	부산	수영구	22,811	35.46%	703.5847141092600	5	5	0.023%	48	0.33%	46.83%	46.83%	0.00%
110	울산	울산남구갑	19,586	35.65%	703.5847141092600	5	5	0.024%	49	0.33%	46.94%	46.94%	0.00%
189	충북	보은옥천영동괴산	18,494	36.03%	562.8677712874080	4	4	0.021%	50	0.34%	47.18%	47.18%	0.00%
82	인천	중구동구강화옹진	25,151	36.33%	703.5847141092600	5	5	0.022%	51	0.34%	47.21%	47.21%	0.00%
51	부산	서구동구	24,204	36.70%	562.8677712874080	4	4	0.017%	52	0.34%	47.48%	47.48%	0.00%
180	강원	동해태백삼척정선	27,190	37.06%	703.5847141092600	5	5	0.020%	53	0.34%	47.94%	47.94%	0.00%
55	부산	부산남구을	18,214	37.26%	422.1508284655560	3	3	0.018%	54	0.34%	48.21%	48.21%	0.00%
11	서울	동대문구	37,787	37.54%	985.0185997529640	7	7	0.017%	55	0.34%	48.50%	48.50%	0.00%
84	인천	연수구을	30,575	37.72%	703.5847141092600	5	5	0.016%	56	0.34%	48.53%	48.53%	0.00%

109	울산	울산남구갑	24,359	37.92%	562.8677712874080	4	4	0.017%	57	0.35%	48.94%	48.94%	0.00%
147	경기	의왕과천	31,388	37.98%	703.5847141092600	5	5	0.017%	58	0.35%	49.04%	49.04%	0.00%
113	울산	울주군	29,270	38.16%	703.5847141092600	5	5	0.016%	59	0.35%	49.09%	49.09%	0.00%
238	경남	창원시마산회원구	27,844	38.23%	562.8677712874080	4	4	0.016%	60	0.35%	49.19%	49.19%	0.00%
53	부산	부산진구을	23,746	38.26%	562.8677712874080	4	4	0.019%	61	0.35%	49.59%	49.59%	0.00%
181	강원	속초인제고성양양	21,362	38.51%	562.8677712874080	4	4	0.017%	62	0.35%	49.66%	49.66%	0.00%
41	서울	서초구을	32,454	38.57%	844.3016569311120	6	6	0.019%	63	0.36%	50.03%	50.03%	0.00%
248	경남	양산시갑	26,903	39.02%	562.8677712874080	4	4	0.016%	64	0.36%	50.12%	50.12%	0.00%
58	부산	북구강서구을	38,733	39.03%	844.3016569311120	6	6	0.016%	65	0.36%	50.15%	50.15%	0.00%
198	충남	서산태안	27,565	39.03%	562.8677712874080	4	4	0.016%	66	0.36%	50.19%	50.19%	0.00%
50	부산	중구영도구	20,708	39.30%	422.1508284655560	3	3	0.015%	67	0.36%	50.36%	50.36%	0.00%
188	충북	제천단양	20,745	39.45%	422.1508284655560	3	3	0.014%	68	0.36%	50.43%	50.43%	0.00%
52	부산	부산진구갑	26,001	39.61%	422.1508284655560	3	3	0.013%	69	0.36%	50.47%	50.47%	0.00%
138	경기	동두천시연천군	16,151	39.67%	281.4338856437040	2	2	0.013%	70	0.36%	50.52%	50.52%	0.00%
201	충남	홍성예산	21,500	39.67%	422.1508284655560	3	3	0.013%	71	0.36%	50.55%	50.55%	0.00%
176	강원	춘천화천철원양구을	18,968	39.91%	281.4338856437040	2	2	0.012%	72	0.36%	50.62%	50.62%	0.00%
200	충남	당진시	20,019	40.01%	281.4338856437040	2	2	0.012%	73	0.36%	50.73%	50.73%	0.00%
187	충북	충주시	25,620	40.21%	422.1508284655560	3	3	0.012%	74	0.36%	51.02%	51.02%	0.00%
194	충남	공주부여청양	24,892	40.25%	422.1508284655560	3	3	0.012%	75	0.36%	51.03%	51.03%	0.00%
4	서울	용산구	30,715	40.34%	703.5847141092600	5	5	0.015%	76	0.37%	51.60%	51.60%	0.00%
163	경기	이천시	25,752	40.74%	422.1508284655560	3	3	0.012%	77	0.37%	51.64%	51.64%	0.00%
43	서울	강남구을	24,837	40.77%	422.1508284655560	3	3	0.012%	78	0.37%	51.66%	51.66%	0.00%
46	서울	송파구을	36,528	40.78%	703.5847141092600	5	5	0.014%	79	0.37%	52.07%	52.07%	0.00%
60	부산	해운대구을	26,389	40.85%	562.8677712874080	4	4	0.014%	80	0.37%	52.09%	52.09%	0.00%
173	경기	포천가평	27,096	40.99%	562.8677712874080	4	4	0.013%	81	0.37%	52.14%	52.14%	0.00%
67	부산	기장군	24,372	41.06%	562.8677712874080	4	4	0.015%	82	0.37%	52.53%	52.53%	0.00%
157	경기	용인시갑	33,813	41.16%	703.5847141092600	5	5	0.015%	83	0.37%	52.56%	52.56%	0.00%
124	경기	성남시분당구을	37,246	41.91%	422.1508284655560	3	3	0.009%	84	0.37%	52.68%	52.68%	0.00%
88	인천	부평구을	41,953	51.49%	(422.1508284655560)	(3)	(3)	-0.007%	180	0.44%	62.15%	62.15%	0.00%
105	대전	유성구갑	30,643	51.53%	(281.4338856437040)	(2)	(2)	-0.007%	181	0.44%	62.22%	62.22%	0.00%
21	서울	은평구을	42,452	51.64%	(422.1508284655560)	(3)	(3)	-0.008%	182	0.44%	62.26%	62.26%	0.00%
17	서울	노원구갑	31,212	51.70%	(281.4338856437040)	(2)	(2)	-0.008%	183	0.44%	62.33%	62.33%	0.00%
13	서울	강북구갑	26,062	51.72%	(281.4338856437040)	(2)	(2)	-0.007%	184	0.44%	62.49%	62.49%	0.00%
27	서울	양천구을	35,724	51.84%	(281.4338856437040)	(2)	(2)	-0.007%	185	0.44%	62.61%	62.61%	0.00%
126	경기	의정부시을	43,290	51.85%	(422.1508284655560)	(3)	(3)	-0.006%	186	0.45%	62.74%	62.74%	0.00%
83	인천	연수구갑	24,690	51.96%	(140.7169428218520)	(1)	(1)	-0.005%	187	0.45%	62.99%	62.99%	0.00%
104	대전	대전서구을	37,474	51.98%	(281.4338856437040)	(2)	(2)	-0.005%	188	0.45%	63.03%	63.03%	0.00%
141	경기	안산시단원구갑	25,635	51.99%	(140.7169428218520)	(1)	(1)	-0.005%	189	0.45%	63.09%	63.09%	0.00%
115	세종	세종을	22,978	52.09%	(140.7169428218520)	(1)	(1)	-0.005%	190	0.45%	63.23%	63.23%	0.00%
170	경기	광주시갑	31,008	52.15%	(140.7169428218520)	(1)	(1)	-0.004%	191	0.45%	63.39%	63.39%	0.00%
87	인천	부평구갑	44,477	52.18%	(281.4338856437040)	(2)	(2)	-0.004%	192	0.45%	63.47%	63.47%	0.00%
171	경기	광주시을	31,979	52.44%	(281.4338856437040)	(2)	(2)	-0.005%	193	0.45%	63.56%	63.56%	0.00%
155	경기	군포시	53,778	52.46%	(422.1508284655560)	(3)	(3)	-0.005%	194	0.45%	63.64%	63.64%	0.00%
133	경기	부천시정	33,407	52.64%	(281.4338856437040)	(2)	(2)	-0.006%	195	0.45%	63.66%	63.66%	0.00%
119	경기	수원시정	45,314	52.70%	(422.1508284655560)	(3)	(3)	-0.007%	196	0.45%	63.66%	63.66%	0.00%
9	서울	중랑구갑	29,474	52.73%	(281.4338856437040)	(2)	(2)	-0.006%	197	0.45%	63.78%	63.78%	0.00%
152	경기	오산시	39,028	52.74%	(422.1508284655560)	(3)	(3)	-0.006%	198	0.45%	63.78%	63.78%	0.00%
140	경기	안산시상록구을	26,001	52.96%	(281.4338856437040)	(2)	(2)	-0.008%	199	0.45%	63.83%	63.83%	0.00%
30	서울	강서구병	33,254	53.42%	(422.1508284655560)	(3)	(3)	-0.010%	200	0.46%	64.06%	64.06%	0.00%
90	인천	계양구을	28,857	53.43%	(422.1508284655560)	(3)	(3)	-0.010%	201	0.46%	64.12%	64.12%	0.00%
148	경기	구리시	38,429	53.49%	(422.1508284655560)	(3)	(3)	-0.009%	202	0.46%	64.34%	64.34%	0.00%
149	경기	남양주시갑	36,781	53.70%	(562.8677712874080)	(4)	(4)	-0.011%	203	0.46%	64.36%	64.36%	0.00%
139	경기	안산시상록구갑	34,387	53.88%	(562.8677712874080)	(4)	(4)	-0.012%	204	0.46%	64.43%	64.43%	0.00%
12	서울	성북구을	39,427	54.03%	(703.5847141092600)	(5)	(5)	-0.013%	205	0.46%	64.44%	64.44%	0.00%
10	서울	중랑구을	41,840	54.32%	(844.3016569311120)	(6)	(6)	-0.014%	206	0.46%	64.60%	64.60%	0.00%
150	경기	남양주시을	42,843	54.55%	(985.0185997529640)	(7)	(7)	-0.016%	207	0.46%	64.68%	64.68%	0.00%
116	경기	수원시갑	44,962	54.69%	(844.3016569311120)	(6)	(6)	-0.014%	208	0.46%	65.06%	65.06%	0.00%
11	서울	성북구갑	42,829	54.72%	(844.3016569311120)	(6)	(6)	-0.015%	209	0.46%	65.06%	65.06%	0.00%
121	경기	성남시수정구	40,018	54.84%	(844.3016569311120)	(6)	(6)	-0.014%	210	0.46%	65.32%	65.32%	0.00%
97	광주	광주북구갑	26,029	54.96%	(562.8677712874080)	(4)	(4)	-0.014%	211	0.46%	65.39%	65.39%	0.00%
130	경기	부천시갑	31,734	55.35%	(844.3016569311120)	(6)	(6)	-0.018%	212	0.46%	65.40%	65.40%	0.00%
192	충남	천안시을	49,881	55.45%	(1266.4524853966700)	(9)	(9)	-0.017%	213	0.47%	65.56%	65.56%	0.00%
158	경기	용인시을	53,190	55.65%	(1266.4524853966700)	(9)	(9)	-0.018%	214	0.47%	65.73%	65.73%	0.00%
23	서울	서대문구을	31,317	55.71%	703.5847141092600	5	5	0.016%	215	0.47%	66.02%	66.02%	0.00%
89	인천	계양구갑	25,522	55.82%	(562.8677712874080)	(4)	(4)	-0.016%	216	0.47%	66.14%	66.14%	0.00%
197	충남	아산시을	27,328	55.84%	(562.8677712874080)	(4)	(4)	-0.016%	217	0.47%	66.21%	66.21%	0.00%
215	전남	순천광양곡성구례갑	37,814	55.92%	(844.3016569311120)	(6)	(6)	-0.017%	218	0.47%	66.24%	66.24%	0.00%
132	경기	부천시병	49,490	56.14%	(1266.4524853966700)	(9)	(9)	-0.018%	219	0.47%	66.25%	66.25%	0.00%
117	경기	수원시을	51,413	56.60%	(1547.8863710403700)	(11)	(11)	-0.022%	220	0.47%	66.34%	66.34%	0.00%
161	경기	파주시갑	54,779	57.11%	(1970.0371995059300)	(14)	(14)	-0.026%	221	0.47%	66.42%	66.42%	0.00%
92	인천	인천서구을	48,827	57.45%	(1829.3202566840800)	(13)	(13)	-0.027%	222	0.47%	66.65%	66.65%	0.00%
172	경기	양주시	38,478	57.96%	(1547.8863710403700)	(11)	(11)	-0.030%	223	0.48%	66.92%	66.92%	0.00%
18	서울	노원구을	42,811	57.98%	(1829.3202566840800)	(13)	(13)	-0.030%	224	0.48%	66.95%	66.95%	0.00%
205	전북	군산시	43,282	58.31%	(1970.0371995059300)	(14)	(14)	-0.032%	225	0.48%	66.97%	66.97%	0.00%
20	서울	은평구갑	44,529	58.56%	(2110.7541423277800)	(15)	(15)	-0.034%	226	0.48%	66.99%	66.99%	0.00%
203	전북	전주시을	34,580	58.75%	(1688.6033138622200)	(12)	(12)	-0.034%	227	0.48%	67.27%	67.27%	0.00%
14	서울	강북구을	32,992	59.14%	(1688.6033138622200)	(12)	(12)	-0.037%	228	0.48%	67.28%	67.28%	0.00%
135	경기	광명시을	34,836	59.70%	(1970.0371995059300)	(14)	(14)	-0.040%	229	0.48%	67.61%	67.61%	0.00%
213	전남	여수시갑	24,120	60.04%	(1266.4524853966700)	(9)	(9)	-0.039%	230	0.48%	68.09%	68.09%	0.00%
219	전남	고흥보성장흥강진	28,416	60.23%	(1407.1694282185200)	(10)	(10)	-0.036%	231	0.49%	68.84%	68.84%	0.00%
169	경기	화성시병	53,555	60.79%	(3095.7727420807400)	(22)	(22)	-0.040%	232	0.49%	68.88%	68.88%	0.00%
168	경기	화성시을	60,517	60.90%	(3236.4896849026000)	(23)	(23)	-0.038%	233	0.49%	69.27%	69.27%	0.00%
216	전남	순천광양곡성구례을	44,559	61.46%	(2532.9049707933400)	(18)	(18)	-0.040%	234	0.50%	69.72%	69.72%	0.00%
204	전북	전주시병	51,168	61.96%	(3236.4896849026000)	(23)	(23)	-0.044%	235	0.50%	69.77%	69.77%	0.00%
210	전북	김제부안	22,520	63.02%	(1688.6033138622200)	(12)	(12)	-0.051%	236	0.50%	70.04%	70.04%	0.00%
154	경기	시흥시을	42,811	63.43%	(3236.4896849026000)	(23)	(23)	-0.055%	237	0.50%	70.06%	70.06%	0.00%
220	전남	해남완도진도	27,695	63.63%	(1970.0371995059300)	(14)	(14)	-0.050%	238	0.50%	70.95%	70.95%	0.00%
208	전북	정읍고창	28,978	66.30%	(2955.0557992588900)	(21)	(21)	-0.071%	239	0.51%	71.30%	71.30%	0.00%
214	전남	여수시을	29,188	68.02%	(3095.7727420807400)	(22)	(22)	-0.074%	240	0.52%	72.97%	72.97%	0.00%
94	광주	동구남구을	27,336	68.96%	(3095.7727420807400)	(22)	(22)	-0.082%	241	0.52%	73.05%	73.05%	0.00%
202	전북	전주시갑	32,433	69.74%	(3940.0743990118600)	(28)	(28)	-0.086%	242]	0.52%	73.42%	73.42%	0.00%
207	전북	익산시을	25,965	69.75%	(2673.6219136151900)	(19)	(19)	-0.074%	243	0.53%	75.14%	75.14%	0.00%
96	광주	광주서구을	30,004	72.65%	(3517.9235705463000)	(25)	(26)	-0.087%	244	0.55%	76.89%	76.89%	0.00%
221	전남	영암무안신안	33,351	73.07%	(4221.5082846555600)	(30)	(30)	-0.089%	245	0.55%	77.05%	77.05%	0.00%
93	광주	동구남구갑	34,957	74.01%	(4643.6591131211200)	(33)	(33)	-0.095%	246	0.55%	77.30%	77.30%	0.00%
217	전남	나주화순	33,060	74.08%	(4221.5082846555600)	(30)	(30)	-0.089%	247	0.56%	78.23%	78.23%	0.00%
99	광주	광산구갑	36,149	75.74%	(5206.5268844085200)	(37)	(37)	-0.102%	248	0.56%	78.48%	78.48%	0.00%
206	전북	익산시갑	27,537	76.06%	(3940.0743990118600)	(28)	(28)	-0.102%	249	0.56%	78.86%	78.86%	0.00%
98	광주	광주북구을	55,497	76.92%	(7598.7149123800100)	(54)	(54)	-0.097%	250	0.57%	80.69%	80.69%	0.00%
218	전남	담양함평영광장성	34,336	78.53%	(5347.2438272303800)	(38)	(38)	-0.110%	251	0.57%	80.81%	80.81%	0.00%
95	광주	광주서구갑	33,476	79.82%	(5065.8099415866700)	(36)	(36)	-0.109%	252	0.59%	82.57%	82.57%	0.00%
100	광주	광산구을	54,885	82.27%	(9709.4690547077900)	(69)	(69)	-0.126%	253	0.59%	83.14%	83.14%	0.00%

112	울산 북구	31,623	41.97%	422.1508284655560	3	3	0.010%	85	0.38%	52.86%	52.86%	0.00%
45	서울 송파구갑	28,016	41.98%	422.1508284655560	3	3	0.012%	86	0.38%	53.19%	53.19%	0.00%
137	경기 평택시을	33,517	41.99%	703.5847141092600	5	5	0.014%	87	0.38%	53.48%	53.48%	0.00%
134	경기 광명시갑	23,139	42.42%	422.1508284655560	3	3	0.011%	88	0.38%	53.60%	53.60%	0.00%
177	강원 원주시갑	22,370	42.51%	281.4338856437040	2	2	0.010%	89	0.38%	53.64%	53.64%	0.00%
	부산 연제구	34,308	42.62%	422.1508284655560	3	3	0.010%	90	0.38%	53.72%	53.72%	0.00%
239	경남 창원시진해구	25,469	42.94%	281.4338856437040	2	2	0.008%	91	0.38%	53.78%	53.78%	0.00%
183	충북 청주시상당구	25,665	43.02%	281.4338856437040	2	2	0.009%	92	0.38%	54.12%	54.12%	0.00%
66	부산 사상구	33,992	43.12%	422.1508284655560	3	3	0.009%	93	0.38%	54.13%	54.13%	0.00%
80	인천 중구강화옹진	29,928	43.16%	422.1508284655560	3	3	0.010%	94	0.39%	54.41%	54.41%	0.00%
209	전북 남원임실순창	14,211	43.44%	140.7169428218520	1	1	0.007%	95	0.39%	54.64%	54.64%	0.00%
35	서울 영등포구을	23,925	43.55%	281.4338856437040	2	2	0.010%	96	0.39%	54.78%	54.78%	0.00%
123	경기 성남시분당구갑	42,334	43.57%	562.8677712874080	4	4	0.010%	97	0.39%	54.81%	54.81%	0.00%
193	충남 천안시병	26,347	43.63%	422.1508284655560	3	3	0.010%	98	0.39%	54.96%	54.96%	0.00%
195	충남 보령서천	20,678	44.15%	140.7169428218520	1	1	0.006%	99	0.39%	55.05%	55.05%	0.00%
81	인천 동구미추홀구갑	33,647	44.20%	281.4338856437040	2	2	0.007%	100	0.39%	55.17%	55.17%	0.00%
6	서울 광진구갑	28,276	44.38%	281.4338856437040	2	2	0.005%	101	0.39%	55.21%	55.21%	0.00%
191	충남 천안시갑	26,637	44.44%	140.7169428218520	1	1	0.005%	102	0.39%	55.27%	55.27%	0.00%
212	전남 목포시	24,458	44.49%	140.7169428218520	1	1	0.005%	103	0.39%	55.29%	55.29%	0.00%
249	경남 양산시을	26,045	44.56%	140.7169428218520	1	1	0.006%	104	0.39%	55.32%	55.32%	0.00%
107	대전 대덕구	26,118	44.58%	140.7169428218520	1	1	0.005%	105	0.39%	55.43%	55.43%	0.00%
33	서울 금천구	35,516	44.63%	281.4338856437040	2	2	0.006%	106	0.39%	55.55%	55.55%	0.00%
184	충북 청주시서원구	29,399	44.76%	281.4338856437040	2	2	0.006%	107	0.39%	55.73%	55.73%	0.00%
199	충남 논산계룡금산	29,169	44.80%	281.4338856437040	2	2	0.006%	108	0.40%	55.85%	55.85%	0.00%
251	제주 제주시갑	35,707	44.82%	281.4338856437040	2	2	0.006%	109	0.40%	55.90%	55.90%	0.00%
196	충남 아산시갑	21,868	44.82%	140.7169428218520	1	1	0.008%	110	0.40%	56.07%	56.07%	0.00%
102	대전 대전중구	34,915	44.84%	422.1508284655560	3	3	0.010%	111	0.40%	56.42%	56.42%	0.00%
61	부산 사하구갑	22,826	44.85%	422.1508284655560	3	3	0.012%	112	0.40%	56.68%	56.68%	0.00%
245	경남 김해시을	40,495	44.89%	703.5847141092600	5	5	0.012%	113	0.40%	56.76%	56.76%	0.00%
190	충북 증평진천음성	25,962	45.06%	422.1508284655560	3	3	0.012%	114	0.40%	56.90%	56.90%	0.00%
56	부산 부산진구을	22,450	45.14%	422.1508284655560	3	3	0.012%	115	0.40%	57.05%	57.05%	0.00%
101	대전 대전동구	31,409	45.40%	422.1508284655560	3	3	0.010%	116	0.41%	57.18%	57.18%	0.00%
156	경기 하남시	41,613	45.51%	562.8677712874080	4	4	0.011%	117	0.41%	57.23%	57.23%	0.00%
175	강원 춘천화천철원양구갑	34,053	45.56%	562.8677712874080	4	4	0.011%	118	0.41%	57.42%	57.42%	0.00%
38	서울 강서구갑	43,346	45.65%	703.5847141092600	5	5	0.011%	119	0.41%	57.47%	57.47%	0.00%
167	경기 화성시갑	33,001	45.68%	562.8677712874080	4	4	0.011%	120	0.41%	57.55%	57.55%	0.00%
7	서울 성동구을	32,957	45.74%	422.1508284655560	3	3	0.011%	121	0.41%	57.60%	57.60%	0.00%
37	서울 동작구갑	31,465	45.74%	281.4338856437040	2	2	0.007%	122	0.41%	57.64%	57.64%	0.00%
26	서울 양천구갑	42,057	45.82%	562.8677712874080	4	4	0.011%	123	0.41%	57.70%	57.70%	0.00%
48	서울 강동구갑	44,116	45.83%	703.5847141092600	5	5	0.012%	124	0.41%	57.81%	57.81%	0.00%
151	경기 남양주시병	44,769	45.90%	844.3016569311120	6	6	0.012%	125	0.41%	58.05%	58.05%	0.00%
159	경기 용인시병	48,014	45.93%	844.3016569311120	6	6	0.013%	126	0.41%	58.17%	58.17%	0.00%
244	경남 김해시갑	38,859	46.05%	703.5847141092600	5	5	0.012%	127	0.41%	58.18%	58.18%	0.00%
57	부산 북구강서구갑	27,250	46.37%	422.1508284655560	3	3	0.011%	128	0.41%	58.30%	58.30%	0.00%
142	경기 안산시단원구갑	24,739	46.41%	422.1508284655560	3	3	0.012%	129	0.41%	58.57%	58.57%	0.00%
7	서울 동대문구갑	26,694	46.55%	422.1508284655560	3	3	0.011%	130	0.42%	58.60%	58.60%	0.00%
136	경기 평택시갑	38,084	46.62%	562.8677712874080	4	4	0.010%	131	0.42%	58.66%	58.66%	0.00%
164	경기 안성시	26,562	46.94%	281.4338856437040	2	2	0.009%	132	0.42%	58.85%	58.85%	0.00%
47	서울 송파구병	43,426	46.94%	562.8677712874080	4	4	0.009%	133	0.42%	58.87%	58.87%	0.00%
178	강원 원주시을	24,379	47.32%	140.7169428218520	1	1	0.006%	134	0.42%	58.91%	58.91%	0.00%
144	경기 안양시만안구	45,836	47.33%	422.1508284655560	3	3	0.006%	135	0.42%	58.92%	58.92%	0.00%
25	서울 마포구을	36,828	47.45%	281.4338856437040	2	2	0.006%	136	0.42%	59.10%	59.10%	0.00%
22	서울 서대문구갑	25,392	47.61%	281.4338856437040	2	2	0.006%	137	0.42%	59.23%	59.23%	0.00%
39	서울 관악구갑	37,238	47.65%	281.4338856437040	2	2	0.006%	138	0.42%	59.28%	59.28%	0.00%
16	서울 도봉구을	28,961	47.73%	281.4338856437040	2	2	0.006%	139	0.42%	59.30%	59.30%	0.00%
5	서울 광진구갑	30,808	47.88%	281.4338856437040	2	2	0.006%	140	0.42%	59.55%	59.55%	0.00%
153	경기 시흥시갑	42,487	48.01%	281.4338856437040	2	2	0.005%	141	0.42%	59.60%	59.60%	0.00%
160	경기 용인시정	45,894	48.19%	281.4338856437040	2	2	0.004%	142	0.42%	59.63%	59.63%	0.00%
19	서울 노원구병	30,230	48.25%	140.7169428218520	1	1	0.003%	143	0.42%	59.63%	59.63%	0.00%
118	경기 수원시병	27,740	48.25%	140.7169428218520	1	1	0.004%	144	0.42%	59.78%	59.78%	0.00%
125	경기 의정부시갑	30,831	48.28%	140.7169428218520	1	1	0.004%	145	0.43%	59.82%	59.82%	0.00%
146	경기 고양시을	51,647	48.29%	422.1508284655560	2	2	0.003%	146	0.43%	59.84%	59.84%	0.00%
31	서울 구로구을	43,238	48.42%	281.4338856437040	2	2	0.005%	147	0.43%	59.91%	59.91%	0.00%
2	서울 중구성동구갑	36,466	48.50%	140.7169428218520	1	1	0.003%	148	0.43%	59.93%	59.93%	0.00%
127	경기 안양시만안구	39,862	48.51%	140.7169428218520	1	1	0.003%	149	0.43%	59.93%	59.93%	0.00%
162	경기 파주시을	27,175	48.66%	140.7169428218520	1	1	0.002%	150	0.43%	59.95%	59.95%	0.00%
15	서울 도봉구갑	27,536	48.71%	0.0000000000000	0	0	0.002%	151	0.43%	59.98%	59.98%	0.00%
129	경기 안양시동안구을	26,118	48.75%	0.0000000000000	0	0	0.002%	152	0.43%	60.05%	60.05%	0.00%
49	서울 강동구을	32,029	48.91%	140.7169428218520	1	1	0.003%	153	0.43%	60.44%	60.44%	0.00%
8	서울 동대문구을	38,898	48.98%	140.7169428218520	1	1	0.003%	154	0.43%	60.48%	60.48%	0.00%
91	인천 인천서구갑	43,485	49.11%	140.7169428218520	1	1	0.002%	155	0.43%	60.54%	60.54%	0.00%
145	경기 고양시병	44,051	49.17%	140.7169428218520	1	1	0.002%	156	0.43%	60.56%	60.56%	0.00%
36	서울 동작구갑	36,967	49.19%	140.7169428218520	1	1	0.002%	157	0.43%	60.56%	60.56%	0.00%
122	경기 성남시동구갑	33,924	49.32%	0.0000000000000	0	0	0.001%	158	0.43%	60.59%	60.59%	0.00%
85	인천 남동구갑	41,510	49.44%	0.0000000000000	0	0	0.001%	159	0.43%	60.64%	60.64%	0.00%
186	충북 청주시청원구	32,323	49.52%	0.0000000000000	0	0	0.000%	160	0.43%	60.78%	60.78%	0.00%
165	경기 김포시갑	37,585	49.67%	0.0000000000000	0	0	-0.001%	161	0.43%	60.82%	60.82%	0.00%
24	서울 마포구갑	27,763	49.75%	0.0000000000000	0	(0)	-0.001%	162	0.43%	60.84%	60.84%	0.00%
1	서울 종로구	23,195	49.87%	0.0000000000000	0	0	0.000%	163	0.43%	61.18%	61.18%	0.00%
128	경기 안양시동안구갑	31,256	49.92%	0.0000000000000	0	(0)	0.000%	164	0.43%	61.20%	61.20%	0.00%
166	경기 김포시을	33,158	50.01%	0.0000000000000	0	0	-0.001%	165	0.43%	61.21%	61.21%	0.00%
106	대전 유성구을	27,459	50.08%	0.0000000000000	0	0	-0.001%	166	0.44%	61.36%	61.36%	0.00%
34	서울 영등포구갑	38,488	50.08%	0.0000000000000	0	0	-0.001%	167	0.44%	61.38%	61.38%	0.00%
86	인천 남동구갑	44,623	50.18%	0.0000000000000	0	0	-0.001%	168	0.44%	61.41%	61.41%	0.00%
253	제주 서귀포시	28,333	50.26%	0.0000000000000	0	0	-0.001%	169	0.44%	61.46%	61.46%	0.00%
114	세종 세종갑	21,589	50.32%	0.0000000000000	0	0	-0.002%	170	0.44%	61.52%	61.52%	0.00%
131	경기 부천시을	49,772	50.34%	140.7169428218520	(1)	(1)	-0.001%	171	0.44%	61.58%	61.58%	0.00%
28	서울 강서구갑	35,229	50.47%	140.7169428218520	(1)	(1)	-0.002%	172	0.44%	61.61%	61.61%	0.00%
29	서울 강서구을	36,859	50.67%	140.7169428218520	(1)	(1)	-0.003%	173	0.44%	61.70%	61.70%	0.00%
103	대전 대덕서구갑	41,883	50.72%	140.7169428218520	(1)	(1)	-0.004%	174	0.44%	61.75%	61.75%	0.00%
252	제주 제주시을	37,500	50.88%	281.4338856437040	(2)	(2)	-0.004%	175	0.44%	61.81%	61.81%	0.00%
32	서울 구로구갑	29,694	50.99%	0.0000000000000	0	0	-0.005%	176	0.44%	61.84%	61.84%	0.00%
120	경기 수원시무	48,709	51.15%	422.1508284655560	(3)	(3)	-0.005%	177	0.44%	62.02%	62.02%	0.00%
211	전북 완주진안무주장수	22,741	51.25%	422.1508284655560	(3)	(3)	-0.006%	178	0.44%	62.04%	62.04%	0.00%
185	충북 청주시흥덕구	43,503	51.30%	422.1508284655560	(3)	(3)	-0.006%	179	0.44%	62.12%	62.12%	0.00%

100개의 퍼즐

시리즈를 시작하면서

2025:03:18

    2020년 4월 15일 총선 결과 데이터에 들어 있는 [follow_the_party](ftp)는 일종의 워터마크 같은 것으로 후보의 당락을 결정하는 로직과는 상관이 없는 것입니다. 이 말을 이해하려면 ftp에 진지하게 접근해야 합니다.

    저는 로이킴과 길고도 긴 대화를 통해 그가 퍼즐을 맞추는 방식으로 이 해커의 지문을 발견해낸 것을 알았습니다. 일종의 추단(heuristics)이라고 말할 수 있습니다.

    ftp에 대해 괴담이라 주장하는 사람들은 진지하지도 않고 선입견에 갇혀 있으며 퍼즐의 완성되지 못한 조각을 하나 집어 들고 전체가 다 틀렸다는 식입니다.

    알고 보면 이해가 쉬운 로직입니다. 그런데 이 ftp를 이해하면 범죄자들이 사전에 판세를 얼마나 정확히 읽는지 알 수 있고 간단한 보정값(조작값)으로 당락을 어떻게 설계하는지도 알 수 있습니다. ftp는 계획표를 완성한 후 숫자를 조금씩 옮겨 계획표상 당락을 바꾸지 않을 정도의 약간의 표수만 이동해서 설계자만 알 수 있도록 일종의 제작자 표시(워터마크)를 찍어놓은 것입니다.

    이 표시가 그대로 선거 결과에 반영되어 나타났고 이걸 역추적하여 설계도를 완성한 것입니다. 후에 자세히 설명하겠지만 이 설계도는 이근형 민주당 전략기획위원장이 페이스북에 올린 보정값을 넣은 전국 판세표와 같습니다. 4·15총선은 애초에 철저히 설계된 것으로, 주로 사전투표율을 높여놓고 그만큼을 다 민주당표로 몰아 채워 넣는 방식으로 이뤄졌습니다.

지금 한국 언론은 범법자 편에 서서 입막음하는 데 동원되어 있지만 이 모든 사태에서 가장 많은 비밀을 아는 자는 '이해찬'이라고 보고 있습니다.

부정선거 규명하는 사람들조차 ftp를 음모론이라고 합니다. 이 세대가 이해 못 하려나 했는데 대학생들이 "서버값"이라고 광장에서 소리치는 걸 들으니 10·20·30대는 알아들을 수 있을 것 같습니다. 이 세대는 버리고 오는 세대와 일해야겠습니다. 이 시리즈는 순전히 다음 세대를 위한 기록입니다.

더 많은 독자들과 함께 하기 위하여

2025:03:19

부정선거 규명 역사에서 [follow_the_party]의 중요성은 엄청나게 큽니다. 사람들이 이 중요성을 이해하는 데 100년은 걸릴 것으로 생각하고 우리는 단행본 『해커의 지문』과 『해커의 지문 발견기』, 애니메이션 《배춧잎투표지 출생의 비밀》(배투출비), 다큐멘터리 《당신의 한 표가 위험하다》라는 네 개의 콘텐츠를 제작하고 무료로 배포해 두었습니다.

그런데 저더러 돈에 환장했다느니 사기꾼이라느니 미친X라느니 화려한 욕설을 던져서 제가 심한 욕설은 고소해 두고, 진지하게 궁금해 하는 분들을 위해서는 설명을 더 쉽게 하라는 하늘의 명령이 떨어진 것으로 생각합니다.

오늘부터 틈틈이 최대한 쉽게 해설하려고 합니다. 미리 『해커의 지문 발견기』를 다운로드 받으시거나 서점에서 사서 펴놓고 공부하셔도 좋습니다.

무료 다운로드는 구글에서 "해커의 지문 발견기 PDF"라고 검색하시거나 NPK의 웹사이트 npknet.org에서 가능합니다.

2021년 발간된 「해커의 지문」과 2023년 발간된 「해커의 지문 발견기」를 통해 [follow_the_party]에 대한 기본적인 메커니즘이 설명됐다. 「해커의 지문」은 절판상태이며, 「해커의 지문 발견기」는 온라인 서점에서 판매중이고, 웹상에서 PDF를 무료로 받아볼 수 있다. *아래 QR을 통해 다운로드가 가능하다.

다큐멘터리 《당신의 한 표가 위험하다》는 한국 선거 문제 중 특히 개표의 문제를 다뤘다. 애니메이션 배투 출비는 4·15총선 당시 가장 문제적이었던 배춧잎투표지로 시작하여 follow_the_party를 찾는 여정을 그렸다. 모두 유튜브 채널 VON뉴스에서 시청할 수 있다.

100개의 퍼즐 **031**

더불어민주당 사상 처음으로 253개 전 지역구에 후보내다

2025:03:19

아마 [follow_the_party]가 무엇인지 정확히 이해하는 사람은 2025년 3월 현재 극소수일 것입니다.

우리나라에서도 『해커의 지문』과 발견기 제작에 함께한 로이킴, 후사장 그리고 제가 시행착오를 겪으면서 이 해설 작업을 해왔습니다.

2020년 6월 후사장은 로이킴 발견이 '가짜'라고 주장하며 제게 이메일을 보내온 사람이고, 로이킴은 미국에서 제작한 부정선거 국제보고서에 ftp 로직은 "디지털 게리맨더링"을 보여 준다고 써서 스스로도 많이 헛갈리고 있음을 온 세상에 알린 바 있습니다.

『해커의 지문』이 초판에서 출판을 멈춘 것은 미완성이었기 때문입니다. 완성하기 위해 빠진 부분, 즉 '어떻게 발견하였나'에 대한 내용을 다시 썼고, 이 부분이 『해커의 지문 발견기』로 따로 출판되어 있습니다. 그러나 그 역시 미완성입니다. 다시 이 100개의 해설 시리즈가 불가피한 이유입니다.

여러분이 ftp에 접근하기 위한 첫 걸음으로 왜 2020년 4월 15일 총선에서 이해찬은 마침내 전국 253개 지역구에서 모두 후보를 내야 했나에 관심을 가져 보십시오.

이것은 민주당 역사에서 처음 있는 일이었고, 당시 미래통합당(현 국민의힘)은 전국 모든 지역구에 후보를 다 내지 않았습니다. 민주당은 이때 지원자가 없고, 당선 가능성이 전혀 없는 대구·경북 지역에까지 전략공천을 해서 억지로 253개 전 지역구에 후보를 냈습니다. 그 이유가 무엇이었을까요?

2020년 총선을 3주 앞둔 때에 이해찬 당시 더불어민주당 대표는 253개 지역구에 공천을 마쳤음을 밝혔다. 전 지역구에 후보를 낸 일은 이때가 처음이었다. (출처: TBS뉴스)

전국 253개 지역구 공천 없이는 ftp 삽입 불가능

2025:03:19

해설 02에서 '왜 2020년 선거에서 더불어민주당은 전국 253개 전 지역구에 후보를 낼 수밖에 없었을까요?'라는 질문을 던졌습니다.

사실 굳이 그럴 필요가 없습니다. 2024년 총선에서는 지원자가 없어서 대구 서구, 경북 청송·의성에는 후보를 내지 않았습니다. 2020년에도 끝까지 지원자가 없었는데 후보 등록 마감 직전에 대구 서구와 북구 갑 후보를 전략공천으로 낙점하여 전 지역구에 후보를 냈습니다. 1948년 자유선거 제도가 확립된 이후 보수 쪽에서는 간혹 전 지역구에 후보를 내는 일이 있었지만 진보를 자처하는 민주당에서는 전무후무한 일이었습니다.

2020년 선거에서 긴급 전략공천한 대구의 마지막 두 지역구는 당연히 민주당 낙선 지역구입니다. 그럼에도 왜 반드시 전 지역구 공천을 감행했던 것일까요?

우연의 일치일 뿐이라고 주장할 수도 있겠지만 그럼에도 불구하고 우리가 주장해 온 것처럼 각 지역구가 가진 고유번호(순번)를 활용하여 어떤 규칙을 부여한 [follow_the_party]라는 암호문자 알고리즘을 반드시 선거 결과 데이터에 숨겨 두겠다고 결정했다면, 민주당의 전 지역

공천은 필수적입니다. 따라서, ftp를 넣기 원하는 누군가가 민주당에 전 지역구 공천을 주문했다고 보는 것입니다.

만일 대구 서구와 북구갑을 끝까지 지원자 없음으로, 즉 무공천으로 두었다면 결코 이 16개의 문자열을 찾아낼 수 없었습니다. 특히 가장 중요한 단어 "the party"(중국 공산당을 의미)는 추출되지 않습니다.

우리의 가설은 누군가 반드시, 한국 총선 결과 데이터에 [follow_the_party]를 넣기로 결정했고, 이를 위해서는 전 지역구 공천은 반드시 필요했다는 것입니다.

우리는 이 지령을 내린 곳은 중국 공산당이고 지령을 받드는 자는 더불어민주당의 실력자 이해찬이라고 보는 것입니다.

2024 총선에는 ftp가 없었다

2025:03:20:06

여러분은 지금 제게 2020년 4월 대한민국 총선 결과 데이터에서만 전무후무 발견된 바 있는 [follow_the_party] 해설을 듣기 시작하셨습니다. 저는 100개 정도의 퍼즐 조각처럼 틈틈이, 해설 편린들을 하나씩, 페이스북을 통해 업로드하고 있습니다.

어떤 분은 처음부터 읽어가면서 편린들을 모으겠고 어떤 분은 45번, 아니면 92번쯤에서 이 해설을 처음 발견하여 그 앞의 조각들을 찾기 시작하겠지요. 확실한 것은 누구든지 100개쯤의 조각을 다 모아서 읽기 전에는 이 퍼즐을 다 맞추지 못할 것이라는 뜻입니다.

해설 03에서 제가 민주당은 2020총선에서 ftp를 삽입하려면 필수적으로 전국 253개 지역구 공천이 필요했다고 말했습니다.

그렇다면 2024년 총선 결과 데이터에도 ftp가 삽입되어 있는가? 당연히 "NO"이겠지요. 왜냐? 전국 공천이 없었으니까.

그렇다면 4·15 당시 더불어민주당에서 선거를 준비했던 이근형 전 전략기획위원장은 ftp를 선거 전에 미리 알고 있었을까요?

이근형 판세표는 ftp 문제로 들어가는 통로

2025:03:20:08

앞에서 저는 "과연 2020총선 당시 더불어민주당 전략기획위원장이었던 이근형 씨는 [follow_the_party]의 존재를 알았을까?"라는 질문을 던졌습니다. 저는 "몰랐다."고 생각합니다. 하지만 5년이 지난 지금은 알까? 적어도 "그럴 수도 있겠다."라고 생각하지는 않을까요?

부정선거 규명전에서 여러 괄목할 만한 사건 중에 이근형 당시 민주당 전략기획위원장이 정확히 2020년 4월 16일, 개표가 끝난 뒤 선거 판세표 한 장을 업로드한 사건이 있습니다.

부정선서에 대해 인식이 없는 사람에게는 그다지 관심을 끌 만한 포스팅이 아닐지 모르나 부정선거에 관심이 있는 사람 중에 이 한 장의 판세표를 모르는 사람은 많지 않을 것입니다.

2020 총선 직후 이근형 당시 더불어민주당 전략기획위원장이 자신의 페이스북에 올린 판세표. '사전투표 보정값'이라는 단어가 눈에 띈다.

제 가까운 지인의 아흔 넘으신 노모께서는 4·15선거 직후 "부정선거다!"라고 말씀하셨다고 합니다. 그분은 이근형 판세표니, ftp니 이런 주제에 대해 아예 모르셔도 부정선거임을 직관적으로 인식하셨습니다. 그럼에도 불구하고 우리는 왜 이토록 긴 시간 동안 공들여 이 ftp 문제에 집중하고 있을까요? 저는 이것이 일종의 민간인들에 의한 수사라고 생각합니다.

부정선거 문제의 궁극의 목표는 범인들을 일망타진하여 벌을 주고 재발을 방지하는 것입니다. 이것은 제가 '전환기정의연구원'(Transitional Justice Mission)을 설립하여 북한체제 전환기의 사법처리 문제를 다루려 했던 기획과 동떨어져 있지 않습니다. 따라서 ftp 문제는 아주 미시적이면서 동시에 거시적인 주제에 연결되는 통로이기도 해서 우리는 지난 5년이라는 긴 세월 동안 여기에 열정을 쏟아 부었습니다.

저는 ftp 문제를 통해 제 생애의 주제인 북한체제 전환기 문제로 다가가고 있습니다. 이 퍼즐이 완성될 때까지 몇 사람이 이 여정에 동행할지 모르겠지만, 미리 알려두는 것은 ftp 문제는 결코 무시해도 좋을 에피소드 같은 사소한 것이 아니라는 점입니다.

이근형 씨가 이제 유명해진 자신의 페이스북 판세표를 올릴 때 과연 그 중대성을 알고 있었을까요? 자신의 행동이 ftp 문제로 들어가는 통로를 제공한 사실을 알았을까요? 저는 단언컨대 그가 몰랐을 거라 생각합니다. 그걸 알았으면 올렸을 리 없지요.

그러나 올리자마자 호통쳐서 내리게 한 인물, 그는 알고 있었겠지요. 그는 누구였을까요?

171표차로 진 남영희 선거소송을 취하시킨 이해찬

2025:03:21:08

    사실 이근형 씨는 민주당 선거가 180석으로 대승한 날 보란 듯이 판세표를 올린 것은 스스로는 '자랑질'이 아니고 "나름 민심을 잘 읽으려 노력했다는 점을 강조하는 차원"이라고 했습니다.

    이 글이 업로드된 것은 개표가 마무리되고 중앙선관위 선거 결과 데이터가 완성된 4월 16일 오전 8시 30분이었습니다. 승리의 흥분이 반영된, 분명 '자랑'이었습니다. 그러나 이 글은 '빛삭'되었습니다.

해당 페이스북 게시물은 올린 지 얼마 지나지 않아 삭제됐다.

    이근형 씨는 여론조사 또는 빅데이터 전문가로서 민주당에 전략기획위원장으로 영입되어 기념비적인 대승을 거뒀고 그 흥분을 즉각 표현했으나 얼마 지나지 않아 이 글은 바로 삭제당하고 마치 큰 벌을 받은 사람처럼 불안한 얼굴로 퇴장했습니다.

사실 이근형 판세표에 [follow_the_party]에 관한 정보가 들어 있지는 않습니다. ftp는 이 판세표상의 정보를 바탕으로 또 하나의 알고리즘이 입혀진 것이라고 표현할 수 있습니다.

좀 더 설명하기 전에 그럼 '빛삭'을 명령한 사람은 누구였을까요? 역시 이해찬이라고 봅니다. 당시 171표 차이로 낙선하여 당선무효소송을 냈다가 또한 즉각 사과까지 하며 소송을 취하한 남영희 인천동구·미추홀구을 후보를 움직인 사람 역시 당시 더불어민주당 대표 이해찬입니다. 그는 왜 승리를 기뻐하지 않고 4·15 부정선거를 묻어버리기 위해 급히 움직였을까요?

확실한 것은 이근형이나 남영희 수준의 인물은 모르는 게 많다는 것입니다. 민주당 선거를 준비한 전략기획위원장까지 모르는 것이 많다면 도대체 누가, 몇 명이나 선거 극비를 쥐고 있을까요?

ftp는 그 극비 중 극비이며, 이 비밀은 이해찬조차 ftp가 발견될 때까지 알지 못했을 가능성을 제기합니다. 선거 극비를 아는 사람은 지금 오직 무겁게 침묵할 뿐, 부정선거니 아니니 말 자체를 안 합니다.

'이해찬은 부정선거를 부인하는 우익 진영의 조갑제와 정규재를 어떻게 생각할까?' 가끔 속으로 물어보는 질문입니다.

선거 전에 정확한 여론조사와 조작 계획표가 있었다

2025:03:21:10

앞에서 살펴본 이근형 판세표는 부정선거 진실을 길어 올리는 두레 박입니다. 이 판세표에 [follow_the_party]에 관한 직접적인 정보가 들어 있지 않은 것은 맞지만 이 판세표가 없었으면 ftp 해설은 쉽지 않았을 것입니다. 다음으로 넘어가기 전에 판세표를 자세히 들여다 봅시다. 몇 가지 중요한 사실을 알 수 있습니다.

첫째, 정확한 전국 여론조사 데이터가 선거 전에 나와 있었습니다. 『해커의 지문』에서 장영후 저자는 이 데이터를 '기초판세표'라고 부릅니다.

둘째, 이 기초판세표에서 일정한 표수를 더해 수면 대승을 거둘 수 있다고 보고 이 더해 주는 표수를 '보정값'이라고 부릅니다. 해커의 지문에서 장영후 저자는 이 보정값이 적용된 판세표를 '기본판세표'라고 칭합니다. 장영후 ftp 해설가에 따르면, 이근형 판세표는 ftp 이해를 위해 필요한 기초, 기본 판세표까지를 담고 있다는 것입니다.

셋째, 이근형 판세표는 보정해야 할 값을 세 개의 카테고리로 나누어서 봅니다. 카테고리 1(C1)은 우세, 카테고리 2(C2)는 경합우세, 카테고리3(C3)은 경합입니다. 이 세 개의 카테고리는 보정, 곧 조작을 계획하는 데 유용한 개념이 될 수 있습니다.

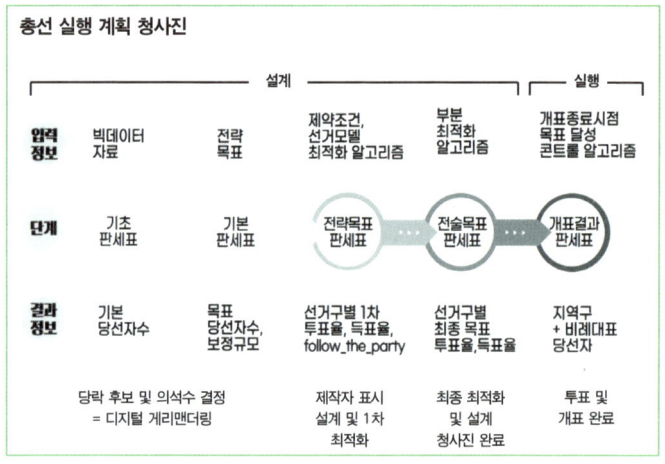

장영후 프로그래머가 제시한 부정선거 실행 계획 청사진

우리는 그들이 어떻게 넣어야 할 표수를 사전에 계산해서 부정선거에 성공했는지를 탐구하기 위해서 이근형의 판세표가 알려 주는 세 번째 정보가 필요한데 이것은 한참 뒤에 다루도록 하겠습니다.

ftp를 이해하는 데 있어 세 번째 정보는 당장 필요하지는 않습니다. 중요한 것은 더불어민주당은 대단한 여론조사 능력으로 전국 가가호호 선거 판세를 읽고 있었다는 것이고, 이를 바탕으로 선거 결과를 계획할 수 있었다는 것입니다.

그렇다면 질문. 2020년 4월 16일 확정된 중앙선관위 발표결과 데이터는 이근형 판세표에 나타난 보정값 적용 데이터와 일치할까요? 다시 말하면 장영후 명명 '기본판세표'가 곧 중앙선관위 결과 데이터일까요?

작업자 표시가 [follow_the_party]인 것은 중대 전략

2025:03:22:07

    2020년 4월 16일 확정된 중앙선관위 결과 데이터는 이근형 판세표에 나타난 보정값 적용 데이터와 일치할까요? 다시 말하면 장영후 '기본판세표'가 곧 중앙선관위 결과데이터일까요?

    후사장(장영후 저자)은 기본판세표, 즉 기본 조작값(보정값)만 실현되어도 목표했던 180석(지역구 163석) 실현에는 아무런 문제가 없다고 말합니다. 그럼에도 불구하고 이근형 판세표상의 목표값이 선거 결과 데이터값과 정확히 일치하지는 않는다고 말합니다.

    후사장이 작성한 한 장의 표는 퍼즐을 모두 맞춘 후에 좀 더 잘 이해가 되시겠지만, 기본판세표에서 두 단계의 보정 작업을 더 거쳤다는 것이 그의 설명입니다.

    『해커의 지문』을 출판하는 과정에서 제가 골치를 앓은 것은 발견자 로이킴과 해설자 후사장이 서로 대화가 원활하지 않은 것이었습니다. 간단히 말하면 발견자 로이킴은 자신이 정확히 무엇을 발견했는지 모르고, 해설자 후사장은 로이킴은 도대체 이 모래사장 같은 숫자더미에서 ftp를 어떻게 찾아냈는지 알고 싶어하지 않는 것이었습니다.

    그럼에도 불구하고 로이킴의 발견도 놀랍지만, 후사장이 범법자들이 당선과 낙선만 조작하는 선에서 멈추지 않고, [follow_the_party]라는 작업자 표시를 넣기 위한 보정을 더 거쳤음을 설명하고, 이를 위한 보정값이 적용된 판세표를 '전략목표 판세표'로 명명한 것은 높이 평가할 만합니다.

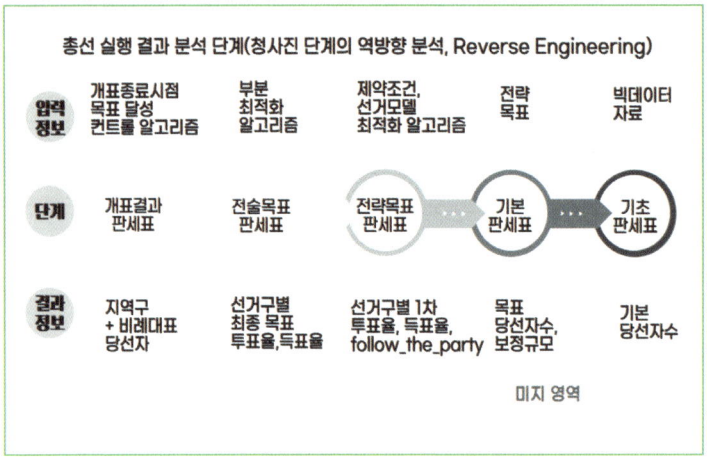

역방향으로 교체

말하자면 ftp는 단순히 '이 작업은 내가 했소.'라는 일종의 영역 표시를 위해 삽입된 것이 아니고 '전략적으로', '반드시' [follow_the_party]여야 했다고 후사장이 말해준 것입니다. 궁극의 범법자에게 반드시 [follow_the_party]여야 하는 전략적인 이유가 있었다는 것이지요.

그렇다면, 그 다음 단계의 '전술목표' 보정은 또 무엇을 위한 것이었을까요?

이근형의 한 단계 보정, 장영후의 세 단계 보정

2025:03:23:06

지금까지의 설명은 간단히 요약될 수 있습니다. 더불어민주당 전략기획위원장이 한 장의 판세표에서 보여준 것은 2020년 4·15총선 전에 완벽한 여론조사와 한 차례 보정을 통한 완벽한 180석이라는 '승리 청사진'이 있었다는 것입니다.

여기에 [follow_the_party]를 해석하다 보니 최소 두 차례의 보정이 더 있었다는 것입니다. 일단 우리는 2차, 3차 보정에 대해서 이근형은 몰랐다고 보는 것입니다. 만일 알았다면 그토록 중요한 비밀의 바탕이 되는 소스를 공개하지 않았을 것이라고 보는 것이지요.

우리의 가정은 2차, 3차 보정은 해외로 건너가서 이루어졌다는 것입니다. 물을 건너와 여기에서 했는지 판세표가 물을 건너갔는시 너 살펴보겠지만 일단 민주당의 공식 라인에서는 1차 보정을 통한 승리 청사진을 만드는 것까지가 과업이었고, 그 승리 청사진이 그대로 현실로 나타난 2020년 4월 16일, 이근형의 감격의 판세표 업로드가 있었던 것입니다.

그로부터 한 달이 채 되지 않아 [follow_the_party]라는 문자열이 선거 결과 데이터에 나타난다는 사실이 세상에 공표되었습니다. 이 사실은 당시 낙선하여 당선무효소송을 제기한 민경욱 후보가 MBC 기자들 앞에서 말함으로써 알려졌습니다.

그로부터 5년에 가까운 시간 동안 우리는 이 사실을 검증하는 데 많은 공을 들였는데, 그중에서도 정유산업에 종사했던 장영후 프로그래머가 우리를 찾아옴으로써 본격화된 것입니다.

"ftp는 허구다"라고 말하며 저를 찾아 온 후사장은 그로부터 1년도 더 지나 "이근형 판세표가 끝이 아니라 몇 차례 보정이 더 있었다."라며 다섯 단계를 나누어 정리한 표를 완성한 것입니다.

요컨대 낙선자를 당선자로 만드는 1차 보정 이후, 2차 보정은 ftp 문자열을 넣기 위한 보정이었고, 다시 3차 보정을 통해 최적화된 전국 각 선거구별 최종적인 목표 득표수 계획이 끝났다는 것이고 편의상 2차 보정은 '전략목표', 3차 보정은 '전술목표'라고 부른 것입니다.

정확한 여론조사는 권력이다

2025:03:23:07

　이근형 보정 개념은 낙선자를 당선자로 바꾸는 조작 개념입니다. 이런 개념은 정확한 여론조사만 있다면 엑셀 정도의 프로그램으로 간단하게 계산될 수 있습니다. 실제로 후사장은 [follow_the_party] 해설을 위해 전문가용 엑셀 프로그램 외 더 복잡한 프로그램을 사용할 필요가 없었다고 말했습니다.

　이근형 판세표의 '보정값'을 우리는 '조작값'이라고 읽지만 민주연구원 일부 요원들은 그들이 작업한 청사진이 '선거운동'을 위한 자료라고 생각했을 가능성도 큽니다. 이런 개념의 빅데이터를 활용한 선거운동 개념은 미국 오바마 선거캠프에서 시작되었고 이 방법을 정리한 책까지 펴낸 사람은 역시 민주연구원 임원을 지낸 고한석이었습니다.

더불어민주당 민주연구원 부원장을 역임한 고한석의 책

　빅데이터는 복잡하게 생각할 필요는 없습니다. 표본이 전수조사에 가까울 만큼 큰 여론조사를 말합니다. 전수조사는 전화 ARS, 면접 같은 방식만으로는 어렵겠지요. 그러나 통신사나 전국 읍·면·동 개인정보에 접근이 가능한 정보력이 있다면 이것은 어려운 일이 아닐 것입니다.

이근형 판세표에 숨어 있는 빅데이터와 이를 보정한 목표 득표수 계획표가 만들어지는 데는 눈에 안 띄는 조력자들이 많았을 것으로 생각됩니다. 지금은 미루지만 뒤에서 LGU+, SK텔레콤, KT에 대해 필연적으로 언급할 수밖에 없는 이유입니다.

고한석 빅데이터와 함께 절대 놓칠 수 없는 자료는 최정묵의 『마이크로 지리정보학』입니다. 이근형은 "민심을 읽기 위해 노력했다"고 말했지만 그토록 정확한 민심읽기는 결코 응답자 1,000명 내외를 갖고 가늠하는 ARS 여론조사로는 불가능합니다.

IT기술과 국가기관의 조력 없이 가능한 일이 아닙니다. 따라서 빅데이터 기반 정확한 여론 판세읽기는 그 자체로 '권력'입니다. 우리가 일반적인 여론조사 전문가 이근형은 허세고 실세는 빅데이터 전문가 고한석, 최정묵이라고 보는 이유입니다.

최정묵의 『마이크로 지리정보학』은 전국 골목 골목, 한 집 한 집의 선거 민심을 모두 커버한다는 개념입니다. 그들은 관악과 성남을 찍어 마이크로 지리정보를 적용한 선거를 시도해 본 바 있고 이를 책을 펴내 자세히 설명하고 있습니다. 왜 하필 관악과 성남인가는 다른 챕터에서 따로 설명하겠습니다.

요컨대 이근형 판세표에 나타나는 기초판세표(빅데이터 기반 여론조사)와 이를 통한 보정값이 실현된 기본 목표 판세표 제작도 결코 간단한 작업이 아닙니다. 이근형 판세표는 간단한 최종 요약이지만 이 빙산의 일각 아래 잠겨 있는 거대한 정보는 빅데이터와 마이크로 지리정보를 가능케 하는 돈, 권력, 인력을 통해 마이닝됩니다.

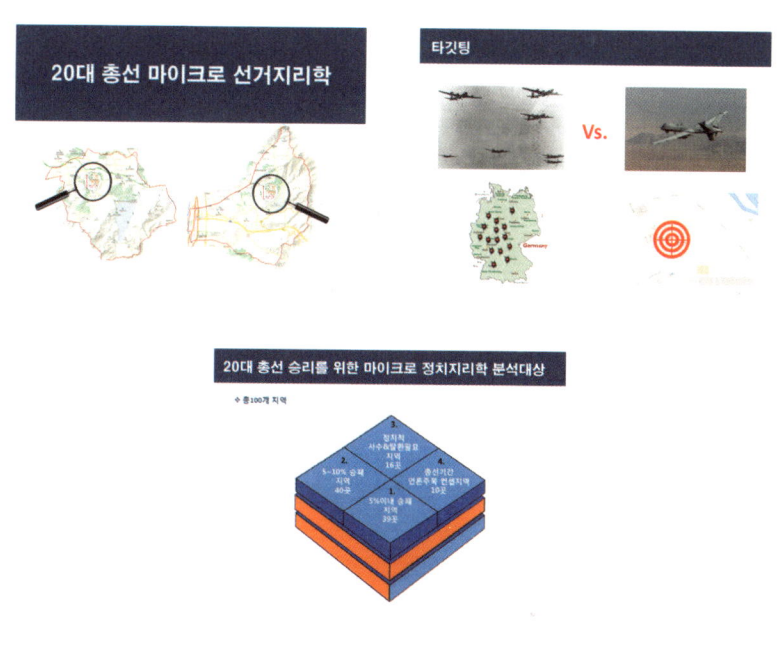

「20대 총선 마이크로 선거지리학」(민주연구원, 2015. 5. 12)

3차 보정의 전술 목표 1.
필요표가 최소화되도록 최적화

2025:03:23:09

해설 08에서 후사장이 해설한 '전술 목표'가 무엇일지 물음을 남겼습니다. 즉 이근형 판세표가 보여 주는 1차 보정이 낙선자를 당선자로 바꾸는 것이고, 후사장이 설명한 2차 보정 핵심이 ftp 삽입이라면 3차 보정 핵심은 무엇일까요?

후사장은 이를 각 지역구별 목표 실현과 전국적인 최적화라고 말합니다. 이 목표는 반드시 관철시켜야 할 목표인 낙선자를 당선자로 바꾸거나, 반드시 ftp 암호문자가 나타나도록 하는 전략적으로 중요한 목표는 아니라는 면에서 '전술목표'라고 명명한 것으로 보입니다.

우선 최적화(optimization)란 상식선에서 이해될 수 있는 말입니다. 선거 전에 일정한 표를 더해서 원하는 목표를 달성하기 위한 계획을 짜는 경우라면 필요표수가 최소화되는 것이 필요할 것입니다. 꼭 필요한 표가 100표인데 200표를 더하도록 계획표를 짤 필요는 없습니다.

여기서 최적화란 촘촘하게 체를 치듯 불필요한 공간을 제거하는 것으로 불필요한 수를 줄여 목표 실현을 위해 꼭 필요한 표수를 계산해 내는 작업인 셈입니다.

인구가 적은 곳일수록 이 최적화 작업은 필수적입니다. 유권자수를 넘어버리는 투표자수나, 민통선 지역처럼 투표 자체가 지극히 제한된 지역의 경우 섬세하게 계획하지 않으면 결국 발각됩니다.

후사장은 실제로 프로그래머들은 목표값을 계획할 때 변수를 고려하고 각종 경우의 수를 따져 프로그래밍하지 않으면 종종 버그가 나온다고 말합니다. 4·15총선 결과 나타난 여러 문제점은 실제로 계획 과정에서 나타난 여러 버그로 보인다는 것입니다.

대표적으로 부천 신중동의 4.7초에 1표, 파주 진동면이나 철원 근북면 지역의 유권자 수를 넘는 투표자수 등 선관위의 기상천외한 변명에도 불구하고 아직 많은 의문은 그대로 남아 있습니다. 3차 보정에 관여한 프로그래머가 한국 상황에 그다지 정통하지 않았을 가능성을 제기해 봅니다.

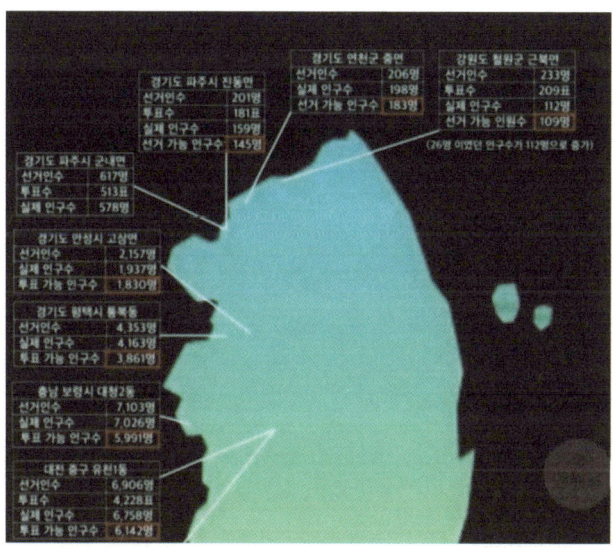

2020년 4·15총선에서 선거인수를 넘는 총득표수가 나온 지역 (출처:디시우한갤러리)

3차 보정의 전술 목표 2.
전국 민주당 최저 득표율 15%

2025:03:23:10

우리는 지금 2차 보정의 핵심인 ftp를 이해하기 위해 큰 그림을 먼저 그려놓고 있습니다. 이것은 선거 전에 완성되어 있었던 '계획표' 또는 '청사진'을 복구하는 작업이라고 할 수 있습니다. 왜냐하면 큰 그림 가운데 ftp가 어디쯤 위치해 있는지 가늠할 필요가 있기 때문입니다.

앞에서 3차 보정은 전국 253개 전 지역구를 대상으로 한다고 말했습니다. 만일 낙선자를 당선자로 바꾸기 위한 작업이라면 어차피 민주당 후보가 당선될 가능성이 없는 지역은 손을 댈 필요가 없습니다.

부정선거를 규명해 온 사람들은 어떻게 낙선자가 당선자로 바뀌었나에만 관심을 가졌을 것입니다. 그러나 ftp에 관심을 가진다면 전혀 당선 가능성이 없는 지역에도 보정이 어느 정도 들어갔다는 사실을 알 수 있습니다.

후사장이 '전술목표 판세표'라고 한 개념 속에는 전국에 빠짐없이 후보를 낸 더불어민주당이 전 지역구에서 선거 비용을 보전받은 사실이 포함되어 있습니다.

어떤 정당이든 전 지역에 후보를 내지 않는 것은 '선거 비용'이 가장 큰 이유입니다. 기본적으로 당이든 후보든 수억에 달하는 선거 비용을 지출하면서까지 후보를 내려면 분명한 이유가 있어야 합니다.

민주당은 2020년 총선 외 단 한 차례도 전국 모든 선거구에 후보를 낸 적이 없습니다. 18대는 48곳을, 19대는 37곳을, 그리고 20대는 19곳을 포기했습니다. 그러나 2020년 21대 선거에서는 전국에 후보를 냈을 뿐 아니라, 또 선거 후 전국에서 선거 비용을 보전받았습니다.

다만 경주는 더불어민주당 14.72% 득표로 0.28%가 부족하여 전액이 아닌 반액을 보전받았습니다. 끝까지 후보를 내지 않으려 했던 대구 서

기존 민주당 후보 출마

	전체	민주당후보	차이
21대	253	253	0
20대	253	234	19
19대	246	209	37
18대	245	197	48

지역별 지난 국회의원 선거 민주당 후보

시도명	21대 선거구수	민주당 후보	20대 선거구수	민주당 후보	19대 선거구수	민주당 후보	18대 선거구수	민주당 후보
합계	253	253	253	234	246	209	245	197
서울특별시	49	49	49	49	48	45	48	48
부산광역시	18	18	18	18	18	16	18	11
대구광역시	12	12	12	7	12	10	12	2
인천광역시	13	13	13	11	12	11	12	11
광주광역시	8	8	8	8	8	6	8	8
대전광역시	7	7	7	7	6	5	6	6
울산광역시	6	6	6	4	6	2	6	1
세종특별자치시	2	2	1	1	1	1		
경기도	59	59	60	60	52	45	51	50
강원도	8	8	8	8	9	8	8	8
충청북도	8	8	8	8	8	7	8	7
충청남도	11	11	11	11	10	9	10	7
전라북도	10	10	10	10	11	11	11	11
전라남도	10	10	10	10	11	11	11	11
경상북도	13	13	13	6	15	11	15	4
경상남도	16	16	16	13	16	8	17	8
제주특별자치도	3	3	3	3	3	3	3	3

더불어민주당이 253개 지역구 전체에 후보를 낸 일은 21대 외 전무후무하다.

구와 북구을조차 15%를 넘겨 선거비 전액을 받아갔는데 경주의 정다은 후보만 아깝게 전액 보전 15% 커트라인을 넘기지 못했습니다.

그 직전 20대 총선에서는 대구 경북 지역구 중 반액 보전 커트라인인 10%를 넘긴 곳이 거의 없었습니다. 그런데 21대 총선에서는 대구 경북 25개 선거구에서 30% 이상의 득표율을 기록한 곳이 여덟 곳이나 있었는데 이는 이 지역의 평균 득표율인 26.68%를 고려했을 때 매우 이례적인 일이었습니다.

반액 보전받은 경주조차 직전 민주당 득표율인 8.33%에 비하면 무려 6.39%를 더 얻은 선전이었습니다. 그래서 여기서 우리는 다음과 같이 추리해 봅니다.

(i) 21대 경주의 정다은 후보도 계획표상에는 15% 이상 달성하도록 설계되어 있었을 것이다.

(ii) 경주 전액 보전 실패로 미루어 보아 3차까지 보정된 결과 청사진도 선거 결과에 완벽하게 실현되지는 않았다.

(iii) 그럼에도 불구하고 아주 적은 오차로 거의 완벽하게 실현되어, 1차 보정목표 180석, 2차 보정목표 ftp도출, 3차 보정목표 전국 더불어민주당 15% 이상 득표를 통한 선거비 전액 보전, 이 세 가지 목표가 거의 완벽하게 달성되었다.

한반도에 자유선거 제도가 도입된 이래 대구 경북, 부산 경남 전 지역이 15% 이상을 민주당에 표를 준 적은 없습니다. 보정, 즉 조작 없이 이것이 과연 가능한 일일까요?

ftp는 괴담이 아니라 사실이며 반인도범죄!

2025:03:24:08

　대통령을 계엄과 구속에까지 이르게 한 '부정선거'는 '전반적이고 체계적인 대형범죄'라는 인식이 필요합니다. 우리는 2020년 4·15총선을 기준점으로 놓고 부정선거 규명 작업을 해왔지만 이것은 훨씬 전부터 시작되어 아직도 약간씩 방법을 달리하며 계속되고 있는 범죄라는 사실을 기억해야 합니다.

　규모와 구성요소로 봐서는 국제법상 반인도범죄(crimes against humanity)의 수준에 부합합니다. 반인도범죄의 중요한 특징은 체계적이고 광범위하며(in a systematic or widespread way), 중대한(grave) 대형범죄라는 것입니다. 국제법상 반인도범죄는 주로 나치의 홀로코스트와 같은 대규모 살상을 징벌하기 위해 고안된 개념이지만 살인 외 집단적 노예화(enslavement)도 국제법상 가장 큰 범죄인 반인도범죄의 한 유형으로 포함시킵니다.

　왜 하필 [follow_the_party]일까요? 이것은 공산당의 노예가 되라는 뜻입니다. "대한민국! 주제에 국민주권? 자유선거? 웃기지 말고 우리 공산당만 따르라고!" 이런 비웃음이 선거 결과 데이터에 나타나도록 설계 단계에서 미리 계획표에 넣어 두었고, 심지어 결과데이터에도 나타나 목표가 달성된 것이라면?

　이런 우리의 주장이 왜 '우화'처럼 '괴담'처럼 안 들리겠습니까? 그러나 이것은 사실입니다. 발견 5년이 지나기까지 아직도 "사실일 리 없다"고 주장하는 사람들에게 묻고 싶습니다. "사실이면 당신이 책임질 방법은? 중국 공산당이 대한민국을 손바닥에 넣고 조물락거리는 게 다 사실이면 당신은 어떻게 책임질 수 있나요?"

　대답은 간단합니다. 이런 주장은 혼신의 노력으로 ftp 규명을 해 온 우리를 모욕하는 수준을 넘어서서 한국인에 대한 공격이며 반인도범죄 동조에 이릅니다. 나치 협력자 못지않은 범죄 가담자라고 해야 되지 않을까요?

> **국제형사재판소(ICC) 로마규약 제7조 인도에 반한 죄**
>
> 1. 이 규정의 목적상 "인도에 반한 죄"라 함은 민간인 주민에 대한 광범위하거나 체계적인 공격의 일부로서 그 공격에 대한 인식을 가지고 범하여진 다음의 행위를 말한다.
>
>   가. 살해
>
>   나. 절멸
>
>   다. 노예화
>
>   라. 주민의 추방 또는 강제이주
>
>   마. 국제법의 근본원칙을 위반한 구금 또는 신체적 자유의 다른 심각한 박탈
>
>   바. 고문
>
>   사. 강간, 성적 노예화, 강제매춘, 강제임신, 강제불임, 또는 이에 상당하는 기타 중대한 성폭력
>
>   아. 이 항에 규정된 어떠한 행위나 재판소 관할범죄와 관련하여, 정치적·인종적·국민적·민족적·문화적 및 종교적 사유, 제3항에 정의된 성별 또는 국제법상 허용되지 않는 것으로 보편적으로 인정되는 다른 사유에 근거하여 어떠한 동일시될 수 있는 집단이나 집합체에 대한 박해
>
>   자. 사람들의 강제실종
>
>   차. 인종차별범죄
>
>   카. 신체 또는 정신적·육체적 건강에 대하여 중대한 고통이나 심각한 피해를 고의적으로 야기하는 유사한 성격의 다른 비인도적 행위

ftp는 선거 조작 계획표에 넣어둔 작업자 표시 알고리즘

2025:03:24:09

부정선거를 오랫동안 규명해 온 사람들조차 ftp를 이해 못 하는 중요한 이유는 "도대체 ftp는 어디에 들어있고 무엇에 쓰는 물건인지"에 대한 이해가 없기 때문입니다.

우리는 앞에서 세 가지 보정(조작)에 대해 설명했습니다.

보정 1: 당락을 바꾸는 보정. 곧 우세, 경합우세, 경합 세 그룹을 모두 당선자로 만드는 작업.

보정 2: 선거 계획 청사진에 작업자 표시를 하되 작업자의 핵심강령인 "공산당을 따르라" 즉 [follow_the_party]를 심는 것.

보정 3: 각 지역구 특징에 따라 필요수를 줄여 최적화하면서 선거 비용을 아끼기 위한 더불어민주당 최저 득표율 15%를 적용하여 각 지역구 필요표수를 계산할 것.

앞에서도 말했듯이 이는 애초에 정확한 빅데이터 기반 여론 판세표가 있다면 엑셀 정도의 프로그램으로도 간단히 계산됩니다.

부정선거 규명이란 기본적으로 이근형 판세표에서 나타난 첫 번째 보정이 선거운동을 통해서가 아니라 표 조작을 통해 일어났음을 입증하는 작업입니다. 어떻게 낙선자가 당선자가 되었는지를 규명하면 되는 것입니다.

문제는 많은 사람들이 이 조작값이 개표 과정에서 실현된다고 가정한 것입니다. 하지만 그것은 우리의 가정과 크게 다릅니다. 우리는 두 번째 보정에 초점을 맞추어 규명 작업에 들어갔으므로 처음부터 개표 과정에서 일어나는 표 조작은 상대적으로 덜 중요하다고 말해 왔습니다. 전자개표기나 수개표 문제에 관심을 가지되, 이는 대규모 부정선거의 보조적 수단이거나 보충적 방법에 불과하다고 본 것입니다. ftp 알고리즘을 통해 우리가 이해한 것은 개표 과정의 부정은 거대한 빙산의 일각에 불과하다는 것입니다.

문제는 선거 결과를 선거 전에 계획하는 지난한 과정에 초점을 두고 보아야 한다는 것입니다. 각 지역구, 각 후보의 선거 결과가 사전에 계획되어 있고, 작업자 표시 ftp는 이 계획표상에 삽입된 것이고, 전국 어느 지역구든 모두 더불어민주당은 최저 득표율 15%를 받도록 설계된 것 역시 앞에서 설명한 것과 같습니다.

따라서 문제는 현행 사전투표제도에서 주로 발생하며, 또한 투표관리관 도장을 인쇄할 수 있고, 투표함이 차에 실려 이동하는, 특히 투표함이 우체국과 재외공관 등 감시의 사각지대가 많은 지금의 제도가 유지되는 한 부정선거는 계속된다는 것입니다.

우리가 『해커의 지문』에 그려 넣어 둔 4·15총선 전체 개념도 **60쪽**를 면밀히 검토해 보시기를 제안합니다.

전체 개념도

(✱는 디지털/IT 관련 항목)

[1단계] 설계

1. ✱ 여론 조사 및 빅데이터 수립	**2.** ✱ 보정 (당락 조정, 온라인 게리맨더링)	**3.** ✱ 해커의 지문 [follow_the_party] 삽입과 최적화	**4.** ✱ 추가 최적화로 선거 청사진 완성	**5.** ✱ 실행 프로그램 알고리즘 완성	**6.** ✱ 180석 목표 실행 중앙 콘트롤 타워 가동

[2단계] 제도 및 정책

- 바코드 대신 QR코드 강행 ✱
- 투표관리인 도장 인쇄 허용
- 사전투표 명부 자필 서명 불허
- 코로나 지원금 집행
- 사전투표 CCTV 불허 ✱
- 유권자 연령 하향
- 투표자 비닐장갑 지급
- 사전투표 독려
- 외국인 개표업무 허용 ✱

[3단계] 실행

여론조작	사전투표	사전-당일 중간	당일투표	개표	최종 결과 발표
✱여론 급격한 변화	✱임시 투표소 운영 ✱투표율 조작	✱실물표 준비	✱투표율 조작	목표득표율에 따른 전자개표기 개표 실행 ✱외국인 개표 업무 수행	결과 수정 시도 ✱다량의 이상 데이터 발견 ✱출구 조사 사전 결과 반영

[4단계] 사후처리

언론통제	증거인멸	재판지연	재검표 방해	야당통제
· 보도통제 ✱ · 시민구속 · 집회 방해	· 신규 서버 교체 및 훼손 ✱ · 뻣뻣한 투표지 등 이상 투표지 삽입 · 이미지 원본 삭제 · 노트북 증거인멸	· 6개월 시한 넘김 · 비례대표 재검표 불허 · 소송제기 후보자 취하 유도	· 사진촬영 방해 · 법관의 이익 충돌 · 배춧잎투표지 등 이상 투표지 감정 방해	· 부정선거 의혹 제기 정치인 불이익 · 야당내 부정선거 은폐

ftp는 노력 없이 안 보인다!

2025:03:24:14

부정선거를 규명하기 위해 노력해 온 사람들에게 ftp는 규명 활동에 도리어 방해물로 보이는 경향이 있습니다. 낙선자를 당선자로, 당선자를 낙선자로 바꾸는 부정선거의 기본 메커니즘을 파악하는 데 그다지 중요해 보이지 않기 때문입니다.

그렇다면 우리는 왜 ftp 규명에 열정을 쏟았을까요?

(i) 2020년 4월 16일 공식 발표된 선거 결과 데이터에 나타난 영구히 인멸 불가능한 유일한 증거이기 때문입니다.

(ii) 전국 253개 선거구를 연결짓는 특수 알고리즘이 발견되었다는 뜻으로, 필연적으로 사전 계획을 전산적으로 실현한 프로그래머가 숨어 있습니다.

(iii) 투개표 과정은 전산으로 목표치에 수렴해 나가는 것과, 실물표가 계산되어 정확히 합산되는 과정이 불일치할 수 있습니다. 즉 투개표가 온오프 이원적으로 작동되어 최종 결과 데이터는 실제 현장에 있는 투표지수와 다소 불일치될 가능성이 있습니다.

위의 세 가지 추론을 다시 요약하면 4·15 총선 투개표는 기본적으로 전산 따로, 실물 따로 이원적으로 이루어졌을 수 있습니다. 연동은 되어 있지만, 정교하게 실물 계수를 반영하는 식의 일원적인 계수가 아닐 수 있다고 본 것입니다. 결국 투표지를 보전하여 다시 세어 보면 선관위 발표 최종 데이터와 실물 투표지수가 정확히는 일치하지 않을 것으로 추정했습니다.

선거 결과는 수천만 명의 마음이 랜덤하게 나타나는 일종의 자연현상입니다. 그런데 자연현상의 결과값에서 암호문자인 [follow_the_party]가 나타난다면 거기에는 누군가의 인위적인 손길이 있다는 뜻입니다. 따라서 ftp를 규명하는 것은 범인을 특정하는 데 있어 지름길일 수 있습니다. 어지러운 난수 속에서 인위적인 알고리즘을 찾는 일은 쉬운 일이 아니지만 선거 범죄의 몸통에 다가가는 데 중요한 단서일 수 있는 것입니다.

ftp를 이해하기 위해 우리는 큐브를 생각해 보기로 했습니다. 무질서하게 흩어져 있는 편린들 속에 색채들의 결이 숨어 있는 것처럼 우리도 선거 결과 데이터 숫자들 속에서 ftp를 가리키는 질서를 찾아가 보기로 합시다.

중국 공산당은 세계 선거에 관심이 많다!

2025:03:25:10

왜 하필, 반드시, 전략적으로 [follow_the_party]를 삽입하려 했을까요? 단순히 낙선자를 당선자로 바꾸는 전형적인 부정선거라면 목표를 설정하면서 이런 복잡한 알고리즘을 설계할 필요가 없습니다.

다시 요약하자면 이 알고리즘을 위해 더불어민주당은 전국 253개 지역구에 모두 후보를 내야 했고, 그 대가로 최저 15% 득표율을 약속받아 금전적인 손해를 감수하지 않아도 되었다고 추정합니다.

당락을 바꾸는 1차 보정 설계만 하는 것도 쉽지 않기에, 2차 ftp 설계와 3차 최저 득표율 15% 및 표수최적화 보정까지 하는 것은 정말 대담한 일입니다. 이렇게 계획한 것을 실행에 옮겨 성취되면 그 선거 결과는 전 세계 선거 역사상 존재한 적이 없고, 전 세계 통계학 역사에서 유사 사례를 찾을 수 없는, 결국 '대수의 법칙'이 전면적으로 무너진 결과가 나올 수밖에 없습니다.

더불어민주당의 180석 달성 못지않게 중국이 집착한 것이 [follow_the_party] 삽입이었고, 이런 무리한 설계가 없었다면 4·15총선 직후 그야말로 들불처럼 일어난 부정선거 규명운동도 어려웠을 것입니다.

4·15총선 직후 1주일까지도 더불어민주당이 대규모 부정선거까지

자행할 수 있다는 생각은 저도 못했습니다. 그러나 2020년의 중국 공산당은 이미 우리의 상상을 뛰어넘는 수준으로 한국 자유민주주의 궤멸 작전에 돌입해 있었고, 그 정점이 4·15 부정선거였으며, 이 사실을 가장 상징적으로 보여주는 것이 [follow_the_party] 삽입이었습니다.

[follow_the_party]는 중국 공산당이 시진핑 시대에 들어와 중국 전역에서 사업체나 주택가에까지 내걸기 요구하는 '영원근당주(永遠跟党走)'의 영어 표현이며, 대주주가 남아공 기업 내스퍼스(Naspers)인 텐센트(腾讯)조차 "사업은 하되 우리 당을 따르라"는 선전 문구를 노골적으로 걸어놓고 있습니다.

중국 공산당은 한국 자유선거 붕괴를 세계 패권 추구에 있어 필요불가결한 '전략'으로 보고 있었던 것이 아닐까요? 우리는 이 모든 '악몽 같은 중국몽'이 음모론에 불과했으면 합니다.

중국 선전에 있는 텐센트 본사 앞에 "FOLLOW OUR PARTY, START YOUR BUSINESS"라는 문구가 적힌 조형물이 보인다.

모든 부정선거 증거가 '착한 선관위의 작은 실수', 즉 부실로 치환되는 중

2025:03:26:16

    부정선거의 핵심은 투표 과정에서 매시간 투표율을 높여 발표하는 것에 있습니다. 그 높여 놓은 투표율만큼에 해당되는 실물표를 대부분 개표 전에 넣기 때문에 신권 다발과 같은 이른바 '형상기억투표지'가 나오는 것으로 추정됩니다.

    투표율을 서서히 전산으로 높이고 최종 집계된 필요 실물표는 한꺼번에 넣거나 이동 중에 투표함을 바꾸거나, 우편투표를 미리 준비하는 등의 방법이 동원되어 진짜 표에 섞여 들어간다는 것입니다.

    따라서 수개표를 해도 이미 가짜 실물표가 투표함에 미리 들어 있다면 전자개표기 부정이 없이도 부정선거는 가능합니다. 투표함이 제대로 된 감시 없이 이동되는 한 부정은 계속될 수 있고 실제로 계속되고 있습니다.

    이 방법에서 가장 중요한 조건은 전국 읍·면·동 예상 투표율 및 각 당 예상 득표율이 미리 나와 있어야 한다는 것입니다. 앞에서 말한 대로 이근형 판세표나 고한석의 빅데이터, 최정묵의 마이크로 지리 정보에는 일반적인 전화 여론조사와는 비교할 수 없는 수준의 정확한 여론 수집 노하우가 확립되어 있습니다.

정상적인 투표지와
사람의 손을 타지 않은 듯한
빳빳한 투표지

선거를 시작하기 전에 당선을 위해 필요한 표는 충분히 준비할 수 있고, 비밀을 지키는 매수된 악성조직이 있다면 많은 노력 없이도 투입할 수 있습니다.

최근의 2024년 22대 총선에서조차 우리는 어처구니없는 증거를 충분히 확인했습니다. 한국인이 선거를 하면서 저질 인쇄된 상태의 투표지에 항의 없이 도장을 찍는 일이 과연 가능할까요? 더구나 전혀 다른 지역에서 프린트된 투표지의 잉크 오염이 동일하다는 것 자체가 부인할 수 없는 증거입니다. **387쪽 사진 참고**

2020년 21대 총선의 오염된 투표지는 그야말로 산더미입니다. 선거 역사상 유례없는 이 쓰레기 투표지들이 한갓 부실의 소산이며 '착한 선관위'의 '착한 실수'라고 믿는 강력한 믿음은 이제 한국에서 천만이 넘는 신도를 가진 '선관위진리교'라는 신흥종교를 이룰 정도입니다.

요컨대 4·15총선에서 발견된 [follow_the_party]란 지금 한국 공직선거에서 일어나는 노골적이고도 뻔뻔스러운 부정선거와 그것을 가능케 하는 악한 권력의 상징이 아닐 수 없습니다.

ftp를 괴담, 음모론으로 모는 사람들의 몇 가지 유형

2025:03:27:08

앞에서 말한 대로 ftp가 없어도 낙선자를 당선자로 바꾸는 데는 아무 영향이 없습니다. 도리어 조작표수만 늘려 발각되기 더 쉽습니다. 그럼에도 불구하고 2차 보정을 통해 ftp 알고리즘을 설계해서 삽입한 것은 전략적이고 심리적인, 그리고 실용적인 이유가 있다고 보고 있습니다.

전략적인 이유라면, 다른 나라 또는 지역에서 시행할 부정선거의 예행연습 또는 시뮬레이션일 가능성이 있습니다. 전산을 통한 대규모 부정선거에 성공하기 위한 기술 확보 같은 것이겠지요.

또한 심리적으로 "한국은 우리 공산당 손아귀에 있어!"라고 스스로 확인하며 조소를 보내는 것일 수 있고, 실용적으로는 작업을 의뢰한 쪽에 작업자 표시를 넣어서 계약 위반 시 압박하기 위한, 그야말로 암호화된 작업자 표시일 수 있겠지요.

우리는 어떤 이유에서든 중앙선관위가 발표한 공식 선거 결과 데이터에 ftp 알고리즘이 발견된다면 그것은 IT 범죄에 함께한 '해커의 지문' 같은 것이라고 간주하고 두 권의 책을 펴내고 다큐멘터리와 애니메이션을 제작하여 성실하게 해설해 왔습니다.

그러나 우리가 성실히 만들어둔 콘텐츠들을 아예 들여다보지도 않고 무조건 '음모론', '괴담'이라고 말하는 사람들의 몇 가지 유형이 있습니다.

(i) 하태경류: 'party' 외에 'ghost' 등 다른 단어도 나온다.
(ii) 이준석류: 묻지마 사기, 묻지마 괴담, 묻지마 미신.
(iii) 기타 많은 사람: ftp를 방정식이나 함수 같은 수학의 일종으로 인식. 특히 '항등식'이라는 주장

그 외에도 많은 공격자들이 있지만 크게 보면 세 가지입니다. 중요한 것은 중국 공산당이나 더불어민주당은 약속이나 한 것처럼 침묵했다는 점입니다. 이 문제는 그 어떤 혐의보다 심각하게 중국 공산당과 더불어민주당을 정조준한, 주범을 특정한 중대한 문제 제기이고, 사실이 아니라면 심각한 명예훼손인데 왜 그들은 침묵하고, 소위 보수 우파들만 수고스럽게 규명하는 사람들에게 입에 못 담을 욕을 쏟아 붓고 있을까요?

ftp 규명 과정에서 저로서는 이 현상이 제일 큰 미스테리로 보였습니다. 심지어 신비롭기까지 합니다. 굳이 그들을 상대할 필요가 있을까 싶지만 ftp 발견과 규명에 함께 한 많은 사람들의 명예를 지키기 위해 위 세 가지 유형에 대해 자세히 설명하겠습니다.

로이킴 스캔들

2025:03:28:10

정규재 전 주필의 일탈은 이재명을 칭송하는 데까지 가버렸습니다. 2020년 좌파 진영이 이해찬 함구령에 따라 일제히 부정선거 이슈에 대해 침묵하는 상황에서 돈키호테처럼 부정선거 음모론설을 장엄하게 설파하던 그분의 요즘 나날들이 애처롭습니다.

조갑제, 정규재 등의 기자들을 기자 이상으로 따르던 사람들의 요즘 심정이 편치 않을 것입니다. 그러나 한편으로 이분들의 부정선거 문제 제기 자체에 대한 도를 넘는 비분강개에 대해 다른 시각을 가질 필요가 있습니다.

가끔 "이해찬, 박지원은 조갑제, 정규재를 어떻게 보고 있을까?"라고 혼자 물어봅니다. 아마도 눈살을 찌푸리고 있지 않을까요? 요즘 10대, 20대, 30대에게 이들은 모두 할아버지 연배일 뿐 자신들의 세대 바깥의 인물들입니다. 한 세대가 지나가는 풍경이 빛나고 멋지지는 않습니다. 다만 '안티'의 역할로라도 끝까지 부정선거 문제가 심연에 가라앉지 않도록 구간 구간 적절히 부정선거 규명하는 사람들을 격동시켜 준 것에 대해서는 고마움을 느껴야 하지 않나 생각됩니다.

조금 전에 로이킴이 전화를 걸어와 "정규재 씨가 우리더러 사기꾼이라고 한 것에 법적으로 대응해야 하지 않나요?"라고 물어왔습니다. 우리는 법적으로 대응하는 대신 이 100개의 퍼즐을 통해 설명하는 방법을 택했습니다.

[follow_the_party] 발견을 대가로 사기꾼, 거짓말쟁이, 괴담꾼이라는 별칭을 가진 것은 역사상 많은 발견자들이 동일하게 겪은 일입니다. 태양은 멈춰 있고 지구가 돈다는 지동설이 처음 나왔을 때도 희대의 스캔들이었습니다. 지금도 '지구가 평평하다'고 믿는 사람들이 있습니다. 그러나 지구는 둥글고 자전하고 있습니다.

문제는 [follow_the_party]의 발견은 위대한 것이고, 중국 공산당의 한국 선거 개입은 입증되었다는 것입니다. 2020년 선거가 끝난 지 한 달 만에 이 해커의 지문을 찾아낸 것에 대해 그 알고리즘을 설계해서 넣은 자야말로 놀라지 않았을까요?

다만, 초기에 [follow_the_party]를 규명했던 사람들이 빚었던 혼선은 발견자인 로이킴 자신도 자신이 발견한 것이 무엇인지 정확히 알지 못했던 것에서 비롯된 측면이 있습니다. 알아보지도 않고 무조건 괴담이라 단정하는 부류를 뺀 많은 분들의 문제 제기는 근거가 없지 않았습니다.

하태경의 ftp 공격 1

2025:03:28:12

지금까지 ftp에 대한 가장 치열한 공격은 당시 미래통합당(현 국민의힘) 국회의원 하태경에 의해 이루어졌습니다. 그의 공격은 네 단계로 나눠볼 수 있습니다.

(i) 탠트럼(tantrum): 고래고래 "사기", "괴담"이라며 소리지르는 단계
(ii) [follow_the_party] 외에 'ghost' 등 다른 문장도 완성된다고 주장하는 단계
(iii) 아예 아무런 문자도 형성되지 않는다고 주장하는 단계
(iv) 침묵하는 단계

ftp가 세상에 나타난 것은 2020년 5월 21일, 당시 민경욱 인천 연수을 후보를 통해서입니다. 로이킴이 ftp 관련 메모를 여러 군데 보냈고, 저희 VON뉴스도 입수하여 갖고 있었습니다.

저희는 검증 과정을 거치기 위해 제쳐두었는데 민 후보가 SNS와 MBC 방송을 통해 세상에 드러냈고, 정치인답게 "중국과 내통해 희대의 선거부정을 저지른 문재인은 즉각 물러나라!"고 주저없이 말했

습니다.

 이에 대한 세상의 즉각적인 반응은 한마디로 탠트럼, 땡깡, 괴성 같은 것이었습니다. 단연 가장 심각한 탠트럼은 하태경의 것. "민 의원의 주장은 이성 너머의 것이고 출당시켜야 한다."는 것인데 정작 이성을 잃은 것은 그 자신인 듯했습니다.

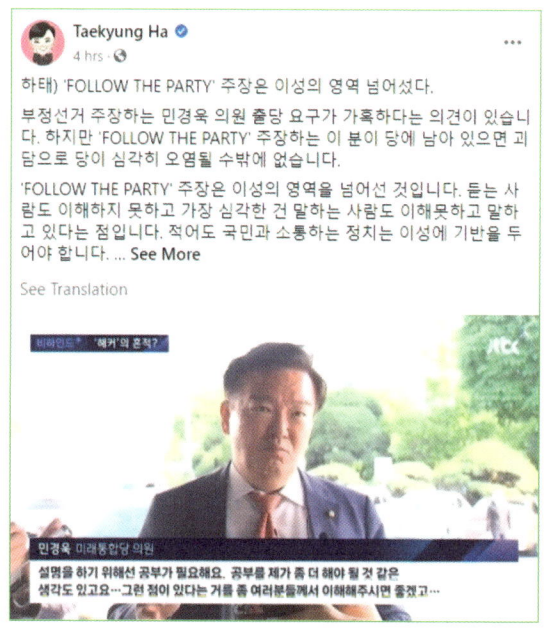

하태경은 [follow_the_party]를 공표한 민경욱 대표에 대해 이성의 영역을 넘어섰다고 말했다.

 이준석이 반복적인 비아냥거림으로 대응했다면, 하태경은 분주히 대응하여 국회의원 하태경 의원실 명의로 자료를 내놓기도 하고 애매한 사람을 걸어 소송으로 입막음을 시도하기도 했습니다.

 이준석은 "대깨문 1,000명만 차단하면 조용해지더라는 이재명 (당시)

지사의 말에 감명받아 '부정쟁이들' 1,000명 차단해볼까 고민이 시작됐다. 다해 봐야 100명 되려나."(2021.4.21. 서울경제)는 말만 했지만, 그와 달리 하태경은 잠깐이나마 분주히 움직였습니다.

하태경은 '중국 공산당'이라는 말에 적잖이 충격을 먹은 듯했습니다. 그는 [follow_the_party]의 뜻을 정확히 아는 사람입니다. 중국에서는 유치원생의 뇌리에도 각인되는 말. 사실 하태경은 중국 공산당 자금으로 길림대학 박사학위를 받는 등 중국의 은혜를 입은 사람으로서 공산당 비판에 화가 난 듯했습니다.

당시 하태경의 주장은 "follow_the_ghost" 등 다른 문장도 나온다는 것이었습니다. 이 주장은 도리어 디지털 부정선거를 인정하는 말이어서 ftp 발견론을 역설적으로 도왔습니다. 의도치 않게 ftp 공론화에 기여한 것이지요.

중국 거리에 걸려 있는 중국공산당 구호 영원근당주(永远跟党走, Follow the Party). 여기서는 문법을 무시하고 당(Party)에만 대문자를 표시했다.

부정선거 인식의 단계 점검

(i) 4·15는 부정선거였나? **Yes면 아래로.**

(ii) 4·15 디지털 부정선거였나? **Yes면 아래로.**

(iii) 4·15 디지털 부정선거는 전자개표기 조작에 한정되었나?
    No면 아래로.

(iv) 4·15 디지털 부정선거는 중앙 콘트롤 타워와 서버 조작이 있었나?
    Yes면 아래로.

(v) 4·15 디지털 부정선거의 첫 단계가 전자개표기 조작이었나?
    No면 아래로.

(vi) 4·15 디지털 부정선거는 선거가 시작되기 전 253개 전 지역구 설계 데이터가 있었나?
    Yes면 아래로.

(vii) 설계 청사진은 빅데이터 분석으로 후보자와 의석 결정에서 마무리 되었나? **No면**
    아래로.

(viii) 당락 후보 결정과 함께 프로그램 설계자의 제작자 표시가 들어가 있었나?
    Yes면 아래로.

(ix) 제작자 표시는 253개 지역구 순번을 활용하는 방식으로 설계되었나?
    Yes면 아래로.

(x) 253개 개별 선거구를 연관짓는 비율 보정은 더불어민주당 당일 득표율 50% 이상을 기준으로 했나? **Yes면 아래루.**

(xi) 이와 같은 로직이 프로그래머의 조작 없이 3,000만 이상 유권자의 표심을 자연스럽게 반영하는 선거 결과 데이터에서 발견될 수 있거나 그런 전례가 있나? **No면 아래로.**

(xii) 따라서 비중값 차이 비교 그래프의 존재로 4·15총선은 유령 프로그래머의 인위적 조작이 들어가 있다는 결론에 이를 수 있나?
    Yes면 아래로.

(xiii) 유령 프로그래머는 전체 지역구 253개를 모두 사전투표와 당일투표 비중값 차이를

기준으로 정렬을 하고, 더불어민주당 50% 득표율 기준으로 양수값과 음수값으로 나누어지도록 비율을 보정했나? **Yes면 아래로.**

(xiv) 유령 프로그래머는 해커의 지문을 반드시 [follow_the_party]라는 16개 문자를 숫자로 치환해서 넣으려고 했나?

No면 (xv), Yes면 (xvi)

(xv) **결론 1**: [follow_the_ghost]나 기타 다른 문장일 수도 있고, 문장이 도출 안 될 수도 있다. 반드시 [follow_the_party]가 해커의 지문이라는 주장은 중국 공산당을 음해하기 위해 만든 괴담이다.

(xvi) **결론 2**: 반드시 [follow_the_party]를 삽입하려고 했던 전략적인 의지가 뚜렷하다. 그것은 해커의 실체를 밝혀주는 것이고, 이 부정선거가 외국 개입임을 보여주는 뚜렷한 증거다. 따라서 우리는 이것을 설계해서 넣은 데이터를 '전략 목표 판세표'라고 부른다.

위의 과정에서 하태경 의원실은 최초의 자료를 통해 결론 1을 제시했습니다. 로이킴의 발견 과정을 기본적으로 인정했던 것입니다. 중요한 쟁점은 'party'냐 'ghost'에 있지 않고 선거 결과 데이터에 이런 문장이 추출되느냐 입니다. 인위적인 조작 없이 불가능한 일이기 때문입니다.

하태경의 ftp 공격 2

2025:03:29:06

앞에서 살펴본 바와 같이 ftp 과정에서 가장 우스꽝스러운 장면은 [follow_the_party]만이 아니라 'ghost', 'happy', 'meows' 등도 나온다고 하태경 의원실에서 직접 자료를 낸 사건이었다고 보여집니다.

저희 VON뉴스에서는 2020년 5월부터 민경욱 의원으로부터 배턴을 이어 받아 본격적으로 ftp 규명에 들어갔습니다. 발견자 로이킴과 소통을 시작했고, 저희 유튜브 채널을 브레인스토밍을 위한 통로로 열어주었습니다.

하태경 의원실의 브리핑 자료도 VON뉴스에서 나간 로이킴 설명을 반박한 것이었는데, 요컨대 하태경 의원실은 로이킴이 데이터를 꿰맞춘 것이고, 'party' 외에 다른 단어도 가능하다는 것이었습니다.

지금은 어떻게 생각하는지 물어보고 싶습니다. 하태경은 이준석이 말한 그 '부정쟁이의 괴수'가 한국 대통령, 미국 대통령인 상황에서 부정선거 규명 방해 전선에서 자취를 감추고 말았군요.

부정선거를 인지한 걸까요? 침묵 지령을 받들고 있는 걸까요? 저는 후자라고 봅니다. 한편 이 대규모 부정선거라는 초절정 하이브리드 전쟁의 가장 중요한 키맨 중에는 고한석이라는 인물이 있습니다.

고한석은 국정원 요원인 아버지를 따라 대만에서 자라 중국어에 능통합니다. 서울대 중문과를 특례로 입학하여 고정간첩으로 활동하다 검거된 바 있으나 전향한 이력은 없습니다.

그는 북한 노동당, 중국 공산당, 한국 민주당을 엮는 고리 역할을 했을 뿐 아니라 흔들리지 않고 꿋꿋하게 사명을 다하고 있는 확신범입니다. 하태경은 고한석과 뗄 수 없는 측근입니다. 사회디자인연구소 이사, SK상무 등으로 엮인 이력은 공개된 바 있으나, 알려지지 않은 영역에서 이들을 엮는 핵심고리는 역시 '중국 공산당'입니다.

'ghost'는 되는데 'party'는 안 된다는 그의 절규에서 여전히 '아마추어스러움'이 느껴졌습니다. 공작의 세계에서 하태경의 존재는 언제나 '아마추어'라는 사실이 가장 여실히 드러난 장면이 바로 ftp와 결사적으로 맞섰던 그때 그 모습이 아닐지요? 어쨌든 그후 그는 잠잠합니다.

하태경은 로이킴이 데이터를 꿰어 맞췄다고 했는데, 로이킴은 수학방정식을 풀면서 ftp를 발견한 것이 아니고 루빅스 큐브를 맞추듯이 ftp를 맞췄다고 할까요? 로이킴의 ftp를 선거 데이터 안에 누군가 큐브를 하나 넣어둔 것에 비유해 보겠습니다. 큐브를 발견하는 과정과 큐브를 맞추는 과정을 나눠서 살펴 보아야 ftp를 이해할 수 있습니다.

자칭 수학천재 하태경은 ftp를 너무 섣불리 접근하였던 것이지요.

'follow the party' 도출과정 조작을 밝힌
하태경 의원실 검증 보고서

[1] 하태경 의원실의 검증 결과, 민경욱 측이 유튜브 등을 통해 밝힌 공식대로 계산하면, 'follow the party'가 나오지 않음. 14글자 중 4글자(follow the party)만 일치

[표1] 민경욱 측이 도출한 문자변환표
(https://youtu.be/-J7pIsJx03s 유튜브 영상 발췌)

[표2] 하태경의원실이 민경욱 측 공식대로 검증한 문자변환표
('follow the party' 중 4글자만 일치)

하태경 의원실에서 내놓은 ftp 검증 보고서

하태경 의원실 보도자료

하태경, 중국 해커 총선 개입 'Follow the Party'는 선관위 해킹의 흔적이 아니라 민경욱 측이 데이터 숫자 조작한 괴담. 당내 괴담세력 청산해야.

- 민경욱의 'Follow the Party', 선관위 전산망 해킹 증거 아닌 총선 결과 데이터 조작해 창조해낸 것
- 'Follow the Party' 처음 주장한 유튜버의 영상 통해 조작 과정 자세히 기술
- 민경욱이 검증 맡긴 유튜버 수학쌤, 'Follow the Party' 검증 불가 선언하고 사과 글 올려
- 수학쌤이 공유한 한 네티즌의 분석글도 민 의원 주장은 데이터 끼워맞추기라고

결론
- 민경욱, 검증도 없이 조작된 괴담을 덜컥 발표한 것이 확인된 것
- 민 의원은 괴담 조작 국민에게 사과하고 통합당도 자진 탈당해야.

□ 하태경 미래통합당 의원(부산시 해운대구갑)은 5월 31일 'Follow the Party'가 중국 해커가 21대 총선에 개입한 증거라는 민경욱 의원의 주장이 숫자 조작에 불과하다는 기자회견을 진행했다.

□ 지난 21일 민경욱 의원은 중국 해커가 21대 총선에 개입하고 남긴 흔적(이스트 에그)을 찾았다며 'Follow the Party'란 글자를 공개했다. 하지만 이것은 해킹의 흔적이 아니라 숫자 조작으로 만든 괴담에 불과하다.

□ 첫째, 해커들은 악성코드를 통해 전산망을 해킹하고 소프트웨어나 전산망에 자신의 흔적을 남기지만 'Follow the Party'는 이러한 해킹의 흔적이 아니다. 선관위 내부망 해킹의 흔적으로 발견한 것이 아니라 총선 데이터를 활용해, 'Follow the Party'란 암호를 정해놓고 조작식을 창조한 것에 불과하다. 그 창조한 방법도 데이터 끼워맞추기와 수식 오류로 만들어진 조작에 불과했다. 민경욱 의원이 공유한 유튜버 로이킴의 영상에는 'Follow the Party'가 어떻게 도출되고 조작됐는지 자세히 나와 있다.

□ 둘째, 숫자를 끼워 맞춰 조작된 문자표조차 다양한 문자 추출이 가능했다. 민경욱 의원은 이 문자표에선 오로지 'Follow the Party'만 추출이 가능하다고 했지만 이는 사실이 아니다. 문자표에는 'Follow the Ghost', 'Follow the happy', 'Follow the meows' 등 수많은 문자가 추출이 가능하다. 민 의원의 주장은 'Follow the Ghost'인 것이다.

□ 셋째, 민 의원이 검증을 의뢰한 수학강사도 'Follow the Party'는 수학적으로 입증이 불가능하다고 밝혔다. 민 의원조차 복잡하게 구성된 조작영상을 이해하지 못해 결국 부정선거를 주장하던 수학강사에게 검증을 의뢰한다. 유튜버인 수학쨈은 'Follow the Party'를 처음 주장한 로이킴까지 만나 검증에 나섰지만 결국 수학적 검증이 불가능한 오류투성이라는

사실을 인정하고 유튜브를 통해 사과글을 게시했다. 또 이런 사실을 민 의원에게 직접 전하고 자신이 올린 'Follow the Party' 관련 영상을 삭제했다.

□ 또 수학쌤이 자신의 생각과 같다고 공유한 한 네티즌의 분석글도 'Follow the Party'의 오류를 잘 지적하고 있다. 데이터를 끼워 맞추고 이동변환값**23쪽**을 반복 조정해 원하는 글자가 나오도록 조작했다는 것이다.

□ 민 의원은 애당초 아무런 검증도 없이 조작된 괴담을 덜컥 발표해 국민을 우롱했다. 더욱이 자신이 검증 부탁했던 수학쌤으로부터 'Follow the Party' 증명할 수 없다는 사실을 전해 듣고도 계속 주술처럼 문구를 사용하고 있다. 이건 실수가 아니라 악의적인 괴담 선동이다.

□ 이전 자유한국당은 지만원류의 괴담선동에 방조해 국민의 비호감 됐다. 민 의원의 'Follow the Party' 주장은 북한특수부대가 5.18 일으켰다는 지만원의 궤변보다 더한 괴담이다. 민 의원 한 명이 미래통합당 혁신의 큰 장애가 되고 있는 것이다. 조작된 괴담선동에 가담한 민 의원은 국민에게 사과하고 통합당도 자진 탈당해야 한다.

로이킴은 누구인가?

2025:03:29:08

하태경의 '로이킴 괴담설' 주장 기자회견에 대해 로이킴은 영상을 통해 편지를 남겼습니다.

> 제가 공개하는 공식에 대해 많은 공부를 하셨고 어느 정도 이해하신 것 같습니다. follow the party, ghost…, meow 등 많은 단어를 찾았습니다. 확실히 저보다 어휘력이 좋은 것 같습니다. 적어도 ftp 도출 과정에 문제가 없음을 확인해 주신 점 감사드립니다.

이 로이킴의 짧은 편지에는 중요한 의미가 들어 있습니다. 허가 찔린 것입니다. ftp 규명에 참여했던 많은 사람들은 로이킴이 그랬던 것처럼 정확히 ftp가 무엇을 의미하는지 모르고 참여했습니다.

이 편지를 받은 이후 하태경 의원실은 국회에서 일주일이 지나 두 번째 기자회견을 가졌습니다. 첫 번째 기자회견에서는 'party'라는 단어 외 같은 문자 테이블에 'ghost'라는 단어도 있다는 주장을 했지만, 두 번째 기자회견에서는 첫 번째 기자회견을 스스로 부정하며 "아무런 단어도 나오지 않는다"는 주장을 하고 더 이상 참전하지 않았습니다.

처음부터 하태경 의원은 아무런 문자열이 발견되지 않았다고 주장했어야 했는데 그는 너무 친절하게 문자테이블이 도출되는 일련의 과정을 이미 대중에게 설명해 버렸고, 사실상 선거 데이터에 인위적인 알고리즘이 삽입되어 있음을 인정한 꼴이었습니다.

이 과정에서 국회의원 하태경은 시민 로이킴의 설명을 직접 들어보려는 시도는 하지 않았습니다. 선관위도 중국 공산당도 지금껏 마찬가지입니다. ftp는 부정선거를 획책하거나 덮으려는 사람들 모두에게 주머니 속 송곳처럼 감추려 애쓰나 감출 수 없는, 인멸 불가능한 비밀의 존재가 아닐까요?

로이킴의 본명은 김상훈, 대구에 사는 두 아이의 아빠, 발견 당시에는 30대, 이제는 40대가 된 중산층 시민입니다. 로이(Roy)는 미국 유학 시절 이름이라고 합니다. LA에서 대학을 졸업하고 IT분야에서 잠깐 일한 적이 있지만 그는 주로 개인사업을 해왔습니다.

그는 집중력과 두뇌가 좋은, 훌륭한 리서처입니다. 대수의 법칙이 무너진 선거 결과에 호기심이 생겨 한 달 내내 선거 결과 데이터를 천착했다고 합니다.

그가 숫자더미에서 찾고자 한 것은 선거부정의 증거였지만 이런 종류의 해커의 지문을 건져 올릴 줄은 몰랐다고 합니다. ftp는 결국 증거 이상의 증거라는 것이 우리의 입장입니다.

ftp 해설 23

애니챈 여사와 로이킴

2025:03:29:10

박근혜 대통령 탄핵에 즈음하여 한국 사회에 이름이 알려진 애니챈 여사에 대해 부쩍 관심이 많아졌는데 2020년에 챈 여사에게 로이킴을 소개한 것은 저였습니다.

미국 보수주의 운동, 특히 CPAC의 중요한 후원자면서 한국 사회에도 기독교적 자유민주주의와 보수주의 이념이 고양되는 데 관심이 큰 애니챈 여사에 대해 요즘 설왕설래가 많은 이유를 정확히는 모릅니다.

저는 2018년 하와이로 건너가서 챈 여사를 직접 만나 어떤 연유로 박근혜 대통령 구명을 돕게 되었는지 알아보았습니다. 만에 하나 악성 자금이 흘러 들어올 가능성을 방어하는 것은 제 오랜 습관입니다.

그분이 살고 있는 아름다운 카이저 헤리티지 저택이 인상 깊었습니다. 미국명은 홍콩계 이민자인 남편 성을 따 '챈'이지만 피난과 월남, 미국 이민을 겪은 한국계 부호가 한국 자유민주주의 위기 상황의 위급성을 파악하고 돕기로 결정한 것에 감사한 마음이었습니다.

많은 도움 중에서도 2020년 4·15 부정선거 문제를 국제적 시각에서 정리하여 2021년 3월 발간한 『Election Fraud South Korea 2020 vol. 1, 2』는 미국과 한국 부정선거 문제를 한눈에 볼 수 있는 가교 역할을 한 중요한 업적이라고 생각됩니다.

이 책에 로이킴의 짧은 논문이 실렸습니다. 이 논문은 [follow_the_party]의 실체에 대해 처음으로 국제사회에 알렸다는 측면에서 의미 있었습니다. 다만 ftp에 대해 '디지털 게리맨더링'의 증거라고 해설한 것은 오류였습니다.

뒤에 프로그래머 장영후, 즉 후사장의 등장이 중요한 것은 이 문제에 대한 명쾌한 설명을 해 주었기 때문입니다. 그동안 ftp 규명에 매달렸던 사람들은 발견자 로이킴과 함께 시행착오를 거듭하고 있었다고 보여지고 여기서 규명을 멈춘 많은 사람들이 아직도 ftp를 괴담 수준으로 인식하고 있는 듯합니다.

당시 로이킴은 선거 결과 데이터에 나타난 ftp 알고리즘이 기본적으로 표가 부족한 선거구에 남는 표를 옮겨 주는 메커니즘이라고 보았던 것입니다. 이 부분의 오류를 교정해 준 것이 후사장입니다.

조금 어려운 얘기가 시작됩니다. 중3 수학시간으로 시간여행하는 기분으로 계속 함께 가보시기를 기대합니다.

『Election Fraud South Korea 2020』에 로이킴이 기고한 글

253개 지역구 번호를 활용하여 16개 문자를 넣다

2025:03:29:09

더불어민주당의 4·15총선 계획, 전국 여론조사를 통한 보정을 통해 목표 180석을 정하고 지역구에서 163석, 비례에서 17석을 실현하기로 한 것이 그대로 실현된 기쁨을 이근형 전략기획위원장이 한 장의 보정값이 적용된 판세표를 통해 드러낸 것은 이제 모두 알고 있습니다.

목표 단계에서 120석은 포기한 셈인데 선거 비용까지 보전하기 힘든 지역까지 급히, 선거 직전에 전략공천까지 하여 사상 최초로 모든 선거구에 후보를 낸 것은 ftp 설계와 관계가 있다고 말했습니다.

전국 선거 계획 청사진을 펴놓고 이 속에 해커의 지문을 넣는 방법은 여러 가지가 있을 수 있습니다. 우리는 '해커의 지문'이라고 부르지만, 이스터에그(Easter egg)라는 프로그래머들 간의 전문용어가 있습니다. 부활절 달걀이라는 뜻입니다. 삶은 달걀이 아니라 생달걀이라는 뜻이겠지요.

삶은 달걀인 줄 알고 깨뜨렸다가 낭패 보게 하는 짓궂은 장난에서 온 말인데 달걀을 준비한 사람은 비밀을 알겠지요. 어떤 프로그래머 분이 댓글로 자신의 회사에서는 프로그램에 든 이스터에그 찾기 경연을 해서 찾은 사람에게 상을 주기도 한다고 하더군요.

4·15 디지털 부정선거 계획을 세우고 실행할 프로그램을 만든 프로그래머는 일단 불법에 가담하고 있으므로 '해커'로 불려도 괜찮습니다.

그러나 이 해커는 어마어마한 권력을 갖고 이 일을 명령하는 상부의 하수인일 뿐이고 상부의 명령은 처음부터 'follow_the_party'라는 16개 문자와 기호가 대한민국 전국 선거 결과에 들어가게 하는 것이었다고 보는 것입니다.

숫자들 속에 문자를 넣는 방법은 '아스키코드'가 있습니다. 우리가 쓰는 알파벳이나 한글 자음모음이나 한자나 무엇이든 고유번호를 가질 수 있습니다. 우리가 쓰는 10진법 숫자는 0과 1로 이루어진 2진법 숫자로 치환될 수 있습니다. 저로서는 아스키코드가 무엇인지 알 필요가 없는 세계에 살고 있었고 ftp 규명을 하면서 처음 접한 말입니다. 그러나 이해가 어려운 개념은 아닙니다.

요컨대 문자를 숫자로 바꾸는 아주 간단한 방법이 있다는 것입니다. 선거 계획을 총괄하는 프로그래머(해커)는 대한민국 각 선거구가 고유번호를 갖고 있었다는 사실에 주목했을 것입니다.

종로 1에서 시작하여 제주 서귀포 253이라는 지역구 고유번호에 착안하여 이 숫자들로 16개의 문자 및 기호를 만드는 방법을 찾아내어 설계한 것이 앞에서 말한 '2차 보정'입니다.

위의 설명을 최대한 자세히 설명하여 펴낸 것이 『해커의 지문』이었습니다. 바둑은 로이킴이 두고 해설은 후사장이 했다고 생각하시면 이해에 도움이 될 것입니다. 다만 후사장의 해설에도 오류가 포함되어 있어 이 시리즈에서 바로잡아 보강하려고 합니다.

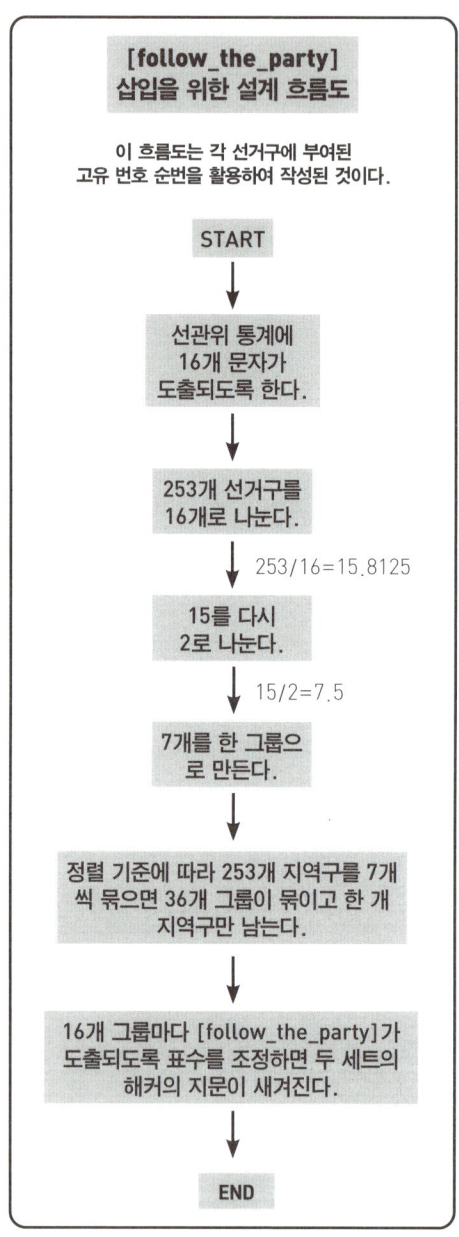

*상세한 내용은 99~111쪽 가상회의록 참고

ftp는 방정식이 아닌 추단으로 발견한 알고리즘

2025:03:31:10

ftp 발견과 규명의 역사에서 장영후 사장(후사장)이 등장한 것은 몇 가지 중요성이 있습니다.

(1) 해커의 지문의 완전태인 두 개의 언더바(_)가 포함된 16문자 [follow_the_party] 반복 구조 발견.

(2) 해커의 지문이 삽입된 시점 추정. 각 지역구 목표 표수를 설계하는 단계에서 이미 삽입된 것으로 추정.

(3) 선거 결과 데이터에서 ftp 찾아낸 로이킴의 발견은 자연과학적 영감과 추리력에서 가능한 것임을 인정.

후사장은 ftp가 세상에 알려진 지 한 달쯤 된 2020년 5월에 VON뉴스에 이메일을 통해 문제를 제기해 왔습니다. 그리고 최선의 노력으로 ftp 해설을 완결했습니다. 『해커의 지문』 집필 과정에도 많은 시행착오가 있었으나 로이킴의 "디지털 게리맨더링" 가설을 깨고 "최적화 모델을 통한 이스터에그"임을 설명할 때 그는 '유레카'를 외치며 달려왔습니다.

ftp가 발표된 이후 여러 사람이 저희에게 문제를 제기해 오곤 했습니다. 무시해도 좋을 얘기도 많았지만 진지하게 들어볼 얘기도 있었습니다. 후사장의 ftp 규명은 2년 가까운 시간이 소요되었습니다. 처음에 후사장 역시 ftp에 대해 심각하게 의심하며 다가왔지만 가장 진지하게 이 문제를 다루었고, 로이킴과 직접 대화하거나 이메일을 주고받으며 이해해 나갔습니다. 후사장은 로이킴이 수작업으로 맞춰 놓은 퍼즐을 프로그래머의 관점에서 검증하며 마침내 로이킴의 중요한 오류를 교정해 주기도 했습니다.

세상의 악질들 중에는 한 번 형성한 선입견으로 귀와 눈을 닫아버리는 유형이 있습니다. 그중에 우리가 기억해 두어야 할 인물은 OO제지 류OO 전무라고 자신을 소개한 사람입니다. 그는 "부정선거는 없다"라는 대전제에서 출발하여 정규재, 조갑제 등 우파 저널리스트에게 접근하여 의기투합하는 데 성공했습니다. 1996년에 처음 뵈어 30년째 그분의 행적을 가까이에서 보아온 저로서는 조갑제 기자의 노년의 나날들에 충격을 느낍니다. 정규재 기자도 마찬가지입니다.

우파의 '구루'를 자임하는 분들이, 자신의 전 재산을 털어 '부정선거 음모론'을 분쇄하는 데 바치겠다는 류OO의 손을 잡은 것은 우연만은 아니겠지요? 쓰디씁니다. 사람이 선입견을 바꾸는 것이 쉽지는 않습니다. 류OO이라는 사람의 ftp 이해는 한갓 선입견에 불과합니다. 후사장의 등장으로 ftp는 방정식도 항등식도 함수도 아닌 사칙연산 외 사용되지 않는 단순한 알고리즘이라는 것이 밝혀진 지 오래인데 그들은 아직도 2020년 5월의 시간에 멈춰 있습니다.

시행오차법(trial and error method) 개념을 수용하지 않고 추리에 의한 발견(heuristics)의 세계를 이해할 수 있을까요? 아직도 설명 과정의 오류를 트집 잡아 집요하게 저희를 모욕합니다. 제가 이 해설을 써 나가는 동안에도 나타나 역산이니 항등식이니 호랑이 담배 피던 시절 얘기를 꺼내며 온갖 짜증을 부립니다.

거듭 말하건대 이 시리즈는 열린 마음을 가진 사람들을 위한 것이고, 특별히 다음 세대를 위한 것입니다.

NPK와 VON뉴스가 지난 5년 간 치열하게 전개해온 부정선거 규명 운동의 역사를 기록한 『NPK 부정선거 탐사리포트 2020-2025』. 온라인 서점에서 판매중이다.

1차, 2차, 3차 보정(조작) 개념 없이 ftp 이해할 수 없어

2025:04:01:09

이근형 판세표는 우리에게 보정(조작) 개념을 알려 주었습니다. 지금껏 많은 통계학자, 공학자들은 당락을 바꾸는 1차 보정에 초점을 두고 집중적으로 연구했습니다.

맨 먼저 전산 프로그램을 통한 보정값을 실현한 부정선거 모델을 제기한 것은 맹주성 박사였습니다. 맹 박사는 2020년 4월 15일 총선이 끝난 지 1주일 만에 이런 종류의 프로그램은 대학원생 수준의 프로그래머도 설계할 수 있다고 말했습니다. 전자장비를 통해 목표치에 도달한다고 가정했을 때의 알고리즘을 직접 플로우차트를 그려 발표하기도 했습니다.

허병기 박사, 공병호 박사, 도경구 박사, 장재언 박사, 박영아 박사, 박성현 박사 등의 작업도 1차 보정에 관한 설명이며 규명운동 초기부터 나온 솔선공식 등 익명의 참여자들의 작업도 마찬가지였습니다.

맹주성 가설 알고리즘

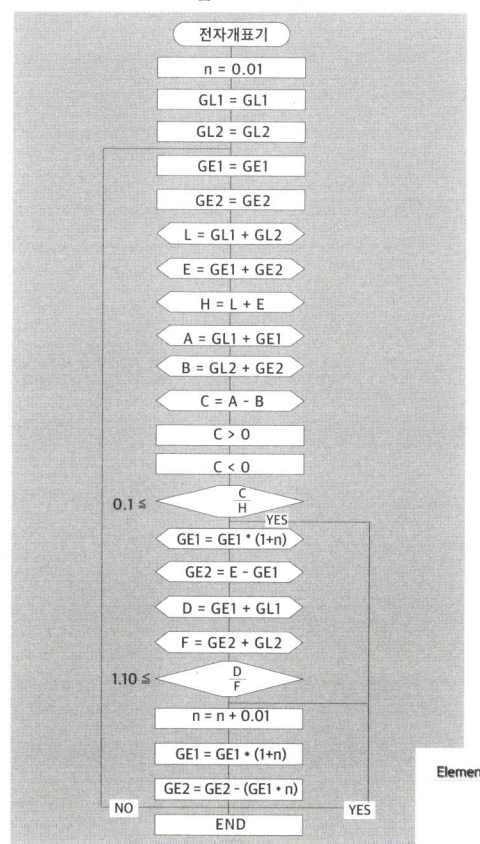

Element 첫째, 선거구 고유번호
　　　　　종로구 : 1　투표소 1-1, 1-2, …
　　　　　중구　 2 :　투표소 2-1, 2-2,…
　　　　　　…
　　　　　제주 : 253　투표소 253-1, 253-2, …
　　　둘째, 투표
　　　　　당일투표(Local Vote) : L1, L2, …, L253
　　　　　　투표소 : L11, L22,…
　　　　　사전투표(Early Vote) : E11, E22, …, E253
　　　　　　투표소 : E11, E22, …
　　　셋째, 득표수
　　　　　1번후보　　당일투표 : GL1
　　　　　　투표소별 : GL11, GL12,…
　　　　　　사전투표 : GE1
　　　　　　투표소별 : GE11, GE12,…
　　　　　2번후보　당일투표 : GL2
　　　　　　투표소별 : GL21, GL22, …
　　　　　　사전투표 : GI2

Reading 득표수 : L1, L2, E1, E2, GL1, GE1, GL2, GE2
　　　　고유번호 : 1,2,…,253
　　　　보정값 : n

부정선거란 낙선자를 당선자로 바꾸는 범죄인 만큼 규명운동이란 이 메커니즘을 설명하는 것일 수밖에 없습니다. 말하자면 1차 보정이 부정선거 실체이므로 부정선거 규명운동은 이를 밝히는 것입니다.

로이킴 역시 대수의 법칙이 비정상적으로 무너진 2020년 4·15총선 데이터에서 조작의 공식을 찾아보려 했던 것이 사실입니다. 그러나 로이킴이 찾아낸 패턴은 당선과 낙선을 결정짓는, 즉 1차 보정을 보여주는 패턴이 아니라는 것을 후사장이 설명해 준 것입니다. 따라서 ftp를 이해하기 위해서는 이것이 1차 보정이 끝난 후에 추가된 2차 보정이라는 사실을 염두에 두어야 합니다. 4·15 부정선거 이외의 어떤 선거에도 나타나지 않는 패턴입니다.

그러나 이 ftp야말로 규명작업에 있어 중요한 단서이며 궁극의 범법자를 특정하는 데 있어 핵심적 실마리입니다. ftp를 삽입하는 2차 보정으로 인해 4·15 부정선거는 덜미가 잡혔다고 해도 과언이 아닙니다. 더불어민주당이 전국에 후보를 내고, 최저 득표율 15%까지 달성하려다 보니 무리한 목표치를 계획하게 된 것으로 보인다는 것은 앞에 설명한 바와 같습니다. 우리는 앞으로 2차 보정에 대해 더 자세히 설명하겠지만 기본이 된 1차 보정에 대한 설명도 추가하려고 합니다(3차는 미세 조정을 통한 최종 표수 최적화, 『해커의 지문』에 설명되어 있음).

우선적으로 맹주성 가설 알고리즘**93쪽**을 첨부해 둡니다. 이 알고리즘은 목표치를 실현할 수 있는 프로그램의 예시입니다.

프로그래머 입장에서 그려 본 ftp 삽입 가상회의 1

2025:04:01:11

ftp를 이해하기 위한 출발점을 발견에 두는 것과, 해설자에 두는 것은 다릅니다. ftp 괴담설은 주로 발견자 쪽에서 출발한 경우에서 나옵니다.

해설자 후사장(장영후 프로그래머)은 로이킴이 어떻게 그것을 찾아냈는지는 도저히 알 수 없다고 이미 여러 차례 말했습니다. 그러나 프로그래머 입장에서 낙선자를 당선자로 바꾸는 기본 조작 설계, 즉 1차 보정이 끝난 다음 해커의 지문을 설계해서 삽입하는 경우라면 어렵지 않다고 말했습니다.

장영후 프로그래머는 서강대 화학공학과를 졸업하고 SK이노베이션(구 유공)에서 생산운전 컨트롤 및 IT부서에서의 26년 근무 경험이 있는 산업 프로그래머 출신입니다. 퇴사 후에는 개인사업체를 운영 중이어서 스스로 '후사장'이라는 별칭을 붙였습니다.

후사장은 자신은 발견자는 아니지만 로이킴이 발견해 놓은 ftp를 보면서 프로그램 제작 과정을 복기해 보는 것은 할 수 있는 영역이라고 말했습니다.

먼저 『해커의 지문』에 후사장이 복원해 놓은 '가상 회의록'을 요약해 보겠습니다. 앞의 해설을 읽어 온 독자들은 비교적 쉽게 이해할 수 있을 것입니다.

후사장은 실제 회의는 2020년 초에 이루어졌을 것으로 보인다고 합니다. 4월 총선 최소 2개월 전에는 계획이 시작되었으리란 것입니다.

더불어민주당은 마지막 두 개 지역구까지 3월 22일 공천을 완료했습니다. ftp 설계가 그 전에 끝나 있었고, 전국 전 지역구 후보 공천은 ftp 설계에 따른 주문사항이었을 것이라고 앞에서 가정한 바 있습니다.

후사장은 ftp 설계를 위해서 네 사람 정도의 인력이 회의에 참여했을 것으로 보았습니다.

(i) 총책
(ii) PM(총괄 프로젝트 매니저)
(iii) S/W설계자(소프트웨어 특급 기술자)
(iv) SM(수석 프로그래머)

이 가상회의록을 자세히 소개하는 것으로 본격적으로 ftp 상세 설명에 들어가겠습니다. 단 『해커의 지문』에 실려있는 가상회의록을 소개하되, 약간의 정정사항이 있습니다.

가상 회의록

일   시 2020/02/02
회의목적 4월 15일 선거통계 삽입 암호
        [follow_the_party] 상세 설명
참 석 자 총책임자(총책),
        총괄 프로젝트 매니저(PM),
        소프트웨어(S/W) 특급 기술자(설계자),
        수석 프로그래머(SM)

PM 오늘 우리는 이번 4월 15일 진행될 비밀 프로젝트 성과물에 우리만 인식할 수 있는 일종의 지문을 넣으라는 상부의 지시를 어떻게 실현했는지 보고하기 위해 모였습니다. 이 부분은 해당 프로젝트 소프트웨어 설계자와 수석 프로그래머가 상세하게 설명할 것입니다.

총책 회의에 앞서 굳이 우리가 이 일에 개입했다는 흔적을 남길 필요가 있냐는 일각의 질문에 대해 답을 하겠소. 우선 이 프로젝트의 목적은 첫번째로 4월 15일의 결과가 우리의 손을 거친 결과물이라는 것을 확인할 필요가 있습니다. 저쪽에서 자신들의 빅데이터 조사가 정확했기 때문에 나온 결과일 뿐이라고 주장할 때 우리의 역량과 지원을 통한 승리임을 입증할 수 있는 증거를 남겨야 합니다.

PM 네, 알겠습니다. 먼저 우리 당의 슬로건인 영원근당주(永远跟党走)를 우리 프로젝트 결과물에 비밀리에 심기 위한 암호 알고리즘 설계에 대한 설명입니다. 컴퓨터는 0과 1만 인식하는 기계입니다. 문자를 인코딩해 결과물에 심기 위해서는 2바이트 유니코드를 인코딩으로 사용하는 중국어보다 1바이트 아스키코드를 인코딩으로 사용하는 영어 알파벳을 사용하는 것이 쉬운 선택이었습니다. 아쉽게도 永远跟党走 아스키코드를 데이터베이스에서 조회해보면 永이 59317, 走가 61899, 나머지 문자는 없는 경우에 해당하는 41919 즉 ?로 나타납니다.* 또한 f가 102로 작은데 반해 숫자가 너무 큽니다. 그래서 선택한 문구가 [follow_the_party]였습니다. [follow_our_party]보다 대외용으로는 [follow_the_party]가 더 적절한 것으로 보입니다.

총책 좋소, 계속 설명해 보시오.

PM 우선 이 프로젝트를 의뢰한 쪽에서 건네 준 빅데이터 분석 결과 자료를 바탕으로 작업을 시작했습니다. 의뢰인은 철저한 빅데이터 조사로 현재 선거 판세를 치밀하게 조사해서 가지고 왔습니다. 이 빅데이터 조사 결과 판세표를 일단 '기초 판세표'라고 부르겠습니다. 기초 판세표를 통해서 보면 현재 50% 이상 득표하여 안전하게 승리할 곳은 89개 선거구입니다. 이 프로젝트의 궁극적인 목표는 지역구 선거와 비례대표 선거를 합하여 총 의석 수 180석을 확보하는 것입니다. 의뢰인은

---

* 데이터베이스 조회 결과는 다음과 같다.
  select ascii('f'),ascii('o'),ascii('l'),ascii('w'),ascii('永'),ascii('远'),ascii('跟'),ascii('党'),ascii('走') from dual;
  102, 111, 108, 119, 59317, 41919, 41919, 41919, 61899

이 숫자가 평탄하게 입법활동을 할 수 있는 최소 수치라고 합니다.

이를 달성하기 위한 실행의 방법은 각 선거구별로 당선 및 비례대표 배분 의석수 확보를 위해 부족한 표를 선거구별 특성을 고려하여 주로 사전투표로 보정하고, 많이 열세인 지역구는 당일투표도 보정하며, 계획된 사전·당일득표율, 투표율과 실제 투개표의 미세한 오차는 전자개표기를 통해 극복할 것입니다.

우리의 암호는 개별 선거구의 투개표 결과에 넣지 않습니다. 또한 흔적이 남는 전자개표기 조작 프로그램에도 넣지 않습니다. 좀더 대륙적인 모습으로써 우리의 영향이 전체 선거구에 대하여 미쳤다는 것을 보여주고 동시에 투개표가 완료된 후 선관위가 발표하는 통계자료를 통해 계획대로 되었는지 최종 당선자수를 통하여 자동으로 확인할 수 있는 구조이며 동시에 그 누구도 파악해 낼 수 없는 극비 알고리즘입니다. 기본 개념은 다음과 같습니다.

300개 의석 중 비례대표 15석 포함, 지역구 165석 총 180석을 확보하는 253개 각 선거구별 보정이 필요한 양이 모두 결정되었으며 기초 판세표에다가 필요 보정량이 더해진 데이터를 포함한 판세표를 우리는 기본 판세표라고 부릅니다. 이 판세표에서 정해진 당선자 선거구 중 많은 선거구가 득표율을 조금 바꾼다 하더라도 당선에는 전혀 영향을 받지 않는 선거구가 있으니 기본적으로 같은 당일, 사전득표율 또는 지지율이 50% 이상에 해당하는 지역구입니다. 대부분의 선거구에서 3자이상 다후보 기준 경쟁 상황이므로 50%라는 수치는 당선을 확정하는 안정된 수치이며 이런 선거구들에서 보정된 사전득표율 중 일부 득표율은 낮추어도 전혀 영향이 없습니다. 이렇게 낮춘 득표율의 총량을 반대로 50% 미만 선거구에는 사전득표율을 조금 더 높이는 방법이며 이렇게 조정된 총량은 전체 보정량에 비하여 미미하여 흔적이 크지 않습니다. 우세한 지역에서는 당선에 영향이 없고 열세한 지역에서는 소량의 표이지만 도움이 되고 우리는 이 우세지역과 열세지역의 낮추고 높이는 선거구별 조정하는 값과 연계하는 기발한 방법으로 우리의 암호를 넣는 것으로 감히 누구도 상상하지 못할 것입니다. 우리는 이런 암호를 넣기 위한 선거구별 사전득표율을 낮추고 높이는 과정에서 선거구별 보정량 최소화를 목표로 최적화를 실행하여 총 보정량도 줄이는 작업을 함께 수행하여 암호와 보정량 최소화를 동시에 실현하였습니다.

낮추고 높이는 두 관계에서 암호를 넣기 위해 우리가 사용할 수 있는 정보를 선택하여야 하는데 다행히도 변하지 않는 정보 즉 상수가 있으니 그것은 고객 선관위가 선거 시스템에서 사용하는 각 선거구의 고유번호로 1에서 253이 있습니다. 우리는 이 253개 번호와 낮추고 높이는 관계 속에 우리의 암호를 넣을 것이며 이에 대한 설명은 설계자가 진행하겠습니다.

설계자 우선 우리가 택한 지문 [follow_the_party]는 띄어쓰기(space)를 표현하는 언더바(_)를 포함해서 16자입니다. 대한민국 총 지역구 253개의 선거구 번호와 기본판세표 데이터, 그리고 낮추고 높이는 관계를 가지고 아스키코드를 통해 문자를 구현하는 방법에 대해 여러 가지로 논의한 결과 선거구를 당일득표율 50% 이상과 미만으로 구분하여 낮추는 선거구와 높이는 선거구로 크게 대별하였고, 낮추는 선거구에 대해서는 상대적으로 많이 낮추어도 영향 없는 지역구부터 적게 낮추는 지역구 순서로 정렬하고, 50% 미만인 선거구들에 대해서는 적게 높여도 되는 선거구부터 많이 높이는 선거구 순으로 정렬을 한 후 이 순서에 따른 선거구 번호에 우리의 암호문자를 넣었습니다.

이제부터 상세 로직에 대하여 설명하겠습니다. 암호문자를 넣기 위해서는 기본적으로 253개 선거구를 낮추는 부분과 높이는 부분으로 나누어야 합니다. 즉, [253/2 = 126.5]개 지역구에 16개 문자를 표현하려면 글자 당 7.9개가 필요합니다. 하지만 소수점 이하는 사용할 수 없기 때문에 버릴 수밖에 없습니다. 그러면 1문자 당 7개의 지역구를 묶어서 32개 그룹으로 만듭니다.

7개 선거구의 번호와 보정비율을 낮추고 높이는 관계 속에 로직만 정립하면 되며, 저희가 찾아낸 방법은 7개 선거구 그룹의 선거구 순번합과 낮추고 높이는 두개의 관계를 상하로 배치하여 번호합의 관계가 아스키코드 영문구간에 올 수 있도록 수렴시키는 것입니다. 선거구 번호의 합과 아스키코드간 관계를 분석해본 결과 합한 숫자는 최소 28 (1+2+3+4+5+6+7 선거구 합=28)에서 최대 1750(247+248+249+250+251+252+253=1750)까지 범위가 가능하나 기본판세표에 따르면 현실적으로 400~1300 안에 배치되는 것을 알 수 있었습니다. 이 범위와 상하로 배치된 합한 번호와의 관계를 사용해서 도출할 수 있는 아스키 문자 구간은 영문 대문자는 65~90까지로 숫자가 작아 적용할 수 있는 로직이 나오지 않습니다. 상대적으로 숫자가 큰 91번에서 126번까지 [,\,],^,_,`,a,b,c,d,e,f,g,h,i,j,k,l,m,n,o,p,q,r,s,t,u,v,w,x,y,z,{,|,},~ 36개 문자를 사용하기로 정했습니다. 또한 로직의 제약으로 36개의 중간인 18번째 소문자 엘(l)을 기준으로 로직을 구분하였습니다.

이제 이러한 로직을 통하여 [follow_the_party]의 아스키코드에 해당 하는 102(f), 111(o), 108(l), 108(l), 111(o), 119(w), 95('_'), 116(t), 104(h), 101(e), 95('_'), 112(p), 97(a), 114(r), 116(t), 121(y)가 도출되도록 하면 됩니다. 이를 위한 로직은 다음과 같습니다.

용어를 먼저 정의하면 다음과 같습니다.

---

a. 순번합 : 그룹에 배당된 7개 선거구 번호의 합

b. 순번합/100 : 순번합을 100으로 나눈 수

c. trunc*(순번합/100) : 순번합/100의 소수점 이하를 버려 정수화함

d. 나눈수 적용 규칙

= 1단계 범위 시작/종료값 결정 규칙으로, 범위값의 중앙에 위치한 l
(소문자 엘, 10진수 아스키코드 108) 문자를 기준으로

▶ 범위 시작 값(나눈수1) 결정 적용 규칙

규칙 1 : 91~107번('[' ~ 'k') 구간대 문자

→ trunc(순번합/100) 한 값보다 +1

규칙 2 : 108~126번('l' ~ '~') 구간대 문자

→ trunc(순번합/100) 한 값

▶ 범위 종료 값(나눈수2) 결정 적용 규칙

규칙 1 : 91~107번('[' ~ 'k') 구간대 문자

→ trunc(순번합/100) 한 값

규칙 2 : 108~126번('l' ~ '~') 구간대 문자

→ trunc(수번합/100) 한 값보다 -1

e,f,g. trunc 1, 2, 3 : 계산을 쉽게 하기 위해 trunc(순번합/100) 값에 -1,0,+1 값을 미리 계산해 놓은 것으로 위 결정 규칙에 -1,0,+1이 있어 쉽게 식을 적용하기 위함임.

---

* trunc → truncation을 의미하는 함수로 소수점 이하는 버리는 기능

> h.i. 1단계 범위시작/종료 결정값(나눗수 1,2) : 나눗수 결정규칙에 따라 계산된 값
> j.k. 범위 시작/종료값 : 상하위 그룹간 교집합을 구할 때 사용하는 최종(2차)값으로 다음 규칙에 의하여 결정됩니다.
>
>   범위시작 값
> → 순번합을 1단계 범위 시작 결정값(나눗수1)으로 나눈 정수값
>   범위종료 값
> → 순번합을 1단계 범위 종료 결정값(나눗수2)으로 나눈 사사오입 정수값 +1
> 예: 시작/종료값 90.5 ~ 103.4 → 90 ~ 104

이 규칙을 적용한 것을 첫번째 문자열 f를 기준으로 설명하면,

(1) 상위 그룹은 선거구 순번합이 924이고 아스키코드 91에서 126 구간에 일차적으로 들어오기 위한 1차 가공으로 100으로 나누고 소수점 이하는 버려 정수 처리(trunc)를 합니다.

924/100 = 9.24 → 정수처리 : 9

(2) f 문자에 해당하는 나눗수 적용 규칙은 f가 l보다 작은 아스키코드 값을 가지므로 ~a ~ k 범위에 해당하여 나눗수 적용 규칙 1을 적용합니다.

(3) 범위시작을 결정하기 위한 나눗수 1은 f가 규칙 1에 적용을 받기 때문에 순번합을 100으로 나눈 값을 정수화한 후 1을 더하게 되어 다음과 같이 됩니다.

924/100 = 9.24 → 정수처리 : 9 규칙 적용 9 + 1 = 10

(4) 범위 종료를 결정하기 위한 나눈수 2는 f가 규칙1에 적용 받기 때문에 순번합을 100으로 나눈 후 정수화하는 것이며 다음과 같습니다.

924/100 = 9.24 → 정수화 : 9

(5) 이제 적용범위 시작/종료를 결정하기 위한 나눈수 1,2가 결정되었기 때문에 범위시작/종료값 결정 규칙을 적용하면 다음과 같습니다.

- 범위시작값 = (924/10) = 92.4 =→ 정수화 : 92
- 범위종료값 = (924/9) = 102.66 =→ 사사오입 정수화 : 103,
  규칙적용 : 103 + 1 = 104

(6) 같은 방법으로 아래 17번 그룹도 동일하게 적용합니다.

(7) 위와 아래 그룹의 범위시작/종료값에 대한 교집합 구간을 찾으면 다음과 같습니다.

1열 교집합 구간 표

1,2 LINE 교집합구간 (공통구간)		
상위그룹 (1 LINE)	92	
	104	
하위그룹 (2 LINE)	96	
	107	
교집합구간	96	
교집합구간정렬	104	
1	96	
2	97	
3	98	
4	99	
5	100	
6	101	
7	102	
8	103	
9	104	
10		
11		

(8) 이 교집합 구간 96 ~ 104구간에 해당하는 정수값의 아스키코드값은 'a b c d e f g h와 같이 도출되게 됩니다.

(9) 위와 같은 방법으로 16개 모든 문자열에 대하여 적용하면 [follow_the_party], [follow_the_ghost]가 도출되게 됩니다.

문자로 변환한 결과	
1	'
2	a
3	b
4	c
5	d
6	e
7	f
8	g
9	h
10	
11	

상위그룹 (1LINE)

그룹	1	2	3	4	5	6	7	8
순번합	924	1247	1128	845	1292	826	711	652
순번합/100	9.24	12.47	11.28	8.45	12.92	8.26	7.11	6.52
trunc(순번합/100)	9	12	11	8	12	8	7	6
나눗수적용규칙	1	2	2	2	2	2	1	2
trunc+1	10	13	12	9	13	9	8	7
trunc	9	12	11	8	12	8	7	6
trunc-1	8	11	10	7	11	7	6	5
나눗수1	10	12	11	8	12	8	8	6
나눗수2	9	11	10	7	11	7	7	5
범위 시작	92	103	102	105	107	103	88	108
~ 종료	104	114	114	122	118	119	103	131

상위그룹 (1LINE)

그룹	9	10	11	12	13	14	15	16
순번합	855	521	939	700	862	666	711	990
순번합/100	8.55	5.21	9.39	7	8.62	6.66	7.11	9.9
trunc(순번합/100)	8	5	9	7	8	6	7	9
나눈수적용규칙	1	1	1	2	1	2	2	2
trunc+1	9	6	10	8	9	7	8	10
trunc	8	5	9	7	8	6	7	9
trunc-1	7	4	8	6	7	5	6	8
나눈수1	9	6	10	7	9	6	7	9
나눈수2	8	5	9	6	8	5	6	8
범위 시작	95	86	93	100	95	111	101	110
~ 종료	108	105	105	118	109	134	120	125

하위그룹 (2LINE)

그룹	17	18	19	20	21	22	23	24
순번합	1163	644	912	1065	945	1061	907	979
순번합/100	11.63	6.44	9.12	10.65	9.45	10.61	9.07	9.79
trunc(순번합/100)	11	6	9	10	9	10	9	9
나눈수적용규칙	1	2	2	2	2	2	1	2
trunc+1	12	7	10	11	10	11	10	10
trunc	11	6	9	10	9	10	9	9
trunc-1	10	5	8	9	8	9	8	8
나눈수1	12	6	9	10	9	10	10	9
나눈수2	11	5	8	9	8	9	9	8
범위 시작	96	107	101	106	105	106	90	108
~ 종료	107	130	115	119	119	119	102	123

하위그룹 (2LINE)

그룹	25	26	27	28	29	30	31	32
순번합	447	673	904	826	1032	932	1051	680
순번합/100	4.47	6.73	9.04	8.26	10.32	9.32	10.51	6.80
trunc(순번합/100)	4	6	9	8	10	9	10	6
나눈수적용규칙	1	1	1	2	1	2	2	2
trunc+1	5	7	10	9	11	10	11	7
trunc	4	6	9	8	10	9	10	6
trunc-1	3	5	8	7	9	8	9	5
나눈수1	5	7	10	8	11	9	10	6
나눈수2	4	6	9	7	10	8	9	5
범위 시작	89	96	90	103	93	103	105	113
~ 종료	113	113	101	119	104	118	118	137

ASCII코드에서 문자로 변환 대상

교집합구간(공통구간)														
상위	92	103	102	105	107	103	88	108	95	86	93	100	95	111	101	110
	104	114	114	122	118	119	103	131	108	105	105	118	109	134	120	125
하위	96	107	102	106	107	106	90	108	95	96	93	103	95	111	105	113
	104	114	114	119	118	119	102	123	108	105	101	118	104	118	118	125
교집합 구간	96	107	102	106	107	106	90	108	95	96	93	103	95	111	105	113
교집합 구간 정렬	104	114	114	119	118	119	102	123	108	105	101	118	104	118	118	125
1	96	107	102	106	107	106	90	108	95	96	93	103	95	111	105	113
2	97	108	103	107	108	107	91	109	96	97	94	104	96	112	106	114
3	98	109	104	108	109	108	92	110	97	98	95	105	97	113	107	115
4	99	110	105	109	110	109	93	111	95	99	96	106	98	114	108	116
5	100	111	106	110	111	110	94	112	99	100	97	107	99	115	109	117
6	101	112	107	111	112	111	95	113	100	101	98	108	100	116	110	118

7	102	113	108	112	113	112	96	114	101	102	99	109	101	117	111	119
8	103	114	109	113	114	113	97	115	102	103	100	110	102	118	112	120
9	104		110	114	115	114	98	116	103	104	101	111	103		113	121
10			111	115	116	115	99	117	104	105		112	104		114	122
11			112	116	117	116	100	118	105			113			115	123
12			113	117	118	117	101	119	106			114			116	124
13			114	118		118	102	120	107			115			117	125
14				119		119		121	108			116			118	
15								122				117				
16								123				118				

[follow_the_party] 전체 도출표

문자로변환 결과	f	o	l	l	o	w	_	t	h	e	_	p	a	r	t	y
1	'	k	f	j	k	j	Z	l	_	'	}	g	_	o	i	q
2	a	l	g	k	l	k	[	m	_	a	^	h	'	p	j	r
3	b	m	h	l	m	l	₩	n	a	b	_	i	a	q	k	s
4	c	n	i	m	n	m	]	o	b	c	_	j	b	r	l	t
5	d	o	j	n	o	n	^	p	c	d	a	k	c	s	m	u
6	e	p	k	o	p	o	_	q	d	e	b	l	d	t	n	v
7	f	q	l	p	q	p	'	r	e	f	c	m	e	u	o	w
8	g	r	m	q	r	q	a	s	f	g	d	n	f	v	p	x
9	h		n	r	s	r	b	t	g	h	e	o	g		q	y
10			o	s	t	s	c	u	h	i		p	h		r	z
11			p	t	u	t	d	v	i			q			s	{
12			q	u	v	u	e	w	j			r			t		
13			r	v		v	f	x	k			s			u	}
14				w		w		y	l			t			v	
15								z				u				
16								{				v				

⑴ 띄어쓰기 포함 16개 문자가 나타나도록 함.
⑵ 16개 문자를 아스키코드로 바꾸면 숫자로 변환될 수 있음. (대문자, 소문자, 알파벳이 다 가능하나 대문자는 값이 작아서 소문자를 선택함.)
⑶ 253개 선거구를 16개로 나누면 253/16=15.8125 (정수 15). 대한민국 253개 선거구는 종로 1번에서 서귀포 253번까지 선거구별 고유번호를 갖고 있으며 암호 도출에 이 고유번호를 활용함.
⑷ 정수 15개 선거구가 문자 하나를 도출하도록 하는 것은 어려움.
⑸ 15개 선거구를 사용해 문자 하나의 범위를 도출하는 것은 범위가 너무 넓어질 수 있음. 15개 선거구 고유번호합의 범위가 120~3690임.
⑹ 15를 다시 2로 나눔. 15/2=7.5
⑺ 정수 7개를 취해 일곱 개 선거구를 한 그룹으로 만듦(grouping).
⑻ 각 그룹이 문자 범위를 도출하도록 하고, 두 개의 그룹이 도출한 범위의 교집합에 타겟(target) 문자가 포함되도록 함.
⑼ 선거구를 7개씩 그룹을 만들면 총 32개 그룹이 필요함. 7x32=224 (두 개의 정렬기준에 따라 224개 선거구가 순차적으로 취해지고 남는 선거구 29개는 ftp 도출에 불필요하므로 배제.)
⑽ 범위 도출 알고리즘 : 1번 그룹이 도출한 범위와 17번 그룹이 도출한 범위의 교집합, 이런 식으로 16번 그룹이 도출한 범위와 32번 그룹이 도출한 범위의 교집합.
⑾ 기본적으로 각 그룹에 속하는 선거구 고유번호의 합(이를 순번합으로 부름)을 사용해 범위를 도출하는 것임.
⑿ 아스키코드에서 영문 소문자는 97~122에 위치하고 빈칸에 나타낼 문자 '_'(언더바)는 아스키코드 95번에 해당함.
⒀ 순번합을 통해 95~122에 포함되는 범위를 도출하는 알고리즘이 필요함.
⒁ 순번합의 경우는 최소 28(가령, 1+2+3+4+5+6+7=28)에서 최대 1750(247+248+249+250+251+252+253=1750)까지 범위가 가능하나 현실적으로 400~1300 안에 배치됨.
⒂ 이 값으로 95~122에 포함되는 범위의 시작값과 끝값을 얻기 위해서는 특정 규칙에 따라 나누거나 빼주어야 함.
⒃ 나누기 규칙 1: 문자 소문자 엘(l) (아스키코드는 108)을 기준으로 타겟 문자의 아스키코드가 108보다 작으면, 즉 '-'에서 'k'에 속하면 순번합을 100으로 나누고 1을 더해 주

는 값으로 나눈값이 범위 시작값. [(순번합/100)+1] 이 때 1(엘)을 기준으로 하는 이유는 교집합을 통하여 추출가능한 문자범위인 91번 '['에서 126번 '~'의 사이 중간에 해당함.
(17) 나누기 규칙 2: 순번합을 100으로 나누고 1을 뺀 값으로 나눈값이 범위 종료값. [순번합/100-1] (나누기 규칙 1, 2를 통해 기준값에 더하기 1과 빼기 1을 적용하는 규칙성이 발견된 것임.)
(18) 각 그룹당 범위 시작값과 종료값이 도출됨.
(19) 범위의 교집합을 구하면 끝.

이상의 가상 회의록과 가상 프로그램은 어디까지나 예시입니다. 실제로 이런 프로그램이 가능한지에 대해서도 테스트가 더 필요합니다. 다만 이 시도는 로이킴이 힘들게 찾아간 로직이 프로그래머의 손에서 짜여진 것이라면 그리 어렵지 않게 구현될 수 있음을 보여줍니다. 실지로 미지의 해커가 이런 알고리즘으로 [follow_the_party]를 삽입했는지는 알 수 없습니다. 다만 이 책은 로이킴의 발견 과정을 세세히 밝혀 보려는 의지로 시작된 것이므로 후사장의 시행착오는 나중에 조금 다루는 것으로 대신하려고 합니다. 여기서 후사장의 프로그램이 적확했는지에 대해서는 논외로 두겠습니다. ftp를 적극적으로 이해하기 위해 가상극까지 제시한 후사장에 감사를 드립니다.

왜 소문자로만 된 16문자를 택했나
프로그래머 입장에서 그려 본 ftp 삽입 가상회의 2

2025:04:02:08

중국 텐센트(Tencent)의 최대주주는 남아공 회사 내스퍼스(Naspers)지만 이 회사는 경영권은 갖지 못합니다. 텐센트 빌딩 표석은 'FOLLOW OUR PARTY, START YOUR BUSINESS'로 되어 있는 것은 널리 알려진 사실입니다. **64쪽** 일단 중국 공산당을 따르고 사업 시작하라는 뜻으로 읽힙니다. 여기 표석은 모두 알파벳 대문자입니다. 어떤 곳은 영어 표기를 'follow the Party'로 공산당만 강조하여 어법에 맞지 않게 해 놓기도 합니다. **74쪽**

시진핑 이후 중국 공산당 자체가 심각하게 우상화되어 비록 겉으로는 분명하게 드러나지 않아도 내부적으로는 비판이 극심합니다. 이는 중국 공산당의 위기를 반영하는 것으로 해석됩니다.

우리는 2020년 4·15총선 결과 데이터에서 추출된 [follow_the_party]가 선거 조작 계획표상에 삽입된 알고리즘임을 설명하면서 반드시 이 문구를 넣어야 했던 범법자들의 전략적 절박함에 대해 앞에서 설명했습니다. 로이킴이 이 문자를 찾아냈을 때는 모두 소문자였음에도 외부에 내보낼 때 어법에 맞춰 첫 문자를 대문자로 고쳐 내보냈고, 민경욱 의원이 페이스북을 통해 발표할 때는 뜻을 정확히 하기 위해 모두 대문자로 바꿔 발표했습니다. 대소문자의 중요성을 인식 못 한 결과입니다.

그러나 해커의 지문은 정확히 모두 소문자인 [follow_the_party]입니다. 이렇게 된 것에는 분명한 이유가 있습니다. 후사장은 가상회의록 97쪽에서 총괄 프로젝트 매니저(PM)가 이렇게 말했을 것이라 예상했습니다.

> 먼저 우리 당의 슬로건인 영원근당주를 소위 해커들의 비밀 지문이라 불리는 이스터에그(Easter egg)로 우리 프로젝트 결과물에 비밀에 심기 위한 알고리즘 설계에 대한 설명입니다. 컴퓨터는 0과 1만 인식하는 기계입니다. 문자를 인코딩해 결과물에 심기 위해서는 2바이트 유니코드를 인코딩으로 사용하는 중국어보다 1바이트 이스키코드를 인고딩으로 사용하는 영어 일파벳을 사용하는 것이 쉬운 선택이었습니다. f가 102로 작은 데 반해 (중국어 아스키코드는) 숫자가 너무 큽니다. 그래서 선택한 문구가 [follow_the_party] 였습니다.

왜 대문자가 아니라 소문자 영역을 택했는지도 프로그램을 용이하게 하기 위한 선택이었습니다.

아스키문자 구간은 영문 대문자는 65~90까지로 숫자가 작아 적용할 수 있는 로직이 나오지 않아 상대적으로 번호가 큰 91번에서 126번까지 36개 소문자를 사용하기로 정했습니다.

위의 프로젝트 매니저(PM)의 설명은 구체적으로 프로그램이 어떻게 설계되었는지 살펴보면 이해가 될 것으로 봅니다.

알파벳 아스키코드를 눈에 익혀둘 필요가 있어 다음 페이지에 첨부합니다.

2020년 5월 민경욱 의원은 시위 중 "FOLLOW the PARTY!"라는 피켓을 들었다. (출처: 뉴데일리)

아스키코드(ASCII) 문자표

10진수	2진수	할당 문자	설 명	10진수	2진수	할당 문자	설명
63	00111111	?	Question mark	95	01011111	_	
64	01000000	@	At symbol	96	01100000	`	
65	01000001	A		97	01100001	a	
66	01000010	B		98	01100010	b	
67	01000011	C		99	01100011	c	
68	01000100	D		100	01100100	d	
69	01000101	E		101	01100101	e	
70	01000110	F		102	01100110	f	
71	01000111	G		103	01100111	g	
72	01001000	H		104	01101000	h	
73	01001001	I		105	01101001	i	
74	01001010	J		106	01101010	j	
75	01001011	K		107	01101011	k	
76	01001100	L		108	01101100	l	
77	01001101	M		109	01101101	m	
78	01001110	N		110	01101110	n	
79	01001111	O		111	01101111	o	
80	01010000	P		112	01110000	p	
81	01010001	Q		113	01110001	q	
82	01010010	R		114	01110010	r	
83	01010011	S		115	01110011	s	
84	01010100	T		116	01110100	t	
85	01010101	U		117	01110101	u	
86	01010110	V		118	01110110	v	
87	01010111	W		119	01110111	w	
88	01011000	X		120	01111000	x	
89	01011001	Y		121	01111001	y	
90	01011010	Z		122	01111010	z	
91	01011011	[		123	01111011	{	
92	01011100	\		124	01111100	|	
93	01011101	]		125	01111101	}	
94	01011110	^		126	01111110	~	

해커의 지문은 왜 꼭 숫자를 변환한 문자여야 했나

2025:04:03:12

부정선거 규명을 간단히 하는 방법은 두 가지가 있습니다.

(i) 4·15총선 전국구 비례투표지 검증.
(ii) 당일 본투표 투표소에서 서명받는 유권자 명부 검증.

위의 두 가지만 하면 무학이든 박사든 일상생활이 가능한 지적 능력만 있으면 더 이상 증거 타령을 할 필요가 없습니다. 투표권은 모두에게 나누어 주고 검증권은 대법관에게만 나누어 준다면 부정선거는 아주 간단합니다. 대법관 매수가 그것이지요. 우리는 김만배, 이재명, 권순일 사건 이후 대법원을 믿지 않습니다. 대법원 선거 소송을 주도한 조재연, 천대엽 등은 권순일 못지 않은 악질입니다.

저는 부정선거 규명을 하는 지난 5년 동안 생애에서 가장 '철학적'인 시간을 보내고 있습니다. 사람에게 배신감을 느낄 때 상처받지 않고 버티는 방법으로 마치 세상 통달한 듯이 철학적인 스탠스를 취하는 것이 추천할 만합니다.

천대엽이라는 인물에 대해 관심이 커졌습니다. 이 시리즈가 끝나기 전에 몇몇의 대법관에 대해 말할 것입니다. 이들에 대한 철학적 통찰, 소싯적에 읽었던 폴 리꾀르의 『악의 상징』 같은 저작의 서문 같은 것이 될 것입니다.

만일 조재연, 천대엽이 매수되지도 않고 선거제도의 엄중함을 이해하는 자유민주주의자였다면 부정선거 수사를 위해 비상대권까지 발동되는 일은 결코 없었을 것입니다. 변호사들이 열렬히 요청하는 대로 비례투표지를 세어 보고, 투표자 명부 원본을 받아 투표자수를 확인하면 끝날 일이었으니까요. 한국은 지금 미쳐 있습니다. 대통령이 부정선거를 계엄으로 경고해도 믿지 않고 증거를 숨기기 위해 목숨을 거는 가족회사 선관위를 종교처럼 신뢰합니다.

저는 이미 할 일을 다해 두었습니다. 어제 서부지법 사건으로 구속된 30대 청년이 보내온 편지를 읽으며 VON뉴스와 함께해 온 청년이 택한 길에 대해 아무런 설명을 할 수 없습니다. 그저 먹먹합니다. 저는 지난 5년을 너무 무리하게 보내다가 건강을 잃었고, 10시간이 넘는 수술을 받아서인지 기억력도 상당히 잃었습니다. 가장 쉬운 길을 두고 가장 어려운 길을 택해 가야 하는 천로역정이 부정선거를 규명하는 길입니다.

[follow_the_party]를 설명하는 것이 가장 험한 길 중 하나입니다. 이 글을 쓸 때 이상하게 가장 저를 화나게 하는 인물이 천대엽 대법관입니다. 그가 우리편일지도 모른다는 기대감을 주었기 때문입니다. 지금 저는 그가 적과 가까이 있다고 생각합니다.

선거가 미리 계획되었고 거기에 범법자들이 지문까지 찍었다? 종이 위라면 인주 묻혀 지장을 찍겠지만, 선거 조작 계획표라는 엑셀 파일 숫자들이니 범법자의 지문이란 결국 숫자들일 수밖에 없다?

숫자더미 속의 또 일군의 숫자!

102 111 108 108 111 119 95 116 104 101 95 112 97 114 116 121

한국의 순진무구한 유권자들이 왜 이 난해한 숫자풀이까지 해야만 하는 것인가요?

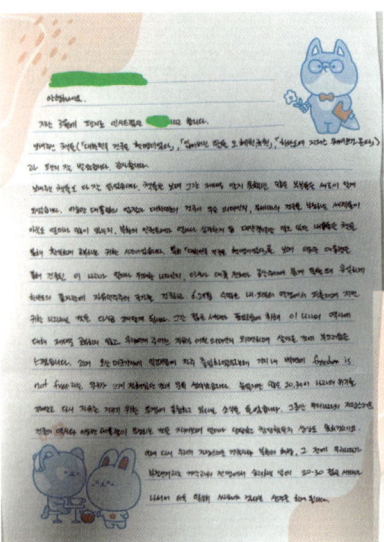

"…이제 다시 우리의 자랑스러운 건국사와 북한의 해방 그 전에 우리나라가 부정선거라는 거악과의 전쟁에서 승리하는 일에 2030 젊은 세대가 나서서 더욱 열심히 싸워야겠다는 생각을 하게 됩니다. … 꾸준히 올리시는 ftp 해설도 누나가 보내주어 잘 보고 있습니다. 항상 나라를 위해 애써주셔서 감사드립니다."

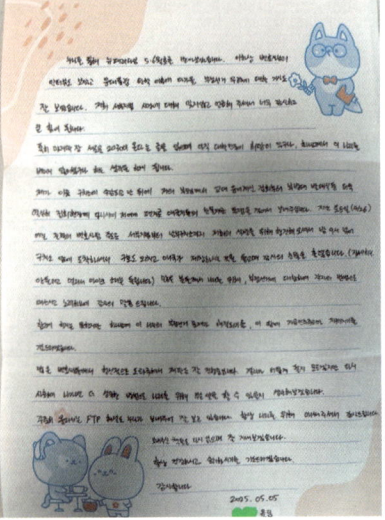

서부지법 사건으로 구속된 청년이 보내온 편지

프로그래머는 발견자가 아니라 설계자의 입장

2025:04:03:08

ftp 이해에 있어서 최대 난관은 1차 보정을 통해 낙선자가 당선자가 되기 위해 필요한 값을 구한 후 바로 이를 실행시킬 프로그램을 짜는 단계로 가기 전 2차 보정을 거친 것, 다시 말해 2차 보정의 의미에 주의하지 않는 데 있습니다. 로이킴 ftp 발견을 해설하면서 후사장은 2차 보정을 '전략목표'라 하고 '제작자 표시' 및 '1차 최적화'라는 설명을 메모해 두었습니다.

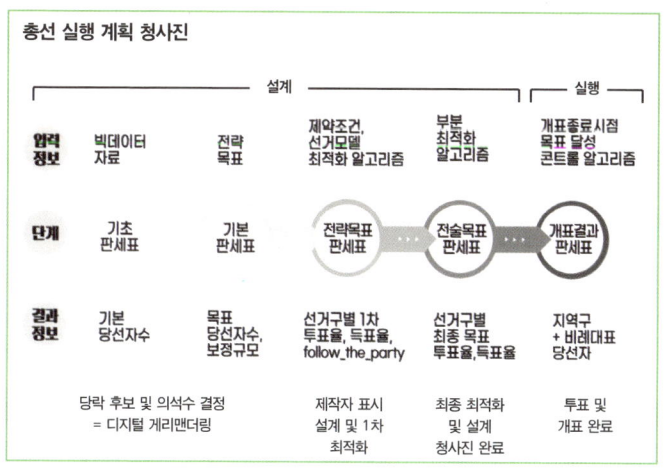

사실 '1차 최적화'라는 개념은 매우 중요합니다. 1차 보정이 당락을 '바꿔치기' 하는 개념이라면 1차 최적화 개념은 '들키지 않기' 개념입니다. 목표치에 따라 표를 넣는다 해도 최소의 표로 목표를 달성하는 것이 필요합니다. 가령 유권자보다 더 많이 표가 들어가도록 하는 것은 명백한 버그입니다(그런데 이런 일이 실제로 일어나기도 했습니다!). 이런 요인을 제거하는 것이 '최적화' 개념입니다. 로이킴 발견을 희화화하는 사람들은 만약 대한민국 지역구 순번을 이용하여 해커의 지문을 넣었다고 말한다면 아스키코드 1에서 253번 내에 있는 알파벳을 이용하여 어떤 문자라도 만들 수 있다는 식으로 말하고 있습니다. 그들은 이 정도 수준에서 로이킴과 후사장 그리고 필자까지 묶어 비웃고 조롱합니다. 그들은 진지한 사람들이 아닙니다.

상위그룹 (1LINE)	
그룹	1
순번합	924
순번합/100	9.24
trunc(순번합/100)	9
나눈수적용규칙	1
trunc+1	10
trunc	9
trunc−1	8
나눈수1	10
나눈수2	9
범위 시작	92
~ 종료	104

하위그룹 (2LINE)	
그룹	17
순번합	1163
순번합/100	11.63
trunc(순번합/100)	11
나눈수적용규칙	1
trunc+1	12
trunc	11
trunc−1	10
나눈수1	12
나눈수2	11
범위 시작	96
~ 종료	107

변수	식
a	=sum(지역구순번)
b	= a/100
c	= trunc(b)
d	
e	= c+1
f	=c
g	= c−1
h	= if(d=1,e,f)
i	= if(d=1,f,g)
j	= trunc(a/h)
k	= round(a/i)+1

범위 시작/종료 값 결정 로직 설명표(출처 : 「해커의 지문」, p.191)

문제는 2020년 4·15총선 결과 데이터에는 다른 어떤 문장도 아닌 명확히 'follow_the_party'라는 문장을 겨냥한 설계가 나타난다는 것입니다. 그것도 [FOLLOW_THE_PARTY] 대문자로 된 문자군을 버리고 [follow_the_party]라는 소문자 쪽을 택한 설계자의 의도가 나타난다는 것입니다.

처음 발표 당시 발견자 로이킴이나 발표자 민경욱 전 의원은 대문자와 소문자를 대수롭지 않게 생각하고 문장의 의미에만 초점을 맞추었지만 실제로 대문자군을 택한 로직은 전혀 나타나지 않는다는 것이 후 사장의 설명입니다. 대문자군(FOLLOW_THE_PARTY)의 숫자는 [70 79 76 76 79 87 95 84 72 69 95 80 65 82 84 89]이고, 소문자군(follow_the_party)의 숫자는 [102 111 108 108 111 119 95 116 104 101 95 112 97 114 116 121]입니다.

대문자군 대신 소문자군을 택한 이유를 프로그래머 입장을 이해하는 사람은 어렵지 않게 파악할 수 있다고 합니다. 그러나 프로그래머가 아닌 일반인의 입장에서 이 부분을 이해하는 것이 가장 높은 산입니다. 좀 둘러갔다가 나눗수 로직에 대한 설명은 나중에 다시 하겠습니다. 아직 포기하지 마세요!

로이킴과 후사장의 작업은 출발점 다르나 상호보완적

2025:04:04:10

현행 사전투표 제도는 부정선거를 위해 고안되었다고 해도 과언이 아닙니다. 누누이 말했지만 투표관리관 개인도장 찍어야 하는 법만 지켜도 무너집니다. 우리나라가 어쩌다 이런 상황까지 왔는지는 지금은 각설하겠습니다. 지금의 공직 선거에서 가장 심각한 것은 실정법인 공직선거법(158조)을 선관위 규칙으로 바꾸는 폭거를 대법원이 합법으로 인정해 준 것입니다.

투표지 위조 방지를 막을 수 있는 장치인 투표관리관의 개인도장(사인) 날인을 없애고 대신 관인을 인쇄함으로써 무한 조작을 허용한 것입니다. 이는 선관위에 대한 절대 신뢰를 의미하는데, 다른 말로 하면 선관위와 대법관만 매수하면 부정선거가 얼마든지 가능하다는 얘기가 됩니다.

현재 선거는 적의 손아귀에 들어 있다고 할 수 있습니다. 이 상황을 준전시 상태로 인정하고 대통령이 비상대권을 발동하였는데도 한국인의 대부분이 무사안일 상태입니다. 한국이 처해 있는 이런 상황을 합리적으로 이해할 방법은 없습니다.

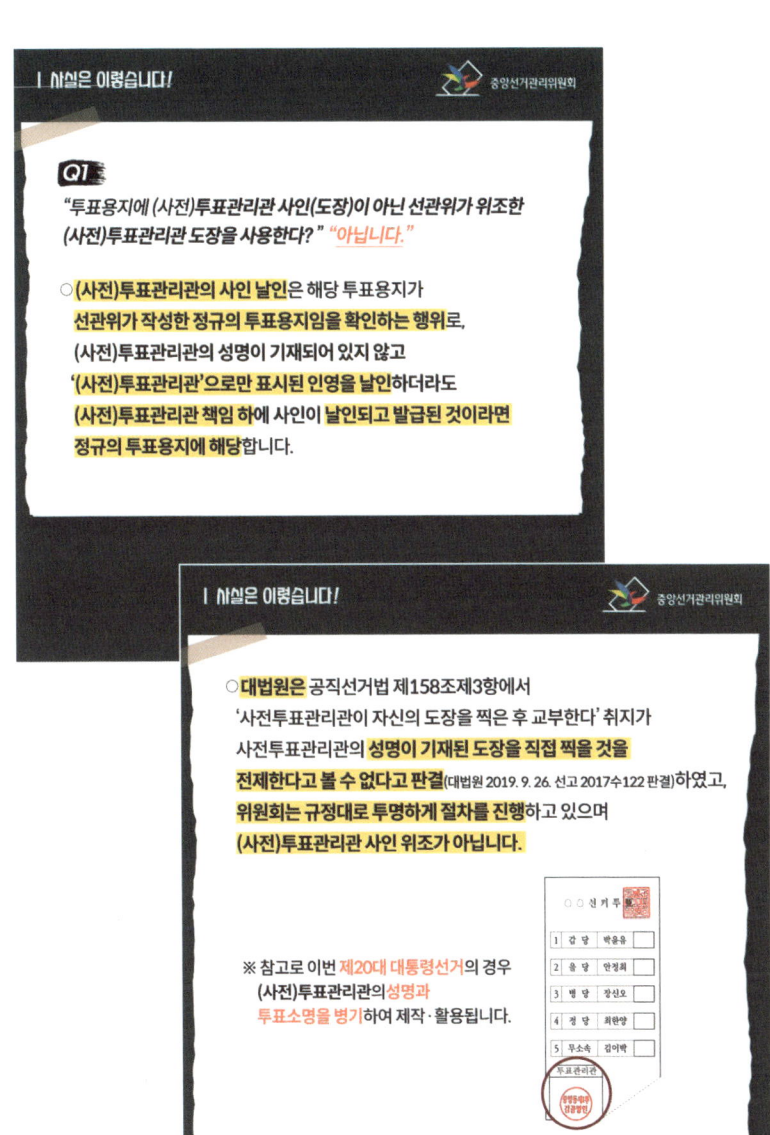

중앙선관위가 내놓은 개인도장 날인에 대한 반박 자료

우리가 공을 들여 ftp 해설을 해 두는 것은 다음 세대를 위해서입니다. 다음 세대는 IT, AI, 블록체인 등등 진화하는 신기술문명을 버리고 살 길은 없을 것입니다. 마술이 일상인 시대입니다. 그럴수록 선거는 원시적이어야 합니다. 주식회사 브이오엔(VON)은 2022년《당신의 한 표가 위험하다》를 제작하여 이미 대만이 어떻게 중공의 위협으로부터 자유선거를 지켜내고 있는지 보여주었습니다.

또한 우리는 지금의 사전투표 제도가 만들어지는 과정에 중국이 어떻게 개입해 왔는지 그 치밀한 사반세기에 걸친 공작에 대해 세심하게 다루어 왔습니다. 특히 다산그룹, 한국전자투표, 핸디소프트, 우체국, 하나비즈닷컴, A-WEB 고리를 수년에 걸쳐 치밀하게 추적했습니다. 이런 작업의 바탕이 된 것이 로이킴의 ftp 발견과 끈질긴 후속 추적 작업이었습니다.

앞에서 후사장은 로이킴의 ftp를 통해 설계 당시의 알고리즘을 복원했음을 설명했습니다. 결과를 보고 로직을 역으로 복원하는 일은 발견 자체보다 상대적으로 쉽다고 합니다. 그러나 후사장은 로이킴이 어떤 과정을 거쳐 ftp를 발견했는지는 설명할 수 없다고 했습니다. 로이킴은 자신이 발견한 것이 무엇인지 이해하는 데 시간이 걸렸고, 후사장은 데이터 속에서 컴퓨터가 계산해서 넣은 특수한 숫자들을 어떻게 추출했는지 도저히 이해하지 못했습니다. 저는 이들의 설명을 따로따로 듣고 이를 한데 모아 종합해 내는 역할을 해야 했습니다.

로이킴 님께는 늘 미안한 마음이 있습니다. 머릿속을 탈탈 털어내듯 집요하게 물어『해커의 지문 발견기: 나는 어떻게 follow_the_party를 발견하였나』를 펴냈습니다. 이 책은 온라인에 PDF가 무료로 공개되어 있습니다.

　지금부터는 다시 로이킴으로 돌아와 발견자의 입장에서 어떻게 ftp에 접근해 갔는지 본론으로 들어가 살펴 보겠습니다. 한참 뒤에 다시 후사장의 해설과 마주치게 될 것입니다. 로이킴의 발견 과정에 대한 이해가 없으면 후사장의 나눈수 규칙 해설을 이해하기 어렵습니다.

4·15총선 결과에서만 나타나는 인위적으로 삽입된 패턴

2025:04:04:18

이 시리즈를 쓰는 중에 윤석열 대통령 탄핵 인용 소식이 전해졌습니다. 이 나라 사람들은 지금 자신들이 무슨 짓을 벌이고 있는지 모르는 듯합니다.

나쁜 점은 윤석열 대통령에 대한 애잔한 마음, 좋은 점은 대통령을 압박하여 내각제 개헌 드라이브하며 헌법 전문에 5·18을 삽입하는 등 헌법 난도질에 나설 소위 보수당 국민의힘의 대환장 정치쇼를 안 볼 수 있게 된 것입니다. 자당 대통령을 두 번에 걸쳐 쫓아낸 당은 존재 이유가 없습니다. 범죄자 소굴이 된 더불어민주당과 견주어도 국민의힘에 대한 동정심이 안 생기는 군요.

헌법재판소를 비롯한 이 나라 사람들의 반응은 대통령 경종에 귀 틀어막고 "부정선거는 없다. 선관위 절대 신뢰한다. 하이브리드 전쟁이니 초한전이니 그런 것 없다."라는 것 아닌가요? 그런데 어쩌죠? 대규모 부정선거는 사실이고, 뒤에 중국이 있는 것도 사실인 걸요? 우리는 시류에 휩쓸리지 않고 하던 일 계속하겠습니다.

ftp 발견에 있어 "중국 공산당을 따르라"라는 구호가 숫자들 속에서 나타난다는 사실보다 더 주목해야 할 것이 있습니다. 선거 결과 데이터에 인위적인 조작이 없으면 결코 나타나지 않을 하나의 패턴이 나타나는 것입니다. 이것 자체가 강력한 부정선거의 증거입니다. 이것은 2020년 4·15총선에서만 나타나는 패턴입니다.

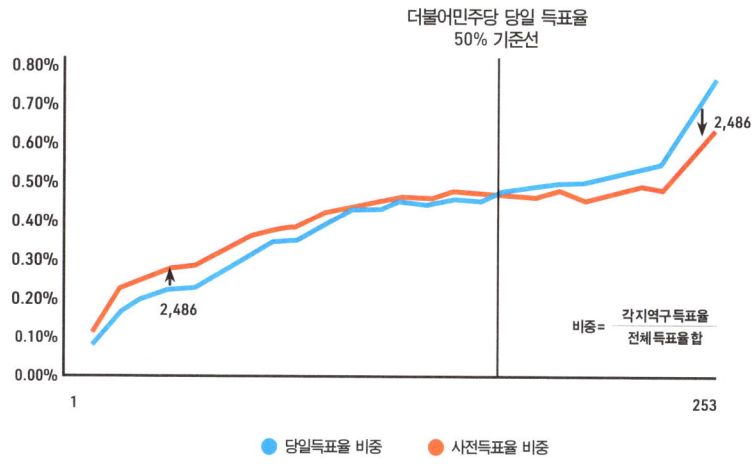

2020년 총선 더불어민주당 각 지역구 비중값 비교(출처 : 「해커의 지문」 p.80)

더불어민주당 당일 본투표에서 50% 이상을 획득한 모든 지역구에서 "당일 득표 비중보다 사전 득표 비중이 낮고, 반대로 이하를 획득한 지역구에서는 당일보나 사서비중이 높았나"는 것입니다. 이 패턴의 발견은 ftp 발견의 관문에 해당되지만 선거 결과 데이터가 자연적으로 형성된 것이 아니라 누군가의 의도에 따라 만져졌다는 사실에 대한 반박 불가능한 증거라는 것입니다.

이 패턴의 발견이야말로 '로이킴 발견'으로 명명될 수 있습니다. 로이킴은 이 그래프의 실체를 파악하는 데 많은 공을 들였던 것입니다. 이 그래프를 이해하는 사람은 결국 ftp를 이해하게 될 것입니다.

○ 21대 vs 20대 사전투표율 비교_20대 시간대 조정 비교

날짜	시간	20대	20대(N+1시)	21대	일치율
1일차	7시	0.58%	1.20%	1.21%	99.99%
	8시	1.20%	2.14%	2.24%	99.90%
	9시	2.14%	3.64%	3.55%	99.91%
	10시	3.64%	5.38%	5.24%	99.86%
	11시	5.38%	7.11%	7.00%	99.89%
	12시	7.11%	8.75%	8.70%	99.95%
	13시	8.75%	10.48%	10.51%	99.97%
	14시	10.48%	12.31%	12.34%	99.97%
	15시	12.31%	14.11%	14.05%	99.94%
	16시	14.11%	15.84%	15.72%	99.88%
	17시	15.84%	17.57%	17.51%	99.94%
	18시	17.57%	18.29%	19.58%	98.71%
2일차	7시	18.29%	19.11%	20.41%	98.70%
	8시	19.11%	20.17%	21.19%	98.98%
	9시	20.17%	21.62%	22.14%	99.48%
	10시	21.62%	23.36%	23.33%	99.97%
	11시	23.36%	25.19%	24.55%	99.36%
	12시	25.19%	26.89%	25.79%	98.90%
	13시	26.89%	28.74%	27.17%	98.43%
	14시	28.74%	30.74%	28.59%	97.85%
	15시	30.74%	32.76%	29.97%	97.21%
	16시	32.76%	34.69%	31.38%	96.69%
	17시	34.69%	36.93%	32.95%	96.02%
	18시	36.93%	36.93%	34.74%	97.81%

21대 20대 총선 사전투표율 시간대별 비교 도표. 이병화 전 노르웨이 대사는 이 도표가 '피어슨 상관 계수' 와 관련 있다고 포스팅 했다. 이병화 대사의 페이스북 포스팅에 "설마하고 근거영상 확인 해봤는데 사실이었 네요. 부정선거 100%. 비상계엄이 계몽령이 맞네. 침묵하지 맙시다."라는 댓글이 달렸다. 이 표는 조작의 목표가 설계된 사실 외에 투표율도 처음부터 설계된다는 사실을 보여준다.

로이킴 발견의 다섯 단계

2025:04:05:08

이 글을 쓰는 과정에서 누군가가 해설 22에 대해 실명으로 공개 포스팅한 반응은 이렇습니다.

> 너무 당황스럽다. 중등수학의 컴퓨터 코딩의 기초만 알아도 로이킴의 Follow the party 설은 말이 안 되는 가짜라는 걸 알 수 있다. 어디 가서 이 얘기하지 않길 바란다. 부끄럽다.

저는 이 사람이 [follow_the_party]에 대해서 전혀 아는 바가 없다는 것을 금세 알 수 있었습니다.

우선 로이킴 발견 과정에는 중등수학이 전혀 필요하지 않습니다. 덧셈, 뺄셈, 곱셈, 나눗셈이라는 사칙연산 외 수학은 사용되지 않았습니다. 그러나 컴퓨터 코딩의 기초만 아는 사람은 [follow_the_party]를 결코 이해할 수 없습니다. 그러나 이 포스팅에 보인 그의 감정적인 반응은 진실하게 느껴집니다.

(i) 당황스럽다.

(ii) 부끄럽다.

이 반응 기저에는 저에 대한 공격이 들어 있을 뿐 아니라 부정선거 규명을 해온 사람들 전체에 대한 경멸이 들어 있다고 느껴집니다. 사실 윤석열 대통령 탄핵에 관한 헌재 판결의 숨은 쟁점도 한 문장으로 요약됩니다. "부정선거라 할지라도 계엄까지 할 필요는 없다."

제가 유튜브 그라운드C 인터뷰에서,

(i) 대통령은 한 가지 중요한 일을 위해 태어날 수도 있다. 링컨의 노예해방처럼 윤통의 부정선거 계엄이 그것일 수 있다.

(ii) 그럼에도 불구하고 윤통은 돌아온다.

이 의견으로 인해 암살설이 퍼지기도 했다고 합니다. 제 요지는 윤통의 부정선거 계엄은 미국 노예해방만큼 중요하다는 것입니다. 결국 대한민국을 구하고 북한 노예해방으로 가는 길이니까요. 윤통이 제대로 돌아오는 시점은 부정선거 규명이 이루어졌을 때, 저 가짜 국회들의 탄핵이 무효가 되었을 때입니다. 더불어민주당도 헌재도 이 사실을 알고 있다는 것을 모두 기억해 주시기 바랍니다.

링컨의 노예해방은 당시 미국 남성 10%의 희생을 통해 가능했습니다. 제가 이 시리즈를 쓰는 이유는 이 작업이 유혈 없이 부정선거 문제를 해결할 방법의 모색이라고 보기 때문입니다. 이 다음에는 무엇이 있을지 아무도 알 수 없습니다.

로이킴 발견은 성실하게 들여다보고 연구하지 않으면 알 수 없습니다. 다섯 단계를 모두 무겁게 검토해야 합니다.

Step 1: 더불어민주당 각 지역구 사전과 당일 득표율을 전체 득표율 합으로 나눈 비중값 그래프. 당일 득표율 50% 이상 획득 지역구는 당일 비중이, 반대의 경우는 사전 비중이 높은 현상 발견.

Step 2: 사전 당일 비중 차이값에 당일 득표수를 곱했을 때 나타나는 그래프. 특정 원칙에 따라 지역구들이 그룹으로 뭉쳐 클러스터를 형성하고 있음을 발견.

Step 3: 클러스터 속에서 각 지역구가 일곱 개씩 36개씩의 그룹을 형성하고 있음을 발견. 사전 당일 비중 차이값을 오름차순으로 정리하여 지역구 순번합으로 만든 암호코드 발견.

Step 4: 아스키코드 알파벳 소문자로 수렴되는 문자 형성의 '나눈수' 규칙 발견.

Step 5: 16개 문자가 반복해서 나타나는 구조를 발견하고 암호문자 추출.

ftp 추출에는 덧셈, 뺄셈, 곱셈, 나눗셈만 필요

2025:04:05:13

로이킴 괴담설을 퍼뜨리는 자들의 주된 주장은 ftp를 방정식이나 함수로 보는 것입니다. 로이킴이 선거 결과 데이터에서 보정값을 구하기 위해 여러 가지 시도를 하는 단계에서 결과값이 산출되는 방정식을 만들어 보려고 했던 시도가 ftp와 관련이 있다고 생각하는 것입니다.

부정선거 규명 과정에서 많은 시도들이 당일선거 결과표수에 사전표수를 구하는 공식을 찾는 것이었습니다. 디지털 게리맨더링이라는 것이 결국 실제 투표자가 없는데도 투표율을 디지털로 높여 당선자를 바꾸는 개념이라면 로이킴의 첫 시도도 이 조작의 공식을 구하는 작업이었던 것은 맞습니다.

그러나 이 시도조차 초등 수준의 1차 방정식이 사용되었을 뿐입니다. 저는 『해커의 지문 발견기』서문에서 이 상황을 비유적으로 "로이킴이 문어를 잡으러 갯벌에 들어갔다가 금괴를 들고 나왔다."라고 표현했습니다. 결국 ftp를 찾는 데는 1차 방정식조차 필요가 없습니다. 사칙연산이면 충분합니다. 자세한 내용은 『해커의 지문 발견기』에 잘 설명되어 있습니다.

ftp 발견 과정은 다섯 단계로 나누어봐야 한다고 앞에서 말했는데 다시 한번 볼까요?

Step 1: 더불어민주당 각 지역구 사전과 당일 득표율을 전체 득표율 합으로 나눈 비중값 그래프. 당일 득표율 50% 이상 획득 지역구는 당일 비중이, 반대의 경우는 사전 비중이 높은 현상 발견.

Step 2: 사전 당일 비중 차이값에 당일 득표수를 곱했을 때 나타나는 그래프. 특정 원칙에 따라 지역구들이 그룹으로 뭉쳐 클러스터를 형성하고 있음을 발견.

Step 3: 클러스터 속에서 각 지역구가 일곱 개씩 36개씩의 그룹을 형성하고 있음을 발견. 사전 당일 비중 차이값을 오름차순으로 정리하여 지역구 순번합으로 만든 암호코드 발견.

Step 4: 아스키코드 알파벳 소문자로 수렴되는 문자 형성의 '나눈수' 규칙 발견.

Step 5: 16개 문자가 반복해서 나타나는 구조를 발견하고 여기에 나눈수 규칙을 적용하여 암호문자 추출.

위의 Step 1, 2, 3까지는 순수한 로이킴 발견 과정입니다. 4, 5는 후사장이 프로그램 로직을 복원해서 "설계자가 이렇게 로직을 짰지 않았을까" 하고 가상해 본 내용입니다.

일단 로이킴 발견의 세 단계를 살펴볼 때, 나눗셈, 곱셈, 덧셈, 뺄셈 외 사용된 수학적 도구가 없다는 것이 중요합니다. Step 1은 뺄셈과 나눗셈, Step 2는 곱셈, Step 3은 덧셈이 매우 중요하게 사용됩니다.

ftp 괴담설을 유포하는 어떤 사람도 이 사칙연산을 진지하게 이해하지 않습니다.

지금 부정선거 문제는 이미 온 인류의 문제입니다. 한국에서는 대통령 탄핵을 가져온 대사건입니다. 부정선거가 아니라는 주장을 어떻게 이리 자신있게 주장할 수 있을까요? 당신들의 교만이 이미 당신들의 눈을 찔러 버린 것입니까? 눈을 뜨고 빤한 사실을 부인하는 당신들을 보면서 총칼 완력에 양심을 판 친일파에 비교할 일이 아니라는 생각이 듭니다. 너무나도 자발적인 굴종입니다.

로이킴의 발견의 다섯단계

Step1
더불어민주당 각 지역구 사전과 당일
득표율을 전체 득표율 합으로 나눈 비중값.
50% 이상 획득 지역구는 당일 비중이,
반대의 경우는 사전 비중이 높은 현상 발견.

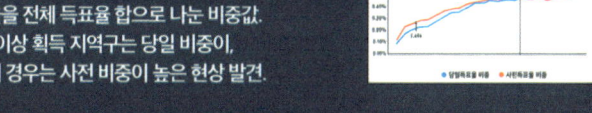

Step2
사전 당일 비중 차이값에 당일 득표수를
곱했을 때 나타나는 그래프.
특정 원칙에따라 지역구들이 그룹으로 뭉쳐
클러스터를 형성하고 있음을 발견.

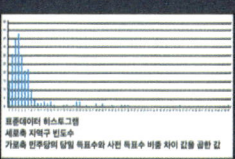

Step3
클러스터 속에서 각 지역구가 일곱 개씩
36개의 그룹 발견. 사전 당일 비중 차이값을
오름차순으로 정리하여 지역구 순번합으로
만든 암호코드 발견.

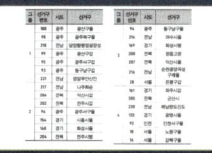

Step4
아스키코드 알파벳 소문자로 수렴되는
문자 형성의 'ㄴ,눈수' 규칙 발견.

Step5
16개 문자가 반복해서 나타나는 구조를
발견하고 여기에 나눈수 규칙을 적용하여
암호문자 추출.

프로그램의 기준점이
더불어민주당 당일 50% 득표 지역이라는 사실의 중대성

2025:04:06:08

지금 한국의 선거는 완전히 뼈다귀만 남아 있습니다. 투표관리관 개인 도장만 관철해도 크게 방어할 수 있는 이런 상황의 주범은 물론 더불어민주당이지만 국민의힘도 사실 공동 정범입니다.

현재의 선거제도를 정상화시킬 책무는 국민의힘에 있습니다. 우리는 지난 5년간 부정선거 규명을 하면서 좌익 진영에서 공격을 받은 적은 한 차례도 없었습니다. 우리의 부정선거 규명작업을 욕하고, 침 뱉고, 경멸하고, 모독한 쪽은 모두 국민의힘 영역에 있거나 지지자 혹은 자칭 우파, 자칭 보수였습니다.

하태경, 이준석, 이병태, 정규재 그리고 익명의 사람들. 그중에 저희가 형사 고소를 넣은 사람이 둘 있고 그들도 역시 소위 우파입니다. 이들의 공통점은 모두 남보다 자신이 우위에 있다는, 우월감과 교만이라고 봅니다. 그들의 입술에서 나오는 말은 예의바름과는 거리가 멉니다.

지금 한국의 부정선거는 결코 단발적인 사건이 아니라 말 그대로 인류사적인 것입니다. 한반도 전역에 자유가 선포되는 과정에서 맞닥뜨린 마지막 장해물입니다. 제가 가진 경험과 베테랑적인 식견으로 수년에 걸쳐 설명해 왔습니다.

대한민국 대통령까지 제거할 정도의 힘을 가진 거대 권력, 거대 세력의 뒷받침 없이 한국의 부정선거는 가능치 않습니다. 부정선거 규명의 역사에서 가장 중요한 사건은 해커의 지문 [follow_the_party]의 발견이라고 보고 있습니다. 이 발견은 2020년 5월, 총선이 채 한 달도 지나지 않은 시점에 궁극의 과녁을 찾은 것이나 같습니다.

2020년에 5월에 우리는 중국 공산당을 지목했고, 똑같은 과녁을 향해 활을 당긴 대통령이 제거되었습니다. 여러분은 이 상황이 우연으로 보이십니까?

로이킴 발견의 위대성은 2020년 4·15총선 결과 데이터에 인위적으로 손대지 않으면 결코 나타나지 않을 패턴을 읽어낸 것입니다. 그것은 모든 설계의 기준점이 "더불어민주당이 당일득표율 50% 이상을 달성한 지역구"라는 사실입니다.

로이킴 공식은 처음부터 조작 공식이 아니라 최적화 공식

2025.04.07:10

　로이킴 발견에서 가장 많은 공격을 당하는 영역은 [X-XY+XY/Zn]으로 나타낸 수식입니다. ftp는 사기라고 떠드는 대부분의 공격자는 이 공식을 비웃는 수준에 멈추어 있습니다. 이 수식이 발표된 2020년 5월에 멈춰 있습니다. 이것은 ftp를 도출하기 위한 공식은 아닙니다. 그러나 의외로 이 공식은 여전히 중요합니다.

　2016년부터 있었던 엠넷(Mnet)의 〈프로듀스 101〉 사건은 미리 투표율, 득표율을 정하여 놓고 특정 사람들이 뽑히도록 눈속임을 한 온라인 사기 투표 사건입니다. 이 사건은 일반 시청자들이 조작함수를 발견하여 사기를 입증했습니다. 로이킴뿐만 아니라 많은 사람들이 4·15총선에서도 조작함수 같은 게 있을 것으로 가정하고 이를 찾아내려는 시도를 했습니다.

　이영돈 PD의 다큐에서 소개한 솔선공식도 그런 시도에서 나온 게 아닌가 합니다. 대수의 법칙이 눈에 띄게 무너져 있는 현상에 주목하여 조작함수를 찾으려는 노력이었습니다.

　로이킴은 ftp를 찾는 데 있어 자신이 최초에 제출한 이 공식에서 매우 중요한 사실을 발견했다고 합니다. 그러나 "부정선거는 없다"는 전제에서 출발하면 아무것도 볼 수 없습니다! 그저 가짜로만 보이겠지요.

로이킴이 제출한 이 공식은 처음부터 외부에서 새로 투입되는 개념이 아니라 개표 중에 옮겨지는 표 개념을 생각한 것입니다. 그래서 제가 문어 잡으러 들어갔다 오히려 금괴를 발견했다고 했습니다. 이에 반해 이영돈 PD가 대중에게 소개한 솔선공식은 제가 앞에서 말한 1차 보정, 즉 조작표수를 계산하는 공식입니다. 외부에서 표를 가져와서 얹는 개념이 있습니다.

로이킴의 경우는 이미 있는 표에서 다른 당의 표를 이동시키는 개념입니다. 로이킴이 이런 공식을 만들었던 것은 기본적으로 개표 과정에서 전자개표기를 통하여 조작을 실행한다고 생각했기 때문이 아닐까요? 그래서 로이킴은 국제보고서에 '디지털 게리맨더링'이라는 개념을 제출한 것입니다. 게리맨더링이란 정해진 인구 내에서 지역구 획정을 통해 당선과 낙선을 조정하는 개념입니다. 로이킴은 현실 지역구 획정이 아니라 디지털로 표를 옮겨서 당선과 낙선을 바꾸는 개념을 생각했고 이것을 '디지털 게리맨더링'이라고 불렀지만 로이킴 공식을 통해서는 당선과 낙선이 바뀌는 수준의 표 이동을 아예 찾을 수 없습니다.

로이킴 발견이 많은 사람들의 오해를 받은 것은 이 공식으로는 이근형 판세표가 보여 주는 1차 보정이 전혀 실현되지 않기 때문입니다. 로이킴 발견은 2차 보정이라고 설명한 사람은 프로그래머 후사장이었다고 말한 바 있습니다. 2차 보정은 이미 180석(지역구 164석)을 당선 지역으로 설계한 뒤 수행하는 보충적 설계로서 최적화, 즉 체로 쳐서 투입될 표를 최소화하는 과정입니다.

설계 단계의 이 2차 보정에 대해서는 부정선거를 규명하는 사람들이 그다지 관심을 갖지 않습니다. 그래서 많은 사람들이 우리가 ftp에 천착하는 것을 못마땅하게 생각하는 것입니다. 그러나 저는 ftp로 인하여 일단 재검에 들어가면 배춧잎투표지 같은 이상투표지가 쏟아질 것을 예상할 수 있었습니다. 이 부분 역시 뒤에서 더 다루겠습니다.

일단 여기서는 로이킴 공식과 솔선공식의 차이를 이해해 보십시오. 로이킴 공식은 이미 있는 표들을 옮겨 더불어민주당 쪽으로 옮겨주는 표수 계산 공식이고, 솔선공식은 외부에서 투입될 가짜표(F)를 계산하는 공식입니다.

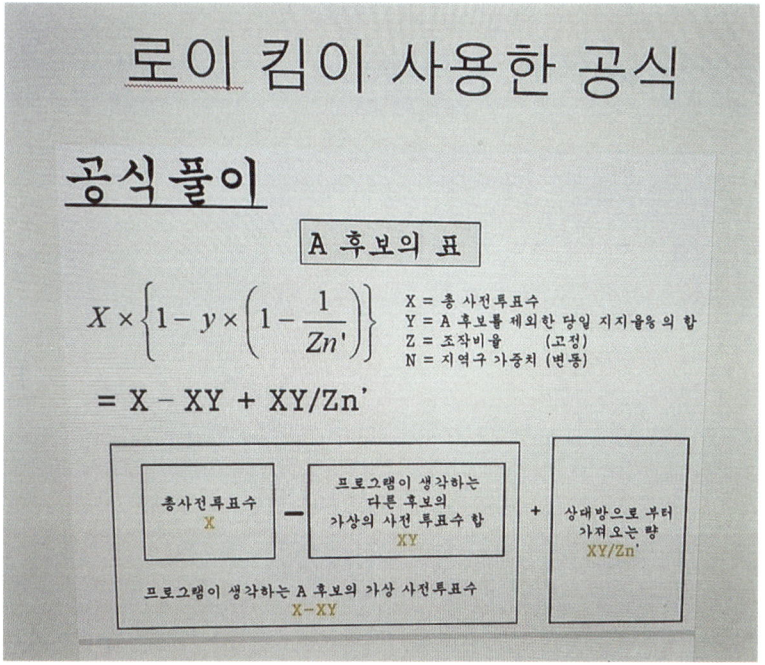

로이킴이 2020년 4·15 총선 직후 조작 방정식을 찾기 위한 시도로서 작성한 수식. 로이킴이 항등식을 만들어 놓고 데이터를 꿰맞춘다는 음해를 당하게 된 근거이기도 하다. 이 수식은 항등식으로 공격받기도 하지만 이 시도를 통해서 각 지역구 n값의 미세한 차이를 발견하게 된다. 각 지역구마다 나타나는 n값 차이를 분석하여 비중 그래프 발견에 이른 것이다. 따라서 이 시도는 조작 방정식이나 함수 도출과 상관 없이 선거 결과 데이터에 나타난 인위적 조작의 패턴을 찾는 데 결정적인 역할을 했다.

패턴과 경향성 발견을 통해 ftp 접근

2025:04:07:12

많은 ftp 공격자들이 즐겨 쓰는 논법을 정리하면 이렇습니다.

(i) 로이킴 수식들(특히 비중값 계산)은 결과값을 알고 역산하여 정리한 항등식이다.
(ii) ftp가 아니라 그 어떤 문장도 만들 수 있다.
(iii) 고로 로이킴은 사기꾼이다.

이 말은 대체로 부정선거 자체가 음모론이라고 믿는 사람들의 말입니다. 간혹 부정선거는 맞지만 ftp는 가짜라고 말하는 사람들이 있습니다. 그러나 2020년 4·15총선에서 정점에 이른 중국이 개입한 부정선거의 전모를 저희가 거의 규명해냈기 때문에 대개는 "이해는 못 하지만 가짜는 아니다"는 의견이 많습니다.

그러나 최근에는 아예 ftp 때문에 부정선거 규명이 늦어졌다는 새로운 주장까지 나옵니다. 제가 이 해설을 시작한 것도 드디어 부정선거 규명하는 사람들 속에서 논공행상을 놓고 헤게모니 다툼이 시작되는구나 싶어서입니다. 이건 정말 한심한 일입니다.

이 싸움은 매우 크고 진지한 것입니다. 국가의 운명이 걸린 일입니다. 우리는 자신들의 권력과 안위를 위해 부정선거 문제를 음모론으로 몰며 중국과 북한이 국내 공산주의자들과 함께 벌이는 특급 하이브리드 전쟁에서 적의 편에 선 사람들의 이름을 기록해 두고 있습니다.

그들은 5년 내내 항등식과 역산 운운하며 치열하게 방해를 일삼고 있습니다. 그런데 ftp는 그런 종류의 수학이 아니고 패턴을 찾는 일종의 퍼즐 맞추기입니다.

루브릭 큐브에서 빨간색 면에 노란색 조각이 몇 개 섞여 있는데 빨간 면이라고 부르면 사기가 됩니까? 큐브 맞추기를 한번 해 보세요. 방정식도 아니고 함수도 아니지만 수학적 영감과 두뇌 훈련 없이는 정말 어렵습니다. 하물며 ftp퍼즐은? 그것은 기적에 가까운 발견입니다. 과학고를 나오고 서울대를 나오고 하버드를 나온 자칭 '위대한 과학자'인 당신들의 이런 비판은 사실은 경멸입니다.

ftp 발견에는 사칙연산과 1차 방정식밖에 사용되지 않았지만 로이킴의 한 단계 한 단계 나아가는 퍼즐 맞추기 실력은 신기에 가깝습니다.

로이킴은 $[X-XY+XY/Zn]$에서 각 지역구 가중치(n)값을 계산하여 의외의 패턴을 하나 찾아냅니다.

전국 지역구 253개의 n값의 분포도를 그렸을 때 어떤 기준점을 통과하며 상하로 교차하는 모양이 발견됩니다. 로이킴도 이 패턴이 신기하게 여겨져 이것이 무엇을 의미하는지 여러 가지 방식으로 검토해 보았다고 합니다.

저희가 발간하는 기관지 「뉴 패러다임」(NP) 2020년 5월호에 로이킴의 인터뷰를 실었습니다. 이 인터뷰는 로이킴의 발견의 최초 단계 초기 생각이 담겨 있습니다. 이 패턴은 그 이전 선거에서는 나온 적이 없는 아주 이색적인 패턴입니다.

우선 2016년 총선과 패턴을 비교해 보시기 바랍니다. 20대는 교점이 여러 군데지만 21대는 한 군데밖에 없습니다.

로이킴 인터뷰

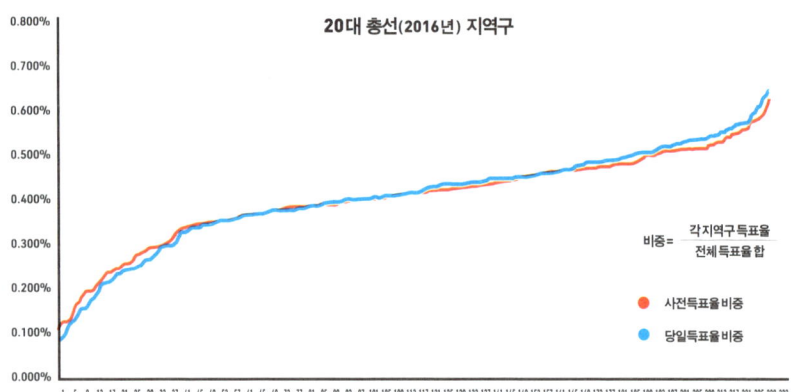

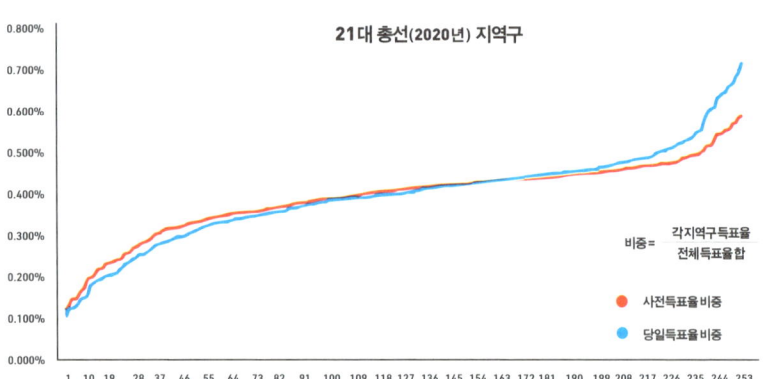

비중값 계산이라는 표준화로 선명한 패턴 발견

2025:04:09:15

선거 결과 데이터에 인위적으로 부여된 패턴이 발견되었다면 그것은 부정선거의 유력 증거입니다. 〈프로듀스 101〉 사건에서 발견된 조작함수와는 성격이 다르지만 해커의 지문 ftp 발견 과정에서 나타난 이 패턴은 조작함수보다 어쩌면 더 많은 정보를 암시합니다.

(i) 선거가 시작되기 전에 결과 표수가 계획되어 있었다.

(ii) 계획을 수립하면서 낙선자를 당선자를 바꾸기 위한 표수(보정값) 외, 낙선자도 최소 15%를 받아 세금으로 선거비를 전액 보전케 하기 위해 표수를 더 보탠다.

(iii) 최종적으로 ftp 알고리즘을 짜 넣어 이 신박한 계획을 중국 공산당이 완성했음을 과시한다.

2020년 4·15총선 결과 데이터에 이 계획들이 고스란히 나타나 있음을 발견한 로이킴은 언젠가 크게 평가받을 것입니다. 그의 발견이 [follow_the_party] 발견까지 가지 않고 첫 단계 비중 그래프에서 멈췄어도 이미 위대한 것입니다.

로이킴 발견에서 특히 비중값 계산이라는 표준화 방법을 사용한 것에 대해 맹주성 박사는 높이 평가합니다. 로이킴은 이 시도의 이유를 이렇게 설명합니다.

첫째, 4·15총선의 사전투표와 당일투표를 다른 집합으로 구분하였다. 더불어민주당의 당일투표에서는 조작이 있었다 해도 사전에 비해서는 소규모였을 것으로 추측하였다. 사전투표에서 폐쇄회로 카메라(CCTV)를 가렸던 것과 달리 당일투표에는 그런 제한이 없었으므로 유권자 절대수를 부풀리는 시도를 과감하게 하기는 어려웠을 것으로 보았다.

둘째, 관내와 관외로 구분되어 있었던 사전투표에서 조작표를 투입하기가 상대적으로 용이할 것으로 보았다. 따라서 당일투표에서는 조작이 있었다 해도 최소일 것으로 보고 당일투표 결과를 기준으로 삼아 사전투표 결과의 '이상성'을 추적해 보고자 했다.

이러한 전제하에 먼저 사전투표와 당일투표의 상관관계를 알아보기로 하였다. 그리하여 각 지역구마다 인구수 등 개별적인 차이가 크므로 일종의 표준화를 시도하였다.

각 지역구의 사전투표와 당일투표는 사람의 키와 허리 높이처럼 일정한 상관관계를 갖고 있을 것으로 보았다. 키가 큰 사람은 허리 높이도 높아질 것이지만, 그럼에도 불구하고 '롱다리', '숏다리'처럼 사람마다 허리 높이가 약간의 차이가 있을 것이므로 비교에 이익이 있을 것이다.

그리하여 표준화를 통해 키높이를 일정하게 맞추어 놓고 허리 높이를 비교하면 차이를 좀 더 선명하게 비교할 수 있을 것으로 보았다.

자연상태

표준화

로이킴 괴담설을 퍼뜨리는 사람들은 이 표준화 방법이 이해하기 어려우며 심지어 결과를 알고 역산하는 항등식이라고 주장합니다.

이 주장은 ftp를 이해하기 위해 아무 노력도 하지 않고 '저건 시어 못 먹는 신포도'라며 손가락질하는 것과 같습니다. 각 지역구의 더불어민주당 득일과 사진의 패턴을 읽는 것은 정답이 있는 수식 풀이가 아닙니다.

이 비중값 계산을 통해 발견한 그래프가 보여 주는 정보는 부정선거 설계도의 핵심을 보여 주는 것과 같습니다. 더불어민주당 50% 득표율 지역구를 기준으로 음수 양수로 정확히 나누어져 있으니까요.

부정선거 증거는 비중 그래프에서 이미 확보

2025:04:10:08

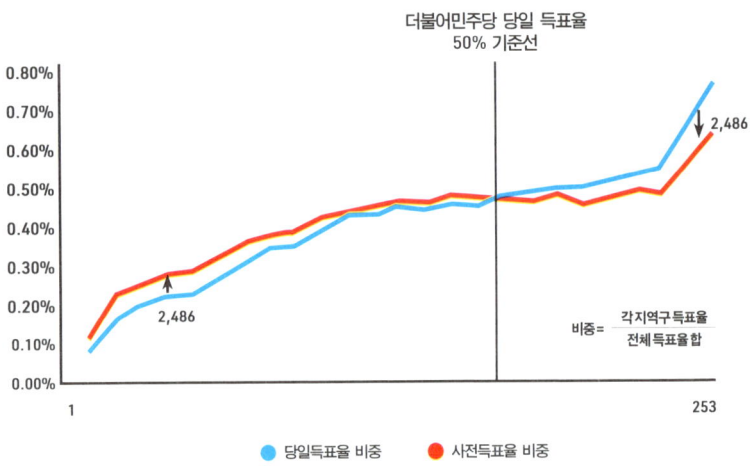

2020년 총선 더불어민주당 각 지역구 비중값 비교(출처 : 「해커의 지문」 p.80)

    로이킴 발견의 전 과정에서 더불어민주당 사전 당일 비중 차이값 비교 그래프를 이해하면 괴담이니 거짓말이니 그런 한심한 얘기가 필요 없을 것입니다.

    이 비중 비교 그래프란 단순한 개념입니다. A은행에 맡긴 돈 20만 원의 월 이자가 2,000원이고 B은행에 맡긴 돈 100만 원의 월 이자가

20,000원이라고 합시다. 이자 2,000원과 20,000원이라는 숫자가 두 은행을 비교할 때 의미가 있습니까? 이 이자를 원금으로 나누어서 두 은행의 이자율을 구해야 비교의 실익이 있지 않습니까?

A은행은 1%, B은행은 2% 식으로 이자율을 구하듯 유권자 인구와 투표율, 득표율이 각각 다른 지역구들을 비교해 보기 위해 전체 득표율에서 각 지역구가 얼마씩의 비중을 차지하는지 나누어 본 것이고 이것을 비중이라고 표현한 것입니다. A은행과 B은행을 예금과 이자가 각각 다른데도 비교하기 위해 나눗셈을 통해 이자율을 구한 것처럼 전체 득표율에서 지역구 각각을 나누어서 지역구 간에 유의미한 비교가 가능하도록 한 것이 표준화라는 의미입니다.

은행들이 이자율이라는 표준화를 통해 비교하는 것처럼 253개 지역구를 비교해 보기 위한 표준화 방법으로 전체 득표율 합에서 각각의 지역구가 얻은 득표율을 나누어 보고 이를 비중값이라고 명명했을 때 매우 중요한 사실이 발견됩니다. 그 이전 어떤 선거에서도 나온 적이 없는 4·15총선에서만 발견된 그래프입니다.

부연하면 4·15 더불어민주당 당일 득표율을 모두 합하면 11,490.94%이고, 사전 득표율은 14,071.69%입니다. 이 총합에 253개 지역구 각각을 나누어서 각 지역구의 사전과 당일 비중값을 구하는 것입니다.

A지역구의 당일 득표율이 14.09%이면 14.09%/11,490.94% =0.122% 식으로 비중값을 구합니다. (더불어민주당 외 다른 정당은 이런 비교가 불필요합니다. 사전과 당일이 거의 차이가 안 나거나 오차 범위 내에 있으니까요.)

이렇게 비중값을 구해 수가 작은 지역구부터 오름차순으로 정리해 보면 당일 50% 이상을 획득한 모든 지역구에서 사전보다 당일 비중이 높고 반대로 이하를 획득한 지역에서는 사전이 당일 비중보다 높다는 것입니다. 이 패턴의 발견은 〈프로듀스 101〉에서 조작함수를 발견한 것만큼 확실한 부정선거의 증거라고 할 수 있습니다. 앞에서 만약 로이 킴 발견이 여기서 멈추었다고 해도 부정선거 증거는 이미 확보된 것이라고 말한 까닭입니다.

다만 ftp는 범인 특정의 단서이기도 합니다. 이 단서를 찾는 출발점이 이 패턴 발견에 있습니다.

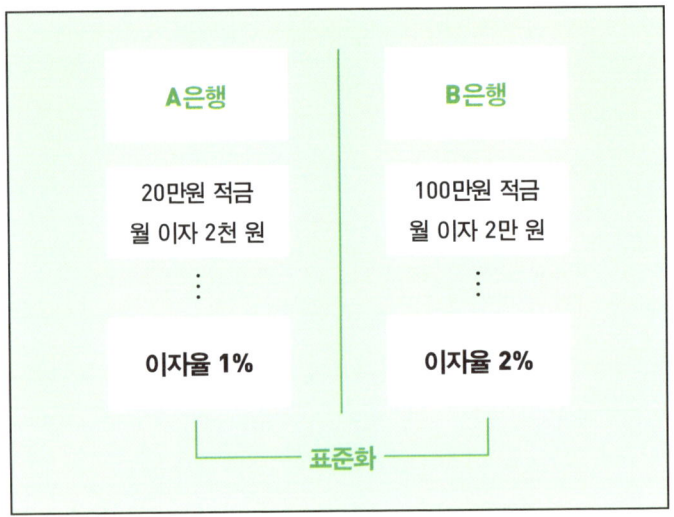

비중값은 당락 바꾸는 1차 보정값(조작값)과 무관

2025:04:11:08

비중 그래프에 대한 설명(해설 39)을 읽은 뒤 반응을 보니 이해하는 분들이 제법 있는 듯합니다. 독자 HJLee 님은 이렇게 썼습니다.

> 은행 이자율을 비교하듯이! 원금에서 이자를 나눈 듯 전체득표율(원금)에서 각 지역구 득표율(이자)를 나눠서 비중값(이자율)을 구한 것이다. 그러면 지역구 사이를 비교할 수도 있고 사전과 당일 선거도 비교할 수 있는 것이다!! 10%가 다 같은 10%가 아닌 것이죠! 진작 이렇게 쉽게 설명하면 될 것을! 그게 무슨 항등식이니 역산이니 하는 류OOO이나 손OO은 멍청하네요. 바보들.

어떤 현상을 이해하기 위한 표준화 방법은 널리 사용됩니다. 더불어민주당의 민주연구원이 2015년 5월 12일 내 놓은 『20대 총선 마이크로 선거지리학』은 전국 지역을 시·도에서 시·군·구, 다시 읍·면·동, 다시 골목길 단위로 잘게 쪼개어 대상을 세분화하는 것이 기본 방법론입니다.

이런 최소 단위까지 전체적인 관점에서 파악하기 위해 '핵심지수'라는 개념을 도입하는데 이 역시 표준화의 한 양상입니다. 로이킴이 비중값 계산을 통해 더불어민주당 사전과 당일 간의 패턴을 비교하면서 동시에 각 지역구 간의 차이도 비교하게 된 것은 뜻밖의 소득을 가져옵니다. 로이킴이 여기까지 오는 과정을 정리해 보면 다음과 같습니다.

(1) 조작 방정식을 찾아 A당에서 B당으로 이동한 양을 추적하기 위한 [X-XY+XY/Zn] 방정식 만듦.

(2) 각 지역구별 가중치 n값 추적을 통해 지역구가 음수값 양수값 상하로 나뉘는 패턴 발견.

(3) 더불어민주당 각 지역구 사전과 당일 득표율을 전체 득표율 합으로 나눈 비중값을 구하여 상호 연관성 추적.

(4) 더불어민주당 당일 50% 이상 획득 지역구는 당일 비중이, 반대의 경우는 사전 비중이 더 높은 현상 발견.

이상에서 정리한 바와 같이 로이킴 발견에서 민주당 당일 50% 기준으로 분기되는 비중값 추이는 확실히 자연적인 현상은 아닙니다. 이 현상이 무엇을 의미하는지 이해하는 데 시행착오도 있었고 시간도 많이 걸렸습니다.

독자 Conservative 님의 질문입니다.

> 비중값을 기준으로 하는 발견은 ftp를 발견해 가는 초기 과정이고 사실상 이게 1차 보정에 해당되는 건가요?

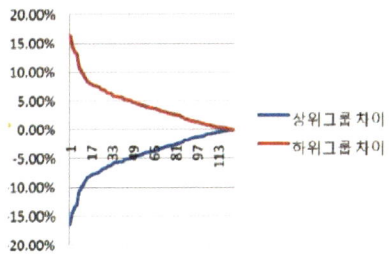

첫번째 공식 n값의 상위 그룹과 하위그룹 지역간 차이값 그래프

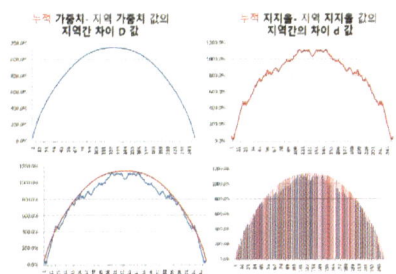

누적 가중치의 지역간의 차이값과 누적 당일 지지율 지역간의 차이 값을 비교한 그래프

답을 먼저 말하자면 1차가 아닌 2차 보정입니다. 로이킴은 애초에 결과값을 보고 조작 방정식을 찾아보려 시도했기 때문에 당연히 당선과 낙선을 바꾸는 보정값(1차)을 찾으려 했고, 자신이 찾은 비중값 패턴이 낙선 지역을 당선 지역으로 바꾸는 조작 로직을 보여 준다고 잘못 생각했습니다.

그러나 이 비중값 차이가 나타내는 실제 표 차이는 당락을 바꿀 만한 수준에 못 미쳤습니다.

4·15총선 인천 연수을은 보정값 약 1만 표 필요한데 ftp 설계 위해 약 400표 더 옮긴 것

2025:04:13:17

대통령이 계엄을 하고, 총체적 인사 부정이 드러나도 선관위는 끄떡 없습니다. 이곳은 수사로부터도 감사로부터도 자유롭고 대법원, 국회, 정당을 비롯한 어떤 공적 기관도 비호하고 있습니다. 이 사실이 2025년 오늘 대한민국을 설명하는 가장 중요한 사실이 아닐 수 없습니다.

저희는 수년 전부터 법에 정해진 대로 투표관리관 개인도장 의무를 이행해 마구잡이로 인쇄되는 위조 투표지를 막아야 한다고 주장하고 있습니다. 또한 유권자들이 서명하는 실물 명부를 통해 실제 투표자수를 세어 검증이 쉽게 끝날 수 있도록 통합명부를 수사당국이나 법정에 제출할 것을 주장해 왔습니다. 당일 명부에 사전투표자는 미리 기록이 되어 있으므로 이 명부만으로도 투표자 실제 현황 파악이 가능하고 이 명부는 수사 당국에 전혀 비밀이 될 수 없음에도 선관위는 비밀이라고 거짓말하고 있으며 국회가 요구하면 내놓겠다고 말합니다.

국회의 명령은 듣고, 국군통수권자인 대통령 명령은 안 듣는다? 이 상황에서 마침내 긴급권을 발동한 것에 대해 내란으로 몰아 대통령을 파면시키는 이 어처구니없는 힘은 역시 부정선거로 만들어지는 악순환입니다.

우리가 ftp 규명에 최선을 다한 것은 어떤 경우에도 인멸할 수 없는 마지막 비상구 같은 증거가 ftp라고 보았기 때문입니다. 명부조차 폐기해도 한 번 발표한 결과 데이터는 없앨 수 없습니다. IT 전문가들이나 이해할 만한 내용 같지만, 엑셀 프로그램을 쓸 수 있는 정도의 비전문가, 어쩌면 관심을 갖고 들여다 보면 엑셀조차 못 쓰는 비전문가도 이해할 수 있다고 봅니다.

ftp가 발견된 후, 발견자(로이킴)와 해설자(후사장) 프로그래머가 영상이나 책자를 통해 이해시키려 노력했고 저희 VON뉴스는 채널을 열고 책자를 만들어 모든 브레인스토밍 과정을 일반에 공개하여 보여 주고, 또 다큐멘터리나 애니메이션으로 대중들의 관심을 환기시키려 애썼습니다.

그러나 인정할 수밖에 없는 것은 ftp 해석에 있어 발견자 측의 오류 중 가장 큰 것은 더불어민주당 사전과 당일 비중값 비교 그래프의 기능을 초기에는 정확히 읽어내지 못한 것이었습니다.

KCPAC이 제작한 『Election Fraud South Korea 2020, vol. 3』에서 로이킴은 이렇게 씁니다.

> **결론을 말하자면, 이 디지털 게리맨더링 투표 가설의 중요한 요점은 유리한 지역구의 당일 비중값을 불리한 곳으로 옮겨 사전 투표에서 불리한 곳을 유리한 환경으로 만들어 줬다는 것이다. 당일 50% 이상 득표한 비중이 50% 이하 구간으로 2.468% 옮겨진 것으로 해석할 수 있다. 그 2.468%는 필요한 의석 수 비율에서 당일 비중을 뺀 값의 1/2를 한 값과 100% 동일하다는 것은 매우 놀라운 발견이다(242쪽).**

발견 초기의 결론은 비중 그래프의 중요성을 애매모호하게 설명한 것이었습니다. 실제로 불리한 곳을 '유리한 환경'으로 만들어 주었다고 볼 만한 근거가 없었고, 당일 50% 득표율 기준에 대해서도 명확한 설명을 해내지 못했습니다.

	더민주 정일영	미래통합 민경욱	정의당 이정미
관외사전	6,185	4,460	2,073
관내사전	15,797	11,335	5,296
당일투표	30,575	33,933	15,799
총계	52,557	49,728	23,168

민주당 정일영의 관내사전 득표수 × 0.391530 = 6,184.9
(15,797)

미통당 민경욱의 관내사전 득표수 × 0.393471 = 4,459.9
(11,335)

정의당 이정미의 관내사전 득표수 × 0.391427 = 2,072.9
(5,296)

4·15총선 규명에 있어 가장 핵심 중심지와 같은 역할을 한 민경욱 후보의 출마지 인천 연수을의 경우 비중값 그래프를 통해 살펴봤을 때 약 407표가 ftp 설계를 위해 옮겨진 것으로 파악됩니다. 연수을은 모든 여론조사가 민 후보 당선을 예측했던 곳으로 실제로 당일 선거 결과는 민후보가 당선자를 3,358표 이긴 곳입니다. 그러나 사전 관내에서 -4,462표, 관외에서 -1,725표, 즉 사전에서 6,187표를 더 가져가 2,829표 차이로 결국 낙선하게 되었습니다.

407표로는 유리한 환경도, 불리한 환경도 될 수 없는 숫자입니다. 즉 당락을 바꾸는 데 영향을 끼칠 만한 숫자가 아닙니다.

조작 설계자는 그럼에도 불구하고 왜 1차 보정이 끝난 후에도 400 남짓의 표를 더 빼앗아 당선자 쪽으로 이동시켰던 것일까요? 로이킴은 발견 초기 그 이유를 알 수 없어 막연히 더 유리한 환경을 만들었다고만 하여 논란을 일으켰던 것입니다.

게리맨더링은 지역구별, 최적화는 전국적 관점

2025:04:14:11

ftp 규명에 관련된 가장 큰 오해는 로이킴 자신이 발견한 비중 그래프에 대한 해석에서 비롯되었다고 앞에서 설명했습니다.

로이킴은 더불어민주당 당일 50% 이상 득표율 지역을 교점으로 분기되는 이 그래프는 당선자를 낙선자로, 낙선자를 당선자로 바꾸는 디지털 게리맨더링 현상을 보여 준다고 말했습니다.

게리맨더링이란 1812년 미국 매사추세츠주 주지사였던 엘브리지 게리가 자기 정당에 유리하도록 선거구를 분할하였는데, 그 모양이 마치 전설상의 괴물 샐러맨더(Salamander)와 비슷하다고 해서 이를 게리(Gerry)의 이름과 합하여 게리맨더(Gerry-mander)라고 부르게 된 것입니다.

로이킴의 비중 그래프가 보여 주는 트렌드는 확실히 온라인상으로 게리맨더링이 일어났다는 오해를 불러일으키기 쉽습니다. 이런 이채로운 트렌드가 선거 결과 데이터에서 추출된다는 것이 이미 부정의 증거지만 이 그래프가 당선과 낙선을 바꿀 수준의 표 이동을 보여주지 않는다는 측면에서 즉 이 정도 표 이동으로 당락이 바뀌지 않는다는 측면에서 게리맨더링과는 다른 것입니다.

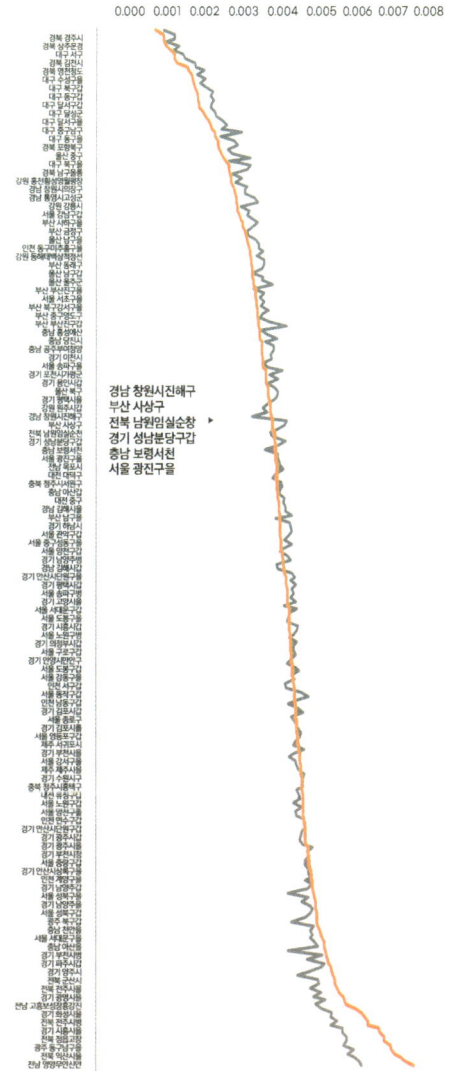

더불어민주당 당일 대비 사전득표율 비중 (『해커의 지문』, 그래픽 55)

전 페이지의 그래프는 무엇을 나타내는 것일까요? 로이킴 괴담설을 퍼뜨리는 사람들은 이 그래프의 추출도 그다지 의미 있게 보고 있지 않고 도리어 이 그래프가 각 지역구 간 사전 당일 비중을 표시한 것이 아니라 사전 당일선거가 마치 다른 선거인 것처럼 비중값 오름차순으로 표현하여 나타내어진 것으로 비교의 이익이 없다고 주장합니다.

로이킴의 방식대로 사전과 당일 비중값을 구하고 "비중값" 기준으로 오름차순으로 "각각" 나열하여 비교하지 않고 임의대로 "지역구" 기준으로 나열하여 한 개의 접점이 아니라 여러 접점이 생긴다고 터무니 없이 주장하는 것입니다.

그러나 어떤 선거에서도 발견될 수 없는 비중 그래프가 발견된 것은 여전히 중요한 사실입니다. 로이킴은 조작 방정식을 찾는 데 집중하여 이 단계까지 왔고 더불어민주당 사전과 당일 비중값 비교를 통해 당일 50% 교점을 찾아냈습니다.

한동안 후사장도 로이킴이 각 지역구별 사전 당일 비중 차이값보다 사전 당일을 각각 다른 선거처럼 비중값 오름차순 배열 그래프를 그려 교점을 찾아낸 것의 의미를 몰랐다고 합니다. 후사장은 이 비중 그래프는 1차 보정, 즉 당락 설계 후에 전국적인 표수를 줄이는 최적화 과정에서 나타난 기준점이라고 한참 뒤에 해설해 줍니다. 지역구 개별 설계를 넘어서 전국 단위의 최적화와 ftp 설계가 어떻게 이루어졌는지에 대해서 후사장의 설명을 더 참고하겠습니다.

(앞에서도 말했지만 개별 지역구의 목표 설정(1차 보정 또는 기본 설계)보다 최적화와 ftp 설계가 전략적으로 더 중요하다는 후사장의 설명은 『해커의 지문』에 자세히 나와 있습니다. ftp에 대한 우리의 해설은 투개표 과정의 랜덤 조작이 아니라

선거가 시작되기 몇 달 전부터 치밀하게 설계되어 있었다는 전제하에 4·15총선 전 설계 과정을 해설하고 있음을 다시 환기시켜 드립니다.)

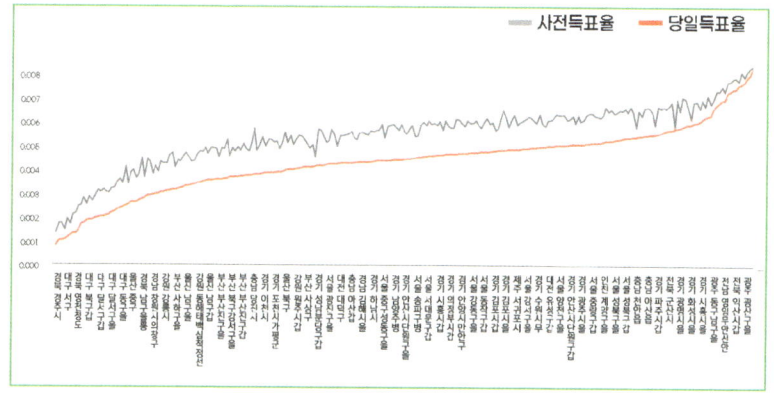

2020년 4·15 총선 더불어민주당 사전·당일득표율 비중

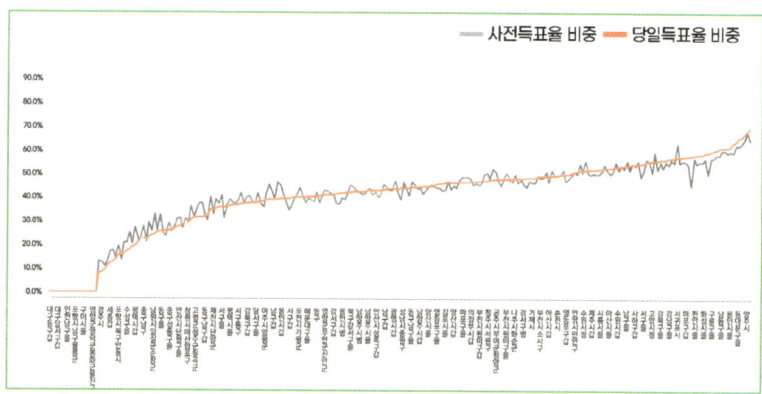

2016년 20대 총선 더불어민주당 사전·당일득표율 비중

로이킴은 천재인가?

2025:04:15:07

2020년 5월 로이킴이 ftp를 들고 나왔을 때 거센 논란, "로이킴은 천재다"와 "로이킴은 사기꾼이다"가 팽팽한 접전을 이루었습니다.

급기야 저희 사단법인 법치와자유민주주의연대(NPK)에서는 기관지「뉴 패러다임」(NP) 2020년 6월호를 통해 "로이킴 씨에 대한 부당한 인신공격을 멈추어야 합니다"라는 성명을 내고 "위대한 보통사람들이 거대 선거부정에 맞서는 시대"로 규정했습니다.

NP 성명

(한국이) 문명국의 상태를 유지할 수 있을 것인가라는 의구심마저 낳고 있습니다. 그럼에도 불구하고 보통의 시민들이 끝없이 문제 제기하고 몸소 움직이고 있는 것은 희망적입니다. 법원도, 검찰도, 경찰도, 형체도 없는 듯이 보이는 캄캄한 밤에도 이성과 지성, 양심이 빛나는 위대한 보통사람들, 그들이 대한민국 성취의 역사를 이어 가고 있습니다.

그리고 2024년 12월 3일, 위대한 보통시민들의 4년 8개월에 이르는 투쟁에 대통령과 국방부 장관이 응답했습니다. 박근혜 대통령 탄핵은 이미 국내 공산주의자들이 기회주의 우파를 매수하여 일으킨 조용한 외환, 내란이라고 규정한 저희는 결코 윤석열 정권을 우호적으로 바라보지 않았습니다.

우리는 윤석열 대통령을 중국과 북한의 직접통치나 다름없는 이재명 시대를 겨우 막는, 그야말로 마지노선으로 인정했고 그의 정책가로서의 미진한 점에 대해서도 질타해 왔습니다. 그러나 작년 크리스마스가 오기 전 우리는 윤석열 대통령과 진심으로 화해했습니다.

그는 이미 위대한 일을 했습니다. 'YOON AGAIN'은 2024년 12월 3일의 윤, 그분의 역할이 아직 필요하다는 보통시민들의 호소입니다. 대한민국이 계속 살아있다면 모든 사실은 기록될 것입니다.

보통시민 로이킴은 천재인가? 이 사실은 저를 비롯한 소수만이 인정합니다. 로이킴을 질타한 사람들은 부정선거를 음모론으로 몰아붙이는 사람만이 아니었습니다. 심지어 "로이킴은 부정선거 규명에 방해만 된다"면서 제게 직접 전화를 해 로이킴을 옹호하는 NPK와 VON뉴스를 거세게 비판한 사람도 있었습니다. 그러나 2020년 5월에 "Never Never, Follow the Party" 구호를 갖고 나오게 한 로이킴의 발견은 범법자들의 간담을 서늘하게 했을 것입니다. 그해 트럼프 대통령은 같은 방식으로 꺾였고 2024년 다시 돌아왔습니다.

로이킴이 천재라는 사실을 인정하기 싫은 사람도 언젠가 그의 두 가지 발견이 기적이라는 사실만은 인정하게 될 것입니다. 사기꾼이 천재가 되어 돌아오는 과학의 역사 한 페이지에 로이킴의 발견도 기록될 것입니다.

(i) 더불어민주당 사전 당일 비중그래프 교차점 발견.

(ii) 암호문자 follow_the_party 발견.

지금까지 첫 번째 발견에 대해서 설명해 왔는데 조금 더 설명하겠습니다. 두 번째 발견을 이해하기 위해 첫 번째 발견을 충분히 이해하는 것이 반드시 필요합니다.

더불어민주당 50% 당일 득표율 기준으로 상하로 분기되는 비중 그래프를 이해하는 간단한 방법

2025:04:15:10

로이킴 발견을 전체적으로 이해하려면 먼저 이렇게 요약해서 보면 좋습니다.

(i) 로이킴은 대수의 법칙이 심각하게 왜곡된 4·15총선을 부정으로 보고 조작방정식을 찾으려 했다.

(ii) 외부에서 가짜표(F)가 투입되는 모델이 아니라 이미 있는 표에서 다른 정당의 표가 옮겨지는 모델을 구상하고 [X-XY+XY/Zn] 방정식을 통해서 변수 개념인 지역 가중치(n)를 구하여 전국 n값을 비교하였다.

(iii) 전국 n값을 비교했을 때 상하로 분기되는 패턴을 발견하였다.

(iv) 상하로 분기되는 패턴을 분명하게 이해하기 위해 전국 득표율에서 각 지역구 득표율을 나누어 사전 당일 각각 오름차순으로 배열했더니 당일 50% 이상 득표율 지역구를 기준으로 상하로 분기되었다.

(v) 상하로 분기되는 비중 그래프를 일치시키는 함수값이 존재할 것으로 기대하고 253개 비중 차이값을 구하고 기울기 패턴을 분석

하였다.

(vi) 상하를 일치시키는 함수값은 존재하지 않았고, 차이값들 속에서 새로운 종류의 패턴이 발견되었다. 이 이색적인 패턴은 숫자가 아니라 문자를 암시하는 것으로 보였다. 이것이 ftp 발견으로 들어가는 길이 되었다.

이상의 여섯 단계의 ftp 발견 전 단계 과정에서 적어도 다섯 번째 단계까지는 전혀 ftp에 대한 암시가 없다는 사실을 이해할 수 있을 것입니다.

로이킴은 처음부터 부정선거 조작 방정식을 찾기 원했고 그 모델을 〈프로듀스 101〉 사건에서 착안했던 것입니다. 그러나 이 모델은 대수의 법칙과는 관련이 없습니다.

결과적으로 로이킴은 처음부터 내부에서 이동되는 표값에 주목한 것이지 외부에서 대거 투입되는 가짜표 개념을 염두에 두지 않았던 것입니다.

첨부하는 그래프를 보세요. 첫 번째는 4·15 당시 더불어민주당 사전과 당일 각 지역구 득표율을 비교한 것입니다. 두 번째는 사전 당일 비중값이 낮은 지역구부터 오름차순으로 비교한 것입니다. 세 번째는 각 지역구 득표율 비중값을 비교한 것입니다.

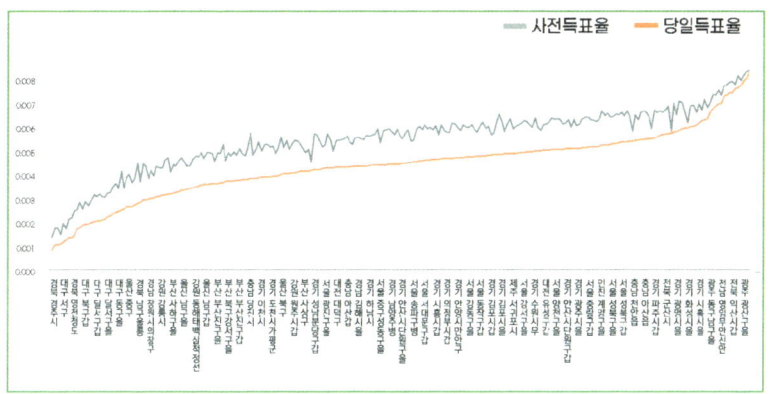

2020년 4·15 더불어민주당 사전·당일득표율

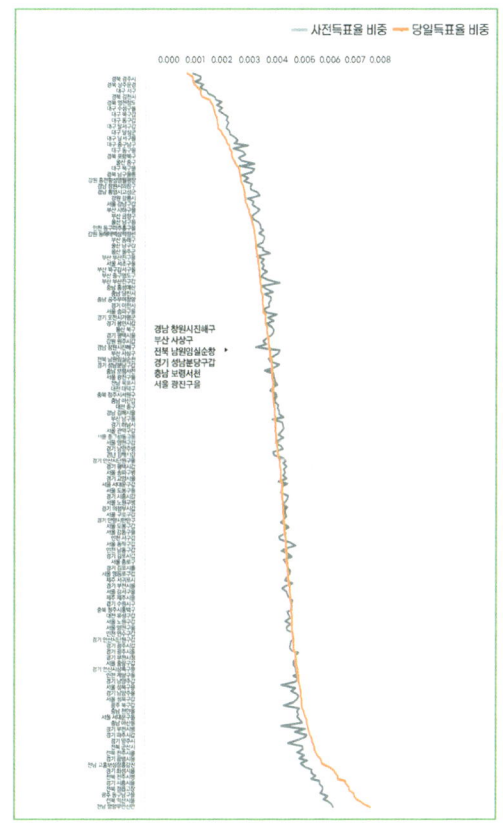

더불어민주당 당일 대비 사전득표율 비중(『해커의 지문』, 그래픽 55)

100개의 퍼즐

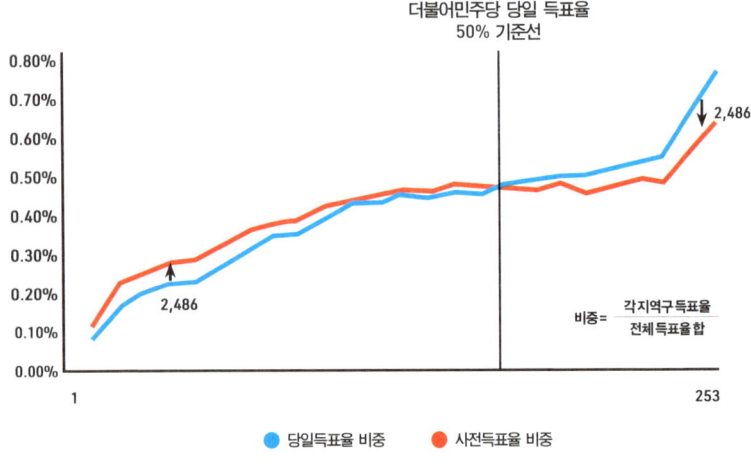

2020년 총선 더불어민주당 각 지역구 비중값 비교(출처 : 『해커의 지문』, p.80)

　첫 번째 그래프는 전국적으로 사전 득표율이 모두 높다는 사실을 보여 줍니다. 지금까지 부정선거를 규명한다고 하면 이 차이값을 통해 조작방정식 또는 조작알고리즘을 이해하는 것이었습니다. 이 그래프는 대수의 법칙이 무너져 있는 현상을 그대로 반영합니다. 그러나 두 번째, 세 번째 그래프는 대수의 법칙과는 관련이 없습니다. 특히 두 번째 비중값 오름차순 그래프는 득표율 50% 기준 상하가 또렷이 분기됩니다.

　결국 로이킴은 첫 삽부터 대수의 법칙과 관계없는 최적화 그래프가 발견되는 길을 갔던 것을 확인할 수 있습니다. 최적화란 전국적으로 조작값을 설계한 후에 어차피 이길 득표율 50% 이상 지역구, 즉 가장 안전한 지역구에 압정을 눌러 놓고, 이런 안전한 우세 지역구에 얹어 주었던 사전표는 깎아 내는 방식으로 전체 조작 투표지 수를 줄이는 것을 말합니다.

비중값 비교로 이 패턴을 발견한 것입니다. 결국 로이킴의 첫 번째 발견은 조작할 표수를 줄이는 최적화 패턴을 보여주는 그래프임을 후 사장이 근 1년 뒤에 『해커의 지문』을 통해 해설해 주었습니다.

피보나치 수열 스캔들은 맥락을 무시한 꼬투리잡기 추리의 한 과정일 뿐

2025:04:15:12

　부정선거 규명운동을 하는 입장에서 대통령의 계엄은 감동을 주었습니다. 검사 윤석열이 대통령 윤석열로 전화(轉化)되는 순간! 특히 중앙선관위 관악청사, 과천청사, 수원연수원에 군대를 투입한 것은 한국 현대사적인 대사건입니다. 부정선거 문제가 음모론이라는 사람들은 우리가 느끼는 감동을 공감도, 이해도 할 수 없었을까요? 우리나라는 이제 '부정선거'를 기준으로 분단이 있군요!

　부정선거 음모론의 중심에 ftp가 있었고, 부정선거 규명운동의 동력도 ftp에 있었습니다. ftp는 부정선거 규명운동 시작 단계에서 중국 공산당의 개입을 강력히 환기시켰고, 여전히 뜨거운 감자입니다. 2020년 5월, 중국 공산당의 한국 선거 개입을 뒷받침하는 사실이 ftp 발견이었으며, 거의 5년이 지나 대통령은 헌법재판소 심리를 통해 "중국 공산당의 선거 개입"을 직접 확인시켜 주었습니다.

　그 와중에 미국 CPAC의 공동의장을 맡고 있는 맷 슐랩은 윤 대통령과의 밀담을 통해 들은 "화웨이"라는 단어를 또박또박 말하며 계엄의 불가피성을 온 세계에 알렸습니다. 한국 선거 결과 데이터에 중국 공산당의 구호를 심으려 했던 오만하고 뻔뻔스러운 계획은 우리가 힘이 있건 없건 한 시민에 의해 발각되었습니다.

앞의 설명을 이어 가자면 로이킴은 비중 그래프에서 조작함수를 찾으려고 더불어민주당 사전 당일 비중 오름차순으로 각각의 지역구를 배열하고 그 각각의 차이값을 구해봅니다. 이 뺄셈을 통해 기울기값의 함수를 찾으려 했으나 전혀 다른 패턴을 보게 됩니다.

이 새로운 패턴을 설명하는 과정에서 이른바 피보나치 수열에 얽힌 스캔들이 시작됩니다. ftp발견 과정에서 나온 구조도(Structure 1~5)**172쪽**를 내놓음으로써 빚어진 일입니다. 피보나치 수열은 첫째 항과 둘째 항이 1이고, 그 이후의 모든 항은 바로 앞의 두 항을 더한 수열을 말합니다. 로이킴은 이 구조도를 발표하면서 피보나치 수열을 언급했다가 뭇매를 맞게 됩니다.

사실 로이킴 자신 외에 아무도 알아보지 못할 이 구조도는 유사하지만 피보나치 수열은 아닙니다. 이 대목을 파고들어 부정선거 규명을 집요하게 질타한 인물이 있습니다. 그의 지적은 일면 받아들일 만합니다. 그러나 그것은 '부정선거는 없다'라는 전제하에 행해진 지엽적인 꼬투리잡기에 불과한 것으로 중요한 맥락을 잘라버린 비판입니다.

STRUCTURE 1

STRUCTURE 2

STRUCTURE 3

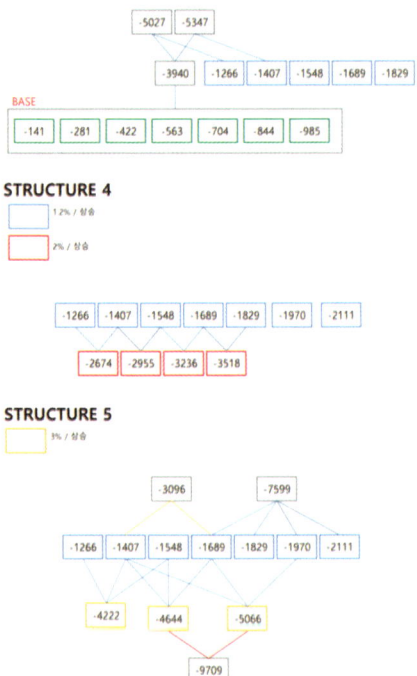

STRUCTURE 4

STRUCTURE 5

*이 부분에 대한 설명은 「해커의 지문 발견기」에 자세히 나와 있다.

로이킴이 왜 피보나치 수열을 언급했는지 이 100개의 퍼즐이 완성될 때쯤 공감하는 사람이 생길지도 모릅니다. ftp 발견 과정에서 터진 피보나치 수열 문제에 대해서 로이킴은 『해커의 지문 발견기』에 아주 자세히 기록합니다.

ftp를 해설하는 과정에서 후사장이 "이것만은 나도 모른다. 컴퓨터가 명령어를 어떻게 수행하는지는 모르고, 그 수행 과정을 역으로 타고 와서 알고리즘을 완성하는 것도 나의 영역이 아니다."라는 식으로 말해서 저를 몹시 당혹케 했습니다.

후사장은 프로그래머가 제약조건 1, 2, 3식으로 제약을 걸어서 컴퓨터가 수행하도록 하는 것을 로이킴이 역으로 찾아 들어온 것이 신기하다고만 말했습니다.

『해커의 지문 발견기』를 제작할 때 우리는 이른바 "피보나치 수열 스캔들"을 해명하는 데 공을 많이 들였고, 이 과정에서 "공학도에게 자연과학의 영역을 묻지 마라."라고 완강하게 버티는 후사장은 배제할 수밖에 없었습니다.

바둑을 모르는 제가 이세돌을 앉혀 놓고 복기하며 기보를 그리는 형국으로 로이킴의 두 번째 발견, ftp로 가는 길을 추적하기 시작했습니다.

요컨대 비중 그래프는 최적화의 흔적 외에 다른 패턴을 하나 더 숨기고 있었던 것입니다. 피보나치 수열 스캔들을 더 짚고 넘어갈 필요는 있는 것 같습니다.

ftp 탐색 과정은 필연적으로 시행착오가 따른다

2025:04:16:08

휴리스틱(heuristics) 또는 발견법(發見法)의 사전적 의미는 "불충분한 시간이나 정보로 인하여 합리적인 판단을 할 수 없거나, 체계적이면서 합리적인 판단이 굳이 필요하지 않은 상황에서 사람들이 빠르게 사용할 수 있게 보다 용이하게 구성된 간편추론의 방법"입니다.

2022년 봄에 어떤 분이 "[follow_the_party]를 찾은 방법은 전형적인 휴리스틱입니다."라고 말하며 이 문제를 대대적으로 알리기를 원하고 또 도울 분이 있다고 말하며 찾아왔습니다. 실제로 ftp 문제를 푸는 데 보이지 않는 곳에서 많은 분들이 도왔습니다. ftp 발견 과정이 '전형적인 휴리스틱'이라고 한 것의 의미는 발견 과정의 시행착오를 인정하고, 찾아가는 길들, 막혀서 돌아나오는 길들, 포기하고 다시 걷는 길들을 다 인정한다는 의미입니다.

로이킴의 ftp는 선거 조작 방정식을 찾으려고 떠난 길에서 탐색과 추론 끝에 찾아진 것이고, 실제로 찾은 것이 정확히 무엇인지 이해하는 데도 시행착오와 긴 시간이 걸렸습니다.

많은 분들이 이 문제가 서적, 다큐멘터리, 애니메이션으로 다뤄지는 데 물심양면으로 도움을 주었고, 그중 한분은 큰 돈을 지원하셨고, 또 한

분은 두 달간의 스터디모임을 주도하며 성실하게 검증해 주었습니다.

한국 대규모 부정선거의 역사는 지난 5년보다 훨씬 깁니다. 그러나 4·15총선은 부정선거 규명운동에 있어서 가장 중요한 하나의 이정표가 되었습니다. ftp의 발견은 그 이유 중 하나입니다. ftp 발견 이전에는 아무도 드러내 놓고 중국 공산당의 한국 선거개입을 말하지 않았습니다. 전통적으로 부정선거는 개별 후보의 권력욕으로 인한 일탈의 의미였지 대규모적이고 전방위적인 반역으로까지 생각되지는 않았습니다.

ftp의 발견은 "중국 공산당이 한국 자유민주주의를 자신들의 안보 문제로 보고 있다"는 것과, "자유민주주의의 핵을 자유선거로 보고 있다"는 것과, "자유선거를 제거하기 위해서는 중앙선관위와 법원을 매수하면 된다"고 본 것과, "이 모든 것을 가능케 하는 것은 전자투개표 장비를 도입하는 것"이라는 판단을 중국 공산당이 최소 25년 전부터 해왔다는 것을 밝혀 줍니다.

자유선거는 우리 체제의 핵입니다. 정치권이 이 사실을 소홀히 하면서 나라가 백척간두에 서기에 이르렀습니다. 저는 비판자에 대해서는 성실히 응대하거나 방관합니다. 인신공격과 욕설에 대해서만 적극적으로 대응합니다. 그러나 최근 우리가 지난 5년산 많은 시간과 비용을 들여 규명하고 알리면서 부정선거 규명운동의 동력으로 삼은 ftp 문제를 가볍게 다루는 비판자는 더욱 강력하게 대응합니다.

이 100개의 시리즈도 이러한 대응 방법의 하나입니다. ftp 문제에 대해 많은 분들이 적극적으로 묻고 답해 왔습니다. 이 시리즈의 25번 해설을 공유하며 "믿지 마라. 창피하다."라는 식으로 인신공격하고, 어제 기독교 청년들이 모이는 자리에서 이 시리즈를 읽지도 이해하지도 않으면서 "부정선거 주장은 좋은데 ftp는 사기니 버려라."라는 식으로 선동한 한 인물에게 동일한 강도로 비판을 가하는 것은 사안의 중대성 때문입니다. 정중하게 사과하고 성실하게 질의하지 않으면 우리는 그를 부정선거 사후 공범에 준하는 요주의 인물로 대하지 않을 수 없습니다.

ftp를 이해하는 데 사칙연산 외 필요한 수학은 없습니다. 프로그래머가 가상으로 재구성한 규칙도 ftp를 찾는 과정에는 불필요했습니다. 후 사장의 해석의 하나일 뿐입니다. 로이킴의 휴리스틱을 진지하게 짚어 보기도 전에 쏟아내는 당신들의 비난의 이유는 도대체 무엇입니까?

다음 해설부터는 제2막입니다. 로이킴은 비중 그래프에서 조작 방정식 도출이 되지 않는 것을 확인하고, 이 비중 그래프가 다른 진실을 보여 준다고 생각하게 됩니다.

다음 해설로 넘어가기 전에 독자의 편지 한 편을 소개합니다.

[문] 최근 부정선거와 관련한 자료들을 많이 찾아보다 ftp 문자열에 관한 흥미가 굉장히 많이 생겼습니다. 올려 주신 ftp 해설 41번 글에서 "IT 전문가들이나 이해할 만한 내용 같지만, 엑셀 프로그램을 쓸 수 있는 정도의 비전문가, 어쩌면 관심을 갖고 들여다 보면 엑셀조차 못 쓰는 비전문가도 이해할 수 있다고 봅니다."라는 글을 남겨 주셨습니다.

저는 국내에서 대학원 공학 석사 과정을 떠난 지 6년이 되었고, 회사 생활을 그만둔 지 3년이 지났으며 지금은 집에서 육아를 하고 있는 평범한 딸의 아버지입니다. 한국의 선거 시스템이 타국에 의해 운영되고 있다는 것을 알려 주는 명백한 문자가 선거 결과에 숨어 있다면, 이것을 정말 누군가 검증해 주어야 하지 않는가 하는 의문이 들었습니다.

그런데 위의 비전문가도 이것을 이해할 수 있다고 말씀하신 것을 보고, 학창 시절에 조금 다루어 봤던 엑셀 함수의 기억을 더듬어 가며 직접 계산을 따라 해 보았습니다. 배포해 주신 '해커의 지문 발견기' 책자의 PDF에는 이와 관련한 로직과 데이터들이 상당히 잘 작성되어 있어 보였습니다. 꼼꼼하게 확인해 보니 약간의 오류를 발견할 수 있었고, ftp 문자를 혼자만의 힘으로는 완전히 계산해 낼 순 없음을 깨닫게 되었습니다. 장영후 프로그래머라는 분이 제공해 줬다고 하는 '전략목표 판세표'의 도출 방법이 제시되어 있지 않았기 때문입니다.

'전략목표 판세표'의 값은 조작 청사진이라는 계획표이기 때문에 실제 투표 결과의 더불어민주당 총득표수보다 훨씬 웃도는 총득표수 수치가 적혀 있었습니다. 그렇기 때문에 우회하는 방안을 고민해 보았습니다. 조작하는 투표의 범위를 사전투표(관내+관외)를 기본으로 두고 거소 및 선상 투표 그리고 국외부재자 투표까지 확장해 나가며, 각 투표의 범위에 따라 변화되는 ftp 문자열을 살펴보았습니다. 그리고 언더바(_)를 제외한 ftp 문자열을 모두 확인할 수 있었습니다. 보고서를 읽고, 투표 결과 데이터를 다운로드 한 후 정리하여 DB를 구축하고, 이를 계산하고 검증하는 이 모든 과정은 단 2~3일밖에 걸리지 않았습니다. 로직을 구축하는 것은 분명 어려워 보이지만, 이미 설명해 주시는 내용은 막상 해 보면 저 같은 사람도 충분히 검승할 수 있다는 것을 확인힐 수 있었습니다. follow_the_party라는 이 문구가 국내 사람들에게 더 많이 알려졌으면 좋겠습니다.

이에 대한 로이킴의 답입니다.

[답] 질문. 선거구별 '사전-당일 득표율 비중 차이값' 산정 결과가 『해커의 지문 발견기』 앞(pp.55~73)과 뒤(pp.118~127)에서 수치가 상이한 점.

1. 두 번째 『해커의 지문 발견기』 책 앞 pp.55~73까지 클러스터를 도출하기 위한 내용상 '사전-당일 득표율 비중 차이값'으로 표시된 부분은 첫 번째 『해커의 지문』 책 pp.87~90에 나온 데이터 중 '이동변환값 비중'으로 소개된 부분입니다.

『해커의 지문 발견기』 p.55부터 소개된 내용은 253개 지역구의 순번의 비중 차이값을 구하면서 1번 종로구의 비중차이값을 "0"으로 만드는 "0.000722280071989174%"를 모두 공제하였습니다. 즉 '사전-당일 득표율 비중 차이값'에서 1번 종로구 비중 차이값인 "0.000722280071989174%"을 뺀 값입니다. 그래서 『해커의 지문 발견기』 pp.118~127에서 구한 차이값과 상이한 것입니다.

첫 번째 『해커의 지문 발견기』 pp.87~90에 나온 데이터 중 '실이동변환값'이 두 번째 『해커의 지문 발견기』에서는 '득표수 × 비중차이값'으로 표시되었습니다.

1번 종로구를 0으로 만들어서 클러스터를 시도해 본 것은 앞서 비중값 = 표준화 작업의 연장선에서 기준이 되는 지역구를 표준화 기준점(0)처럼 임의로 설정하였던 것입니다. 그래서 종로구에 해당하는 순번의 비중 차이값을 0으로 만드는 값을 전체 지역구에서 뺀 것인데, 꼭 종로구여야 할 이유는 없으며 이는 ftp를 도출하는 과정에서는 불필요한 작업입니다. 그래서 『해커의 지문 발견기』에서 위 1번 종로구의 비중 차이값을 뺀 내용이 빠진 것 같습니다.

클러스터에 대한 설명은 왜 7개 지역구를 1개 그룹으로 정했는지에 대한 배경 설명입니다. 즉 ftp를 도출하기 위해서는 뒤(pp.118~127)의 데이터를 참고하여 주시기 바랍니다.

성실하게 토론에 참여해 주신 이O준 님께 감사드립니다.

로이킴 발견 1(비중그래프)과 발견 2(ftp)는 긴밀하게 연결되어 있다

2025:04:19:14

　로이킴의 제1발견, 즉 더불어민주당 사전 당일 비중그래프가 당일 50% 이상 득표율에서 하나의 교점을 이루며 교차되는 현상을 보여 주는 비중 그래프와 해커의 지문 ftp 발견(제2발견)은 불가분의 관계가 있습니다.

　이 100개의 시리즈가 47번째에 올 때까지 더불어민주당 사전과 당일 선거 표준화를 통해 얻은 비중 그래프 설명에 집중적인 노력을 쏟은 것은 이 그래프의 중요성을 인식한 독자만이 다음 단계인 해커의 지문 ftp 발견 과정을 진지하게 알아볼 수 있다고 보기 때문입니다.

　이 비중 그래프에서 다음 단계인 클러스터 그래프로 넘어가는 과정과 이 그래프에 대한 로이킴의 독특한 해석 과정에 관심을 가질 필요가 있습니다.

　이 단계는 난해하고 신비롭기까지 합니다. [follow_the_party]라는 16개의 암호문자를 이해하려면 몇 가지 사실을 염두에 두어야 합니다.

(1) 로이킴은 비중 그래프에서 조작 방정식이 구해지지 않는다는 사실

을 인정하였다.

(2) 비중 그래프가 당선과 낙선을 결정하는 보정(제1조작) 함수를 나타내는 것이 아니라면 전혀 다른 목표를 나타낼 수 있다고 보았다.

(3) 전혀 다른 목표란 숫자들 속에 숫자로 치환된 문자가 삽입된 것 즉 암호 로직일 수 있다고 보았다.

설계자가 다른 목표를 추구하는 가운데 이 비중 그래프가 출현한 것이라는 가정은 어렵지 않습니다. 그러나 이것이 문자들을 암시할 수 있다는 것은 평범한 사람들이 떠올리기 쉽지 않을 것입니다.

영화 《뷰티풀 마인드》의 한 장면. 주인공은 난수 속에서 적진의 유의미한 암호 코드를 발견한다.

로이킴은 이때 영화 《뷰티풀 마인드》의 한 장면이 연상되었다고 말합니다. 게임이론으로 경제학의 새로운 패러다임을 갖고 온 수학자 존 내시의 삶을 그린 이 영화에는 무질서하게 얼크러져 있는 난수 속에서 문자로 된 암호코드를 읽어내는 장면이 있습니다.

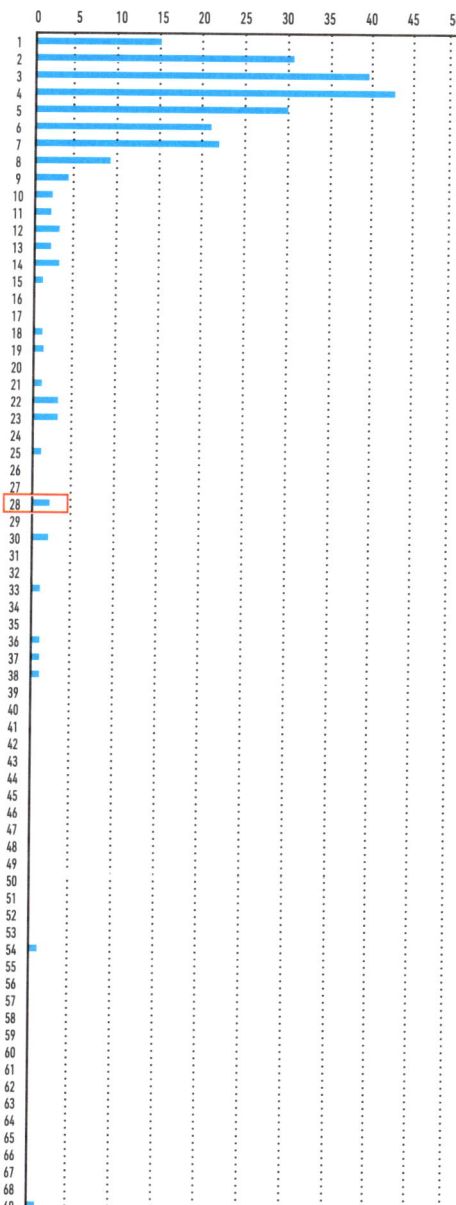

클러스터 그래프
사전 당일 비중 차이값에
당일 득표수를 곱한 값의 지수화 도표

100개의 퍼즐 **181**

만일 설계자가 암호를 넣기 위해 숫자를 사용한다면 선거 관련 데이터에서 절대 상수값에 해당하는 선거구 일련번호를 기본적으로 사용했을 것으로 본 것입니다.

로이킴을 음해하는 사람들은 선거구 일련번호(종로 1번에서 서귀포 253번까지)에는 영문 대소문자 알파벳과 각종 기호들이 다 들어 있으니 어떤 문장이라도 만들어 낼 수 있다는 식으로 말합니다.

하지만 그런 것은 암호도, 해커의 지문도, 어떤 것도 아닙니다. 그러나 로이킴 발견의 핵심은 일련번호와 사전선거 당일선거 결과 데이터가 특정 규칙에 따라 어떤 한 문장을 목표로 연관되어 있고 그것은 인위적인 설계 없이 결코 나타날 수 없다는 것입니다.

로이킴 발견의 두 번째 핵심은 어떤 규칙으로 선거구들이 묶여 있는지와, 특히 한 묶음이 일곱 개씩으로 구성되어 36개의 그룹으로 이루어져 있음을 설명해 낸 것입니다.

로이킴이 제시한 이 36개의 그룹짓기(grouping)에 대해 무관심한 사람들이 왈가왈부하는 ftp는 모두 '아무 말 대잔치'라고 말할 수 있습니다.

과연 로이킴은 어떤 과정을 통해 그룹짓기를 해 나갈 수 있었던 것일까요?

놀라운 발견: 일곱 개씩 묶인 서른 여섯 개의 선거구 그룹

2025:04:20:09

영화 《박사가 사랑한 수식》(The Professor and His Beloved Equation, 博士の愛した数式, 2006년)은 수학을 잘 모르는 사람에게도 재미있습니다. 영화에서 박사가 사랑한 수식은 오일러(Leonhard Euler)의 공식입니다. 박사는 이 공식에서 '아름다움'을 느낍니다.

영화는 재미있지만 박사가 느끼는 아름다움은 영영 공감할 수 없을지도 모릅니다. 로이킴의 ftp 발견을 쫓아가다가 만나는 장벽이 있는데, 비중 그래프와 클러스터 그래프를 그린 후 더불어민주당 사전 당일 비중차이값과 당일득표수의 곱이 작은 지역구부터 오름차순으로 줄을 세워 일곱 개씩 지역구를 묶어 36개의 그룹을 만들어내는 장면입니다.

저도 처음에는 수학적 영감의 세계인가 했습니다. 로이킴의 해커의 지문 ftp 해설을 위해 근 1년을 공을 들인 장영후 프로그래머도 이 대목까지는 알 수 없다고 했습니다.

해설자 후사장은 "해커의 지문은 [follow_the_party]여야 한다."라는 식으로 주문을 받고 설계를 하는, 즉 답을 미리 알고 시작하는 입장이기 때문에 253개 지역구 순번을 이용해서 그룹을 지어 16개 문자를 만들어낸다면 일곱 개씩 묶는다는 생각은 쉽게 할 수 있다고 합니다. **88쪽 참고**

100개의 퍼즐 **183**

미리 16개 암호문자를 넣겠다는 생각을 했으면 모를까 순전히 숫자들로만 이루어져 있는 4·15 선거 결과 전국 데이터에서 비중 그래프를 읽어내고, 일곱 개씩 묶인 그룹 36개를 찾아내어 ftp를 건져내는 것은 한마디로 자연과학의 세계라는 것이 후사장의 설명입니다.

영화《박사가 사랑한 수식》을 떠올린 이유는 공감할 수 없다고 해서 박사가 보는 수의 세계를 부인할 수 없는 것처럼 로이킴의 발견 과정에서 장벽을 만났다고 해서 발견자를 비난하는 것은 일종의 반달리즘(vandalism)이라는 사실을 말하기 위함입니다.

귀를 기울이고 노력해야 들립니다.《박사가 사랑한 수식》에서 8시간마다 기억이 지워지는 박사의 세계를 가사 도우미와, 박사가 루트라는 별명을 지어준 영화의 화자이자 수학선생님이 된 그녀의 아들은 존중합니다. 무시하지 않고 존경합니다.

로이킴을 사기꾼으로 모는 사람들은 "이 사람도 중국 공산당의 구호를 미리 알고 억지로 짜넣은 것"이라며 손가락질합니다. 어떤 설명도 듣지도 읽지도 않습니다! 지역구 일곱 개씩 묶인 서른 여섯 개 그룹은 로이킴의 엄청난 집중력과 여러 차례의 시뮬레이션을 통해서 발견된 것입니다.

발견 초기에 로이킴이 그린 스트럭처1~5**172쪽**와 클러스터 그래프**208쪽**가 보여주는 이색적인 패턴 분석을 통해 로이킴은 우선 '그룹들'이 어떤 원칙에 따라 뭉쳐져 있다는 것을 감지했다고 합니다.

비중 차이값에 각 지역 당일득표수를 곱한 값을 정리했을 때 대부분의 지역구가 뭉쳐져 있으되, 몇 개의 예외적인 지역구가 있었다는 것입니다. 일명 클러스터 그래프를 자세히 보시면 69, 54, 28, 27, 26 등은 예외적인 숫자임을 알 수 있습니다.

대부분의 지역구들이 특정 비율값으로 뭉쳐져 있는데 소수의 예외지역이 있는 것을 확인하고, 예외지역이 아닌 쪽을 앞에 오도록 오름차순으로 정리합니다.

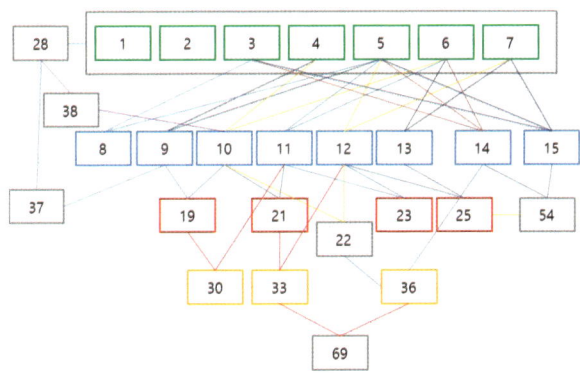

이렇게 정리하여 일곱 개씩 끊으며 그룹을 짓게 된 것은 몇 가지 이유가 더 있다고 합니다. 특히 클러스터 그래프를 스트럭처로 그리면서 유독 '28'이라는 숫자에 눈이 갔다고 합니다.

28=1+2+3+4+5+6+7인 것을 떠올리며, 예외적인 숫자들은 특징값들의 합으로 층을 이룬 것이 아닌가 생각해 보았다는 것입니다. 이때 '수가 더해지는 모습이 마치 피보나치 수열 같다'고 말했다고 해서 '피보나치 수열도 모른다'고 비난을 받은 것입니다.

로이킴 발견에서 비중그래프와 ftp 발견의 가교 역할을 한 것이 이 일곱 개씩의 지역구를 서른여섯 개로 묶은 것입니다. 이 시뮬레이션 과정은 『해커의 지문 발견기』에 자세히 설명되어 있습니다.

클러스터에 숨겨진 암호문자를 찾아서

2025:04:21:15

로이킴 발견은 크게 비중 교차 그래프 **168쪽** 발견과 해커의 지문 ftp 발견으로 나누어집니다. 클러스터 그래프를 통한 일곱 개 선거구의 36개 묶음의 발견은 두 가지 발견의 가교(bridge) 역할이었다고 앞에서 말했습니다. 저는 어쩌면 이 연결고리의 발견이 가장 놀라운 것이 아닐까 생각합니다.

클러스터(cluster)라고 하면 포도송이를 생각하면 될 듯합니다. 포도나무에 포도송이가 달려있고, 또 송이는 포도알을 품고 있습니다. 253개 선거구라는 포도나무에 36개 포도송이가 달려 있고, 그 포도송이에는 일곱 개씩 선거구가 포도알처럼 달려 있습니다.

그 36개 송이를 두 그룹으로 갈라 생산자 표시로서 16개 글자로 된 한 문장 [follow_the_party]를 각 송이에 나눠 새겨 놓았다는 것입니다.

나머지 네 송이와 한 개의 포도알에는 아무 문장도 없겠지만 32개 송이는 확실히 생산자를 표시하는 문장을 향한 한 글자씩이 새겨져 있다는 것이지요.

포도나무는 비유적으로 말했을 뿐 실제로 해커의 지문 ftp는 남들에게는 안 보이고 자신만 아는 방식으로 넣은 암호입니다. 이 암호를 푸는 과정에서 클러스터를 발견하고 그것들이 어떤 룰에 따라 도열해 있으며 무작위가 아니라는 사실을 발견한 것이 중요합니다. 설계된 로직이라는 의미니까요.

더불어민주당 사전과 당일 비중차이값에 당일득표수를 곱한 값을 통해 일곱 개씩의 선거구가 한 그룹씩을 이룬 36개 뭉치가 있음을 어떻게 파악했는지에 대해 로이킴은 지난 48번 해설에 대한 댓글로 이렇게 전해 왔습니다.

클러스터 값을 보면 1부터 69번까지가 존재하며 1부터 15까지 연속된 것처럼 보이지만 줄어든 구간(-)과 늘어난 구간(+)을 따로따로 보면 그 양상이 다르다. 늘어난 구간은 1부터 8까지 연속적으로 값이 존재하다가 9는 없고 10은 또 존재한다. 줄어든 구간은 1부터 7까지 연속적으로 있고, 8이 없으며 다시 9부터 15까지 연속적으로 존재한다. 즉 일곱 개씩 연속 두 번 존재한다. 시뮬레이션을 통해 최대한 많은 지역구를 연속적인 그룹으로 묶는다면 7개씩을 묶는 것이 맞을 것으로 생각했다. 253개 지역구를 최대한까지 묶는다면 일곱 개씩을 36개까지 묶으면 지역구 하나만 남는다. 연속된 값이 두 번 반복되고, 또 28이라는 값 역시 오류가 아니라 1부터 7까지의 값을 더했을 때 나올 수 있는 값이라는 데 시선이 갔다.

로이킴의 눈에는 특정한 비율값에 따라 도열한 선거구들이 다시 일곱개씩 일정한 룰에 따라 끊어져 보였다는 것입니다. 그리고 이런 배열은 특정 문자들을 향한다는 것입니다.

로이킴에게 "비중 차이값에 각 지역구 당일 득표수를 곱해 본 이유는 무엇입니까?"라고 다시 물었습니다. 이런 집요한 물음은 고통을 주는 것일지도 모릅니다. 그러나 선거 조작방정식(보정값 산출 공식)을 구하려다가 더불어민주당 표준화 방법으로 각 지역구가 전체에서 갖는 비중값을 구하고, 이 비중값들이 나타내는 패턴을 쫓아 결국 문자를 표시하는 암호를 해독한 것이라면, 특히 그 암호가 중국 공산당의 공식적인 통치 구호라면, 여러 가지 차원에서 극도로 진지하게 접근해야 할 일입니다.

1	2	3	4	5	6	7	8	9	10	11	12	13	14	15	16
100	217	169	161	14	132	130	197	119	17	9	211	122	166	233	107
98	202	214	205	210	213	215	120	152	13	140	83	85	106	225	178
218	206	94	135	117	150	12	185	30	27	131	141	186	34	209	19
99	96	208	220	172	10	149	88	90	104	28	115	165	86	195	118
95	168	207	92	219	116	139	21	148	87	29	170	24	253	191	125
93	204	216	18	192	11	97	126	252	171	103	15	1	114	212	2
221	154	20	203	158	121	89	155	105	133	32	129	128	250	249	127

17	18	19	20	21	22	23	24	25	26	27	28	29	30	31	32
162	231	177	184	39	236	52	112	102	57	78	236	67	47	82	157
49	71	239	199	16	229	201	45	61	142	237	53	123	76	180	137
8	75	183	251	5	234	187	134	190	7	241	181	156	246	84	245
91	111	35	196	153	69	194	64	56	144	110	248	175	227	147	38
145	138	81	164	160	55	163	66	101	230	189	196	167	70	113	48
36	176	6	25	146	50	43	80	3	72	51	60	26	44	4	244
224	200	33	22	31	188	124	193	37	226	109	173	136	65	46	23

33	34	35	36	37
77	240	151	59	235
68	179	159	247	
40	174	232	54	
182	42	79	222	
228	62	143	73	
243	41	106	74	
242	50	223	63	

7개 지역구를 1개 그룹으로 만든 표 (숫자는 지역구 고유번호)

각 그룹별 지역구 현황

그룹	지역	선거구	선거구 번호	사전득표율비중 당일득표율비중 차이값
1	광주	광산구을	100	-0.12514%
	전남	담양함평영광장성	218	-0.10912%
	광주	광주서구갑	95	-0.10788%
	전북	익산시갑	206	-0.10149%
	광주	광산구갑	99	-0.10139%
	광주	광주북구을	98	-0.09595%
	광주	동구남구갑	93	-0.09475%
2	전남	나주화순	217	-0.08874%
	전남	영암무안신안	221	-0.08840%
	광주	광주서구을	96	-0.08586%
	전북	전주시갑	202	-0.08520%
	광주	동구남구을	94	-0.08102%
	전남	여수시을	214	-0.07335%
	전북	익산시을	207	-0.07297%
3	전북	정읍고창	208	-0.07032%
	경기	시흥시을	154	-0.05414%
	전북	김제부안	210	-0.05073%
	전남	해남완도진도	220	-0.04953%
	전북	전주시병	204	-0.04340%
	경기	화성시병	169	-0.03955%
	전남	순천광양곡성구례을	216	-0.03933%

4	경기	광명시을	135	−0.03906%
	전남	여수시갑	213	−0.03863%
	경기	화성시을	168	−0.03771%
	서울	강북구을	14	−0.03657%
	전남	고흥보성장흥강진	219	−0.03495%
	서울	은평구갑	20	−0.03354%
	전북	전주시을	203	−0.03324%
5	전북	군산시	205	−0.03152%
	경기	양주시	172	−0.02889%
	서울	노원구을	18	−0.02878%
	인천	인천서구을	92	−0.02630%
	경기	파주시갑	161	−0.02499%
	경기	수원시을	117	−0.02113%
	경기	부천시병	132	−0.01776%
6	경기	용인시을	158	−0.01712%
	경기	부천시갑	130	−0.01696%
	충남	천안시을	192	−0.01665%
	전남	순천광양곡성구례갑	215	−0.01594%
	인천	계양구갑	89	−0.01574%
	서울	서대문구을	23	−0.01566%
	충남	아산시을	197	−0.01543%
7	경기	남양주시을	150	−0.01512%
	서울	성북구갑	11	−0.01380%
	서울	중랑구을	10	−0.01372%
	광주	광주북구갑	97	−0.01357%
	경기	수원시갑	116	−0.01354%
	경기	성남시수정구	121	−0.01303%
	서울	성북구을	12	−0.01225%

8	경기	안산시상록구갑	139	−0.01103%
	경기	남양주시갑	149	−0.00997%
	서울	강서구병	30	−0.00966%
	인천	계양구을	90	−0.00936%
	경기	구리시	148	−0.00825%
	경기	안산시상록구을	140	−0.00730%
	서울	은평구을	21	−0.00696%
9	서울	노원구갑	17	−0.00694%
	인천	부평구을	88	−0.00644%
	대전	유성구갑	105	−0.00627%
	경기	수원시정	119	−0.00625%
	서울	양천구을	27	−0.00618%
	서울	강북구갑	13	−0.00601%
	경기	오산시	152	−0.00571%
10	경기	부천시정	133	−0.00569%
	서울	중랑구갑	9	−0.00567%
	경기	의정부시을	126	−0.00537%
	전북	완주진안무주장수	211	−0.00511%
	충북	청주시흥덕구	185	−0.00504%
	경기	광주시을	171	−0.00469%
	인천	연수구갑	83	−0.00456%
11	경기	수원시무	120	−0.00442%
	대전	대전서구을	104	−0.00439%
	서울	구로구을	32	−0.00432%
	경기	군포시	155	−0.00425%
	경기	안산시단원구갑	141	−0.00412%
	세종	세종을	115	−0.00392%
	제주	제주시을	252	−0.00351%

12	경기	광주시갑	170	−0.00337%
	인천	부평구갑	87	−0.00307%
	대전	대전서구갑	103	−0.00283%
	서울	강서구을	29	−0.00252%
	서울	강서구갑	28	−0.00142%
	세종	세종갑	114	−0.00083%
	제주	서귀포시	253	−0.00062%
13	서울	마포구갑	24	−0.00060%
	경기	부천시을	131	−0.00046%
	인천	남동구을	86	−0.00026%
	경기	김포시을	166	−0.00025%
	경기	김포시갑	165	−0.00006%
	대전	유성구을	106	0.00023%
	서울	영등포구갑	34	0.00039%
14	경기	안양시동안구갑	128	0.00049%
	인천	남동구갑	85	0.00071%
	서울	종로구	1	0.00072%
	충북	청주시청원구	186	0.00099%
	경기	성남시중원구	122	0.00135%
	서울	동작구갑	36	0.00230%
	서울	도봉구갑	15	0.00234%
15	경기	안양시동안구을	129	0.00246%
	경기	고양시병	145	0.00246%
	경기	파주시을	162	0.00258%
	인천	인천서구갑	91	0.00288%
	서울	동대문구을	8	0.00357%
	경기	안양시만안구	127	0.00377%
	서울	강동구을	49	0.00382%

16	서울	중구성동구갑	2	0.00382%
	서울	노원구병	19	0.00391%
	경기	용인시정	160	0.00435%
	서울	구로구갑	31	0.00438%
	경기	수원시병	118	0.00492%
	경기	고양시정	146	0.00497%
	경기	의정부시갑	125	0.00498%
17	경남	양산시을	249	0.00534%
	전남	목포시	212	0.00573%
	경기	시흥시갑	153	0.00576%
	대전	대덕구	107	0.00593%
	충남	천안시갑	191	0.00603%
	서울	도봉구을	16	0.00604%
	서울	광진구을	6	0.00612%
18	서울	금천구	33	0.00631%
	충북	청주시서원구	184	0.00650%
	서울	관악구을	39	0.00653%
	서울	광진구갑	5	0.00656%
	서울	서대문구갑	22	0.00664%
	경기	고양시을	144	0.00680%
	강원	원주시을	178	0.00683%
19	충남	보령서천	195	0.00695%
	충남	논산계룡금산	199	0.00700%
	서울	마포구을	25	0.00709%
	제주	제주시갑	251	0.00721%
	인천	동구미추홀구갑	81	0.00735%
	경남	산청함양거창합천	250	0.00791%
	충남	아산시갑	196	0.00845%

	경남	창원시진해구	239	0.00854%
	부산	사상구	66	0.00940%
	경기	성남시분당구을	124	0.00969%
20	경기	안성시	164	0.00975%
	서울	송파구병	47	0.00982%
	충북	청주시상당구	183	0.01018%
	전북	남원임실순창	209	0.01028%
	서울	영등포구을	35	0.01031%
	울산	북구	112	0.01039%
	경기	성남시분당구갑	123	0.01039%
21	경기	하남시	156	0.01070%
	대전	대전중구	102	0.01072%
	부산	북구강서구갑	57	0.01073%
	부산	연제구	64	0.01085%
	충남	천안시병	193	0.01094%
	인천	중구강화옹진	80	0.01112%
	서울	관악구갑	38	0.01114%
22	경기	평택시갑	136	0.01116%
	강원	원주시갑	177	0.01122%
	서울	양천구갑	26	0.01124%
	대전	대전동구	101	0.01125%
	서울	중구성동구을	3	0.01131%
	서울	동대문구갑	7	0.01133%
	경기	화성시갑	167	0.01139%
23	서울	동작구을	37	0.01154%
	강원	춘천화천철원양구갑	175	0.01155%
	경기	광명시갑	134	0.01175%
	서울	강동구갑	48	0.01201%

24	충북	증평진천음성	190	0.01220%
	서울	강남구을	43	0.01229%
	충남	당진시	200	0.01230%
	충남	공주부여청양	194	0.01238%
	경기	안산시단원구을	142	0.01240%
	경기	이천시	163	0.01244%
	부산	사하구갑	61	0.01246%
25	강원	춘천화천철원양구을	176	0.01247%
	충북	충주시	187	0.01258%
	부산	부산남구을	56	0.01262%
	서울	송파구갑	45	0.01268%
	경남	김해시갑	244	0.01271%
	경남	김해시을	245	0.01274%
	경기	남양주시병	151	0.01315%
26	경기	용인시병	159	0.01374%
	경기	동두천시연천군	138	0.01377%
	경기	포천가평	173	0.01385%
	부산	부산진구갑	52	0.01394%
	충남	홍성예산	201	0.01395%
	경기	평택시을	137	0.01465%
	부산	해운대구을	60	0.01467%
27	충북	제천단양	188	0.01506%
	서울	송파구을	46	0.01516%
	경기	용인시갑	157	0.01532%
	서울	용산구	4	0.01566%
	부산	중구영도구	50	0.01590%
	부산	기장군	67	0.01594%
	인천	연수구을	84	0.01662%

28	경남	양산시갑	248	0.01663%
	부산	북구강서구을	58	0.01672%
	울산	울주군	113	0.01680%
	경남	창원시마산회원구	238	0.01682%
	충남	서산태안	198	0.01696%
	강원	속초인제고성양양	181	0.01771%
	울산	울산남구갑	109	0.01782%
29	부산	동래구	54	0.01799%
	부산	서구동구	51	0.01803%
	경기	의왕과천	147	0.01805%
	강원	동해태백삼척정선	180	0.01819%
	부산	부산남구갑	55	0.01836%
	대구	수성구을	75	0.01881%
	경북	군위의성청송영덕	233	0.01897%
30	대구	서구	71	0.01927%
	경북	경주시	224	0.01930%
	인천	동구미추홀구을	82	0.01934%
	부산	부산진구을	53	0.01946%
	서울	서초구을	41	0.01992%
	경북	고령성주칠곡	234	0.02053%
	울산	울산동구	111	0.02073%
31	충북	보은옥천영동괴산	189	0.02175%
	경북	김천시	225	0.02246%
	경북	상주문경	231	0.02274%
	울산	울산남구을	110	0.02331%
	부산	수영구	65	0.02417%
	경남	창원시마산합포구	237	0.02430%
	경남	창원시성산구	236	0.02451%

	대구	수성구갑	74	0.02520%
	경남	밀양의령함안창녕	246	0.02521%
	대구	동구을	70	0.02522%
32	경북	구미시갑	227	0.02535%
	경북	영주영양봉화울진	229	0.02576%
	경기	여주양평	174	0.02609%
	대구	달서구을	77	0.02626%
	대구	동구갑	69	0.02630%
	서울	강남구갑	42	0.02646%
	부산	금정구	63	0.02676%
33	경북	안동예천	226	0.02696%
	경북	포항시남구울릉	223	0.02743%
	서울	강남구병	44	0.02789%
	대구	중구남구	68	0.02795%
	부산	해운대구갑	59	0.02804%
	서울	서초구갑	40	0.02814%
	부산	사하구을	62	0.02818%
34	강원	강릉시	179	0.02825%
	강원	홍천횡성영월평창	182	0.02834%
	대구	대구북구갑	72	0.02869%
	경남	거제시	247	0.02887%
	경북	구미시을	228	0.02912%
	경북	포항시북구	222	0.03001%
	대구	대구북구을	73	0.03009%
35	대구	달서구갑	76	0.03057%
	경남	진주시갑	240	0.03153%
	경북	경산시	232	0.03180%
	대구	달성군	79	0.03188%

36	경남	창원시의창구	235	0.03193%
	대구	달서구병	78	0.03195%
	경남	진주시을	241	0.03215%
	경남	사천남해하동	243	0.03231%
	울산	울산중구	108	0.03235%
	경남	통영고성	242	0.03259%
	경기	고양시갑	143	0.03461%
	경북	영천청도	230	0.04181%

해커의 지문을 보여주는 난수판

2025:04:21:20

 이제 해커의 지문 [follow_the_party]에 거의 접근했습니다. 첨부하는 두 개의 숫자판을 잘 보십시오. **202~203쪽** 숫자판 II는 중요한 사실을 숨기고 있습니다. 저는 지난 한 달여 이 시리즈를 써 왔는데 그것은 이 숫자판 II가 완성되는 과정을 최대한 촘촘히 설명하기 위해서입니다. 이 숫자판이 나타나기까지 모든 단계에서 진지한 탐색이 있었습니다.

 로이킴은 대한민국 선거에 심각한 부정이 의심되어 2020년 4월 15일 총선 결과 데이터를 분석하기 시작했던 것입니다. 2020년 4월 16일 중앙선관위에서 발표한 선거 결과 데이터에는 살인자의 살인도구처럼 분명한 증거가 들어 있었고, 로이킴은 한달 만에 그것을 찾아내 버렸군요. 이 세대와 이 나라가 그 진정성을 부인해도 영원히 덮이지는 않을 것입니다.

숫자판 II의 숫자들은 2020 총선 더불어민주당 각 지역구가 얻은 비중값(전체 득표율에서 각 지역구 득표율을 나눈값) 사전 당일 차를 구하고, 다시 이 차이값에 당일득표수를 곱한 값을 오름차순으로 정렬하여 각 지역구 순번을 합한 값입니다.

비중값의 차이에 각 지역구 당일 득표수를 곱한 이유를 로이킴은 이렇게 말합니다.

(i) 사전 당일 비중 차이값 × 당일 득표수를 기준값(R)으로 본 이유는 당일 선거는 상대적으로 조작이 어렵고, 반면 사전선거는 조작되었다고 보았기 때문이다.

(ii) 당일 비중 그래프가 기준이 되어 일정한 보정 비율이 더해져 사전 비중 그래프가 형성된 것으로 간주하여 당일득표수를 곱해 필요 보정(조작)표수를 환산해 보려고 했다.

로이킴은 자신이 발견한 것이 무엇을 의미하는지 투명하게 확신한 것은 아니지만 어떤 이유에서든 표들이 일정하게 이동하는 패턴은 정확히 읽고 있었던 것입니다.

나중에 장영후 프로그래머는 이 비중 그래프와 이동되는 표의 수와 양상은 이미 당선과 낙선을 위한 조작값 계산이 끝난 후에 덧붙여 최적화와 해커의 지문인 ftp 설계를 하여 표수가 조정된 결과로 나타난 로직이고 따라서 로이킴이 발견한 것은 2차 보정에 해당하는 로직이라고 해설해 주었습니다.

숫자판 I. 선거 결과 데이터를 반영하지 않은 선거구 순번 정렬

1	2	3	4	5	6	7	8	9	10	11	12	13	14	15	16
1	8	15	22	29	36	43	50	57	64	71	78	85	92	99	106
2	9	16	23	30	37	44	51	58	65	72	79	86	93	100	107
3	10	17	24	31	38	45	52	59	66	73	80	87	94	101	108
4	11	18	25	32	39	46	53	60	67	74	81	88	95	102	109
5	12	19	26	33	40	47	54	61	68	75	82	89	96	103	110
6	13	20	27	34	41	48	55	62	69	76	83	90	97	104	111
7	14	21	28	35	42	49	56	63	70	77	84	91	98	105	112

17	18	19	20	21	22	23	24	25	26	27	28	29	30	31	32	33	34	35	36	37
113	120	127	134	141	148	155	162	169	176	183	190	197	204	211	218	225	232	239	246	253
114	121	128	135	142	149	156	163	170	177	184	191	198	205	212	219	226	233	240	247	
115	122	129	136	143	150	157	164	171	178	185	192	199	206	213	220	227	234	241	248	
116	123	130	137	144	151	158	165	172	179	186	193	200	207	214	221	228	235	242	249	
117	124	131	138	145	152	159	166	173	180	187	194	201	208	215	222	229	236	243	250	
118	125	132	139	146	153	160	167	174	181	188	195	202	209	216	223	230	237	244	251	
119	126	133	140	147	154	161	168	175	182	189	196	203	210	217	224	231	238	245	252	

대문자 65-90　기호 91-96　소문자 97-122

	2	3	4	5	6	7	8	9	10	11	12	13	14	15	16	17	18	19	20
1743	872	581	436	349	291	249	218	194	174	158	145	134	125	116	109	103	97	92	87
1694	847	565	424	339	282	242	212	188	169	154	141	130	121	113	106	100	94	89	85
1645	823	548	411	329	274	235	206	183	165	150	137	127	118	110	103	97	91	87	82
1596	798	532	399	319	266	228	200	177	160	145	133	123	114	106	100	94	89	84	80
1547	774	516	387	309	258	221	193	172	155	141	129	119	111	103	97	91	86	81	77
1498	749	499	375	300	250	214	187	166	150	136	125	115	107	100	94	88	83	79	75
1449	725	483	362	290	242	207	181	161	145	132	121	111	104	97	91	85	81	76	72
1400	700	467	350	280	233	200	175	156	140	127	117	108	100	93	88	82	78	74	70
1351	676	450	338	270	225	193	169	150	135	123	113	104	97	90	84	79	75	71	68
1302	651	434	326	260	217	186	163	145	130	118	109	100	93	87	81	77	72	69	65
1253	627	418	313	251	209	179	157	139	125	114	104	96	90	84	78	74	70	66	63
1204	602	401	301	241	201	172	151	134	120	109	100	93	86	80	75	71	67	63	60
1155	578	385	289	231	193	165	144	128	116	105	96	89	83	77	72	68	64	61	58
1106	553	369	277	221	184	158	138	123	111	101	92	85	79	74	69	65	61	58	55
1057	529	352	264	211	176	151	132	117	106	96	88	81	76	70	66	62	59	56	53
1008	504	336	252	202	168	144	126	112	101	92	84	78	72	67	63	59	56	53	50
959	480	320	240	192	160	137	120	107	96	87	80	74	69	64	60	56	53	50	48
910	455	303	228	182	152	130	114	101	91	83	76	70	65	61	57	54	51	48	46
861	431	287	215	172	144	123	108	96	86	78	72	66	62	57	54	51	48	45	43
812	406	271	203	162	135	116	102	90	81	74	68	62	58	54	51	48	45	43	41
763	382	254	191	153	127	109	95	85	76	69	64	59	55	51	48	45	42	40	38
714	357	238	179	143	119	102	89	79	71	65	60	55	51	48	45	42	40	38	36
665	333	222	166	133	111	95	83	74	67	60	55	51	48	44	42	39	37	35	33
616	308	205	154	123	103	88	77	68	62	56	51	47	44	41	39	36	34	32	31
567	284	189	142	113	95	81	71	63	57	52	47	44	41	38	35	33	32	30	28
518	259	173	130	104	86	74	65	58	52	47	43	40	37	35	32	30	29	27	26
469	235	156	117	94	78	67	59	52	47	43	39	36	34	31	29	28	25	25	23
420	210	140	105	84	70	60	53	47	42	38	35	32	30	28	26	25	23	22	21
371	186	124	93	74	62	53	46	41	37	34	31	29	27	25	23	22	21	20	19
322	161	107	81	64	54	46	40	36	32	29	27	25	23	21	20	19	18	17	16
273	137	91	68	55	46	39	34	30	27	25	23	21	20	18	17	16	15	14	14
224	112	75	56	45	37	32	28	25	22	20	19	17	16	15	14	13	12	12	11
175	88	58	44	35	29	25	22	19	18	16	15	13	13	12	11	10	10	9	9
126	63	42	32	25	21	18	16	14	13	11	11	10	9	8	8	7	7	6	6
77	39	26	19	15	13	11	10	9	8	7	6	6	5	5	5	4	4	4	4
28	14	9	7	6	5	4	4	3	3	3	2	2	2	2	2	1	1	1	1

숫자판 II. 4·15총선 결과 실제 데이터를 바탕으로 한 로이킴 구성 원데이터

1	2	3	4	5	6	7	8	9	10	11	12	13	14	15	16
100	217	169	161	14	132	130	197	119	17	9	211	122	166	233	107
98	202	214	205	210	213	215	120	152	13	140	83	85	106	225	178
218	206	94	135	117	150	12	185	30	27	131	141	186	34	209	19
99	96	208	220	172	10	149	88	90	104	28	115	165	86	195	118
95	168	207	92	219	116	139	21	148	87	29	170	24	253	191	125
93	204	216	18	192	11	97	126	252	171	103	15	1	114	212	2
221	154	20	203	158	121	89	155	105	133	32	129	128	250	249	127

17	18	19	20	21	22	23	24	25	26	27	28	29	30	31	32	33	34	35	36	37
162	231	177	184	39	236	52	112	102	57	78	236	67	47	82	157	77	240	151	59	235
49	71	239	199	16	229	201	45	61	142	237	53	123	76	180	137	68	179	159	247	
8	75	183	251	5	234	187	134	190	7	241	181	156	246	84	245	40	174	232	54	
91	111	35	196	153	69	194	64	56	144	110	248	175	227	147	38	182	42	79	222	
145	138	81	164	160	55	163	66	101	230	189	196	167	70	113	48	228	62	143	73	
36	176	6	25	146	50	43	80	3	72	51	60	26	44	4	244	243	41	106	74	
224	200	33	22	31	188	124	193	37	226	109	173	136	65	46	23	242	50	223	63	

대문자 65~90 기호 91~96 소문자 97~122

A	2	3	4	5	6	7	8	9	10	11	12	13	14	15	16	17	18	19	20
1292	646	431	323	258	215	185	162	144	129	117	108	99	92	86	81	76	72	68	65
1247	624	416	312	249	208	178	156	139	125	113	104	96	89	83	78	73	69	66	62
1230	615	410	308	246	205	176	154	137	123	112	103	95	88	82	77	72	68	65	62
1130	565	377	283	226	188	161	141	126	113	103	94	87	81	75	71	66	63	59	57
1128	564	376	282	226	188	161	141	125	113	103	94	87	81	75	71	66	63	59	56
1128	564	376	282	226	188	161	141	125	113	103	94	87	81	75	71	66	63	59	56
1090	545	363	273	218	182	156	136	121	109	99	91	84	78	73	68	64	61	57	55
1061	531	354	265	212	177	152	133	118	106	96	88	82	76	71	66	62	59	56	53
1025	513	342	256	205	171	146	128	114	103	93	85	79	73	68	64	60	57	54	51
1003	502	334	251	201	167	143	125	111	100	91	83	77	72	67	63	59	56	53	50
998	499	333	250	200	166	143	125	111	100	91	83	77	72	67	62	59	55	53	50
990	495	330	248	198	165	141	124	110	99	90	83	76	71	66	62	58	55	52	50
966	483	322	242	193	161	138	121	107	97	88	81	74	69	64	60	57	54	51	48
955	478	318	239	191	159	136	119	106	96	87	80	74	68	64	60	56	53	50	48
953	477	318	238	191	159	136	119	106	95	87	79	73	68	64	60	56	53	50	48
939	470	313	235	188	157	134	117	104	94	85	78	72	67	63	59	55	52	49	47
930	465	310	233	186	155	133	116	103	93	85	78	72	66	62	58	55	52	49	47
924	462	308	231	185	154	132	116	103	92	84	77	71	66	62	58	54	51	49	46
862	431	287	216	172	144	123	108	96	86	78	72	66	62	57	54	51	48	45	43
855	428	285	214	171	143	122	107	95	86	78	71	66	61	57	53	50	48	45	43
845	423	282	211	169	141	121	106	94	85	77	70	65	60	56	53	50	47	45	42
826	413	275	207	165	138	118	103	92	83	75	69	64	59	55	52	49	46	43	41
819	410	273	205	164	137	117	102	91	82	74	68	63	59	55	51	48	46	43	41
766	384	256	192	154	128	110	96	85	77	70	64	59	55	51	48	45	43	40	38
757	379	252	189	151	126	108	95	84	76	69	63	58	54	50	47	45	42	40	38
721	361	240	180	144	120	103	90	80	72	66	60	55	52	48	45	42	40	38	36
711	356	237	178	142	119	102	89	79	71	65	59	55	51	47	44	42	40	37	36
711	356	237	178	142	119	102	89	79	71	65	59	55	51	47	44	42	39	37	35
700	350	233	175	140	117	100	88	78	70	64	58	54	51	48	44	42	39	37	35
666	333	222	167	133	111	95	83	74	67	61	56	51	48	44	42	39	37	35	33
666	333	222	167	133	111	95	83	74	67	61	56	51	48	44	42	39	37	35	33
662	331	221	166	132	110	95	83	74	66	60	55	51	47	44	41	39	37	35	33
652	326	217	163	130	109	93	82	72	65	59	54	50	47	43	41	38	36	34	33
598	299	199	150	120	100	85	75	66	60	54	50	46	43	40	37	35	33	31	30
567	284	189	142	113	95	81	71	63	57	52	47	44	41	38	35	33	32	30	28
521	261	174	130	104	87	74	65	58	52	47	43	40	37	35	33	31	29	27	26
				3	11	16	24	28	26	23	21	18	12	8	6	3	2		

실제로 로이킴이 이런 방식으로 계산해낸 표수는 전혀 당락에 영향을 주는 수준은 아니었다고 앞에서 말했습니다. 가령 인천 연수을 민경욱 의원 지역구에서는 약 1만 표를 조작했는데 이 비중 그래프에서 보여주는 이동표수는 400표 정도에 불과했습니다.

해커는 아주 미미한 수준의 표들을 단지 [follow_the_party]를 새겨 넣기 위해 더 이동시킨 것으로 해석됩니다.

해커의 지문은 숨어 있다!

2025:04:22:09

    이 시리즈를 쓰면서 업로드한 날짜와 시간을 적어둡니다. 시간과 함께 호흡하는 느낌입니다. 2025년 6월 3일 대통령 선거가 있습니다. 저는 이 선거를 이승만의 나라냐, 김일성의 나라냐를 결정하는 수준의 중대한, 어쩌면 종지부를 찍는 수준의 사활이 걸린 선거라고 말해 왔습니다.

    이 시리즈에서 경어체를 택한 것은 설명이 중간쯤 들어설 때쯤 대부분 자리를 뜨고 없을 것 같다는 예감 때문이었습니다. 그럼에도 불구하고 누군가는 일관되게 귀를 세워 듣고 있을 것이고, 그 소수의 독자에게 경의를 표하고 싶었습니다.

    ftp에 관심을 갖고 이를 이해하기 위해서는 들어보려 노력해야 합니다. 시간과 집중력이 필요합니다. 무엇보다 부정선거 규명운동의 역사에서 ftp의 중요성에 대한 인식이 있어야 끝까지 인내심을 갖고 경청할 수 있습니다.

    이 시리즈는 "숨겨져 있는 것을 어떻게 찾아냈나"에 관한 것입니다. "굳이 이렇게 찾아야 했나"라고 물으면 "이것은 로이킴이 찾아낸 방법"이라고 답할 수밖에 없습니다.

    저는 이 문제와 관련하여 로이킴과 가장 많은 대화를 나눈 사람일 것입니다. 누가 시키지도 않았고, 누가 대가를 지불하지도 않았는데, 당시 가족과 떨어져 혼자 지낼 시간이 많아 이 일에 집중할 수 있었다고 합니다. 제게 특히 흥미로운 것은 로이킴이 아니면 전 세계 누구도 이런 식으로 ftp를 찾아내지 못했을 것으로 생각되는 대목입니다.

바로 직전 해설에서 저는 숫자판 두 개 202~203쪽를 소개했습니다. 영문 아스키코드 판 115쪽까지, 이 세 개의 표를 놓고 한번 들여다보기로 하지요.

숫자판 I 202쪽은 아무것도 숨기지 않고 있습니다. 알아보려는 노력 없이 아무 말이나 해대는 사람들 얘기로는 숫자판 I을 갖고 아무 문장이나 다 만들 수 있겠지요? 그 얘기는 "아스키코드만 있으면 숫자로 된 책도 낼 수 있겠다"와 같은 말입니다.

그러나 로이킴은 숫자판 II 203쪽를 들고 [follow_the_party]라는 숨겨진 문장을 찾아낸 것입니다. 누군가 숨긴 사람이 있고, 숨겨 놓은 문장이 있다는 것입니다. 이것을 찾아내는 것은 수학과도 다르고, 바둑과도 다르고, 큐브 맞추기와도 다릅니다. 다만 공통점은 훈련도 필요하고 천재성도 필요하다는 것입니다.

로이킴이 비중 그래프 분석을 통해서 숫자판 II를 완성한 과정이 지금까지의 해설에 들어 있었다면 지금부터는 이 숫자판 속에서 로이킴이 ftp를 찾아내는 과정을 해설합니다.

ftp를 어떻게 찾아냈나, 로이킴의 추단, 즉 휴리스틱스(heuristics)를 본격 설명하기 전에 당부 하나 다시 남깁니다. 여러 사람들이 제게 와서 "무슨 말이든 만들지?"라는 식으로 조소 섞어 말했는데 ftp는 문장을 '만드는' 세계가 아니라 '숨겨져 있는 문장을 찾아내는 세계'라는 것입니다!

비중그래프에서 암호문자 추적으로 넘어가는 과정

2025:04:23:13

    로이킴 발견에서 가장 이해가 어려운 부분은 비중 비교 그래프에서 더불어민주당 사전 당일 비중 차이값을 구하고 그 값에 당일 득표수를 곱해 이동되는 표수를 구하고 그 수가 작은 지역구부터 오름차순으로 정리하여 일곱 개씩 묶어 36개 그룹으로 정리하는 과정일 것으로 생각됩니다. _{190쪽 참고}

    로이킴의 설명이 결코 알아듣기 쉽지는 않습니다. 일단 그의 설명을 가급적 그의 표현 그대로 기록해 둡니다.

(1) 클러스터 그래프에서 주목해야 할 것이 기준값(R=reference value)이 "0"인 곳들이 있다. 이곳들은 더불어민주당이 당일 득표율에서 50% 정도를 받은 확고한 우세 지역이고 15개 지역구들이다.

(2) 사전 당일 비중 차이값이 거의 없어 "0"에 가깝지만 비중차이값의 소수점 넷째 자리까지 살펴보면 미세하게 차이가 있긴 하다. 여기에 해당 지역구의 당일 득표수를 곱한 값(사전 당일 비중 차이값 × 당일득표수)을 계산해 보면 한 표도 안 되는, 즉 이동하는 표수가 0표이므로 로이킴은 이 15곳의 R값을 "0"으로 정의하였다.

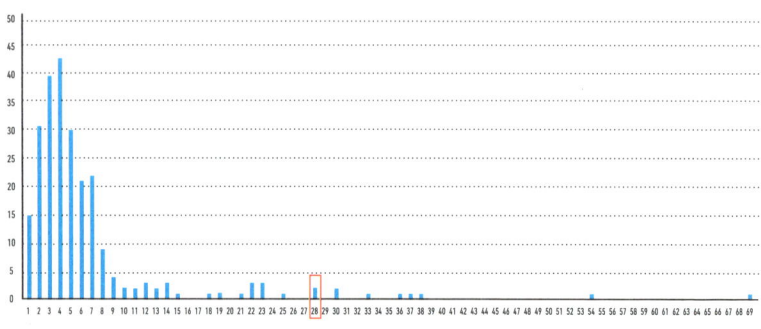

클러스터 그래프
가로 : 사전 당일 비중 차이값에 당일 득표수를 곱한 값의 지수, 세로 : 지역구 빈도수

(3) R값이 "0"에 해당하는, 더불어민주당 당일 득표율 50% 근방의 15 지역구 지점에서 사전 당일 비중값이 교차한다. 로이킴이 비중그래프의 교점 지점을 더불어민주당 당일 50% 득표 지역이라고 설명한 것은 R값이 "0"인 지역을 말한다.

(4) 사전과 당일을 각각 100%로 두고 어느 지점을 잘라도 상하 구간이 같은 값이 나온다는 비판을 여러 차례 들었다. 어떤 맥락에서 하는 말인지는 이해한다. 그러나 더불어민주당 당일득표율 50% 기준으로 사전 당일 비중 차이값의 구간별 총합이 ±2.486으로 정확히 배분된 것은 설계된 로직이지 자연적으로 발생할 수 없는 현상이고 공리는 더더욱 아니다. 이 중대한 사실을 가볍게 넘기는 이유를 알 수 없다.

(5) 로이킴은 그러한 차이값들의 "양"이 일정치 않고 다소 등락이 있는 것을 수학적으로 설명하고 싶었다. 특히 당일 비중그래프의 기울기 값을 조정하면 사전 비중그래프가 나타나도록 설계된 수식이 있지 않나 기대하고 각각의 차이값을 구했다.

(6) 로이킴은 사전 당일 비중 차이값이나 여기에 당일 득표수를 곱해 구

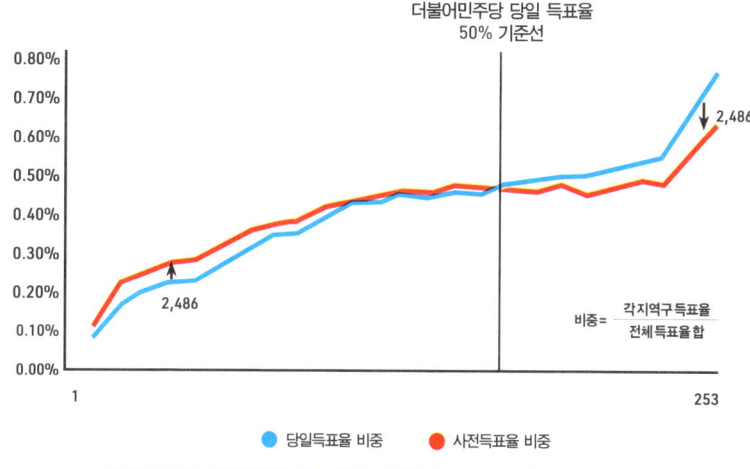

2020년 총선 더불어민주당 각 지역구 비중값 비교(출처 : 「해커의 지문」, p.80)

한 R값으로 어떤 수학적 규칙성이나 함수를 발견하기를 기대했던 것과 달리 그런 종류의 수식을 확인할 수 없었고, 더불어민주당 50% 득표율 지역으로 분기되는 그래프가 어떤 연유로 생성된 것인지 파악이 쉽지 않았다.

(7) 교차점을 이루면서 상하로 분기되는 비중그래프는 전국적으로 더불어민주당 사전 득표율이 고루 10% 내외로 높아 당일득표율 위에 떠있는 것처럼 보이는 득표율 비교 그래프와는 확연히 달랐다.

(8) 로이킴이 발견한 비중 그래프와 특이한 예외값을 보여주는 클러스터 그래프의 양상에 대해 설명해 주는 사람은 아예 없었고, 수학적 규칙성에 어긋난다거나, 결과로 역산하는 항등식이라느니 등의 비판만 쏟아졌다.

(9) 당선과 낙선에 관여하는 수준의 표 이동을 보여 주는 그래프가 아니고 비율값 조정을 통해 약간씩의 표 이동을 보여 주면서 또 다른 목표를 향한 조작 로직을 나타내고 있는 그래프라는 사실을 비교적 명료하게 이해하는 데는 ftp를 발견한 뒤에도 긴 시간이 걸렸다.

(10) 로이킴은 대신 이 비중차이값들을 통해서 독특한 패턴을 보게 되는데 앞에서 설명한 대로 표가 줄어든 구간에서 연속된 7개 값이 두 번 반복되고, 또 7개 값이 1부터 7까지 순서대로 합쳐져 R값 28이 구해질 수 있다는 등의 단서를 통해서 이 설계된 비율값이 암호문자를 향하고 있다는 생각에 도달했다.

요컨대 로이킴은 범죄가 의심되는 현장에서 단서를 찾아가며 범인의 발자국을 쫓았던 것입니다. 범죄 현장에서 머리카락 하나라도 나오면 의심해야 합니다. 로이킴의 추적은 의심이 드는 단서를 파고드는 방식이고 이것은 시행오차법 또는 휴리스틱스(heuristics) 방법으로도 설명됩니다. 자세한 내용은 『해커의 지문 발견기』에 있습니다.

로이킴이 무신경하게 유도한 대소문자 혼선

2025:04:24:08

해커의 지문은 정확히 [follow_the_party]입니다. 소문자로만 이루어져 있고, 컴퓨터에서 띄어쓰기를 나타내는 언더바(_)가 스페이스 대신 들어 있습니다.

이렇게 완성된 형태로 정리되기까지 여러 혼선이 있었는데 특히 중요한 것은 알파벳 대소문자에 관한 것이었습니다. 로이킴은 처음에 이 16개 문자를 온전히 찾지 못했고 특히 띄어쓰기 언더바(_)까지 복원하는 것은 나중에 찾아 온 장영후 프로그래머의 도움으로 가능했습니다.

로이킴이 ftp를 세상에 알릴 때에도 대소문자 관련 여러 가지 해프닝이 있었습니다. 우선 처음 세상에 알린 민경욱 당시 인천 연수을 후보도 소문자로 발표하지 않았습니다.

그후로는 영어문법대로 맨 앞의 알파벳은 대문자로 바꿔 완전한 문장 "Follow the Party"로 바꿔서 유통될 때가 많았습니다.

검색을 통해 확인해 보면 ftp에 얽힌 문제를 초창기 진지하게 다룬 뉴스포스트 〈'follow the party' 도출된 공식은?… 민경욱 "QR코드 아니다"〉 기사에만 해도 대문자와 소문자 구분은 그다지 의미 있게 조명되지 않습니다.

(i) FOLLOW??THE^PARTY

(ii) follow the party

(iii) Follow the Party

(iv) FOLLOW_THE_PARTY

(v) Follow the party

(vi) follow the Party

(vii) FOLLOW THE PARTY

(viii) follow_the_party

유통되는 관련 문장은 검색을 통해 제가 찾은 것만 무려 여덟 세트입니다. (vi) follow the Party는 중국 어느 도시 주택가에서 발견된 것이지만 나머지는 모두 로이킴이 2020년 4월 15일 총선 결과 데이터에서 발견한 해커의 지문에서 유래된 것입니다.

중국에서 발견된 "follow the Party"는 문법을 파괴하고 중국 공산당만 강조하기 위해 당(party)을 대문자로 강조하지 않았을까 생각됩니다. 그 밖의 해커의 지문 관련해서는 대체로 대문자, 소문자를 개의치 않고 무신경하게 쓰고 있는 듯합니다.

이런 상황의 원인 제공자는 발견자 로이킴이었습니다. 저나 민경욱 의원이 2020년 5월에 로이킴으로부터 받은 메일에는 뜻밖에 모두 대문자로 표기되어 있었습니다. 로이킴이 건네준 표의 10진법 숫자는 이렇게 되어 있습니다.

102 111 108 108 111 119 (0) 116 104 101 (94) 112 97 114 116 121

로이킴은 심지어 이 숫자들을 2진법으로 바꿔 둡니다. 많은 사람들이 이 2진법 변환에 대해서도 코웃음을 쳤습니다. 사기꾼이 "뭐 있어 보이려"고 헛된 짓을 했냐는 식입니다.

결정적으로 이 숫자들은 아스키코드로 바꾸면 follow(0)the(94)party 입니다. 그러나 로이킴은 모두 대문자로 바꿔서 FOLLOW(??)THE(^)PARTY로 발표했습니다. 명백히 다른 숫자가 되는데도 말입니다.

이 아마추어스러운 실수는 그가 정말 아마추어이기 때문입니다. 그는 전문적으로 논문을 쓰는 훈련을 받아본 적이 없습니다.

미국에서 대학을 다닌 탓인지 개연성 같은 단어도 '계연성'으로 적어와서 제게 웃음을 줍니다. 저는 오히려 그의 이런 무신경함, 부주의함 때문에 역으로 그의 말에 처음부터 귀를 기울이게 되었습니다.

특별히 숫자에만 민감한 사람이라고 할까요? 로이킴은 실제로 수학만 월등히 잘하는 학생이었다고 스스로 말합니다.

소문자로 찾고도 대문자로 표시해 알린 것은 말 그대로 별 뜻이 없었다고 합니다. 그러나 로이킴 발견 과정에서 대문자, 소문자는 결정적이라고 할 만큼 중요합니다. 대문자 영역으로 수렴시켰다면 어떤 문장도 찾아낼 수 없었기 때문입니다.

16개의 수를 2진수를 통해 문자로 변형하였다.

결과	102	111	108	108	111	119	0	116	104	101	94	112	97	114	116	121
2진수	1100110	1101111	1101100	1101100	1101111	1110111	??	1110100	1101000	1101001	1011110	1110000	1100001	1110010	1110100	1111001
0~	01100110	01101111	01101100	01101100	01101111	01110111		01110100	01101000	01101001	01011110	01110000	01100001	01110010	01110100	01111001
문자	F	O	L	L	O	W	??	T	H	E	^	P	A	R	T	Y

문자가 나타내는 아스키코드에 수렴해 가기 위한
1차 시뮬레이션

2025:04:25:12

비중 차이값에 각 지역구 당일득표수를 곱한 값을 기준값(R)으로 해서 오름차순으로 정리하고 일곱 개씩 묶어 36개 그룹으로 만드는 과정을 앞에서 설명했습니다.

저는 이런 과정은 전형적인 시행오차법(trial and error method)에 따른 발견으로 부를 수 있다고 몇 차례 강조했습니다. 전문가에 따르면 컴퓨터 관련 공학에서 시행오차법은 매우 전형적이지만 기본적으로 매우 '수고스러운' 작업입니다.

로이킴 발견에서 특히 인상적인 것은 전체에 대한 개별 지역구 비중값을 구한 표준화 작업과 비중차이값에 각 지역구 당일득표수를 곱해 R값을 구한 다음 일곱 개씩을 묶어낸 작업이라고 할 수 있습니다.

이런 작업은 전형적인 시행오차법이라고 할 수 있습니다. 7개씩 묶인 36개 지역구 그룹들의 순번합을 구해 놓고 이 숫자들이 아스키코드 대문자(65~90), 소문자(97~122)로 수렴해 가는 규칙을 찾을 때도 역시 시행오차법을 따릅니다.

로이킴이 ftp 추출 과정으로 제시한 원본 자료

대문자	기호	소문자
65~90	91~96	97~122

A	2	3	4	5	6	7	8	9	10	11	12	13	14	15	16	17	18	19	20
1292	646	431	323	258	215	185	162	144	129	117	108	99	92	86	81	76	72	68	65
1247	624	416	312	249	208	178	156	139	125	113	104	96	89	83	78	73	69	66	62
1230	615	410	308	246	205	176	154	137	123	112	103	95	88	82	77	72	68	65	62
1130	565	377	283	226	188	161	141	126	113	103	94	87	81	75	71	66	63	59	57
1128	564	376	282	226	188	161	141	125	113	103	94	87	81	75	71	66	63	59	56
1128	564	376	282	226	188	161	141	125	113	103	94	87	81	75	71	66	63	59	56
1090	545	363	273	218	182	156	136	121	109	99	91	84	78	73	68	64	61	57	55
1061	531	354	265	212	177	152	133	118	106	96	88	82	76	71	66	62	59	56	53
1025	513	342	256	205	171	146	128	114	103	93	85	79	73	68	64	60	57	54	51
1003	502	334	251	201	167	143	125	111	100	91	84	77	72	67	63	59	56	53	50
998	499	333	250	200	166	143	125	111	100	91	83	77	71	67	62	59	55	53	50
990	495	330	248	198	165	141	124	110	99	90	83	76	71	66	62	58	55	52	50
966	483	322	242	193	161	138	121	107	97	88	81	74	69	64	60	57	54	51	48
955	478	318	239	191	159	136	119	106	96	87	80	73	68	64	60	56	53	50	48
953	477	318	238	191	159	136	119	106	95	87	79	73	68	64	60	56	53	50	48
939	470	313	235	188	157	134	117	104	94	85	78	72	67	63	59	55	52	49	47
930	465	310	233	186	155	133	116	103	93	85	78	72	66	62	58	55	52	49	47
924	462	308	231	185	154	132	116	103	92	84	77	71	66	62	58	54	51	49	46
862	431	287	216	172	144	123	108	96	86	78	72	66	62	57	54	51	48	45	43
855	428	285	214	171	143	122	107	95	86	78	71	66	61	57	53	50	48	45	43
845	423	282	211	169	141	121	106	94	85	77	70	65	60	56	53	50	47	44	42
826	413	275	207	165	138	118	103	92	83	75	69	64	59	55	55	49	46	43	41
819	410	273	205	164	137	117	102	91	82	74	68	63	59	55	51	48	46	43	41
768	384	256	192	154	128	110	96	85	77	70	64	59	55	51	48	45	43	40	38
757	379	252	189	151	126	108	95	84	76	69	63	58	54	50	47	44	42	39	38
721	361	240	180	144	120	103	90	80	72	66	60	55	52	48	45	42	40	38	36
711	356	237	178	142	119	102	89	79	71	65	59	55	51	47	44	42	40	37	36
711	356	237	178	142	119	102	89	79	71	65	59	55	51	47	44	42	40	37	36
700	350	233	175	140	117	100	88	78	70	64	58	54	50	47	44	41	39	37	35
666	333	222	167	133	111	95	83	74	67	61	56	51	48	44	42	39	37	35	33
666	333	222	167	133	111	95	83	74	67	61	56	51	48	44	42	39	37	35	33
662	331	221	166	132	110	95	83	74	66	60	55	51	47	44	41	39	37	35	33
652	326	217	163	130	109	93	82	72	65	59	54	50	47	43	41	38	36	34	33
598	299	199	150	120	100	85	75	66	60	54	50	46	43	40	37	35	33	31	30
567	284	189	142	113	95	81	71	63	57	52	47	44	41	38	35	33	32	30	28
521	261	174	130	104	87	74	65	58	52	47	43	40	37	35	33	31	29	27	26
				3	11	16	24	28	30	26	23	21	18	12	8	6	3	2	

결과

1. 지역구 7개의 순번의 합을 구한다. 순법의 각 합을 100에 가까운 숫자로 만드는 수로 나눈다.
2. 지역구 합은 100단위가 되기 때문에 결과값 1은 100 중의 0.01이 된다. 나누는 수는 소수점 둘째자리 까지 가지는 수여야 한다.
3. 0.01의 차이로 결과 값이 1 차이가 날 수 있다. 적용한 것은 0.05단위이다.
4. 1,2 Line의 공통 수를 찾는 것에 목적을 두었다.
5. 실제 도출된 결과를 보면 아래와 같다.

그룹		1	2	3	4	5	6	7	8	9	10	11	12	13	14	15	16
1LINE	지역구 순번합	924	1,247	1,128	845	1,292	826	711	652	855	521	939	700	862	666	711	990
	나눈수1	8.000	11.250	10.450	7.000	11.650	8.000	7.000	9.000	4.000	10.000	7.000	7.000	7.000	7.000	7.000	9.000
	나눈수2	9.050	12.000	11.000	7.050	11.000	6.950	6.000	5.600	8.250	5.150	8.000	6.250	8.000	5.850	6.150	8.150
	나눈수3						7.000					9.000		8.850			
	값1	116	111	108	121	111	103	89	94	95	130	94	100	103	95	102	110
	값2	102	104	103	108	117	119	119	116	104	101	117	112	108	114	116	121
	값3						102					104		97			

그룹		17	18	19	20	21	22	23	24	25	26	27	28	29	30	31	32
2LINE	지역구 순번합	1,230	662	955	768	1,003	1,090	757	1,130	567	598	1,128	721	966	1,025	998	666
	나눈수1	13.000	7.000	8.850	8.000	9.050	10.000	6.000	11.000	5.000	5.000	10.000	7.000	7.000	10.000	10.000	5.000
	나눈수2	12.050	5.950	8.000	7.100	10.000	9.150	7.000	9.750	5.450	5.950	11.000	6.450	8.000	9.000	8.600	5.500
	나눈수3						8.000					12.000		9.950			
	값1	95	95	108	96	111	109	126	116	113	120	113	103	138	103	100	133
	값2	102	111	119	108	100	119	108	116	104	101	103	112	121	114	116	121
	값3						95					94		97			

결과		102	111	108	108	111	119	0	116	104	101	94	117	97	114	116	121
	2진수	1100110	1101111	1101100	1101100	1101111	1110111	??	1110100	1101000	1100101	1011110	1110000	1100001	1110010	1110100	1111001
	0+	01100110	01101111	01101100	01101100	01101111	01110111		01110100	01101000	01100101	01011110	01110000	01100001	01110010	01110100	01111001
	문자	f	o	l	l	o	w		t	h	e	p	a	c	t	y

우선 로이킴은 36개 그룹의 지역구 순번합들을 각각 2부터 25까지 나누어 봅니다. 이 시뮬레이션을 통해 나눈수 8부터 13까지 20개 이상의 알파벳이 나타나는 것이 확인됩니다. 이 문자가 나타나는 구간을 보면 노란색은 소문자, 푸른색은 대문자입니다. 처음에 띄어쓰기 언더바(_) 같은 기호에 대한 인식은 없었다고 합니다. 로이킴의 시뮬레이션 표에서 기호 구간을 색칠하고 좀 더 구체적으로 그려보았습니다.

전 페이지 아래쪽 표 로이킴은 이렇게 그려 놓고 알파벳 소문자, 대문자가 발견되는 구간에서도 36개 그룹이 모두 포괄되지 않는 것에 의문을 느꼈다고 합니다. 나눈수 규칙에 대한 입장은 로이킴과 후사장이 다릅니다. 이 부분은 실제로 가장 접근이 어려운 부분이기도 합니다.

우리가 염두에 두어야 할 것은 정확히 타겟 문장을 알고 있는 해커의 입장과, 숨겨 놓은 문장을 찾은 발견자의 입장 그리고 양쪽의 입장을 다 알고 있는 해설자 입장이 모두 다르다는 사실입니다.

여기서 후사장이 접근하는 나눈수에 대한 입장으로 돌아가서 ftp 문제에서 가장 난해한 영역인 나눈수 규칙에 대해 좀 더 구체적으로 살펴보겠습니다.

프로그래머가 보는 소문자를 택한 이유

2025:04:26:07

프로그래머의 입장에서는 기본 타겟 문장을 소문자로 택하는 이유는 간단하다고 합니다.

로이킴은 숨겨진 문자를 찾는 발견자 입장에서 지역구 순번합 447~1292를 아스키코드 알파벳 문자에 수렴시키기 위한 방법으로 2~25까지 일일이 나누어 보는 방법을 택했지만 우리가 해커라고 부르는 범법자가 프로그래머인 이상 이미 염두에 둔 문장을 넣는 로직을 짜야 합니다.

프로그래머 후사장은 『해커의 지문』에서 총책을 포함한 몇 명의 과제 수행자가 이 대목에 관해 나누었을 '가상 회의록'⁹⁷쪽을 적으면서 대소문자 선택 관련하여 언급합니다. 다음은 설계자의 가상 브리핑입니다.

[설계자] 우리가 택한 지문 'follow_the_party'는 띄어쓰기(space)를 표현하는 언더바('_')를 포함해서 16자입니다.

대한민국 총 지역구 253개의 선거구 번호와 기본판세표 데이터 그리고 아스키코드를 통해 문자를 구현하는 방법에 대해 여러 가지로 논의한 결과 선거구를 당일득표율 50% 이상과 미만으로 구분하여 표를 낮추는 선거구와 더 높이는 선거구로 대별하였습니다.

　표수를 좀 낮추는 선거구에 대해서는 상대적으로 많이 낮추어도 영향 없는 지역구부터 적게 낮추는 지역구 순서로 정렬하고, 50% 미만인 선거구들에 대해서는 적게 높여도 되는 선거구부터 많이 높이는 선거구 순으로 정렬을 한 후 이 순서에 따른 선거구 번호에 우리의 암호문자를 넣었습니다.

　암호문자를 넣기 위해서는 기본적으로 253개 선거구를 낮추는 부분과 높이는 부분으로 나누어야 합니다. 즉, [253/2 = 126.5]개 지역구에 16개 문자를 표현하려면 7.9개씩이 필요한 셈입니다.

　하지만 (정수여야 하므로) 소수점 이하는 쓸 수 없기 때문에 버릴 수밖에 없습니다. 그러면 1문자당 7개의 지역구를 묶어서 32개 그룹으로 만들 수 있습니다.

　7개 선거구의 번호와 보정비율을 조금씩 낮추고 높이는 관계 속에 로직만 정립하면 되며, 우리가 찾아낸 방법은 7개 선거구 그룹의 선거구 순번합과 낮추고 높이는 두 개의 관계를 상하로 배치하여 번호합의 관계가 아스키코드 영문구간에 올 수 있도록 수렴시키는 것입니다.

　선거구 번호의 합과 아스키코드 간 관계를 분석해 본 결과 합한 숫자는 최소 28(1+2+3+4+5+6+7 선거구 합=28)에서 최대 1750(247+248+249+250+251+252+253=1750)까지 범위가 가능하나 기본판세표에 따르면 현실적으로 400~1300 안에 배치되는 것을 알 수 있었습니다.

　이 범위와 상하로 배치된 합한 번호와의 관계를 사용해서 도출할 수 있는 아스키 문자 구간은 영문 대문자는 65~90까지로 숫자가 작아 적용할 수 있는 로직이 나오지 않습니다. 상대적으로 숫자가 큰 91번에서 126번까지 [,\,],^,_,`,a,b,c,d,e,f,g,h,i,j,k,l,m,n,o,p,q,r,s,t,u,v,w,x,y,z,{,|,},~

등 36개 문자를 사용하기로 정하겠습니다. (『해커의 지문』 189~191쪽, 『해커의 지문 발견기』 162~164쪽)

이상의 설명은 뒤에서 좀 더 구체적으로 설명될 것입니다. 다만 후사장이 대문자는 숫자가 작아 적용할 수 있는 로직이 나오지 않는다고 한 것은 무엇을 의미할까요?

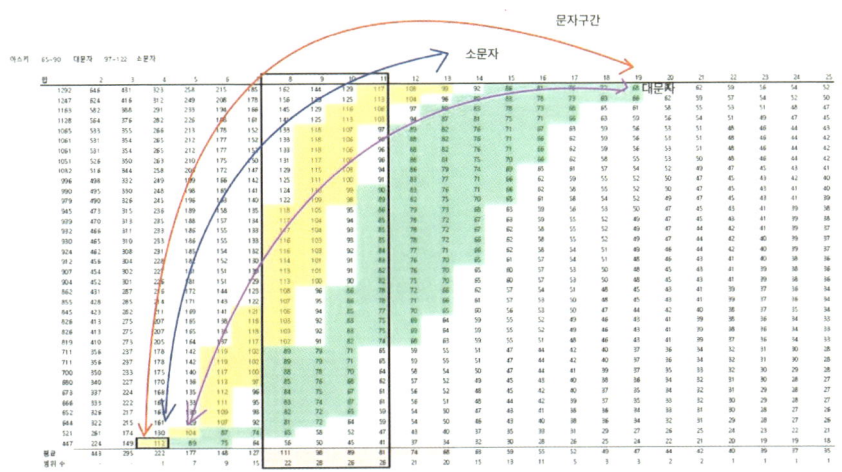

암호문지 삽입을 꾀할 때 대문자가 아닌 소문자를 택한 사실을 직관적으로 보여주는 도표

로이킴: 바게트 속 숨겨진 반지 찾기처럼 없는 데 버려가며 ftp 발견

2025:04:27:09

    ftp를 찾는 과정과 설계하는 과정은 판이하게 다를 수밖에 없습니다. 역추적으로 설계도를 찾는 과정은 제 눈에는 신비롭기까지 합니다. 프로그래머 후사장은 로이킴이 찾아낸 ftp를 갖고 한동안, 근 1년 분석한 끝에 이 암호문자는 설계도에 들어 있었고, 그것이 선거 결과 데이터에도 반영되어 나타났다고 설명해 주었습니다.

    후사장은 선거 결과 목표치를 담은 청사진, 즉 설계도가 완성되기까지 몇 개의 단계를 거쳤다고 했고, 당선과 낙선을 기본적으로 설계한 것은 이근형 판세표에도 이미 나와 있는 것처럼 한국에서 1차로 이루어졌다고 보고 이를 기본 판세표라고 부른 것입니다. 만일 이 기본 판세표를 목표로 설정하고 실행했다면 선거 결과에 ftp가 나타날 수는 없었다는 것입니다. 실제로 4·15 이외의 선거에서 다시 이런 상징적 문장은 추출되지 않습니다.

    결국 2020년 4·15총선의 2차적인 설계는 중국 공산당의 손에서 완결되었다고 보는 것이고 이 2차 보정 또는 2차 조작 설계는 '전략적'인 것이라고 했습니다. '전략 판세표'라는 명칭은 이렇게 나온 것입니다.

해커가 '장난스럽게' 없어도 되는 작업자 표시 로직을 '쓸데없이' 설계해서 넣은 것이 아니라 제대로 '작정하고' '전략적으로' 온 세상을 향한 공산당의 패권 추구 의지를 대한민국 선거데이터에 새겨 넣었다는 것이지요. 이 사실이 아직도 음모론으로 들리는 사람들이 많겠지요? 윤석열 대통령이 맷 슐랩 CPAC 공동의장을 통해 세상에 알린 "화웨이의 한국 선거 개입" 사실을 통해 우리의 입장은 강화되었습니다.

로이킴은 4·15 결과 데이터 속에서 사람의 손을 탄 증거를 탐색했습니다. 36개 선거구 순번합을 구해놓고 아스키코드에 수렴하는 전 단계로 2~25까지 일일이 나누어 놓습니다. 이렇게 나누어 가면서도 대문자, 소문자에 대한 인식은 전혀 들어오지 않았다고 합니다. 다만 알파벳 문자로 변환되는 숫자가 나타나는 나눈수에 주목했는데 나눈수 4부터 19까지 문자로 변환되는 숫자가 나타나고 20개 이상 집중적으로 나타나는 구간은 나눈수 8부터 14까지입니다.

여기까지 접근했을 때까지도 로이킴은 대문자, 소문자에 전혀 신경 쓰지 않았지만 프로그래머 출신인 후사장의 입장에서 보았을 때는 대문자는 처음부터 배제되었다는 것입니다. 로이킴이 프로그램의 세계를 알았다면 탐색이 좀 더 쉬웠을까요?

만일 설계자가 "Follow the Party"를 염두에 두었거나 "FOLLOW THE PARTY"를 염두에 두었다면, 즉 대소문자를 섞거나 대문자로 해커의 지문을 넣는다면 나눈수를 넣어서 나타나는 구간이 소문자에 비해 훨씬 광범위합니다.

도출할 수 있는 아스키 문자 구간은 영문 대문자는 65~90까지로 숫자가 작아 적용할 수 있는 로직이 나오지 않습니다. 상대적으로 숫자가 큰 91번에서 126번까지 (소문자와 기호) 36개 문자를 사용하기로 정하겠습니다.

앞에서 인용했듯이 설계자가 총책에게 이렇게 말했다고 한다면, 4·15 총선 결과 데이터를 기준으로 대소문자를 섞거나 대문자로 [follow_the_party]와 같은 의미의 해커의 지문을 위한 어떤 로직도 구성되지 않는다고 후사장은 말합니다. 따라서 처음부터 설계자는 대문자는 배제하고 소문자 구간을 택해 로직을 구성했다는 얘깁니다. 이에 대한 진지한 반론이 아직 없습니다. 기다립니다.

그렇다면 대문자, 소문자에 대한 인식이 없이 아스키코드 알파벳 쪽으로 나눈수를 통해 수렴의 방식으로 접근해갔던 로이킴은 결국 해커의 지문을 발견하게 된 것일까요? 이에 대해 로이킴은 긴 바게트 빵 안에 숨겨놓은 반지 찾기 게임이 연상된다고 말합니다. 바게트 빵을 잘라가면서 없는 데는 버리는 방식으로 찾아갔다는 것입니다.

프로그래머가 기술적인 이유로 대문자나 대소문자 섞는 것을 버리고 소문자를 택한 이유를 알았다면 로이킴이 처음부터 소문자 구간만으로 좁혀서 찾고, 또 굳이 찾은 문장을 대문자로 바꿔 발표하는 일은 없었을 것입니다. 로이킴은 소문자 ftp를 발견한 상황에서도 대소문자의 심각성은 깨달아지지 않았다고 합니다.

대문자나 대소문자 혼용을 배제하고 소문자를 택한 것은 설계한 프로그래머의 입장이고, 해설한 프로그래머도 이 입장을 쉽게 이해할 수 있지만, 최초의 발견자 로이킴이나 발표자 민경욱 전 의원에게는 하나의 완성된 문장이 떠오른다는 사실과, 그것이 중국 공산당의 패권 추구를 상징하는 문장이라는 사실만 심각했던 것이지요.

　대소문자의 혼선은 이렇게 야기된 것입니다. 대소문자가 민감하게 느껴지는 사람은 아스키코드와 프로그램의 세계에 익숙한 전문가들 뿐인 듯합니다. 그렇다면 로이킴은 소문자 구간에 숨어 있는 ftp를 결국 어떻게 찾아냈을까요? 어떤 방법으로 바게트 속에 든 반지를 오롯이 골라냈을까요?

로이킴: 선거구 36그룹 순번합을 각각 개별적으로 100에 가까운 수로 수렴시키는 규칙 적용

2025:04:27:11

로이킴과 후사장이 서로 연락이 닿은 시점은 2020년 6월입니다. 대기업에서 사직한 후 작은 업체를 운영하는 후사장이 연락을 해왔습니다. 이때가 2020년 6월 10일입니다.

"파주시을 진동면, 군내면, 춘천·철원·화천·양구을 근북면 데이터를 갖고 로이킴의 ftp 검증을 시도하고 있는데 파주시을 162번 코드, 춘천·철원·화천·양구을 176번의 사전투표 조절 비율(이 두 경우는 사전투표를 +시키는 경우임)을 정확히 소수점까지 알고 싶다."라는 내용이었습니다.

"파주시을(162번 코드)의 경우 로이킴 직강 1 영상 6분 16초 위치에는 0.0019%, 직강 43분 05초 위치에는 0.003%로 되어 있는데 어느 기준으로 하면 되겠는지요? 춘천·철원·화천·양구을 176번 코드에 대한 값도 부탁 드립니다."라고 덧붙였습니다.

ftp에 관련하여 로이킴과 후사장의 연결 이전과 이후는 차원이 조금 달라집니다. 로이킴으로서는 프로그래머의 도움을 받게 된 것입니다. 후사장의 도움으로 추가적인 발견과 구체적인 해설이 가능해졌습니다. 그러나 ftp 발견은 로이킴이 후사장을 만나기 전에 이미 완료되었습니다. 프로그래머인 후사장의 도움을 받기 전에 로이킴은 어떻게 ftp를 찾아냈는지에 대해 먼저 알아볼 필요가 있습니다.

로이킴의 ftp는 모래밭에서 바늘찾기보다 더 어려운 일 같지만 단계 단계에서 그의 수학적 영감이 빛을 발했다고 앞에서 설명했습니다. 로이킴은 나눈수 2에서 25까지의 계산표가 보여주는 바와 같이 나눈수 4에서 19까지 알파벳이 나타나는 것을 보고 그중 20개 이상의 알파벳이 나타나는 구간을 자세히 들여다 보았다고 합니다. 확실히 나눈수 8부터 13까지는 20개 이상이 나타나지만 이 구간도 배제되는 그룹이 있는 것에 의문을 느꼈다고 합니다.

전국 253개 선거구에 모두 무리하게 후보를 내기까지 하면서 그야말로 '전국적' 관점을 유지하면서 한 그룹도 배제되지 않는 설계를 했을 것이고, 만약 한 그룹이라도 배제시키려 했다면 오히려 설계가 복잡할 것으로 보았다고 합니다. 더구나 한 그룹에는 각각 일곱 개의 선거구가 묶여 있습니다.

그래서 관점을 바꾸어 전체를 같은 나눈수로 나누는 개념이 아니라 개별적으로 각 그룹의 순번합이 "100"에 수렴하는 나눈수 규칙을 적용하는 편을 택했다고 로이킴은 설명합니다. "100"에 수렴하는 개별 나눈수 규칙을 구한 것입니다.

가령 가장 위에 있는 1그룹의 순번합은 "1292"이고 가장 큰 수입니다. 1그룹에는 광주 광산을, 광주북구을, 담양·함평·영광·장성, 광주 광산갑, 광주 서구갑, 광주 동구·남구갑, 전남 영암·무안·신안 등 일곱 개의 선거구가 묶여 있습니다.

"1292"를 "100"에 가깝게 수렴시키려면 나눈수 12.92를 나누어야

	대문자	기호	소문자							
	65~90	91~96	97~122							
A		2	3	4	5	6	7	8	9	10
1292		646	431	323	258	215	185	162	144	129
1247		624	416	312	249	208	178	156	139	125
1230		615	410	308	246	205	176	154	137	123
1130		565	377	283	226	188	161	141	126	113
1128		564	376	282	226	188	161	141	125	113
1128		564	376	282	226	188	161	141	125	113

하지만 순번합과 알파벳은 모두 정수에 속하므로 12~13으로 정하고 나눈수 12와 13사이에 있는 정수들을 범위값으로 설정하는 것입니다. 소수점을 버리는 방식으로 구하면 12를 곱하여 107이 나오고 13을 곱하여 99가 나옵니다.

107과 99사이의 숫자는 107, 106, 105, 104, 103, 102, 101, 100, 99가 되고 알파벳으로 바꾸면 k, j, i, h, g, f, e, d, c로 나타납니다.

이를 범위값으로 표현한 것입니다. 이런 방식으로 36개 범위값을 모두 구했을 때 16개마다 중복되는 세트가 발견된 것입니다.

이런 과정에서 로이킴이 1차적으로 본 것은 follow, follow, foll이었습니다. 흙속에 묻혀 있었던 비석을 닦아낼 때 한 글자씩 보이기 시작하는 것처럼 16개 그룹에서, 그리고 다음 16개 그룹에서, 그리고 또 다음 그룹의 시작에서 동일한 알파벳군을 발견하면서 개별 그룹을 100에 가까운 숫자로 수렴시켰을 때 확실히 의미 있는 패턴이 있음을 알게 된 것입니다.

16개씩의 한 세트, 즉 32개가 끝난 다음 남은 4개의 그룹에도 "f, o, l, l"이 발견되는 것을 보면서 로이킴은 처음 생각했던 것처럼 전국 253개 선거구를 최대한 포괄하는 로직이 적용된 것과, 각각의 그룹 순번합을

"100"에 가깝게 수렴시켜 암호 문자를 숨기는 방법을 쓴 것이 확실하다고 보고 나머지 문자를 완성하기 시작했다는 것입니다.

첨부하는 표는 로이킴이 정확히 2020년 5월 26일 VON으로 보내온 ftp 도출 과정이 담긴 표입니다. 최초의 표입니다. 그리고 그 다음달 연락해 온 후사장의 도움으로 표는 조금 수정됩니다.

발표 당시 로이킴에게는 대문자와 소문자에 대한 인식은 없었고 각 순번합이 "100"에 가깝게 수렴되었을 때 나타난 숫자를 변환시키니 우연히 모두 소문자였던 것입니다.

이 표가 세상에 발표되자 상상할 수 없는 돌팔매가 날아들기 시작했습니다. 왜일까요? 때리는 자들은 대개 자칭 보수, 자칭 우파뿐! 더불어민주당과 중국 공산당은 철저히 함구했습니다. 한국은 이미 점령당한 나라 같았습니다.

로이킴이 2020년 5월 최초로 발표한 원본 자료

FTP 도출 전체 과정

1. 지역구 순번의 합을 1 범위로 최소 최대값이 100에 가까운 결과가 나오도록 나눕니다.
2. 나눈 값 범위 1 사이에 도출 가능한 숫자들을 모두 나열 합니다.
   이때 문자에 해당하지 않는 수는 버립니다.
3. 도출된 범위에 값들을 1번 라인과 2번 라인의 겹치는 모집합 숫자들을 나열 합니다.
4. 모집합된 숫자들을 문자로 변형합니다.
5. 변형된 문자로 단어를 만들어 봅니다.

	그룹	1	2	3	4	5	6	7	8	9	10	11	12	13	14	15	16
	지역구 순번합	924	1,247	1,128	845	1,292	826	711	652	855	521	939	700	862	666	711	990
	나눈수1	10.000	12.000	11.000	8.000	12.000	7.000	7.000	6.000	9.000	6.000	10.000	7.000	9.000	6.000	7.000	9.000
	나눈수2	9.000	11.000	10.000	7.000	11.000	6.000	6.000	5.000	8.000	5.000	9.000	6.000	8.000	5.000	6.000	8.000
	범위 에서	92	104	103	106	108	118	102	109	95	87	94	100	96	111	102	110
	- 까지	103	113	113	121	117	138	119	130	107	104	117	108	133	119	124
1LINE	결과값	92	104	103	106	108	118	102	109	95	87	94	100	96	111	102	110
		93	105	104	107	109	119	103	110	96	88	95	101	97	112	103	111
		94	106	105	108	110	120	104	111	97	89	96	102	98	113	104	112
		95	107	106	109	111	121	105	112	98	90	97	103	99	114	105	113
		96	108	107	110	112	122	106	113	99	91	98	104	100	115	106	114
		97	109	108	111	113		107	114	100	92	99	105	101	116	107	115
		98	110	109	112	114		108	115	101	93	100	106	102	117	108	116
		99	111	110	113	115		109	116	102	94	101	107	103	118	109	117
		100	112	111	114	116		110	117	103	95	102	108	104	119	110	118
		101	113	112	115	117		111	118	104	96	103	109	105	120	111	119
		102		113	116			112	119	105	97	104	110	106	121	112	120
		103			117			113	120	106	98		111	107	122	113	121
					118			114	121	107	99		112	108		114	122
					119			115	122		100		113			115	123
					120			116			101		114			116	124
					121			117			102		115			117	
								118			103		116			118	
								119			104		117			119	

	그룹	17	18	19	20	21	22	23	24	25	26	27	28	29	30	31	32
	지역구 순번합	1,230	662	955	768	1,003	1,090	757	1,130	567	598	1,128	721	966	1,025	998	666
	나눈수1	13.000	6.000	9.000	8.000	10.000	10.000	7.000	10.000	6.000	6.000	12.000	7.000	10.000	9.000	9.000	6.000
	나눈수2	12.000	5.000	8.000	7.000	9.000	9.000	6.000	9.000	4.000	5.000	11.000	6.000	9.000	9.000	8.000	5.000
	범위 에서	95	110	106	96	100	109	108	113	95	100	94	103	97	103	111	111
	- 까지	103	132	119	110	111	121	126	126	142	120	103	120	107	114	125	133
2LINE	결과값	95	110	106	96	100	109	108	113	95	100	94	103	97	103	111	111
		96	111	107	97	101	110	109	114	96	101	95	104	98	104	112	112
		97	112	108	98	102	111	110	115	97	102	96	105	99	105	113	113
		98	113	109	99	103	112	111	116	98	103	97	106	100	106	114	114
		99	114	110	100	104	113	112	117	99	104	98	107	101	107	115	115
		100	115	111	101	105	114	113	118	100	105	99	108	102	108	116	116
		101	116	112	102	106	115	114	119	101	106	100	109	103	109	117	117
		102	117	113	103	107	116	115	120	102	107	101	110	104	110	118	118
		103	118	114	104	108	117	116	121	103	108	102	111	105	111	119	119
			119	115	105	109	118	117	122	104	109	103	112	106	112	120	120
			120	116	106	110	119	118	123	105	110		113	107	113	121	121
			121	117	107	111	120	119	124	106	111		114		114	122	122
			122	118	108		121	120	125	107	112		115				
				119	109			121	126	108	113		116				
					110			122		109	114		117				
								123		110	115		118				
											119						
											120						

그룹	1	2	3	4	5	6	7	8	9	10	11	12	13	14	15	16
	17	18	19	20	21	22	23	24	25	26	27	28	29	30	31	32
공통결과	97	110	106	106	108	118	108	113	97	100	97	103	97	111	111	111
	98	111	107	107	109	119	109	114	98	101	98	104	98	112	112	112
	99	112	108	108	110	120	110	115	99	102	99	105	99	113	113	113
	100	113	109	109	111	121	111	116	100	103	100	106	100	114	114	114
	101		110	110		122	112	117	101	104	101	107	101		115	115
	102		111				113	118	102		102	108	102		116	116
	103		112				114	119	103		103	109	103		117	117
			113				115	120	104			110	104		118	118
							116	121	105			111	105		119	119
							117	122	106			112	106			120
							118		107			113	107			121
							119					114				122
												115				
												116				
												117				
문자변환	a	n	j	j	l	v	l	q	a	d	a	g	a	o	o	o
	b	o	k	k	m	w	m	r	b	e	b	h	b	p	p	p
	c	p	l	l	n	x	n	s	c	f	c	i	c	q	q	q
	d	q	m	m	o	y	o	t	d	g	d	j	d	r	r	r
	e		n	n		z	p	u	e	h	e	k	e		s	s
	f		o				q	v	f		f	l	f		t	t
	g		p				r	w	g			m	g		u	u
			q				s	x	h			n	h		v	v
							t	y	i			o	i		w	w
							u	z	j			p	j			x
							v		k			q	k			y
							w					r				z
												s				
												t				
												u				
단어찾기	a	n	j	j	l	v	l	q	a	d	a	g	**a**	o	o	o
	b	**o**	k	k	m	**w**	m	r	**b**	**e**	b	h	b	p	p	p
	c	p	**t**	**l**	n	x	n	s	c	f	c	i	c	q	q	q
	d	q	m	m	**o**	y	o	**t**	d	g	d	j	d	**r**	r	r
	e		n	n		z	p	u	e	h	e	k	e		**s**	s
	f		o				q	v	f		f	l	f		**t**	t
	g		p				r	w	**g**			m	g		u	u
			q				s	x	**h**			n	h		v	v
							t	y	i			o	i		w	w
							u	z	j			**p**	j			x
							v		k			q	k			**y**
							w					r				z
												s				
												t				
												u				

정답	102	111	108	108	111	119	116	104	101	112	97	114	116	121
문자	f	o	l	l	o	w	t	h	e	p	a	r	t	y

순번합 36개 그룹을 각각 100으로 수렴시킨 이유

2025:04:28:09

앞에서 우리는 로이킴이 "각각의 순번합을 100으로 수렴시켜 얻은 범위값"을 구하는 과정을 이해했습니다. 어떤 범위값 속에 타겟 문자가 숨어있다고 한 것에 대해 많은 설왕설래가 있어 왔습니다.

그러나 이런 식의 반론이야말로 로이킴의 '큰 그림'에 말려든 것이나 마찬가지입니다. 더구나 하태경 당시 국회의원은 처음에 'follow the ghost'도 나온다며 괴담몰이를 했습니다. 그러나 이런 식으로 특정 문장이 추출된다면 로이킴의 비중그래프와 정렬 규칙을 수용했다는 뜻입니다.

이 사실을 알아채고 나중에는 로이킴이 발견한 규칙을 왜곡 적용하여 아무 문장도 나오지 않는다고 재차 기자회견을 열기도 했습니다. 그러나 이런 얘기는 전혀 반론이 될 수 없습니다. 선거가 끝난 지 채 40일이 되기 전에 선거 결과 데이터에서 삽입된 암호문자를 발견했다면 언젠가는 그 위대한 발견의 가치가 널리 알려질 것입니다.

저로서는 로이킴이 펼쳐 놓은 '범위값'이 마치 드넓은 모래벌판에서 백합을 잡는 '그물망 호미'를 떠올리게 합니다. 문제는 로이킴은 망망한 모래벌판 같은 숫자들 속에서 그물망 같은 범위값 호미로 [follow_ the_party]를 건져 올렸다는 것입니다.

　떠올렸더니 게도 있고 바지락도 있다며 손가락질하는 것은 무의미하지요! 저도 설계자가 그물망 같은 범위값을 설정했을 리는 없지 않을까 생각했습니다. 타겟 문자를 정확히 알고 있다면 더 정밀하게 설계할 수 있지 않았을까요?

　모래사장 정확히 어디에 백합조개가 숨어 있는지 아는 사람은 그냥 캐내기만 하면 됩니다. 굳이 그물망 같은 호미를 제작할 필요가 없지요. 무엇이 어디에 숨어 있는지 모르는 로이킴이 선거 결과에서 인위적 조작 흔적을 찾아 나섰다가 마침내 좁혀진 범위값에서 암호문자를 발견한 것입니다. 기본적으로 범위값이란 탐색의 도구라고 할 수 있습니다. 로이킴은 이 특수한 그물망을 임의로 만든 것이 아니라 합리적인 추리를 통해서 만들었습니다.

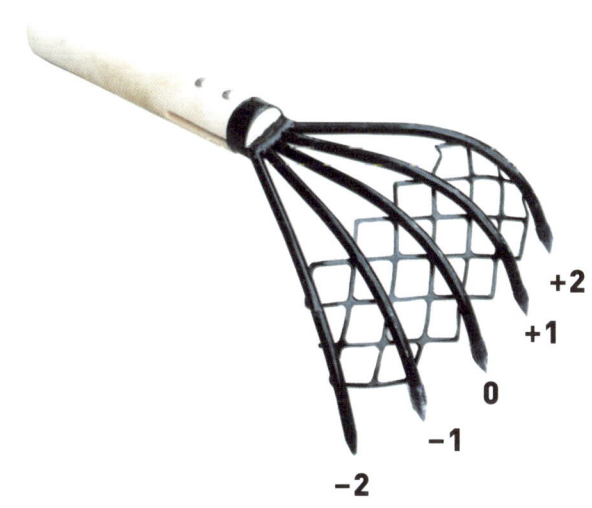

프로그래머가 재구성한 ftp 삽입 로직

2025:04:28:12

한 달 이상 말 그대로 부단한 노동을 통해 ftp 발견에 이르렀던 로이킴의 편력과 달리 프로그래머의 시각에서 ftp 삽입 로직은 복잡한 것이 아니라고 합니다.

2020년 5월 20일 전후 로이킴의 발견이 있은 후 전직 정유회사 프로그래머였던 후사장은 ftp에 대한 정밀 검증에 들어갑니다. 가솔린 옥탄가를 컴퓨터를 통해서 설계대로 맞춰야 채산성을 확보할 수 있어 오차를 거의 허용하지 않는 꼼꼼함이 그의 몸에 배여 있습니다. 수적 직관이 뛰어난 로이킴과 극도로 정밀하게 계산하여 한치의 오차도 허용치 않겠다는 공학도다운 후사장과의 대화가 늘 조금 달랐다고 기억합니다.

『해커의 지문 발견기』 서문에서 제 역할은 한 사람은 동에서, 한 사람은 서에서 말하는 것을 중간에서 들어 전하는 느낌과 비슷하다고 했습니다. 그러고 보니 저희 셋은 지난 5년간 단 한 차례도 같이 앉아 대화를 나눈 적이 없습니다. 그럼에도 『해커의 지문』, 『해커의 지문 발견기』를 펴냈습니다. 그런데 이 책들은 고칠 데가 많긴 합니다. 그러나 우리는 이 작업을 통해 한국인의 저력 같은 것을 보여 주었다고 생각합니다.

ftp 해설은 대한민국 선거데이터에 중국 공산당의 구호가 찍혀 있다는 괴담 같은 사실을 입증하는 작업입니다. 발견자 자신도 실체를 파악하는 데 오랜 시간이 걸렸는데 만약에 후사장의 조력이 없었다면 아직도 온전히는 파악 못 했을 수도 있습니다. ftp 발견 후 장영후 프로그래머의 수고는 이루 말할 수 없습니다. 프로그래머 후사장이 재구성해 정리한 조작 설계의 전제는 이렇습니다.

(1) [follow_the_party] 16개 문자를 선거구 번호를 활용하여 넣되 낙선자를 당선자로 바꾸는 등의 기본 계획을 흐트러뜨리지 않아야 한다.

(2) 표 이동이 최소화되고 불필요한 표는 줄이는 최적화의 방향에서 해커의 지문을 삽입한다.

(3) 대문자는 아스키코드 숫자가 작아서 상대적으로 숫자가 큰쪽인 소문자와 기호를 활용한다.

앞서 첨부했던 설계 흐름도 **88쪽**를 보시면 7개씩 36개의 그룹으로 나누는 것은 산난한 결론입니다. 로이킴은 비숑그래프에서 클러스터 그래프를 거쳐 정교한 비율값 계산을 통해 그룹짓기에 이르렀는데 후사장은 로이킴의 발견을 이미 알고 난 후에 재구성한 것이므로 흐름도를 캐치하기가 비교적 쉬웠을 것입니다.

ftp 이해에는 사칙연산 이상의 수학 지식이 필요없다

2025:04:29:07

    ftp 설명은 이제 9부 능선을 넘은 것 같습니다. 58번 해설에 어떤 독자가 이렇게 댓글을 달아놓았습니다.

> 결국 나눈수는 평균값에 가까운 100으로 나눠서 편차를 +,-1로 둔 거네요. 평균 값에 가깝게 만드는 걸 '평준화'라고 얘기해요. 쉬운 예로, 100, 50, 00이라는 지표가 있을 때 70, 50, 30처럼 간극만 줄이는 것도 평준화라고 얘기해요. 100으로 나누거나 상하 구간을 만들어 교집합으로 구하거나 결국 나눈수의 범위를 좁히는 것으로 '평준화' 작업이라고 이해하면 될 듯 싶네요. 앞서 알려주신 '표준화'와는 다른데 '표준화'는 데이터를 기준에 맞춰 변환시켜서 '비교 가능하게 만드는 것'이고 '평준화'는 데이터 간 격차를 없애는 게 목적이에요. 그래서 각 그룹이 100을 기준으로 평준화시켰을 때 ftp가 +1 또는 -1에서 도출되는지 격차를 줄여서 확인한 것으로 이해하면 되겠지요.

    이 독자는 데이터 과학이나 공학에 관련된 공부 또는 일을 하고 있지 않나 생각됩니다. 로이킴 발견과 탐색의 전 과정을 돌아보면 데이터 과학 또는 공학의 연관성이 보입니다.

우선 비중그래프를 찾는 데는 표준화(standardization)^{147쪽 참고}의 방법이 쓰였고, 위 독자의 말대로라면 ftp를 추출하는 과정에서 평준화라는 방법도 쓰였는데, 로이킴 역시 이런 분야의 전문지식을 갖고 있지 않다고 합니다. 좀더 정직하게 시행오차법(trial and error) 또는 휴리스틱스(heuristics)를 통해 ftp에 접근해 간 것을 알 수 있습니다.

로이킴이 클러스터(cluster) 그래프를 분석할 때는 이상치(outlier) 분석을 통해 설계된 비율값을 파악한 듯하고, 마침내 ftp가 숨어 있는 범위로 좁힐 때는 정규화(normalization)에 유사한 방법을 통해 100을 기준으로 값을 찾아낸 듯합니다.(정규화가 아니라 평준화에 가깝다는 의견도 있습니다.)

중요한 사실은 ftp는 설계 과정이나 발견 과정에 이공계 전문성이 필요하지만 이 과정을 이해하는 데는 고등학교 수학, 특히 통계지식 이상이 필요치 않습니다. 계산도 사칙연산 정도면 됩니다. 지난 5년간 ftp는 비전문가인 제게 맡겨진 숙제였고, 그래서 한동안 그것은 내려놓기 힘들고 들고 있기 무거운 짐이었습니다.

로이킴은 현실 데이터, 후사장은 가상 데이터에서 ftp 탐색

2025:04:29:09

로이킴이 2020년 4·15총선 결과 데이터를 갖고 바텀업(bottom-up) 방식으로 범위를 줄여가며 암호문자에 접근했다면 후사장의 공적은 탑다운(top-down) 방식으로 설계자의 ftp 설계 로직을 예시적으로 복원해 준 것입니다.

로이킴의 설명을 듣다가 많은 사람들이 벽에 부딪힌 이유는 로이킴이 암호문자가 숨어 있는 범위로 좁혀 나가는 과정을 임의적인 것으로 보기 때문입니다. 그래서 비중 그래프와 표준화, 클러스터 그래프, 평준화 또는 정규화의 과정을 꼼꼼히 설명하고 있습니다.

설계자가 숨겨 놓은 문장은 하나였을 것입니다. 이 문장을 찾아가는 과정에서 다른 단어가 보였다고 해서 문제가 되지 않습니다. [follow_the_party] 16개 코드는 한 단어로 인식해야 합니다. 16코드가 한 가지 뜻을 나타내기 때문입니다. "공산당을 따르라"는 뜻을 가진 한 세트.

이 사실은 ftp 검증에서 매우 중대한 것입니다. 앞에서 말했듯 ftp는 범법자가 "누구인지(Who)"를 말해 줍니다. 그래서 중대성이 다릅니다. 예를 들어 'forget_me_not'이 나왔다고 한다면 세 단어로 보이지만 이것은 한 세트로 물망초를 나타냅니다. 'forget_you_not'도 된다고 우겨

봤자 무의미합니다.

[follow_the_party]도 한 세트로 인식해야지 'party'만이 아니고 다른 단어도 나타난다고 강변하는 것은 관련된 실체적 진실을 왜곡하기 위해 말꼬리를 잡는 것에 불과합니다. 다른 모든 것을 떠나 비중그래프부터 이 지점까지 와서 살펴볼 때 반드시 ftp를 숨기려 했던 의지를 확인할 수 있습니다.

로이킴이 타겟 범위를 점점 좁혀가는 방식으로 ftp를 찾았다면 후사장은 ftp 설계가 프로그램상으로 가능한지 검토하는 방식으로 그 진실성을 검증한 것입니다. 후사장이 설계자 시점으로 ftp 로직을 복원한 것은 그 중요성을 더 이상 강조할 방법이 없을 정도입니다.

첫째, 로이킴이 분석 대상으로 삼은 데이터는 4·15총선 결과 데이터입니다. 이 결과는 더불어민주당 이근형 전략기획위원장이 페이스북에 공개한 판세표의 목표와 정확히 일치합니다. 그러나 결과가 일치한다고 해서 전국 읍·면·동의 선과결과 표수까지 일치하지는 않을 것입니다. 후사장은 이 사실을 정확히 간파한 것입니다.

둘째, 로이킴이 follow_the_party 16개 문자를 온전히 완성하지 못한 것은 애초의 계획이 100% 반영되지 않았고 미세하게 계획이 틀어지거나 변수가 있었을 수 있기 때문입니다. 그 대표적인 곳이 공주·부여·청양 선거구에서 있었던 개표기 리셋 사건 같은 것이라고 본 것입니다.

셋째, 로이킴이 분석 대상으로 삼은 데이터는 현실 투표와 개표를 거친 결과입니다. 사전투표부터 당일투표 그리고 개표까지 현실적으로 일어난 일들이 계획표를 조금은 바꿔 놓을 수 있지만 당선과 낙선에 대한 계획만큼은 180석 달성되었습니다. 따라서 당락이 설계된 기본판세표와 ftp로직이 들어가 표수의 이동이 약간 더 있는 전략판세표가 있습니다.

일단 이렇게만 놓고 봤을 때 선거 결과 데이터는 당락이 설계된 기본계획과 ftp삽입로직을 적용한 전략목표가 모두 달성됐지만 ftp가 온전하게는 반영되지 않은 것은 약간의 계획 변경이 있었고 대표적으로 공주·부여·청양의 개표기 리셋이 그 사실을 뒷받침한다는 것이지요.

정확히는 부여 유스호스텔에서 있었던 일입니다. 이 사건은 중앙일보 대전총국장 김방현 기자의 특종으로 세상에 알려집니다. 후사장은 이 부여개표장 개표기 리셋 사건이 없었다고 가정한 데이터를 통해 로이킴이 사용한 그룹 순서도 조금 바꾸게 됩니다. 그러나 나중에 후사장은 부여 개표기 리셋 사건에 대해서 사실 확인이 더 필요하다고 입장을 바꾸기도 했습니다.

다. 다만 후사장의 가설의 핵심은 현실적으로 나타난 결과 데이터와 조작의 설계자가 애초에 만들 계획표상에는 약간의 오차가 있었을 것임을 인정할 필요가 있다는 것입니다. 후사장의 열정은 이 최초의 계획표를 복원해 보려는 데 있었습니다.

로이킴 데이터와 후사장 데이터가 다른 이유

2025:04:29:09

장영후 프로그래머(후사장)가 로이킴의 발견을 이어 정밀 해석 및 검증한 부분에도 관심을 가질 필요가 있습니다.

ftp 관련 두 권의 단행본은 연구용으로 펴냈는데, 먼저 펴낸 『해커의 지문』(2022년)은 장영후 프로그래머가 로이킴의 발견을 새롭게 해석하고 검증한 내용이 담겨 있어 도움 없이 읽기가 어렵습니다. 『해커의 지문 발견기』(2023년)는 『해커의 지문』에서 제대로 다루지 못한 로이킴 발견 과정을 좀 더 자세히 설명한 책입니다. 이 책들은 ftp를 명쾌하게 설명하는 책이라기보다 ftp의 실체에 더 가까이 가기 위한 과정을 보여주는 책이라고 할 수 있습니다.

독자들이 이 책들을 읽고 의문을 던지고 함께 남색에 참여할 수 있다고 본 것입니다. 실제로 스터디 모임이 구성되었고 간간이 호응의 이메일이 오거나 반론이 전달되기도 했습니다.

두 번째, 우리 사회에서 가장 중요한 첩보 및 정보기관에서 이 책을 입수하여 분석에 들어가기를 원했습니다. IT 전문가들에게는 그리 어렵지 않다고 보았습니다.

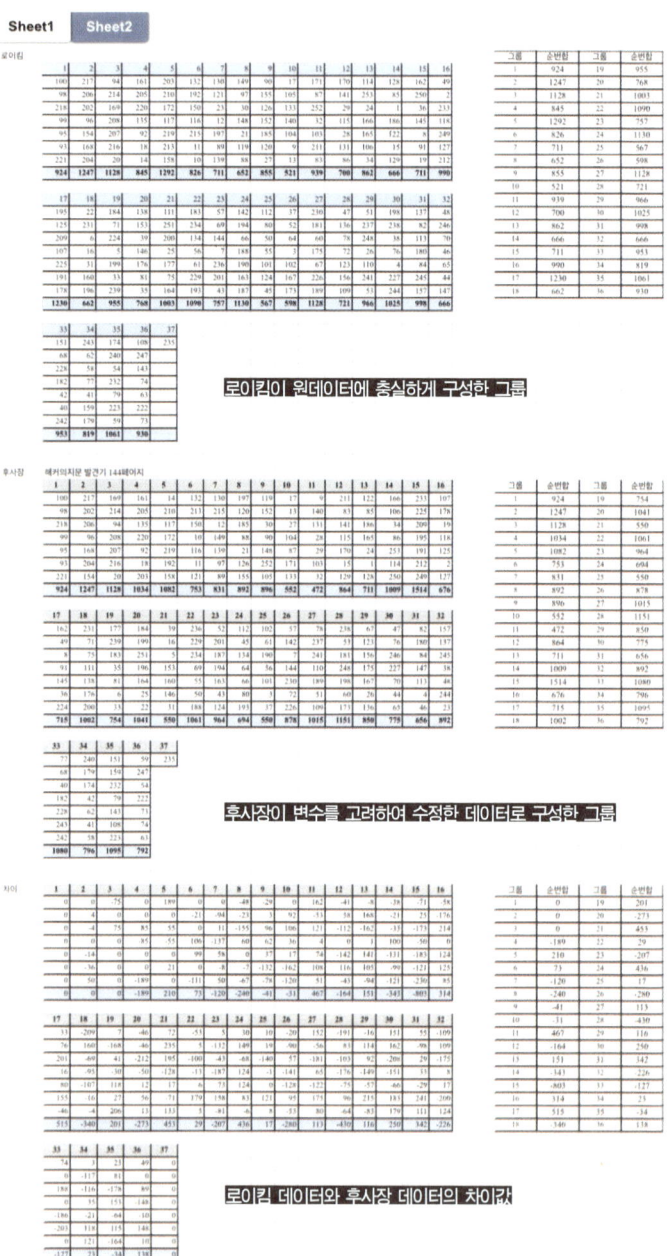

세 번째, IT세계를 이해하는 젊은 친구들에게 보여 주고 싶었습니다. ftp 분석은 숫자를 하나하나 대조해야 하는 지난한 작업입니다. 하지만 언젠가는 누군가 4·15 선관위 발표 데이터를 갖고 ftp 연구에 들어갈 것으로 보았습니다.

이번 계엄은 ftp를 훨씬 강도 높게 확인해 주었습니다. 방첩사, 정보사, 국정원 등이 비밀리에 이 문제를 다루고 있음이 확인되었습니다. 대통령 대리인인 배진한 변호사가 헌재에서 'A-WEB과 중국 개입 문제'를 발표했고, 맷 슐랩(Matt Schlapp) ACU 의장이 윤석열 대통령이 "중국 화웨이가 한국 선거에 개입한다"라고 말했던 사실을 공개했습니다.

이것이 바로 이 100개의 시리즈를 서둘러 쓰게 된 이유입니다. 시간이 핵심이고, 오늘이 있어야 다음이 있습니다. "Never follow the party." 노예의 길을 차단해야 합니다.

이 시리즈를 쓰면서 하나의 난관은 선관위 발표 결과 데이터를 유일한 텍스트로 쓴 로이킴 원자료와 수도 없는 시뮬레이션을 거쳐 로이킴 그룹짓기의 순서를 바꾼 후사장 데이터가 다른 데 있습니다.

이 문제로 혼선이 있으신 분께는 양해를 구합니다. 로이킴 데이터는 선관위 발표 자료로 분석한 실제(actual) 데이터입니다. 이 데이터를 바탕으로 로이킴은 처음에 'follow?the^party'까지 완성했고, 후사장은 이 데이터를 이어받아 'follow_the_party'로 추정하여 수정한 것입니다.

후사장의 해석대로 띄어쓰기를 나타내는 두 개의 언더바가 있는 형태로 설계했을 가능성이 매우 크다고 보고 저희는 해커의 지문은 [follow_the_party]로 통일하여 쓰고 주로 줄여 'ftp'로 표시하고 있습니다.

그럼에도 불구하고 로이킴 원데이터는 현실에 있었던 것이고, 후사장의 데이터는 설계 원본을 합리적으로 추정해 본 가상(virtual) 자료라는 사실에 거듭 주의해야 합니다.

설계 청사진을 추정할 때 변수가 반영되었고, 후사장이 생각하는 최적화 방향 등이 고려되어 로이킴 데이터는 앞에서 첨부했던 바 240쪽와 같이 상당히 수정되었습니다.

요컨대 후사장의 데이터는 선관위가 2020년 4월 16일 발표한 데이터(로이킴 원자료)가 아니라 설계 청사진을 시뮬레이션을 통해 복원한 가상 데이터로 그는 이를 '전략 판세표' 또는 '전술 판세표'라고 부릅니다. 후사장에 따르면 [follow_the_party]가 온전한 형태로 나오는 수치는 자신이 '전술 판세표'라고 명명한 데이터뿐이라는 것입니다.

저는 후사장의 정밀한 검증을 높이 평가하지만 로이킴의 발견 자체를 더 중시하며 이 시리즈를 쓰고 있습니다. 로이킴이 한 일은 '해석'이 아니라 '발견'입니다.

배춧잎투표지와 ftp

2025:04:30:10

    VON뉴스에서는 2023년 겨울, 근 1년간 공들여 작업한 애니메이션 《배춧잎투표지 출생의 비밀》(배투출비)을 세상에 내놓았습니다. 애니메이션은 제작비가 많이 드는 작업입니다. 그럼에도 불구하고 고비용의 애니메이션을 제작한 이유는 '이상한 투표지'들의 존재를 세대를 걸쳐 기억시키기 위해서였고, 또 하나 ftp라는 실체에 일단 큰 의문부호를 찍어두기 위해서였습니다.

얼마 전에 광화문 시위 현장에 나갔더니 20대 청년들이 우리의 '배투' 부모를 찾는다는 내용의 전단을 나눠주고 있었습니다. 흐뭇한 일입니다. 애니메이션《배투출비》를 20대는 알아보고 있구나 싶었습니다.

배춧잎투표지(배투) 출생의 비밀에는 빳빳한 투표지(빳

2025년 3.1절 광화문 시위현장에 나타난 전단

투), 일장기투표지(일투), 화살표투표지(화투) 등 다른 출연자도 있습니다. 이들의 출생지와 부모는 조금씩 다를 수 있습니다.

애니메이션〈배투출비〉

뺏투는 특히 개표 현장에도 있었고 재검표 현장에도 있었습니다. 물론 투표 현장에는 없었겠지요. 그러나 배투나 화투는 결단코 투표·개표 현장에는 없었고 오로지 재검표 현장에만 있었습니다.

첫 재검표는 2021년 6월 28일 인천 연수을이 처음이었습니다. 대한민국의 1948년 헌정사가 시작된 이래 선거무효소송, 당선무효소송이 이렇게 시간을 끈 적은 없습니다. 6개월 안에 끝내게 되어 있는데 선관위가 판사들과 짜고 훈시조항이라며 무작정 버티고 있었습니다. 훈시를 왜 법으로 만들까요? 교장선생님이 아이들 줄 세워놓고 훈시하듯 할 요량이면 법까지 만들 이유가 있었나요? 국민 우롱이 아닐까요? 무한정 시간을 끌어야 할 이유가 있었다고 보아야 합니다.

선관위와 재판부의 위험한 결탁은 2020년 4·15총선 당선무효 소송을 1년 2개월을 끌 때 이미 분명했습니다. 2021년 6월 28일에 이르러서야 재검이 진행되는 것을 보고 범법자들의 재검 대비가 1년 2개월이 지나서 드디어 끝난 것으로 추정했습니다. 재검에 대비하여 우리는 이 재검표는 숫자만 세고 판사들이 알아서 덮어버릴 것이니 반드시 인쇄 전문가를 대동하여 인쇄지 자체의 진위 여부를 확인해야 한다고 생각했습니다.

재판부는 대법원까지 점령당해 있었습니다. 바야흐로 2025년 윤석열 대통령 계엄과 탄핵 사건의 단초는 바로 2020년 4·15선거에서부터 찾아야 합니다. 이 사건은 한국의 국회, 정당, 사법부, 검찰, 국정원 등이 이미 점령된 사실을 공식적으로 알린 사건이라고 할 수 있습니다.

2020년 5월 로이킴의 ftp가 발표되었을 때 저는 "워터마크 같은 암호 문자가 선거 데이터에 나타나 있고, 그것이 [follow_the_party]라는 사실"을 중대한 안보 문제로 파악했습니다. ftp의 실체를 이해하는 사람과 전혀 이해 못 하는 사람은 앞으로 다른 시간을 살게 되어 있습니다. 부정선거를 아는 사람도 ftp까지는 이해 못 했습니다. 한국 사회의 극단적 소수로서 '전쟁의 시간'에 돌입한 것이지요.

전쟁하는 사람들은 '적'을 봅니다. 평화의 시기를 사는 사람은 친구와 이웃을 보지요. 저는 적들만 주시하다 보니 친구와 이웃을 많이 잃었습니다. 대신 적들이 무슨 짓을 벌이고 있는지 상대적으로 쉽게 보입니다.

중앙선관위 발표 선거 결과 데이터에 ftp가 나타났다는 것은 선거 청사진이 거의 그대로 반영되었다는 의미로 사전 계획된 180석이라는 목표 달성뿐 아니라 제작자 표시, 즉 해커의 지문까지 나타났다는 것은 투개표 과정에 전산적인 개입이 반드시 있었을 것으로 파악할 수 있었습니다. 실물표 계수가 선산에 반영된 것이 아니라 오히려 실물표가 전산을 따라갔을 수 있다는 것입니다. '전산 따로, 실물 따로' 현상이 반드시 있었다고 추정하게 되었습니다.

재검표 시간이 1년 2개월을 끈 것은 선관위 발표 데이터에 정확한 실물 투표지 수를 맞추기 위해 법원의 투표지 보전에 대비해 급히 인쇄하여 수를 맞춰 투입한 투표지 상태가 심각하여 열지 않고 들킬 것이 마냥 시간을 끈다고 생각했습니다. 그것도 100건 이상 계류된 재검표 요구 소송에서 불과 다섯 군데만 정해 열었고, 비례대표 투표지는 아예 한 건도 열지 않았습니다.

1년 2개월이 지나 투표지를 열었을 때, 역시 배투, 일투, 뺏투 등등 투개표 현장에서 대한민국 국민 누구도 못 본 투표지들이 쏟아졌고, 그날 새벽 제가 배춧잎투표지 형상을 전해 듣고 디자이너와 함께 형상을 복원하며 '배추' 투표지라 표현했고 민경욱 후보가 '배춧잎 투표지'로 명명하여 널리 회자된 것입니다. 연수을이 일장기 투표지 수천 장이 나타난 것을 보았을 때 당황한 범법자들이 너무 서둘러 재검표 대비 투표지를 만들었던 것으로 보입니다.

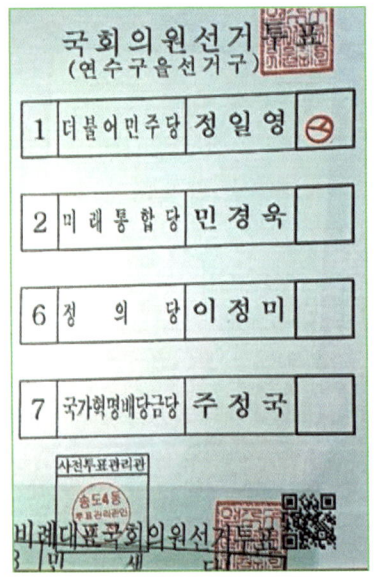

2021년 6·28 재검 당시 나온 배춧잎투표지

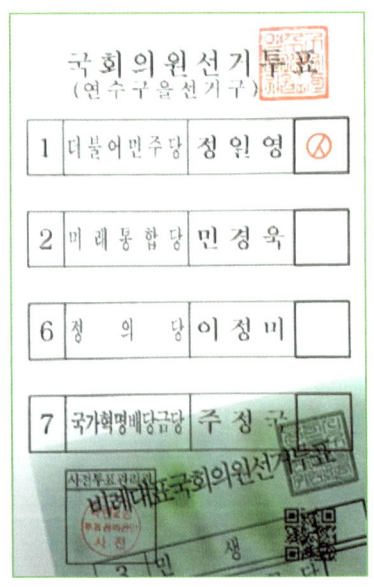

중앙선관위가 재검 후 시연한 배춧잎투표지

힘으로서의 ftp

2025:05:01:07

부정선거 규명운동이 대중적으로 폭발적으로 확산된 것은 2020년 4·15총선 이후입니다. '블랙전사', '블랙버스' 등의 신조어는 이때부터 나타난 것입니다. 근 5년간의 투쟁은 작년 12월 대통령이 비상대권을 발동하여 군인들을 중앙선관위 시설들에 보냄으로써 그 정점에 이르렀습니다.

2022년 3·9 대선은 4·15총선에 버금가는 부정선거였습니다. 국민의힘이 총력전을 펼쳐 사전선거를 독려했는데 당일투표에서 16% 차이가 난 선거를 0.7% 차로 겨우 이긴 대통령은 개표가 이루어지고 있었던 몇 시간 동안 만감이 교차했을 것으로 생각됩니다. 실제로 윤석열 대통령이 "0.7% 차로 이겼을 리 없다."라고 김규현 국정원장을 불러 의혹을 제기했다고 합니다.

윤석열 대통령이 당선되자 마자 청와대를 거부하고 국방부 근처로 집무실을 옮길 때 두 가지 생각을 했습니다.

첫째, 대통령 당선자가 임의로 집무실과 관저를 정하는 것은 지나치게 예외적이고 기묘한 발상이다.

둘째, 많은 비용과 비판을 무릅쓰고 국방부 근처와 검찰과도 가까운 곳으로 이동을 한다면 대통령만 아는 어떤 이유가 있을 것이다.

저는 당시 윤석열 대통령의 권력은 극약, 역대 최약체 상태라고 말한 바 있습니다. 한국에서 대통령이 제왕이 되는 것은 국회에서 180석 이상의 지지 의석을 갖고 있을 때만 가능합니다. 이 경우를 제외하면 대통령이라는 권력은 법률안 하나 통과시킬 수 없는 약한 권력이며, 대통령이 뽑아놓은 관료도 탄핵으로 단칼에 베어질 수 있습니다.

지금 국회 상황에서 더불어민주당의 후보가 대통령에 당선되면 그는 제왕적이라고 부를 수 있는 권력을 갖게 됩니다. 그 외는 누구도 대통령일지라도 제왕적일 수 없습니다. 법률안 하나 통과시킬 수 없는 극약의 대통령이 청와대를 포기할 때 권력자로서 자신의 상황을 이해했다면 그것은 검사로서의 직업본능이었을 것입니다. 검사는 힘에 민감할 수밖에 없는 직업입니다.

계엄과 탄핵 상황에서 윤 대통령 필설 중 가장 인상적인 것은 2025년 1월 15일 실명 페이스북을 통해 '국민들께 드리는 글'이라는 제목으로 발표한 늦은 신년사에 있습니다.

> 우리나라 선거에서 부정선거의 증거는 너무나 많습니다. 이를 가능하게 하는 선관위의 엉터리 시스템도 다 드러났습니다. 특정인을 지목해서 부정선거를 처벌할 증거가 부족하다 하여, 부정선거를 음모론으로 일축할 수 없습니다.
>
> 칼에 찔려 사망한 시신이 다수 발견됐는데, 살인범을 특정하지 못했다 하여 살인사건이 없었고 정상적인 자연사라고 우길 수 없는 것입니다. 정상적인 법치국가라

면 수사기관에 적극 수사 의뢰하고 모두 협력하여 범인을 찾아야 하는 것입니다.

선거 소송의 투표함 검표에서 엄청난 가짜 투표지가 발견되었고, 선관위의 전산 시스템이 해킹과 조작에 무방비이고, 정상적인 국가기관 전산 시스템의 기준에 현격히 미달한데도, 이를 시정하려는 어떠한 노력도 하지 않을 뿐 아니라, 발표된 투표자 수와 실제 투표자 수의 일치 여부에 대한 검증과 확인을 거부한다면, 총체적인 부정선거 시스템이 가동된 것입니다.

이는 국민의 주권을 도둑질하는 행위이고 자유민주주의를 붕괴시키는 행위입니다. 자유민주주의와 법치주의를 지향하는 정상적인 국가라면, 선거소송에서 이를 발견한 대법관과 선관위가 수사 의뢰하고 수사에 적극 협력하여 이런 불법 선거 행위가 일어났는지 철저히 확인해야 하는 것입니다. 그럼에도 이를 은폐하였습니다.

살해당한 시신은 많이 발견됐는데, 피해자 가족에게 누가 범인인지 입증 자료를 찾아 고소하여 처벌이 확정되지 않는 한 살인사건을 운운하는 것을 음모론이라고 공격한다면 이게 국가입니까?

디지털 시스템과 가짜 투표지 투입 등으로 이루어지는 부정선거 시스템은 한 국가의 경험 없는 정치세력이 혼자 독자적으로 시도하고 추진할 수 있는 일이 아닙니다. 잘못하다가 적발되면 정치세력이 붕괴될 수 있습니다.

역사적인 명문입니다. 특히 이 글에는 부정선거에 관한 입증책임이 어디에 있는가에 대한 검사출신다운 전문적인 인식이 들어 있습니다.

또 하나 주목할 것은 "부정선거 시스템은 한 국가의 경험 없는 정치세력이 혼자 독자적으로 시도하고 추진할 수 없는 일"이라고 표현한 부분입니다. 중국 공산당 등 한국 대통령과 국회, 언론까지 쥐락펴락할 수 있는 권력에 대한 암시입니다.

우리가 ftp에 천착하는 이유입니다. ftp는 중국 공산당을 암시하고, 대한민국 선거 결과 데이터에 거미줄을 쳐놓을 수 있는 뻔뻔함을 암시하며, 견제될 수 없는 절대권력 앞에 한국 대통령조차 베어낼 수 있지만 하루 종일 한 자리에 앉아 수천 번의 엑셀 시뮬레이션을 통해 ftp를 찾아낸 한국 보통시민의 힘을 이길 수 없음을 암시하고 있기 때문입니다.

[follow_the_party], ftp는 한국의 보통시민 한 사람의 힘이 얼마나 강력한지 보여 주었고, 앞으로도 보여 주게 될 것입니다. 로이킴이 발견한 ftp는 시진핑을 반드시 이깁니다!

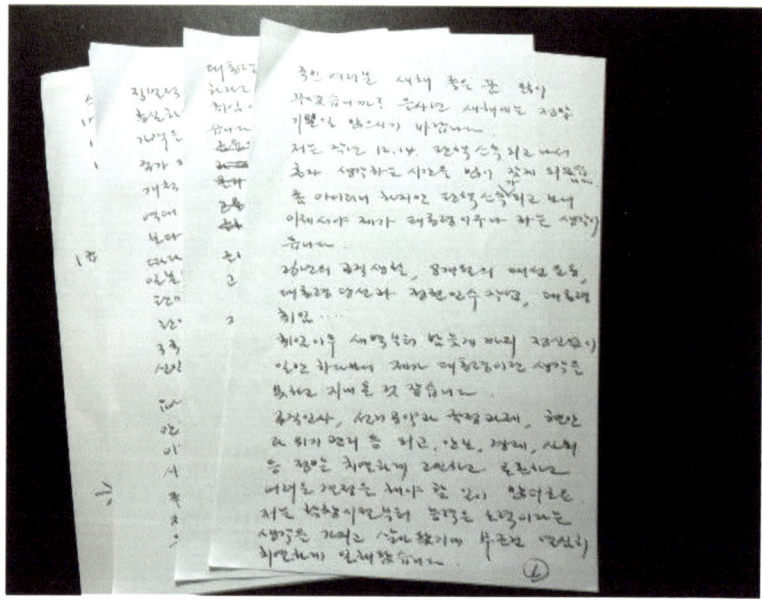

윤석열 대통령이 지난 2025년 1월 친필로 쓴 신년사

증거로서의 ftp

2025:05:01:10

    모택동의 유명한 말, "권력은 총구에서 나온다"는 중국에서만 통용되는 말이 아닙니다. 북한은 두말할 것 없고 한국도 마찬가지입니다. 정도의 차이와 사회 발전 수준의 차이가 있을 뿐입니다.

    그동안 한국이 민주화되었다고 하는 것은 물을 것도 없이 '자유민주화'였습니다. 그러나 그것은 국민적 착각이었습니다. 북한도 중국도 '민주주의'를 하고 있다고 말하고, 이 중국식·북한식 주석절대주의, 수령절대주의를 민주주의라 부르는 사람들은 자유민주주의를 이제 '극우'라고 부릅니다. 이런 상황을 주도하는 언론은 한국에서 여전히 영향력을 발휘하고 있습니다. 한국에서 선거 공명성 주장은 현재 극우 아젠다라는 라벨이 붙어 있습니다.

    중국과 북한이 여타의 공산당을 가진 나라와 확실히 구별되는 것은 '자유선거' 인정 여부에 있습니다. 자유선거와 중국·북한식 공산당 체제는 양립이 불가능합니다. 일본이나 그리스 공산당과는 분명 다릅니다. 중국·북한 공산당을 추종하며 '민주화'를 주장해 온 한국의 이른바 민주화 세대가 온 세상을 향해 자신들의 거짓된 실체를 공개하게 된 것이 바로 사반세기에 걸친 부정선거입니다. 그 정점이 2020년 4·15선거 계획표에 드디어 중국 공산당의 구호인 [follow_the_party]를 새긴 것입니다. 지금 이것을 이해하는 사람은 극소수지만 사실입니다.

저는 작고한 황장엽 전 북한 노동당 비서로부터 오래전에 "시진핑 부친 시중쉰을 만났을 때 중국은 대한민국 자유민주주의의 북상이 두려워 할 수 없이 북한 김정일을 돕고 있다."라는 말을 전해 듣고 중국이 대한민국 자유민주주의를 어떻게 파괴해나갈 계획인지 어느 정도 내다볼 수 있었습니다.

중국이 생각하는 자유민주주의는 '자유선거'를 말합니다. 그런데 이 자유선거를 제거하기 위해서는 대한민국 중앙선관위와 대법원만 잡으면 됩니다. 그리고 뒤탈이 없게 언론을 매수하면 됩니다. 그렇게 불법 생산한 권력으로 무엇이든 할 수 있습니다. 우리가 지금 그 현실을 체험 중입니다.

이 사반세기의 흑역사에 처음 제대로 철퇴를 내려친 인물이 윤석열 대통령입니다. 대통령이 "가장 가까운 사람부터 배신하는 시간을 체험 중"이라는 속내를 한 변호사에게 전했다고 합니다. 불의한 권력이 부정선거 관련하여 할 수 있는 일 중에 단연 악한 것은 "증거 가져와."라는 거짓말을 생산 및 유포하는 것입니다. 옆에 이렇게 말하는 사람이 있습니까? 이 중대한 시간에는 무조건 피하거나 싸우셔야 합니다. 윤 대통령은 검사 출신답게 지금 한국법에서 '증거'를 가져 올 수 있는 직업은 유일하게 검사임을 잘 압니다. 이 일은 대통령도 못 합니다.

가령 살인 현장에 피 묻은 칼이 있습니다. 현장에 들어선 경찰이 살인 용의자를 잡고 피 묻은 칼을 수거하면 그 칼이 '증거'가 되는 게 아닙니다. 그 칼을 증거가 되게 하는 '과정'이 있습니다. 피를 분석하고,

지문을 확인하는 등의 과정을 거쳐 검사는 살인자를 '기소'하고 '공소'를 제기하여 재판정에서 살인도구인 칼을 '증거'로 제시하며 유죄를 입증합니다. 살인자가 "제가 안 죽였어요. 칼에 묻은 피는 생선 손질할 때 묻은 피라고요."라고 말하고 수사 경찰이 그 말을 인정하면서 "사람피 아니랍니다."라고 말해버리면 이 살인도 증거가 없게 됩니다.

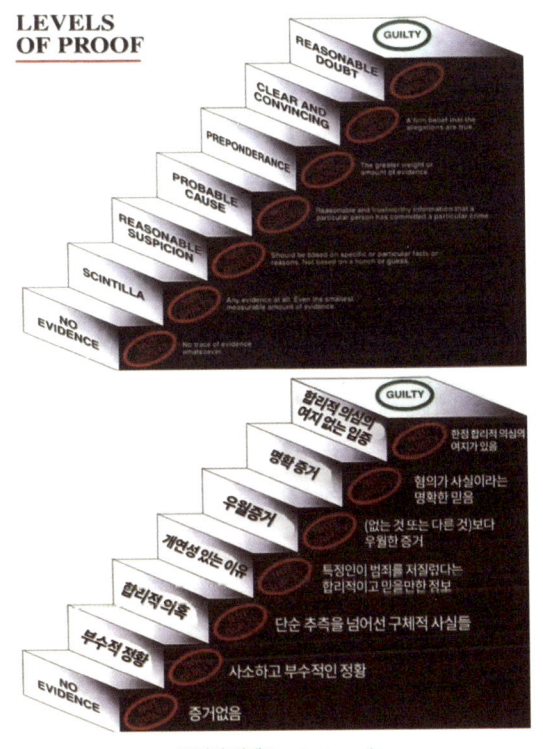

증거의 단계(Levels of proof)

윤 대통령은 바로 이 상황을 설명합니다. 검증 과정에서 이상한 투표지가 쏟아져 나왔으면 대법원이 고발을 해주어야 하는데 표수만 세고 증거가 없다고 덮어버립니다. 그리고 범죄자는 사건 종결을 외치며 장차 증거가 될 모든 불법 정황을 인멸합니다. 검사, 판사, 경찰은 언제나 탄핵 위협에 시달립니다. 그렇게 범죄는 계속됩니다. 이것이 바로 지금 광란의 한국 상황입니다. 진정한 내란입니다.

배춧잎투표지 등은 그 자체로는 증거가 아니라 할지라도 수사를 개시할 단서로서는 충분한 것입니다. 영장을 청구하는 것은 증거가 아니라 개연성(probable cause)으로 충분합니다. 그러나 국과수 검증도, 수사도, 영장도, 기소도, 공소도, 재판도 없었습니다. 불법 권력이 법치라는 기계를 고장내 버렸습니다. 이 기계는 지금 안 돌아갑니다. 이것이 공산주의자들의 마수입니다.

부정선거 관련하여 통칭 증거(evidence)는 넘쳐납니다. 그러나 유죄 입증할 증거(proof)는 검사 손에서만 만들어질 수 있습니다. 보통의 시민들이 피땀 흘려 찾은 셀 수 없는 증거들은 경찰과 검사의 손을 거쳐 유죄 입증 증거가 되기 전에 범법자들 손에서 녹아 없어지고 있는 것입니다. 슬픈 한국의 상황입니다.

[follow_the_party]는 인멸될 수 없는 증거입니다. 이재명이 와도 시진핑이 와도 김일성이 살아 돌아와도 없앨 수 없습니다. 2020년 4월 16일 중앙선관위가 공표한 데이터에 나타난 암호문자이기 때문입니다.

ftp는 임의로 만들 수 없고
수학적 추리를 통해 단계적으로 발견된 암호

2025:05:01:14

다가오는 6·3대선은 특정 후보보다 부정선거 그 자체와의 싸움이 되리라는 것이 우리의 생각입니다. 어떤 면에서는 난공불락처럼 보이고, 이미 대한민국이 불온세력에게 얼추 넘어가 있는 것처럼 보여 희망은 실낱에 불과합니다.

2025년 4월 24일 황교안 후보는 서울 종로구 정부서울청사 앞에서 기자회견을 열고 한덕수 대통령 권한대행 국무총리에게 요청하는 부정선거 방지 조치 관련 제안을 했습니다.

사전투표 용지에 투표 관리관의 개인 도장을 찍도록 해야 한다는 것, 또한 사전투표 후 투표함을 경찰과 참관인들이 24시간 감시해야 한다는 것, 투표자에게 대기표를 발행하여 투표수를 정확히 계산하도록 해야 한다는 것, 사전투표함을 먼저 개표하고 당일 투표함을 그 후에 개표해야 한다는 점 등을 요청했으나 이 문제를 해결하기 위한 힘 또는 의지가 한 총리에게 있어 보이지는 않습니다. 부정선거를 위해 반드시 필요한 제도를 범법자들이 폐기할 리가 없지 않을까요?

대만식의 투명하고 공정한 선거제도란 한국에서는 꿈의 영역입니다. 지금 한국 정치계는 법에 정해진 투표관리관 도장 날인 하나도 관철 못 시킵니다. 이 상황이 무섭다는 것조차 못 느끼는 사람들을 보며 북한 역사 80년을 상기해 봅니다. 수령에 노예로 굴종하는 삶. 그 삶이 떠오릅니다.

대다수가 언론에 세뇌되어 무감각할 뿐만 아니라 부정선거 자체가 없다고 주장하는 사람들이 수천 만인데 특히 그 수천만 중에 소위 우파, 자칭 보수가 많습니다. 부정선거가 음모론이라는 사람들의 시각에서 ftp는 음모론 중 음모론이 아닐까요?

그러나 ftp는 실체적으로 나타난 암호문자가 분명합니다. ftp를 임의대로 조작하여 가공할 수 있다는 사람들에게 그 임의적인 가공을 시연해 보라고 말하고 싶습니다. 숫자들 속에 특정 문장이 추출되게끔 조작이 가능하다고 주장하는 사람이라면 이미 ftp를 이해한 것이 아닐까요?

선거구 36개 속에서 두 세트의 ftp 암호문장을 찾은 로이킴의 발견의 가치를 깎아내리는 사람 중에 로이킴의 발견 전 과정을 이해하고 이에 반론을 제기한 사람은 단 한 명도 없었습니다. 로이킴의 조작 패턴의 발견을 무시하는 사람은 이 문제에 조금도 진지하게 접근하지 않았다는 것을 의미합니다.

숫자판 I은 1번부터 253개 선거구를 오름차순으로 순서대로 정렬하여 7개씩 끊어 나눈수 2에서 20까지 적용해 본 것이고, 숫자판 II는 로이킴이 찾은 규칙을 적용한 패턴입니다. **202쪽**

첫 번째 방식으로 찾을 수 있는 암호는 아예 없습니다. 로이킴의 정렬 방법으로 정리했을 때만 ftp가 추출됩니다. 그럼에도 로이킴의 발견을 부인하는 것은 한마디로 무지와 억지입니다. 두 번째 패턴이 나타난 것은 소문자 영역에 뭔가를 숨겨둔 결과이고 그것이 ftp였습니다.

선거 결과 데이터와 선거구 순번의 필연적 관련성 규명이 ftp 검증의 포인트

2025:05:02:09

    ftp 암호문자의 '신박함'이라고 할까요, '창의성'이라고 할까요? 그것은 대한민국 전국 읍·면·동 목표 투표수를 선거구(지역구) 순번에 선거 목표치를 연동시켜 암호를 구성했다는 데 있습니다. '선거구에 순번이 어디 있나?'라고 묻는 사람도 있었지만 이 질문은 중요한 쟁점이 되지는 않습니다.

    서울 종로구에 있는 도로원표를 중심으로 가까운 선거구부터 시작되는 전국 선거구에 번호가 있고 여기서는 '순번'이라고 표현합니다. 종로구가 1번이고 서귀포시가 253번이겠지요. 이것은 행정의 기본이고 구체적인 근거는 『해커의 지문』에 자세히 기록되어 있습니다.

    우선 로이킴은 개별 선거구를 전국적 또는 전체적 관점에서 살펴보기 위해 각 선거구(지역구)가 전체에서 차지하는 비율, 즉 비중값을 구했습니다. 이 당일 사전 비중 차이값에 각 선거구 더불어민주당 당일 득표수를 곱하여 그래프로 나타낸 뒤 7개씩 끊어지는 36개 그룹을 만들었다고 앞에서 설명했습니다.

    260쪽에 첨부한 그래프 I은 로이킴이 4·15총선 결과 그래프를 바탕으로 데이터를 통해 정리한 것이고, II는 이 데이터가 원 계획표와 약간의 차이가 있다고 보고 프로그래머 입장에서 합리적으로 추정·복원한 그래프입니다.

이 두 그래프는 직관적으로 큰 차이가 없습니다. 그러나 선거 결과 데이터와 어떤 로직에 조응되어 재배열되지 않은 순수 선거구 순번만으로 만들어지는 그래프는 직관적으로도 큰 차이가 있습니다.

ftp 비판자들은 이제 로이킴 발견 과정에서 선거 결과와 순번의 연관성이 임의적인가에 대해 증명해야 합니다. 또한 프로그래머로서 후사장의 추정이 합리적이지 않다면 그 부분을 증명해야 합니다. ftp 문제의 출발점은 여기부터입니다.

정치 1 번지
→ 종로구 선거구
 : 1 번 선거구

⬇

특별시
광역시
특별자치시

가장 원거리
→ 제주 서귀포시 선거구
 : 253 번 선거구

선거구 번호	시도	선거구명
1	서울	종로구
2	서울	중구성동구갑
3	서울	중구성동구을
4	서울	용산구
5	서울	광진구갑
6	서울	광진구을
7	서울	동대문구갑
8	서울	동대문구을
9	서울	중랑구갑
10	서울	중랑구을
11	서울	성북구갑
12	서울	성북구을
13	서울	강북구갑
14	서울	강북구을
15	서울	도봉구갑

~ 중략 ~

선거구 번호	시도	선거구명
240	경남	진주시갑
241	경남	진주시을
242	경남	통영시고성군
243	경남	사천남해하동
244	경남	김해시갑
245	경남	김해시을
246	경남	밀양의령함안창녕
247	경남	거제시
248	경남	양산시갑
249	경남	양산시을
250	경남	산청함양거창합천
251	제주	제주시갑
252	제주	제주시을
253	제주	서귀포시

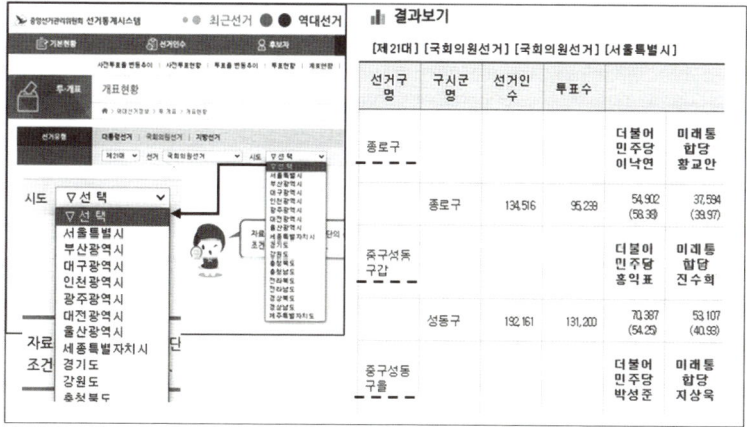

선거구 번호 부여 규칙과 선관위 홈페이지 21대 총선 개표현황 조회 화면

I. 4·15총선 결과 실제 데이터를 바탕으로 한 로이킴 구성 원데이터

II. 로이킴 원데이터를 바탕으로 한 장영후 재조정 데이터

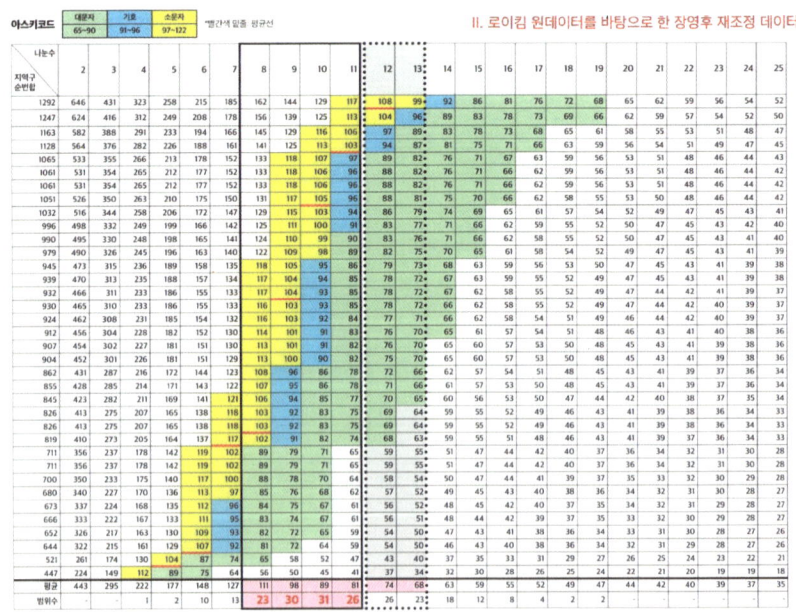

ftp 해설 68

후사장: 4·15총선이 설계 그대로 100% 결과가 실현됐다면 해커의 지문은 [follow_the_party]

2025:05:03:09

ftp 발견과 규명의 역사에서 로이킴과 후사장의 역할은 각각 다릅니다. 기본적인 '발견'은 로이킴이 완료했지만, 후사장은 로이킴이 사용한 중앙선관위 발표 데이터를 통해서는 확인되지 않았던 두 개의 언더바, 즉 아스키코드 95(_)가 해커의 지문에 포함된다는 의견을 제출합니다.

로이킴은 두 세트의 'follow the party'가 있고 또 'foll'까지 확인되는 것을 보면서 말 그대로 워터마크처럼 반복되도록 설계된 ftp암호문자를 찾았습니다. 두 세트 각각은 'follow the party'로 완성되지 않기 때문에 겹쳐 교집합을 통해 완성한 것입니다.

발견 초기에는 이 교집합을 통해서 문장을 완성한 것도 비난을 많이 받습니다. 프로그래머 후사장은 로이킴의 설명을 듣고 선거 결과 데이터가 설계치를 100% 반영하지는 않았을 것으로 보았을 때 한 글자씩 누락이 있는 것은 이해가능하고 비난할 이유가 없다고 말했습니다. 무엇보다 투개표 과정에서 이런저런 돌발상황과 변수는 발생할 수 있습니다.

로이킴은 데이터 분석을 통해 인위적인 패턴을 찾아가다가 마침내 암호문자 발견에 도달했지만, 후사장은 조작자의 설계 청사진을 복원하는 작업을 통해 또 다른 발견을 추가했다고 할 수 있습니다. 정리하면 이렇습니다.

(1) 로이킴은 'follow the party'까지 완성했지만 후사장은 'follow_the_party'까지 완성하여 최초의 설계가 띄우쓰기 언더바까지 포함하여 총 16문자였을 것으로 추정했다.

(2) 후사장은 로이킴의 비중그래프가 당락에 영향을 주기 위해 설계된 결과를 보여주는 것이 아니라 ftp 설계와 표수를 줄이는 최적화 설계를 위한 로직을 보여준다고 해설했다.

(3) 로이킴이 나눈수를 적용하여 36개 개별 그룹을 100에 수렴시키는 평준화 혹은 정규화 방식으로 암호를 풀었다면 후사장은 설계 알고리즘을 추정하여 가상 데이터를 작성하였다.

미리 염두에 둘 것은 후사장이 재구성한 다섯 개의 판세표들 중 이 세상에 현실적으로 나타난 것은 선관위가 발표한 결과 데이터뿐이라는 점입니다. 원데이터(original data)가 아니라 재구성된 데이터(simulated data)입니다.

후사장이 추정하여 재구성한 판세표는 시뮬레이션의 결과이지 현실 데이터가 아니라는 사실이 후사장의 검증과 추가 발견의 가치를 깎아 내리지 않습니다.

더불어민주당 전략기획위원장 이근형 씨는 페이스북을 통하여 자신들이 전국 읍·면·동 방방곡곡 거의 완벽한 표심을 읽고 있었고(기초판세표), 이를 바탕으로 목표 의석 180석을 위해 어느 정도 보정(조작) 표수가 필요한지도(기본판세표) 이미 계산해 두었음을 밝혔습니다.

후사장은 여기에다 2020년 4월 16일 발표된 결과 데이터를 바탕으로 전략판세표(ftp 로직 삽입)와 전술판세표(최종 표수를 줄여 마무리하는 최적화 작업)를 덧붙입니다. 따라서 이근형 판세표에서 기초·기본 판세표 그리고 선관위 발표 결과 판세표, 그 외에 시뮬레이션 판세표라는 두 가지 개념은 추정된 것이지만 4·15 부정선거 전모를 이해하는 데 엄청난 통찰력을 제공했다고 할 수 있습니다.

이근형이 말한 보정값을 적용한 기본 판세표에 ftp 로직을 추가할 때 적용했을 알고리즘에 대해 후사장은 『해커의 지문』에 자세히 기록해 둡니다.

프로그래머가 추정해 본 ftp 설계 로직 1

2025:05:03:09

후사장은 로이킴의 발견 과정은 자신과 같은 산업 프로그래머 입장에서는 수학과 같은 자연과학의 영역으로만 보이지만 만일 자신이 대한민국 선거 계획을 읍·면·동까지 꼼꼼히 해둔 데이터상에 ftp를 삽입해야 한다는 명령을 받았다면 이렇게 설계하지 않았을까 가상했습니다. 97쪽

(1) 띄어쓰기 포함 16개 문자 [follow_the_party]가 전체 데이터상에 나타나도록 함.

프로그램의 세계에서는 통상적으로 띄어쓰기가 있을 경우 스페이스에 언더바를 넣는다고 합니다. 따라서 16문자가 됩니다.

(2) 16개 문자를 아스키코드로 바꾸면 숫자로 변환될 수 있음(대문자, 소문자 알파벳이 다 가능하나 대문자는 값이 작아서 소문자를 선택함).

숫자로 된 데이터 속에 문자를 넣는 방법은 아스키코드 변환이 있습니다. 대소문자 문제는 앞에서 다룬 대로 프로그래머라면 고민할 것 없이 소문자를 택할 수밖에 없다고 합니다.

(3) 대한민국 전국 253개 선거구를 16개로 나누면 253/16=15.8125 (정수 15). 대한민국 253개 선거구는 종로 1번에서 서귀포 253번까지 선거구별 고유번호를 갖고 있으며 암호 도출에 이 고유번호를 활용함.

앞에서 설명한 대로 애초에 16개 문자 삽입이 되어 있었다면 253을 16으로 나누는 것은 당연합니다. 선거구는 정수의 세계이므로 소수점을 버린 15가 됩니다.

(4) 정수 15개 선거구가 문자 하나를 도출하도록 하는 것은 어려움.
(5) 15개 선거구를 사용해 문자 하나의 범위를 도출하는 것은 범위가 너무 넓어질 수 있음. 15개 선거구 고유번호 합의 범위가 120~3690임.

아스키코드 소문자 알파벳은 97부터 122까지에 걸쳐 있습니다. 정수 15개 합은 너무 커서 문자 하나를 도출하기 어려워서 두 세트로 나누게 됩니다.

(6) 15를 다시 2로 나눔. 15/2=7.5
(7) 정수 7개를 취해 일곱 개 선거구를 한 그룹으로 만듦.

역시 선거구는 정수의 세계이므로 소수점을 제거하면 7이 나온다는 얘깁니다. 앞에서 설명한 대로 로이킴이 이 7개씩 묶인 그룹을 찾아내는 데 시간이 걸렸지만 프로그램의 세계에서는 간단하게 나오는 계산이라는 것입니다.

(8) 각 그룹이 문자 범위를 도출하도록 하고, 두 개의 그룹이 도출한 범위의 교집합에 타겟(target) 문자가 포함되도록 함.

이 부분은 후사장도 의문이 있다고 합니다. 로이킴의 발견 과정이 프로그램 알고리즘을 되짚어온 것으로 가정할 때는 찾아내기 위한 방법으로써 범위값을 설정한다고 할 수 있지만 최초의 설계자는 정답을 갖고 출발하므로 굳이 범위값이 필요하지 않았을 수 있습니다.

로이킴 역시 교집합을 통해 타겟 문자를 완성했지만 원래는 두 세트의 ftp가 완전태로 설계되어 있지 않았을까 짐작됩니다.

교집합을 통해 완성해 나갔다는 것은 찾는 과정에서 유추했다는 의미입니다. 그러나 설계자는 굳이 이렇게 복잡하게 숨기지 않았을 수도 있습니다. 다만 후사장은 로이킴의 발견 과정을 있는 그대로 로직으로 살려 보려 했다고 합니다.

(9) 선거구를 7개씩 그룹지으면 총 32개 그룹이 필요함. 7×32=224 (두 개의 정렬기준에 따라 224개 선거구가 순차적으로 취해지고 남는 선거구 29개는 ftp 도출에 불필요하므로 배제)

이 대목은 로이킴과 후사장의 견해가 일치하지 않습니다. ftp가 두 세트만 나오고 나머지 4그룹 등 29개 선거구는 16문자를 완성하지 못

하지만 로이킴은 36개 그룹을 모두 분석 대상으로 했다고 합니다. 그리고 나머지 4그룹에서도 다시 f. o. l. l.이 나타나서 16개 단위로 끊어지면서 반복되는 구조를 확인했다는 것입니다.

(10) 더불어민주당 당일득표율 기준 50% 이상은 사전 비중을 많이 낮추는 지역부터(주로 광주/전남 지역과 같은 더불어민주당 텃밭) 적게 낮추는 지역으로, 50% 미만은 비중을 작게 높이는 지역에서 많이 높이는 순서로 정렬함(맨 끝은 더불어민주당이 가장 열세인 지역이 됨).

(11) 범위 도출 알고리즘: 1번 그룹이 도출한 범위와 17번 그룹이 도출한 범위의 교집합, 이런 식으로 16번 그룹이 도출한 범위와 32번 그룹이 도출한 범위의 교집합.

우선 이 설명은 배제되는 지역이 어떻게 정해지는가에 대한 것입니다. 로이킴은 f. o. l. l.이 나오는 그룹도 설계 과정에서 일부러 배제한 것이 아니라 결과적으로 개수 부족으로 미완성이었다고 했지만 어쨌든 두 세트의 ftp에는 포함되지 않는 지역구들입니다.

프로그래머가 추정해 본 ftp 설계 로직 2

2025.05.04:20

앞에서 이어 설명합니다. **97쪽**

(12) 기본적으로 각 그룹에 속하는 선거구 고유번호의 합(이를 로이킴은 순번합으로 부름)을 사용해 범위를 도출하는 것임.

(13) 아스키코드에서 영문 소문자는 97~122에 위치하고 빈 칸에 나타낼 문자 '_'(언더바)는 아스키코드 95번에 해당함.

(14) 순번합을 통해 95~122에 포함되는 범위를 도출하는 알고리즘이 필요함.

이상에 관해서는 앞에서 자세히 설명했으므로 부연 없이 넘어갑니다.

(15) 순번합의 경우는 최소 28(가령, 1+2+3+4+5+6+7=28)에서 최대 1750(217+248+249+250+251+252+253=1750)까지 범위가 가능하나 현실적으로 400~1300 안에 배치됨.

(16) 이 값으로 95~122에 포함되는 범위의 시작값과 끝값을 얻기 위해

서는 특정 규칙에 따라 나누거나 빼주어야 함.

　현실적으로 총합 400~1300 안에 배치된다고 한 것은 로이킴이 더불어민주당 각 사전 당일 비중차이값을 각 당일득표수에 곱해 오름차순으로 정리해 7개씩 합한 36개 그룹을 정리했을 때 이 범위 안에 들어온다는 뜻입니다. 이 값들이 알파벳 소문자 안에 들어가기 위해서는 수렴되는 규칙이 있어야 한다는 설명입니다.

　(17) [나누기 규칙 1] 소문자 l(엘: 아스키코드는 108)을 기준으로 타겟 문자의 아스키코드가 108보다 작으면, 즉 91(l)에서 107(k)에 속하면 순번합을 100으로 나누고 1을 더해 주는 값으로 나눈값이 범위 시작값[순번합/100+1]. 이때 소문자 l(엘)을 기준으로 하는 이유는 교집합을 통하여 추출가능한 문자범위인 91번과 126번 사이 중간에 해당하기 때문임.

　(18) [나누기 규칙 2] 순번합을 100으로 나누고 1을 뺀 값으로 나눈값이 범위 종료 값[순번합/100-1] (나누기 규칙 1, 2를 통해 기준값에 더하기 1과 빼기 1을 적용하는 규칙성이 발견된 것임).

　ftp 관련하여 가장 중요한 쟁점은 바로 이 규칙에 관한 것입니다. 이 규칙은 로이킴이 범위값을 좁히기 위해 2부터 20이상까지 각각 나누어 보고 그 가운데 데이터를 평준화 또는 정규화하는 방법을 통해 암호문자를 추출한 방법과 같아 보이지는 않습니다.

　이 부분에 대해서도 뒤에서 더 살펴보겠습니다. 여기서 다시 염두에 두어야 할 것은 로이킴은 발견자, 탐색자 입장으로 ftp를 좁혀 들어가며 찾았다면, 후사장은 로이킴 발견을 설계자의 관점에서 프로그램을 추출하는 방식으로 검증해 본 것입니다.

프로그래머의 입장에서 암호문자를 숨길 수 있는 방법이 무엇인가 탐색하여 후사장이 찾아낸 규칙입니다. 나중에 후사장은 실제로 프로그램을 담당했던 설계자는 이런 복잡한 규칙을 사용할 필요가 없었을 가능성에 대해 말했습니다. 문제는 선거 전에 완성되어 있었던 설계자의 데이터가 아니라 중앙선관위가 발표한 결과 데이터가 원 설계 데이터와 거의 일치했을 것이라는 가설에 입각해서 프로그램을 재구성해 본 것입니다. 거의 일치했을 것으로 본 것은 이근형 보정값 및 선거 결과가 모두 일치했기 때문입니다.

(19) 각 그룹당 범위 시작값과 종료값이 도출됨.
(20) 범위의 교집합을 구하면 끝.

이상 후사장의 알고리즘은 기본적으로 로이킴의 발견 과정을 존중하여 작성되지만 발견자가 미처 생각하지 못한 규칙을 재구성함으로써 2020년 4·15총선이 미리 철저하고 전문적으로 설계된 청사진에 따라 실현된 선거라는 가설을 구체적으로 설명해 냈습니다.

요컨대 (10), (11), (17), (18)은 로이킴 발견에서 한 발 더 나아간 프로그래머 후사장의 독창적 연구가 돋보이는 부분입니다. 다만 로이킴은 현실 데이터를 충실하게 사용하여 ftp를 발견했고, 후사장은 설계된 원 데이터를 복원하는 방식으로 ftp를 설명해 냈다는 점은 주의가 필요합니다.

후사장의 선거구 정렬기준에 대한 설명에 오류가 포함되어 있어 일부 수정 필요

2025:05:05:11

앞에서 로이킴의 발견을 검증하는 방식으로 후사장이 재구성한 로직을 자세히 전달했습니다. 후사장의 시뮬레이션에서 로이킴의 발견과 구별하여 자세히 살펴보아야 할 대목이 있습니다.

(10) 더불어민주당 당일득표율 기준 50% 이상은 사전의 득표율 비중을 많이 낮추는 지역부터 (주로 광주/전남 지역과 같은 더불어민주당 텃밭) **적게 낮추는 지역으로, 50% 미만은 비중을 작게 높이는 지역에서 많이 높이는 순서로 정렬함**(맨 끝은 더불어민주당이 가장 열세인 지역이 됨).

후사장은 **(10)**을 이렇게 기록합니다. 이 설명은 로이킴의 비중 그래프를 설명한 것으로 보입니다. 로이킴은 더불어민주당 당일득표율 50%가 넘는 지역과 미만인 지역으로 분기되는 이유를 발견 당시에는 잘 이해하지 못해 '디지털 게리맨더링'으로 '유리한 지역을 불리한 지역으로, 불리한 지역을 유리한 지역으로 바꾸어 주었다'고 해석했다고 앞에서 말했습니다.

그러나 후사장에 의하면 이 비중 그래프는 당락을 조작하는 것과는 관련 없이 순전히 최적화 및 ftp 설계를 위해 지역구를 정렬하면서 더불어민주당 당일득표율 50%를 기준선으로 정하면서 나타난 그래프라는 것입니다. 다만 로이킴은 후사장과 이 대목에 대해 다른 의견을 말합니다.

후사장이 로이킴의 정렬 원칙을 정확히 확인하지 않은 것으로 보인다는 것입니다. 로이킴의 정렬 원칙은 비중그래프의 분기점이 기준이 된 것이 아니라 '더불어민주당 사전 당일 비중 차이값 × 더불어민주당 각 선거구 당일득표수' 값을 구해 이 값을 기준으로 253개 지역구를 오름차순으로 다시 배열한 것이었습니다.

따라서 로이킴은 『해커의 지문』(p.199)의 이 대목은 수정될 필요가 있다고 말합니다. 이 대목은 『해커의 지문 발견기』(p.173)에도 제대로 바로잡히지 않은 채 인용되어 있어 다음과 같이 바로잡아 두고, 독자 여러분들께 양해를 구합니다.

요컨대 후사장의 (10)번 설명은 비중 그래프에 관한 설명이지만 로이킴 선거구 정렬 기준은 아니므로 후사장의 착오가 있었던 것으로 보고 다음과 같이 수정합니다.

(10) 정정: 더불어민주당 당일득표율 기준 50% 이상은 사전 비중을 많이 낮추는 지역부터 (주로 광주/전남 지역과 같은 더불어민주당 텃밭) 적게 낮추는 지역으로, 50% 미만은 비중을 작게 낮추는 지역에서 많이 낮추는 순서로(맨 끝은 더불어민주당이 가장 열세인 지역이 됨) 된 비중 그래프에서 나타난 각 비중값들의 차이값을 구하고 여기에 각 선거구에서 달성한 더불어민주

당 당일 득표수를 곱하여 오름차순으로 다시 정렬한다.

이상에서 보듯 로이킴은 비율 차이값에 당일득표수를 곱한 값이 정확히 옮겨진 표수를 계산하는 방법이라고 생각했다고 합니다. 당일득표수는 조작이 없거나 적은 수치로, 이 숫자를 기준으로 하면 ftp설계를 위해 이동된 표수를 계산할 수 있습니다. 후사장은 로이킴이 정렬한 이 파일을 기본으로 하여 몇 가지 시뮬레이션을 더 해보게 됩니다. 다만 후사장은 로이킴 데이터를 사용하면서 로이킴이 어떤 원칙에 따라 데이터를 정렬했는지에 대해서는 등한시한 것이 아닌가 합니다.

첨부하는 파일은 후사장이 사용한 로이킴의 기본 정렬표입니다.

프로그래머 후사장이 분석 근거로 사용한 로이킴의 ftp 그룹 정렬 파일

순번	그룹	지역구	지역	선거구	당일득표수	당일	이동값	보정지지율	방향성상수	절대값	정렬순서
1	1	100	광주	광산구을	54,885	82.27%	-69.08065	-0.01448	-1	0.014476	0.014476
2	1	98	광주	광주북구을	55,497	76.92%	-53.64838	-0.01864	-1	0.018640	0.018640
3	1	218	전남	담양함평영광장성	34,336	78.53%	-37.71423	-0.02652	-1	0.026515	0.026515
4	1	99	광주	광산구갑	36,149	75.74%	-36.91181	-0.02709	-1	0.027092	0.027092
5	1	95	광주	광주서구갑	33,476	79.82%	-36.35508	-0.02751	-1	0.027506	0.027506
6	1	93	광주	동구남구갑	34,957	74.01%	-33.37416	-0.02996	-1	0.029963	0.029963
7	1	221	전남	영암무안신안	33,351	73.07%	-29.72300	-0.03364	-1	0.033644	0.033644
8	2	217	전남	나주화순	33,060	74.08%	-29.57541	-0.03381	-1	0.033812	0.033812
9	2	206	전북	익산시갑	27,537	76.06%	-28.14722	-0.03553	-1	0.035527	0.035527
10	2	202	전북	전주시갑	32,433	69.74%	-27.86646	-0.03589	-1	0.035885	0.035885
11	2	96	광주	광주서구을	30,004	72.65%	-25.97741	-0.03849	-1	0.038495	0.038495
12	2	154	경기	시흥시을	42,811	63.43%	-23.48521	-0.04258	-1	0.042580	0.042580
13	2	168	경기	화성시을	60,517	60.90%	-23.25682	-0.04300	-1	0.042998	0.042998
14	2	204	전북	전주시병	51,168	61.96%	-22.57786	-0.04429	-1	0.044291	0.044291
15	3	94	광주	동구남구을	27,336	68.96%	-22.34475	-0.04475	-1	0.044753	0.044753
16	3	214	전남	여수시을	29,188	68.02%	-21.62071	-0.04625	-1	0.046252	0.046252
17	3	169	경기	화성시병	53,555	60.79%	-21.56825	-0.04636	-1	0.046364	0.046364
18	3	208	전북	정읍고창	28,978	66.30%	-20.58808	-0.04857	-1	0.048572	0.048572
19	3	207	전북	익산시을	25,965	69.75%	-19.13393	-0.05226	-1	0.052263	0.052263
20	3	216	전남	순천광양곡성구례을	44,559	61.46%	-17.84581	-0.05604	-1	0.056036	0.056036
21	3	20	서울	은평구을	44,529	58.56%	-15.25445	-0.06555	-1	0.065555	0.065555
22	4	161	경기	파주시갑	54,779	57.11%	-14.08327	-0.07101	-1	0.071006	0.071006
23	4	205	전북	군산시	43,282	58.31%	-13.95415	-0.07166	-1	0.071663	0.071663
24	4	220	전남	해남완도진도	27,695	63.63%	-13.91850	-0.07185	-1	0.071847	0.071847
25	4	135	경기	광명시을	34,836	59.70%	-13.85905	-0.07216	-1	0.072155	0.072155
26	4	92	인천	인천서구을	48,827	57.45%	-13.19194	-0.07580	-1	0.075804	0.075804
27	4	18	서울	노원구을	42,811	57.98%	-12.63174	-0.07917	-1	0.079166	0.079166
28	4	14	서울	강북구을	32,992	59.14%	-12.30296	-0.08128	-1	0.081281	0.081281
29	5	203	전북	전주시을	34,580	58.75%	-11.74528	-0.08514	-1	0.085141	0.085141
30	5	210	전북	김제부안	22,520	63.02%	-11.58738	-0.08630	-1	0.086301	0.086301
31	5	172	경기	양주시	38,478	57.96%	-11.39611	-0.08775	-1	0.087749	0.087749
32	5	117	경기	수원시을	51,413	56.60%	-11.23285	-0.08902	-1	0.089025	0.089025
33	5	219	전남	고흥보성장흥강진	28,416	60.23%	-10.13708	-0.09865	-1	0.098648	0.098648
34	5	213	전남	여수시갑	24,120	60.04%	-9.49133	-0.10536	-1	0.105359	0.105359
35	5	158	경기	용인시을	53,190	55.65%	-9.48809	-0.10539	-1	0.105395	0.105395
36	6	132	경기	부천시병	49,490	56.14%	-9.14748	-0.10932	-1	0.109320	0.109320
37	6	192	경기	천안시을	49,881	55.45%	-8.66330	-0.11543	-1	0.115429	0.115429
38	6	150	경기	남양주시을	42,843	54.55%	-6.78718	-0.14734	-1	0.147337	0.147337
39	6	116	경기	수원시갑	44,962	54.69%	-6.41263	-0.15594	-1	0.155942	0.155942
40	6	215	전남	순천광양곡성구례갑	37,814	55.92%	-6.29896	-0.15876	-1	0.158756	0.158756
41	6	11	서울	성북구갑	42,829	54.72%	-6.21878	-0.16080	-1	0.160803	0.160803
42	6	10	서울	중랑구을	41,840	54.32%	-6.04276	-0.16549	-1	0.165487	0.165487
43	7	130	경기	부천시갑	31,734	55.35%	-5.61064	-0.17823	-1	0.178233	0.178233
44	7	121	경기	성남시수정구	40,018	54.84%	-5.50471	-0.18166	-1	0.181663	0.181663
45	7	23	서울	서대문구을	31,317	55.71%	5.13084	0.19490	-1	0.194900	0.194900
46	7	12	서울	성북구을	39,427	54.03%	-5.11347	-0.19556	-1	0.195562	0.195562
47	7	197	충남	아산시을	27,328	55.84%	-4.41454	-0.22652	-1	0.226524	0.226524
48	7	89	인천	계양구을	25,522	55.82%	-4.20254	-0.23795	-1	0.237951	0.237951
49	7	139	경기	안산시상록구갑	34,387	53.88%	-4.04274	-0.24736	-1	0.247357	0.247357
50	8	149	경기	남양주시갑	36,781	53.70%	-3.93365	-0.25422	-1	0.254217	0.254217
51	8	97	광주	광주북구갑	26,029	54.96%	-3.71904	-0.26889	-1	0.268887	0.268887
52	8	30	서울	강서구병	33,234	53.42%	-3.45339	-0.28957	-1	0.289570	0.289570
53	8	148	경기	구리시	38,429	53.49%	-3.44616	-0.29018	-1	0.290178	0.290178
54	8	21	서울	은평구갑	42,452	51.64%	-3.26193	-0.30657	-1	0.306567	0.306567
55	8	119	경기	수원시정	45,314	52.70%	-3.15771	-0.31669	-1	0.316685	0.316685
56	8	88	인천	부평구을	41,953	51.49%	-3.00376	-0.33292	-1	0.332916	0.332916
57	9	90	인천	계양구갑	28,857	53.43%	-2.90984	-0.34366	-1	0.343661	0.343661
58	9	155	경기	군포시	53,778	52.46%	-2.67645	-0.37363	-1	0.373629	0.373629
59	9	126	경기	의정부시을	43,290	51.85%	-2.63530	-0.37946	-1	0.379463	0.379463
60	9	152	경기	오산시	39,028	52.74%	-2.51201	-0.39809	-1	0.398087	0.398087
61	9	185	충북	청주흥덕구	43,503	51.30%	-2.50882	-0.39859	-1	0.398593	0.398593
62	9	120	경기	수원시무	48,709	51.15%	-2.50591	-0.39906	-1	0.399056	0.399056
63	9	27	서울	양천구갑	35,724	51.84%	-2.46754	-0.40526	-1	0.405261	0.405261
64	10	17	서울	노원구갑	31,212	51.70%	-2.39072	-0.41828	-1	0.418284	0.418284
65	10	105	대전	유성구을	30,643	51.53%	-2.14137	-0.46699	-1	0.466990	0.466990
66	10	133	경기	부천시정	33,407	52.64%	-2.14104	-0.46706	-1	0.467063	0.467063
67	10	140	경기	안산시상록구을	26,001	52.96%	-2.08678	-0.47921	-1	0.479207	0.479207
68	10	104	대전	대전서구을	37,474	51.98%	-1.91744	-0.52153	-1	0.521529	0.521529
69	10	9	서울	중랑구갑	29,474	52.73%	-1.88375	-0.53086	-1	0.530856	0.530856
70	10	2	서울	강북구갑	26,062	51.72%	-1.75444	-0.56998	-1	0.569983	0.569983
71	11	171	경기	광주시을	31,979	52.44%	-1.73000	-0.57803	-1	0.578033	0.578033
72	11	91	인천	부평구갑	44,477	52.18%	-1.68474	-0.59356	-1	0.593564	0.593564
73	11	252	제주	제주시을	37,600	50.88%	-1.59291	-0.62778	-1	0.627781	0.627781
74	11	32	서울	구로구을	29,694	50.99%	-1.49635	-0.66829	-1	0.668294	0.668294
75	11	103	대전	대전서구갑	41,883	50.72%	-1.48949	-0.67137	-1	0.671369	0.671369
76	11	211	전북	완주진안무주장수	22,741	51.25%	-1.32618	-0.75405	-1	0.754045	0.754045
77	11	83	인천	연수구을	24,690	51.96%	-1.30332	-0.76727	-1	0.767269	0.767269
78	12	170	경기	광주시갑	31,008	52.15%	-1.26847	-0.78835	-1	0.788351	0.788351

79	12	141	경기	안산시단원구갑	25,635	51.99%	-1.24125	-0.80564	-1	0.805639	0.805639
80	12	29	서울	강서을	36,859	50.67%	-1.19531	-0.83660	-1	0.836602	0.836602
81	12	115	세종	세종을	22,978	52.09%	-1.06688	-0.93731	-1	0.937309	0.937309
82	12	28	서울	강서구갑	35,229	50.47%	-0.75632	-1.32220	-1	1.322198	1.322198
83	12	131	경기	부천시을	49,772	50.34%	-0.58621	-1.70588	-1	1.705877	1.705877
84	12	86	인천	남동구을	44,623	50.18%	-0.44053	-2.27001	-1	2.270007	2.270007
85	13	114	세종	세종갑	25,373	50.33%	-0.39327	-2.54280	-1	2.542803	2.542803
86	13	253	제주	서귀포시	28,333	50.26%	-0.37995	-2.63196	-1	2.631955	2.631955
87	13	166	경기	김포시을	37,511	50.01%	-0.36303	-2.75456	-1	2.754560	2.754560
88	13	106	대전	유성구을	27,459	50.08%	-0.13606	-7.34961	-1	7.349606	7.349606
89	13	34	서울	영등포구갑	38,488	50.08%	-0.12626	-7.92042	-1	7.920419	7.920419
90	13	24	서울	마포구을	27,763	49.75%	-0.36776	-2.71919	1	-2.719190	-997.280810
91	13	165	경기	김포시갑	37,585	49.67%	-0.29537	-3.38557	1	-3.385574	-996.614426
92	14	128	경기	안양시동안구갑	31,256	49.92%	-0.07234	-13.82292	1	-13.822920	-986.177080
93	14	85	인천	남동구갑	41,510	49.44%	-0.00309	-323.76696	1	-323.766963	-676.233037
94	14	1	서울	종로구	23,959	49.87%	0.00000	0.00000	1	0.000000	0.000000
95	14	186	충북	청주시청원구	32,323	49.52%	0.08613	11.60978	1	11.609777	988.390223
96	14	122	경기	성남시중원구	33,924	49.32%	0.21293	4.69643	1	4.696432	995.303568
97	14	15	서울	도봉구을	27,536	48.71%	0.44597	2.24232	1	2.242316	997.757684
98	14	129	경기	안양시동안구을	26,118	48.75%	0.45257	2.20962	1	2.209619	997.790381
99	14	162	경기	파주시을	27,175	48.66%	0.50578	1.97714	1	1.977141	998.022859
100	15	250	경남	산청함양거창합천	7,741	13.94%	0.55671	1.79627	1	1.796269	998.203731
101	15	36	서울	동작구을	36,967	49.19%	0.58398	1.71240	1	1.712402	998.287598
102	15	145	경기	고양시병	46,031	49.17%	0.80034	1.24947	1	1.249468	998.750532
103	15	8	서울	동대문구을	32,950	48.98%	0.93738	1.06680	1	1.066800	998.933200
104	15	91	인천	인천서구갑	43,485	49.11%	0.94028	1.06352	1	1.063517	998.936483
105	15	19	서울	노원구병	30,230	48.25%	0.96427	1.03705	1	1.037051	998.962949
106	16	49	서울	강동구을	32,029	48.91%	0.99084	1.00925	1	1.009248	998.990752
107	16	2	서울	중구성동구갑	36,466	48.50%	1.13027	0.88474	1	0.884741	999.115259
108	16	233	경북	군위의성청송영덕	6,215	15.98%	1.13420	0.88168	1	0.881681	999.118319
109	16	118	경기	수원시병	27,740	48.25%	1.16538	0.85809	1	0.858090	999.141910
110	16	249	경남	양산시을	26,045	44.56%	1.20207	0.83190	1	0.831899	999.168101
111	16	127	경기	안양시만안구	39,862	48.51%	1.21343	0.82411	1	0.824110	999.175890
112	16	212	전남	목포시	24,458	44.49%	1.22496	0.81635	1	0.816352	999.183648
113	17	195	충남	보령서천	20,678	44.15%	1.28853	0.77608	1	0.776075	999.223925
114	17	125	경기	의정부시을	30,831	48.28%	1.31244	0.76194	1	0.761941	999.238059
115	17	209	전북	남원임실순창	14,211	43.44%	1.35808	0.73634	1	0.736336	999.263664
116	17	107	대전	대덕구	26,118	44.58%	1.35956	0.73553	1	0.735533	999.264467
117	17	225	경북	김천시	6,390	16.90%	1.38924	0.71982	1	0.719819	999.280181
118	17	191	충남	천안시갑	26,637	44.44%	1.41289	0.70777	1	0.707769	999.292231
119	17	178	강원	원주시을	24,379	47.32%	1.48962	0.67131	1	0.671312	999.328688
120	18	22	서울	서대문구갑	25,392	47.61%	1.50193	0.66581	1	0.665809	999.334191
121	18	231	경북	상주문경	6,896	14.09%	1.51802	0.65875	1	0.658752	999.341248
122	18	6	서울	광진구을	28,276	44.38%	1.52508	0.65570	1	0.655705	999.344295
123	18	16	서울	도봉구을	28,961	47.73%	1.54083	0.64900	1	0.649001	999.350999
124	18	31	서울	구로구갑	43,238	48.42%	1.58149	0.63232	1	0.632315	999.367685
125	18	160	경기	용인시정	45,894	48.19%	1.66622	0.60016	1	0.600159	999.399841
126	18	196	충남	아산시갑	21,868	44.82%	1.69062	0.59150	1	0.591500	999.408500
127	19	184	충북	청주시서원구	29,399	44.76%	1.69951	0.58840	1	0.588404	999.411596
128	19	71	대구	서구	9,366	14.83%	1.73737	0.57558	1	0.575584	999.424416
129	19	224	경북	경주시	9,375	11.94%	1.74139	0.57425	1	0.574253	999.425747
130	19	5	서울	광진구을	30,808	47.88%	1.79891	0.55589	1	0.555893	999.444107
131	19	199	충남	논산계룡금산	29,169	44.80%	1.83120	0.54609	1	0.546090	999.453910
132	19	33	서울	금천구	35,516	44.63%	1.98421	0.50398	1	0.503978	999.496022
133	19	239	경남	창원시진해구	25,469	42.94%	1.99120	0.50221	1	0.502210	999.497790
134	20	138	경기	동두천시연천군	16,151	39.67%	2.10699	0.47461	1	0.474612	999.525388
135	20	153	경기	시흥시갑	42,487	48.01%	2.14248	0.46675	1	0.466749	999.533251
136	20	39	서울	관악구을	37,238	47.65%	2.16150	0.46264	1	0.462641	999.537359
137	20	146	경기	고양시정	51,647	48.29%	2.19244	0.45611	1	0.456112	999.543888
138	20	176	강원	춘천화천철원양구을	18,968	39.91%	2.22829	0.44877	1	0.448774	999.551226
139	20	81	인천	동구미추홀구갑	33,647	44.20%	2.23039	0.44835	1	0.448351	999.551649
140	20	35	서울	영등포구을	23,925	43.55%	2.29294	0.43612	1	0.436122	999.563878
141	20	111	울산	울산동구	11,515	21.58%	2.30354	0.43411	1	0.434114	999.565864
142	21	251	제주	제주시갑	35,707	44.82%	2.31546	0.43188	1	0.431879	999.568121
143	21	200	충남	당진시	20,019	40.01%	2.31711	0.43157	1	0.431571	999.568429
144	21	25	서울	마포구갑	36,828	47.45%	2.34457	0.42652	1	0.426518	999.573482
145	21	177	강원	원주시갑	22,370	42.51%	2.34849	0.42581	1	0.425806	999.574194
146	21	75	대구	수성구을	13,226	20.87%	2.39182	0.41809	1	0.418092	999.581908
147	21	164	경기	안성시	26,562	46.94%	2.39575	0.41688	1	0.416885	999.583115
148	21	183	충북	청주시상당구	25,665	43.02%	2.42634	0.41214	1	0.412143	999.587857
149	22	234	경북	고령성주칠곡	12,677	20.51%	2.51104	0.39824	1	0.398242	999.601758
150	22	134	경기	광명시갑	23,139	42.42%	2.55216	0.39182	1	0.391825	999.608175
151	22	56	부산	부산남구을	22,450	45.14%	2.67088	0.37441	1	0.374408	999.625592
152	22	61	부산	사하구갑	22,826	44.85%	2.67860	0.37333	1	0.373329	999.626671
153	22	229	경북	영주영양봉화울진	10,736	17.02%	2.68844	0.37196	1	0.371963	999.628037
154	22	193	충남	천안시병	26,347	43.63%	2.69227	0.37143	1	0.371434	999.628566
155	23	57	부산	북구강서구갑	27,250	46.37%	2.72637	0.36679	1	0.366789	999.633211
156	23	69	대구	동구갑	10,887	22.62%	2.78461	0.35912	1	0.359117	999.640883
157	23	144	경기	고양시을	45,836	47.33%	2.78498	0.35907	1	0.359069	999.640931
158	23	7	서울	동대문구갑	26,694	46.55%	2.83258	0.35304	1	0.353035	999.646965
159	23	236	경남	창원시성산구	11,944	14.22%	2.84080	0.35201	1	0.352014	999.647986

전체 파일이 필요한 독자는 vonnewskorea@gmail.com으로 문의 바랍니다.

로이킴 ftp 발견 모델은
데이터 정규화(normalization)와 유사?

2025:05:06:10

후사장의 시뮬레이션에서 가장 주목할 만한 것은 해설 17, 18에서 요약한 규칙입니다.

ftp 해설 17: [나누기 규칙 1] 소문자 l(엘: 아스키코드는 108)을 기준으로 타겟 문자의 아스키코드가 108보다 작으면, 즉 91(l)에서 107(k)에 속하면 순번합을 100으로 나누고 1을 더해 주는 값으로 나눈값이 범위 시작값[순번합/100+1]. 이때 소문자 l(엘)을 기준으로 하는 이유는 교집합을 통하여 추출가능한 문자범위인 91번과 126번 사이 중간에 해당하기 때문임.

ftp 해설 18: [나누기 규칙 2] 순번합을 100으로 나누고 1을 뺀 값으로 나눈값이 범위 종료 값[순번합/100-1] (나누기 규칙 1, 2를 통해 기준값에 더하기 1과 빼기 1을 적용하는 규칙성이 발견된 것임).

이런 규칙은 로이킴의 아이디어인 데이터 정규화 모델을 설계자 입장에서 재구성한 것으로 보인다고 앞에서 말했는데 머신러닝(ML)이나 딥러닝 분야에서 데이터 표준화·정규화는 중요하다고 합니다.

이 글을 쓰고 있는 도중에 종종 "왜 난해한 ftp 설명을 하고 있나? 일반인들이 부정선거 문제에 접근하도록 해야지."라는 비판에 직면합니다. 이런 비판자가 말하는 일반인이란 환상이라고 답변합니다.

지금까지 부정선거를 인식 못 하는 사람은 일반인이라기보다 "부정선거가 모두 사실이면 자신의 정치적 경제적 이익이 줄거나 없어지는 사람", "부정선거가 아니라고 굳게 믿기로 결정한 사람", "부정선거가 중요하지 않다고 생각하는 사람" 등으로 이미 설득이 가능하지 않은 오히려 변이적 유형(outlier)으로 분류되어야 맞습니다.

지금 단계에서 ftp 해설이 꼭 필요한 이유는 한국의 일반인들의 힘으로는 국가범죄화된 부정선거 문제를 풀기 어렵고 국제적 공조가 필요하다고 판단되기 때문입니다. 또한 향후 최악의 정권이 등장했을 때 수단과 방법을 가리지 않고 부정선거에 관련된 모든 증거가 인멸될 것이라는 어두운 전망 때문입니다. ftp는 2020년 선관위가 공식 발표한 데이터에서 추출된 것입니다. 인멸될 수 없는 증거지요.

어쨌든 이 부분은 데이터 과학 또는 통계학 분야의 전문가의 개입이 필요한 영역입니다. ftp 설계에 데이터 과학 또는 통계학의 일반적인 스케일(scale) 방법인 표준화(standardization), 정규화(normalization) 방법이 사용된 것이라면 정말 후사장이 재구성한 프로그램이 가공된 환상인지 아닌지 아는 것은 어렵지 않습니다. 이 수상한 시대가 지나가면 젊고 용감한 전문가들이 나서서 발언할 날이 올 것으로 믿습니다.

비판자들은 이런 식의 설계라면 다른 문장도 가능하다고 합니다. 물론 가능할 것입니다. 그러나 후사장의 알고리즘과 동일하지는 않을 것입니다. 얼마든지 자신들이 타겟으로 삼는 문장을 찾기 위한 알고리즘을 짜 보시기를 권합니다.

다음 편에 후사장의 알고리즘을 좀 더 자세히 소개하겠습니다.

데이터 구조화의 실례

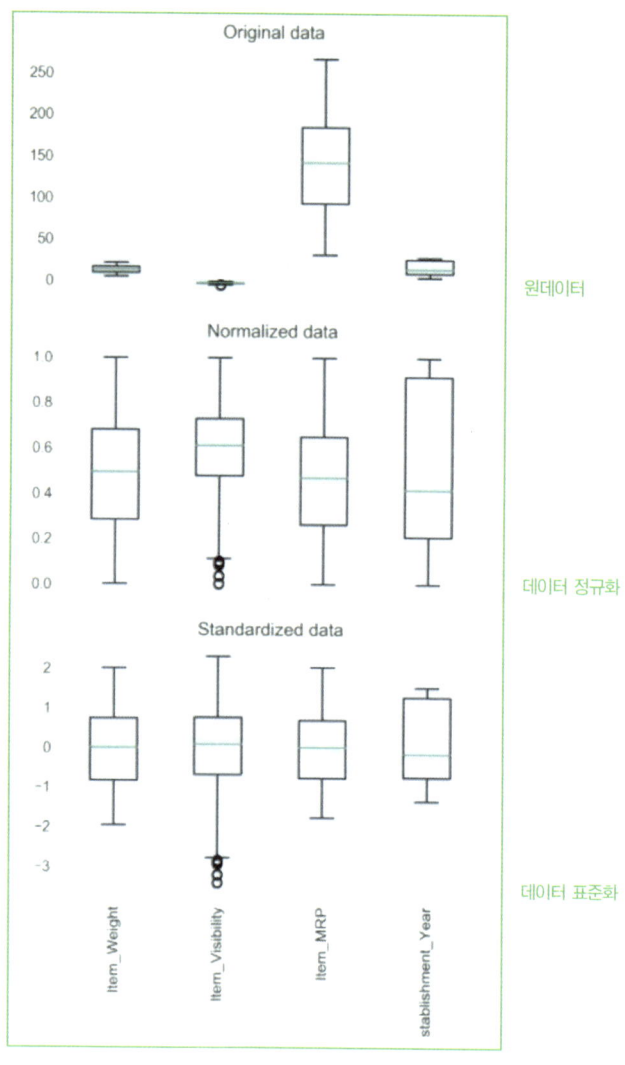

후사장 시뮬레이션 1. 기초 판세표

2025:05:07:11

로이킴과 후사장의 차이 중 하나는 '출발점'입니다. 같은 출발선에서 탐색을 시작한 것이 아니라 배턴을 이어받은 것에 가깝습니다.

로이킴의 경우 2020년 4월 16일 확정된 선관위가 공식적으로 발표한 결과데이터가 출발점이라면, 후사장의 출발점은 로이킴이 비중그래프를 통해 ftp를 추출한 데이터를 작성해 건네준 지점부터에 있습니다. 로이킴의 이 데이터는 더불어민주당 사전 당일득표율 비중차이값을 더불어민주당 당일득표수에 곱한 값이고, 이 값의 오름차순으로 일곱 개씩의 선거구를 36개로 그룹을 지어 ftp를 추출한 것입니다.

후사장은 로이킴의 데이터를 바탕으로 색다른 시도를 해 봅니다. 로이킴 발견에서 ftp 두 세트가 완전한 형태로 나다니지 않았던 것에 착안하여 설계 당시의 완전태가 처음부터 [follow_the_party]였을 것으로 가정해 데이터를 조정해 본 것이었습니다. 말하자면 후사장은 선관위 발표 데이터에 보정을 가하여 추정치를 낸 것입니다. 이런 역추적 작업은 현재 문제되고 있는 대규모 부정선거의 전반적 설계 과정을 이해하는 데 도움을 줍니다.

후사장은 선관위 발표 실제 데이터 외 4개의 가상 데이터를 제출합니다. 첫 번째로 제출한 데이터는 일명 '기초 판세표'입니다. 빅데이터 조사 및 분석, 과거 선거 통계자료, 여론조사 결과 등을 통하여 전국 선거구별로 중요 정보를 조사하여 계획표를 만드는 데 기초가 된 것으로 추정되는 데이터입니다. 이근형 판세표에서 보정되기 전의 판세표와 유사한 개념으로 부정이 없었다면 이 판세표가 현실 선거 결과였을 것입니다.

더불어민주당 민주연구원의 빅데이터 기초 판세 자료는 확실히 정확도가 높아 보입니다. 이 정보력은 중앙선관위뿐 아니라 여론조사 회사, 각 지방 자치단체, 통신사의 비밀스러운 조력에 힘입었을 것으로 추정됩니다. 양정철, 고한석, 최정묵, 이근형, 백원우, 김민석 등의 인물이 민주연구원에서 관련 활동을 했습니다.

이 명단에 이름을 넣어야 할 또 한 명의 인물은 전 민주연구원 박진영 부원장입니다. 2025년 5월 1일 CBS에서 그가 한 "삼권분립 막 내려야 한다."라는 발언은 법원에 대한 적대감 이상의 깊은 의미를 담고 있다고 봅니다. 그들의 '민주'는 확실히 자유민주주의의 민주는 아닙니다.

이들은 여론 빅데이터 수집에 일가견이 있고 매우 열정적입니다. 2020년 4월 16일 이근형 전 민주연구원 부원장도 페이스북을 통해 자신들의 정확한 민심읽기와 정확한 보정값 계산을 '자랑' 했지요. 180석 예상했는데 정말 180석이 나왔다는 것이죠.

후사장은 민주연구원의 빅데이터 여론조사를 담은 기초판세표에 담겼을 것으로 보이는 세부 정보를 이렇게 정리했습니다.

(i) 예상 전체 투표율 (당일투표율 + 사전투표율)

(ii) 예상 득표율 (당일득표율 + 사전득표율)

(iii) 당일 사전의 투표율 변동폭

(iv) 당일 사전의 득표율 변동폭

이 기초 판세표가 갖고 있는 데이터 키를 눈여겨봐 두셔야 합니다. 투표율과 득표율 그리고 변동폭은 결과를 계획할 때 중요한 요소들입니다. 특히 부정선거를 기획할 때는 더욱!

이 기초적 판세 조사는 2020년 4·15총선 때, 전국 한 지역구도 안 빼고 거의 완벽한 판세 조사를 마쳤다는 사실을 보여줍니다. 또한 당시 더불어민주당이 사상 처음으로 253개 전 지역구에 모두 후보를 냈던 것은 ftp 설계와 관계가 있습니다. 전무후무한 일입니다.

253개 선거구가 거대한 청사진 속에서 "함께 엮여" 움직이고 있었음을 보여주는 증표가 바로 ftp였으니까요. ftp는 개별 설계가 아니라 전국 지역구를 엮어놓고 설계했다고 볼 수 있습니다.

후사장 시뮬레이션 2. 기본 판세표

2025:05:08:10

후사장이 말한 기초 판세표가 빅데이터 기반 초정밀 여론조사 결과라면, 기본 판세표는 1차적으로 조작의 목표치를 반영한 계획표를 말합니다. 이근형 판세표에서 보정값을 적용한 데이터는 기본 설계를 추정하게 합니다.

이근형 판세표는 요약된 한 장의 판세표지만 이 요약표의 근거가 되는 전국 각 읍·면·동까지 담고 있는 상세 데이터가 따로 있다는 것입니다.

"1-1 광역별 판세 (사전투표 보정값)"이라는 제목은 너무나 많은 사실을 함축하고 있습니다. 사전 당일 보정값이 따로 있을 뿐 아니라 광역뿐 아니라 각 지역별 판세도 따로 있었음을 제목으로 유추할 수 있습니다.

이근형 판세표가 보여주는 보정값은 결국 낙선자를 당선자로 바꾸는 보정을 말했을 터이지만 후사장은 설계자의 입장에서 기본적으로 당락 외에도 반드시 고려해야 할 것이 더 있지 않았을까 추정합니다. 2020년 4·15총선 기본 설계의 프로그램상 제약 조건을 정리하면 다음과 같습니다.

1-1 광역별 판세 (사전투표 보정값)					
광역	전체 의석	현재 민주 지역구 의석	우세 (~+15)	경합 우세 (+15~+7)	+경합 (+7~+3)
전국	253	118	68	67	28
				135	
				163	

2020 총선 직후 이근형 당시 더불어민주당 전략기획위원장이 자신의 페이스북에 올린 판세표. '사전투표 보정값'이라는 단어가 눈에 띈다.

(i) 각 선거구별 총 투표율이 어떤 값(예: 최대 73%)을 넘기지 않아야 한다. 이전 투표율보다 지나치게 높은 투표율이 나오면 의심을 받기 때문이다.

(ii) 원칙적으로 같아야 하는 후보별 사전투표 득표율과 당일투표 득표율 차이가 일정 범위(예: 사전투표 득표율 − 당일투표 득표율 = 최대 18%) 내에 있어야 한다. 지금까지 선거에서 사전과 당일의 표심이 일률적으로 극심하게 차이가 난 적이 없기 때문이다.

(iii) 모든 선거구에서 전액 선거 비용 보전을 국고에서 받기 위해 더불어민주당의 사전과 당일 득표율의 합이 최소 15%를 초과해야 한다.

조작 설계에 있어 투표율과 득표율의 한계치를 설정하는 것은 필요합니다. 또한 4·15총선에서만 나타난 이상 현상이지만 전국 더불어민주당 최하치 15%도 기본 설계값으로 적용되었다고 보는 것입니다.

앞에서도 말했지만 경북 경주에서만 14.8%로 아주 약간의 미달이 있었을 뿐 전국 모든 지역구 더불어민주당 후보가 15%를 상회했는데

이는 우연이라기보다 설계라는 의미이고 여기까지를 후사장은 기본 설계에 반영된 것이라고 보고 기본판세표 개념을 정의한 것입니다.

요컨대 사전투표 투표율과 득표율, 당일투표 투표율과 득표율이 모두 연동되어 기본 목표값이 정해진다는 것입니다.

여기에 또 하나 연동되어 설계되어야 하는 것이 비례대표 목표값입니다. 선관위와 법원은 웬일인지 전국구 비례대표에 관한 검증 요구 소송은 더 결사적으로 막았습니다. 기본적인 설계값에 투표율과 득표율이 같이 움직이는 이상 비례대표 투표율과 득표율도 기본 설계값과 함께 움직여야 합니다.

비례대표와 관련된 기본 설계조건은 다음과 같았을 것으로 추정됩니다.

(i) 더불어민주당 입장에서 국회 입성을 원치 않는 특정 정당은 의석을 한 석도 차지하지 않도록 3% 미만의 득표율을 갖게 한다.

(ii) 당선 선거구를 제외한 선거구의 비례대표 조작은 당일 투표에서는 어려우므로 사전투표를 통해서만 조작한다.

부정선거 규명 역사에서 비례대표 표검증이 이루어지지 않은 것은 중요한 미스테리이며 국가적으로 통탄할 일입니다. 법원은 비례대표 관련 소송에 대해서는 더 철저히 문을 걸어 잠갔습니다.

후사장 시뮬레이션 3. 전략전술 최적화 판세표

2025:05:08:12

ftp 규명에서 프로그래머 후사장의 의미 있는 역할을 정리하면 이렇습니다.

(i) 로이킴이 발견한 비중 그래프는 당락과 상관없는 최적화를 나타내는 그래프임을 밝혀주었다.

(ii) 더불어민주당 당일득표율 50% 이상에서는 사전 득표 비중이 낮아지고 당일 득표 비중이 높아지는 경향은 확실하고 첨부하는 표**168쪽**에서 보이는 바와 같이 더불어민주당 당일득표율 50% 이상/미만 선거구 당일득표 표수 총합 및 비율도 2:1로 나누어지는 또렷한 패턴을 보이는데 이 패턴은 ftp 설계외도 관련이 있을 것으로 암시해 주었다.

(iii) 당일득표율 50% 기준이란 전체 조작 표수를 최적화(optimization)를 통해 줄이려는 시도에서 비롯된 안전한 기준점이 된 것으로 추정해 주었다.

ftp발견에 있어 로이킴의 절대적 역할과는 비교할 수 없겠지만 검증자로서 후사장이 시뮬레이션을 통해 최적화의 한 과정으로 ftp 설계 모델을 제안해 준 것은 획기적입니다.

　이근형 판세표가 던져준 충격파의 핵심은 정확한 보정값을 현실 투표에서 실현했다는 사실이지만 '사전투표 보정값'이라는 단어 그 자체에도 있었습니다. 단순히 선거운동으로 목표값을 획득하기 위한 보정값이라면 사전 당일을 따로 구별하는 개념의 보정값이란 있을 수 없지 않았을까요?

　실제로 이 판세표는 페이스북에 업로드된 직후 삭제되었고, 승리를 구가했던 더불어민주당 전략위원장 이근형도 양정철과 함께 무대 뒤로 사라졌습니다. 누군가 심각하게 질타했는지 떠나는 표정이 무거웠습니다. 그들은 지금 침묵 가운데 무엇을 하고 있을까요?

　후사장의 설명대로라면 이 한 장의 판세표는 빅데이터 기반 기초판세표(여론조사결과표)와 낙선자를 당선자로 바꾸는 보정값을 반영한 기본판세표(낙선자를 당선자를 바꾸기 위한 목표값을 반영한 계획표)를 축약하여 보여 주고 있다는 것입니다.

　다만 이 이근형 판세표에서는 ftp 로직을 알 길은 없습니다. ftp는 목표값을 정한 판세표가 민주연구원을 떠난 뒤에 삽입되었다는 것인데 이 삽입 로직은 결국 최종적 청사진 수립 단계에서 삽입되었다고 보는 것이 후사장의 설명입니다.

　후사장은 전략판세표, 전술판세표로 더 세분하여 설명했는데 최종 선거 결과 청사진을 내놓기 직전의 '최적화' 과정을 보여주는 전략 전술 판세표라는 면에서 묶어서 봐도 될 듯합니다. 필요 표수를 줄이는 최적화 작업과 동시에 ftp를 삽입하여 작업자표시 로직을 넣어 최종 목표값을 완성했다는 설명입니다. **42쪽 도표 참고**

ftp 로직 삽입 후에도 최적화를 위해 손을 더 댔는지 작업의 선후까지 정확히 알 수 없지만 ftp는 최종 청사진을 만든 제작자의 표시일 것이고 로이킴 발견이 가리키는 대로 그 작업자표시, 즉 해커의 지문이 [follow_the_party]가 맞다면 그것은 민주연구원을 떠난 선거 결과 계획표가 최종적으로 중국 공산당 관계자의 손에 넘어갔다는 의미일 것입니다.

'영원근당주, 용위엔껀당조우(永遠跟党走)!' 'Follow the Party'는 중국 공산당 고유의 구호라는 것에 이의가 있는 사람은 받아들이지 않겠지만, ftp가 선거조작 최종 청사진에 새겨진 작업자표시인 이상 중국 공산당의 연루를 의심하지 않을 수 없습니다.

ftp의 중대성은 투표결과에 인위적 패턴이 있다는 것과 그 패턴을 삽입한 검은손의 실체를 암시한다는 점에 있다고 앞에서 말한 바와 같습니다. 국민 위에 결정자와 설계자가 따로 있고 부정선거와 각종 속임수를 통해 군림하고 있는 자들이 있다는 무시무시한 진실이 대한민국 국민들의 살갗을 벱니다.

이 글을 쓰는 중에 한 통의 편지를 받았습니다. 서울 서부지방법원 사건으로 수감 중인 한 청년의 편지입니다. 이 청년은 감옥으로 전해지는 이 ftp 해설도 읽고 있다고 합니다. 편지의 한 대목을 인용합니다.

> **이 나라가 얼마나 위대한 나라인지 아시아 대륙 전체가 공산주의에 붉게 물들 때 유일하게 한반도 끝자락에 자유민주주의 국가를 건국하고 6·25 등 수많은 역경에도 피 흘리며 지킨 귀한 나라라는 것을 다시금 깨닫게 됩니다.**

그 나라가 사라질 위기 앞에 우리 모두 서 있습니다.

로이킴 발견 최종편: 문자판 맞추기

2025:05:10:19

100편으로 예정되었던 글이 4분의 3을 넘긴 이 시점은 이제 로이킴 발견의 실체를 설명하는 최종편이 되지 않을까 생각됩니다. 남은 편은 보론과 함께 독자 여러분들의 의문에도 답할 것입니다. 이어질 질의응답은 ftp에 국한시키지 않고 부정선거 문제 전반과 관련하여 다루려고 합니다.

저는 이 글을 석 달에 걸쳐 쓰고 있습니다. 독자 여러분들의 반응을 들어보며 눈높이를 맞춰가고자 천천히, 그러나 쉼없이 뚜벅뚜벅 걸어갑니다. 덕분에 오랜만에 로이킴 김상훈 님과 많은 대화를 나누며 대중들에게 좀 더 효과적으로 쉽게 설명하기 위해 함께 노력했습니다. 그럼에도 불구하고 이 시리즈는 전문적인 기록물이 아닙니다. 언젠가 우리 뒤에 오는 누군가가 이 따끈따끈한 원 자료를 들고 의미 있는 연구논문을 저술해 줄 것을 믿으며 남기는 기록입니다.

우리는 그동안 ftp 발견이 어떻게 시작되었고, 어떤 시행착오의 과정을 거쳐 최종 발견에 이를 수 있었는지 소상하게 밝혔습니다. 몇 가지 중요 단계를 다시 요약하면 이렇습니다.

(i) 4·15총선 결과 데이터 속에서 〈프로듀스 101〉과 같은 조작함수를 발견하려 했다.

(ii) 데이터를 분석하기 위해 표준화(standardization)를 통해 더불어민주당 당일득표율 50%에서 분기되는 사전 당일 비중 그래프를 추출했다.

(iii) 사전 당일 비중 차이값과 더불어민주당 각 지역구 당일득표수를 곱해 오름차순으로 정리하여 만든 클러스터 그래프를 통해 일곱 개씩 지역구가 묶인 36개의 그룹을 '직관적'으로 발견했다.

(iv) 이 그룹들의 지역구 순번합을 구해 각각의 그룹이 100에 가까워지는 데이터 평준화 또는 정규화를 시도했다.

여기서 정규화란 수학적 정규화에 정확히 부합되지는 않습니다. 한 독자는 이런 방식의 데이터 분석은 '평준화'라는 개념이 적합한 듯하다고 했습니다. 다만 데이터 분석을 위해 각 그룹을 평균값에 수렴시켜 비교하는 방식은 데이터 과학에서 이례적인 발상은 아니라고 합니다. 그러나 로이킴이나 필자가 모든 이런 휴리스틱스에 적절한 이름을 붙일 수 있을 정도의 이 분야 전문가가 아닌 것은 누차 밝힌 바와 같습니다. 역시 추후에 부적절한 명명에 대해 수정이 이루어질 것으로 기대합니다.

최종적으로 마지막 단계의 로이킴 발견을 구체적으로 설명하기 위해 아래 네 장의 자료를 첨부합니다.

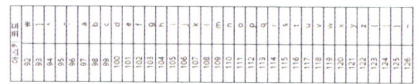

①

아스키 코드	문자
92	₩
93	]
94	^
95	_
96	`
97	a
98	b
99	c
100	d
101	e
102	f
103	g
104	h
105	i
106	j
107	k
108	l
109	m
110	n
111	o
112	p
113	q
114	r
115	s
116	t
117	u
118	v
119	w
120	x
121	y
122	z
123	{
124	|
125	}
126	~

원본 엑셀 파일

1차 ±1 나눈수 구하기 문자 테이블 범위가 상당히 넓어서 특정 문장을 찾기가 힘들다.
여기서 follo가 반환되는 것을 보고 걸치는 부분의 나눈수 범위를 좁혀 보기로 하였다.

그룹	지역구 순번합	나눈수1	나눈수2	나눈수3	범위 시작	~까지
1	924	10.000	9.000	8.000	92	116
2	1,247	13.000	12.000	11.000	96	112
3	1,128	12.000	11.000	10.000	94	113
4	845	9.000	8.000	7.000	94	121
5	1,262	13.000	12.000	11.000	99	117
6	826	9.000	8.000	7.000	92	118
7	711	8.000	7.000	6.000	89	119
8	652	7.000	6.000	5.000	93	130
9	855	9.000	8.000	7.000	95	122
10	521	6.000	5.000	4.000	87	130
11	939	10.000	9.000	8.000	94	117
12	700	7.000	6.000	5.000	100	140
13	862	9.000	8.000	7.000	96	123
14	666	7.000	6.000	5.000	95	133
15	711	8.000	7.000	6.000	89	119
16	990	10.000	9.000	8.000	99	124
17	1,230	13.000	12.000	11.000	95	112
18	662	7.000	6.000	5.000	95	132
19	955	10.000	9.000	8.000	96	119
20	768	8.000	7.000	6.000	96	128
21	1,003	11.000	10.000	9.000	91	111
22	1,090	11.000	10.000	9.000	99	121
23	757	8.000	7.000	6.000	95	126
24	1,130	12.000	11.000	10.000	94	113
25	567	6.000	5.000	4.000	95	142
26	598	6.000	5.000	4.000	100	150
27	1,128	12.000	11.000	10.000	94	113
28	721	8.000	7.000	6.000	90	120
29	966	10.000	9.000	8.000	97	121
30	1,025	11.000	10.000	9.000	93	114
31	998	10.000	9.000	8.000	100	125
32	666	7.000	6.000	5.000	95	133
33	953	10.000	9.000	8.000	95	119
34	819	9.000	8.000	7.000	91	117
35	1,061	11.000	10.000	9.000	96	118
36	910	10.000	9.000	8.000	93	116

그룹	결과값	문자
1	92 93 94 95 96 97 98 99 100 101 102 103 104 105 106 107 108 109 110 111 112 113 114 115 116	₩] ^ _ ` a b c d e f g h i j k l m n o p q r s t
2	96 97 98 99 100 101 102 103 104 105 106 107 108 109 110 111 112	` a b c d e f g h i j k l m n o p
3	94 95 96 97 98 99 100 101 102 103 104 105 106 107 108 109 110 111 112 113	^ _ ` a b c d e f g h i j k l m n o p q
4	94 95 96 97 98 99 100 101 102 103 104 105 106 107 108 109 110 111 112 113 114 115 116 117 118 119 120 121	^ _ ` a b c d e f g h i j k l m n o p q r s t u v w x y
5	99 100 101 102 103 104 105 106 107 108 109 110 111 112 113 114 115 116 117	c d e f g h i j k l m n o p q r s t u
6	92 93 94 95 96 97 98 99 100 101 102 103 104 105 106 107 108 109 110 111 112 113 114 115 116 117 118	₩] ^ _ ` a b c d e f g h i j k l m n o p q r s t u v
7	92 93 94 95 96 97 98 99 100 101 102 103 104 105 106 107 108 109 110 111 112 113 114 115 116 117 118 119	₩] ^ _ ` a b c d e f g h i j k l m n o p q r s t u v w
8	93 94 95 96 97 98 99 100 101 102 103 104 105 106 107 108 109 110 111 112 113 114 115 116 117 118 119 120 121 122 123 124 125 126	] ^ _ ` a b c d e f g h i j k l m n o p q r s t u v w x y z { | } ~
9	95 96 97 98 99 100 101 102 103 104 105 106 107 108 109 110 111 112 113 114 115 116 117 118 119 120 121 122	_ ` a b c d e f g h i j k l m n o p q r s t u v w x y z
10	87 88 89 90 91 92 93 94 95 96 97 98 99 100 101 102 103 104 105 106 107 108 109 110 111 112 113 114 115 116 117 118 119 120 121 122 123 124 125 126	₩] ^ _ ` a b c d e f g h i j k l m n o p q r s t u v w x y z
11	94 95 96 97 98 99 100 101 102 103 104 105 106 107 108 109 110 111 112 113 114 115 116 117	^ _ ` a b c d e f g h i j k l m n o p q r s t u
12	100 101 102 103 104 105 106 107 108 109 110 111 112 113 114 115 116 117 118 119 120 121 122 123 124 125 126	d e f g h i j k l m n o p q r s t u v w x y z { | } ~
13	96 97 98 99 100 101 102 103 104 105 106 107 108 109 110 111 112 113 114 115 116 117 118 119 120 121 122 123	` a b c d e f g h i j k l m n o p q r s t u v w x y z {
14	95 96 97 98 99 100 101 102 103 104 105 106 107 108 109 110 111 112 113 114 115 116 117 118 119 120 121 122 123 124 125 126	_ ` a b c d e f g h i j k l m n o p q r s t u v w x y z
15	92 93 94 95 96 97 98 99 100 101 102 103 104 105 106 107 108 109 110 111 112 113 114 115 116 117 118 119	₩] ^ _ ` a b c d e f g h i j k l m n o p q r s t u v w
16	99 100 101 102 103 104 105 106 107 108 109 110 111 112 113 114 115 116 117 118 119 120 121 122 123 124	c d e f g h i j k l m n o p q r s t u v w x y z { |
17	95 96 97 98 99 100 101 102 103 104 105 106 107 108 109 110 111 112	_ ` a b c d e f g h i j k l m n o p
18	95 96 97 98 99 100 101 102 103 104 105 106 107 108 109 110 111 112 113 114 115 116 117 118 119 120 121 122 123 124 125 126	_ ` a b c d e f g h i j k l m n o p q r s t u v w x y z
19	96 97 98 99 100 101 102 103 104 105 106 107 108 109 110 111 112 113 114 115 116 117 118 119	` a b c d e f g h i j k l m n o p q r s t u v w
20	96 97 98 99 100 101 102 103 104 105 106 107 108 109 110 111 112 113 114 115 116 117 118 119 120 121 122 123 124 125 126	` a b c d e f g h i j k l m n o p q r s t u v w x y z {
21	92 93 94 95 96 97 98 99 100 101 102 103 104 105 106 107 108 109 110 111	₩] ^ _ ` a b c d e f g h i j k l m n o
22	99 100 101 102 103 104 105 106 107 108 109 110 111 112 113 114 115 116 117 118 119 120 121	c d e f g h i j k l m n o p q r s t u v w x y
23	95 96 97 98 99 100 101 102 103 104 105 106 107 108 109 110 111 112 113 114 115 116 117 118 119 120 121 122 123 124 125 126	_ ` a b c d e f g h i j k l m n o p q r s t u v w x y z
24	94 95 96 97 98 99 100 101 102 103 104 105 106 107 108 109 110 111 112 113	^ _ ` a b c d e f g h i j k l m n o p q
25	95 96 97 98 99 100 101 102 103 104 105 106 107 108 109 110 111 112 113 114 115 116 117 118 119 120 121 122 123 124 125 126	_ ` a b c d e f g h i j k l m n o p q r s t u v w x y z
26	100 101 102 103 104 105 106 107 108 109 110 111 112 113 114 115 116 117 118 119 120 121 122 123 124 125 126	d e f g h i j k l m n o p q r s t u v w x y z { | } ~
27	94 95 96 97 98 99 100 101 102 103 104 105 106 107 108 109 110 111 112 113	^ _ ` a b c d e f g h i j k l m n o p q
28	92 93 94 95 96 97 98 99 100 101 102 103 104 105 106 107 108 109 110 111 112 113 114 115 116 117 118 119 120	₩] ^ _ ` a b c d e f g h i j k l m n o p q r s t u v w
29	97 98 99 100 101 102 103 104 105 106 107 108 109 110 111 112 113 114 115 116 117 118 119 120 121	a b c d e f g h i j k l m n o p q r s t u v w x y
30	93 94 95 96 97 98 99 100 101 102 103 104 105 106 107 108 109 110 111 112 113 114	] ^ _ ` a b c d e f g h i j k l m n o p q r
31	100 101 102 103 104 105 106 107 108 109 110 111 112 113 114 115 116 117 118 119 120 121 122 123 124 125	d e f g h i j k l m n o p q r s t u v w x y z { | }
32	95 96 97 98 99 100 101 102 103 104 105 106 107 108 109 110 111 112 113 114 115 116 117 118 119 120 121 122 123 124 125 126	_ ` a b c d e f g h i j k l m n o p q r s t u v w x y z
33	95 96 97 98 99 100 101 102 103 104 105 106 107 108 109 110 111 112 113 114 115 116 117 118 119	_ ` a b c d e f g h i j k l m n o p q r s t u v w
34	92 93 94 95 96 97 98 99 100 101 102 103 104 105 106 107 108 109 110 111 112 113 114 115 116 117	₩] ^ _ ` a b c d e f g h i j k l m n o p q r s t u
35	96 97 98 99 100 101 102 103 104 105 106 107 108 109 110 111 112 113 114 115 116 117 118	` a b c d e f g h i j k l m n o p q r s t u v
36	93 94 95 96 97 98 99 100 101 102 103 104 105 106 107 108 109 110 111 112 113 114 115 116	] ^ _ ` a b c d e f g h i j k l m n o p q r s t

1) 각 순번합이 100에 수렴되도록 하는 나눈수를 찾는다. 가령 첫 번째 그룹의 순번합 924가 100에 가까워지도록 나눈수는 9가 된다. 이를 기준으로 +1(10), -1(8)의 범위까지 구한다. 이 범위의 값(정수)은 92에서 116까지다. 이런 규칙을 동일하게 적용하여 표로 나타낸 것이다.

②

92	₩
93	]
94	^
95	_
96	`
97	a
98	b
99	c
100	d
101	e
102	f
103	g
104	h
105	i
106	j
107	k
108	l
109	m
110	n
111	o
112	p
113	q
114	r
115	s
116	t
117	u
118	v
119	w
120	x
121	y
122	z
123	{
124	|
125	}
126	~

그룹 1부터 16까지 그리고 다시 17부터 32까지 반복된다고 가정하였다.
반복되는 구간을 교집합으로 구하고 나머지는 줄여 보았다.

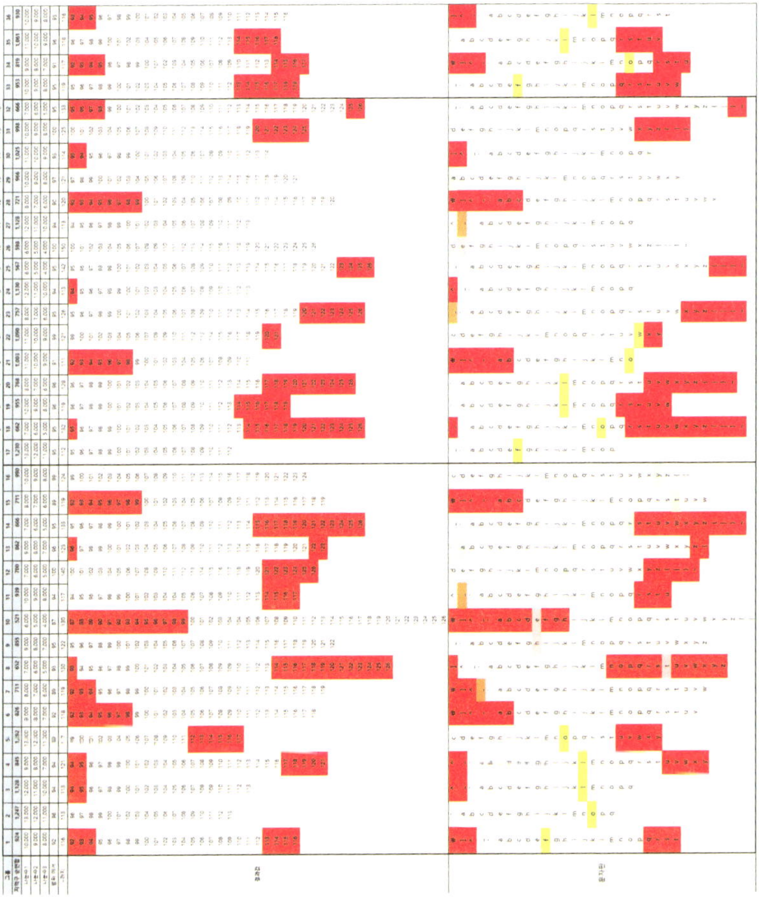

② 범위에 포함되는 숫자들을 각각 아스키코드로 변환했을 때 foll, foll, foll 세 쌍이 발견되고 이것이 16개 그룹이 끝난 후 다시 시작되고, 또 16개 그룹이 끝난 후 다시 시작되는 패턴을 보고 반복적인 구조임을 인식할 수 있었다. 중복되지 않는 부분에 모두 붉은 표시를 하고 남는 부분만 살펴볼 수 있었다.

③

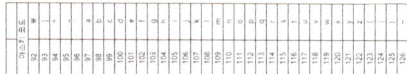

③ 붉은 색 부분을 지우고 남는 부분만 살펴 보면 각각 w와 t만 빠진 follow_the_party가 추출된다. 완벽한 follow_the_party가 나오도록 그룹6과 그룹24는 나눗수를 +2, -2까지 확대해 보았다. 그 범위에서는 w와 t도 발견되었다. 조작 계획이 거의 실현되었음을 보여주는데 이런 식의 시도로 임의적 꿰어맞추기라는 비판도 있었다.

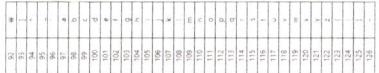

4 2020년 5월 발표 당시에는 로이킴은 띄어쓰기를 나타내는 언더바(_)에 대한 인식은 없었다고 한다. 처음에 언더바 없이 발표한 까닭이다. 나중에 후사장의 조언을 듣고 언더바가 문장에 포함되어 있었음을 인식했다고 한다.

(i) ①번 표. 앞에서 설명했듯 각 순번합이 100에 수렴되도록 하는 나눈수를 찾는다. 가령 첫 번째 그룹의 순번합은 924이다. 100에 가까워지는 나눈수는 9이다. 정확하게 9는 아니므로 여기에 +1(10), -1(8)을 정하고 타겟문자가 이 범위 안에 있을 것으로 간주한다. 이를 나눈수 1, 2, 3으로 표시했다. 이 범위의 값(정수)은 92에서 116까지다.

(ii) ②번 표와 같이 이 숫자들을 아스키코드로 변환했을 때 범위가 넓어 또렷하지는 않았지만 foll, foll, foll 세 쌍이 발견되고 이것이 16개 그룹이 끝난 후, 다시 또 16개 그룹이 끝난 후에 발견되는 것을 보고 반복되는 패턴이 있음을 염두에 두게 되었다.

(iii) ③번 표에서와 같이 반복되는 구조의 실체에 접근하기 위해 중복되지 않는 부분에 모두 붉은 표시를 하고 남은 부분을 살펴보았다. 범위가 좁혀진 부분에서 문장이 찾아지기 시작했다.

(iv) 첫 번째 세트에서 foll*w_the_party가 보였고, 다시 두 번째 세트에서 follow_*he_party가 보였다.

(v) 두 세트의 교집합을 통해 [follow_the_party]를 완성하였다.

(vi) 2020년 5월 첫 발표 당시에는 언더바(_)가 띄어쓰기를 의미하는지에 대한 인식이 없어서 표시하지 않았다. 즉 문자에만 주목하여 언더바는 배제하고 발표했다.

(vii) 앞 세트에는 w, 뒷 세트에는 t만 나타나지 않았다. w와 t가 나오지 않는 이유는 원 청사진이 100% 결과데이터에 그대로 나타나지 않았던 이유일 수 있겠지만 발견 당시에는 나눈수의 범위를 확장해 보기로 했다. 그룹6에 대해서 -2까지 확장했을 때 w가 나왔고, 그룹24의 경우 -2까지 확장했을 때 t가 완성되었다.

(viii) 아래 네 번째 표는 [follow_the_party] 완전태가 나오는 나눗수를 임의로 표시해 보았다.

이상은 로이킴이 ftp를 완성하는 과정입니다. 위 설명에서 (vii)의 시도는 많은 비판을 받은 항목입니다. 두 개의 변칙을 무시하고 완전태를 만들기 위해 임의로 범위를 확장했다는 것입니다. 그러나 이런 시도는 조작과는 거리가 멉니다. 후사장의 설명 대로 선거 결과가 나타난 현실 데이터가 계획표를 100% 반영하지 않았다 해도 거의 비슷하게 반영되었다는 증표로는 읽을 수 있습니다.

위의 (v)에서 로이킴의 시도가 마무리되었다면 대중의 뭇매를 덜 맞았을까요? 36개 그룹을 각각 100으로 수렴시키는 나눗수와 그 값의 +1, -1의 범위까지 넓혀 살펴보았을 때 세트 1, 세트 2에서 [follow_the_party]의 각각 94%씩 나타나고, 교집합으로 맞추면 100%가 나타납니다. 즉 한 글자씩만 이가 빠져 있습니다.

로이킴 발견은 여기서 이미 끝난 것입니다. 다만 더 정확한 문장을 완성하기 위해 그룹 6과 그룹 24의 경우 각각 ±1씩 더 이동시켜 나눗수를 적용해 본 것이고 이것은 충분히 합리적인 시도입니다. 이 시도를 문장의 완전태를 갖추기 위한 자의적인 시도라며 비난하는 사람은 기본적으로 ftp 발견 자체를 전혀 이해하지 못하는 사람들입니다.

이제 우리는 [follow_the_party]의 발견에 대해서 대한민국 중앙선관위와 더불어민주당, 중국 공산당의 입장을 들어야겠습니다. 우리는 만 5년을 부르짖었습니다. 이들 중 누구도 ftp에 대해 입을 열지 않았습니다. 다른 어떤 의혹에도 '팩트체크'했으나 ftp에 대해서는 그들의 나팔

수가 된 언론조차 길고 무거운 침묵뿐입니다.

우리는 기다립니다. 끝까지! 정말 이 모든 패턴이 우리들의 만들어낸 가공품인지 답변을 부탁합니다.

이 자료는 2020년 5월 26일 로이킴이 최초로 발표한 ftp관련 pdf 원본이다. 이 자료는 몇 가지 측면에서 주의를 불러 일으켰다. 앞에서 자세히 다루었지만 다시 요약하면, 첫째, 나눈수 1, 2를 표시한 점. 나눈 수 1, 2 범위에서 ftp는 100% 추출되지 않고 첫세트에서 w, 둘째 세트에서 t가 빠진다. 마지막 표에서 나타낸 대로 나눈수3까지의 범위에서 100% 추출된다. 본문에서 설명했듯이 이것은 전혀 오류나 조작이 아니다. 둘째 이 표에서 보이는 것처럼 소문자로 추출됐는데도 대외적으로 대문자로 바꿔 발표했다. 이때까지는 대소문자의 차이를 심각하게 인식하지 않았음을 보여준다. 셋째, 이때까지는 띄어쓰기를 나타내는 언더바(_)의 인식이 없어 [follow_the_party] 완전태를 제출하지는 못했다.

FTP 도출 전체 과정

1. 지역구 순번의 합을 1 범위로 최소 최대값이 100에 가까운 결과가 나오도록 나눕니다.
2. 나눈 값 범위 1 사이에 도출 가능한 숫자들을 모두 나열 합니다.
   이때 문자에 해당하지 않는 수는 버립니다.
3. 도출된 범위에 값들을 1번 라인과 2번 라인의 겹치는 모집합 숫자들을 나열 합니다.
4. 모집합된 숫자들을 문자로 변형합니다.
5. 변형된 문자로 단어를 만들어 봅니다.

그룹		1	2	3	4	5	6	7	8	9	10	11	12	13	14	15	16
지역구 순번합		924	1,247	1,128	845	1,292	826	711	652	855	521	939	700	862	666	711	990
나눈수1		10.000	12.000	11.000	8.000	12.000	7.000	7.000	6.000	9.000	6.000	10.000	7.000	9.000	6.000	7.000	9.000
나눈수2		9.000	11.000	10.000	7.000	11.000	6.000	6.000	5.000	8.000	5.000	9.000	6.000	8.000	5.000	6.000	8.000
범위 에서		92	104	103	106	108	118	102	109	95	87	94	100	96	111	102	110
~까지		103	113	113	121	117	138	119	130	107	104	104	117	108	133	119	124
1LINE	결과값	92	104	103	106	108	118	102	109	95	87	94	100	96	111	102	110
		93	105	104	107	109	119	103	110	96	88	95	101	97	112	103	111
		94	106	105	108	110	120	104	111	97	89	96	102	98	113	104	112
		95	107	106	109	111	121	105	112	98	90	97	103	99	114	105	113
		96	108	107	110	112	122	106	113	99	91	98	104	100	115	106	114
		97	109	108	111	113		107	114	100	92	99	105	101	116	107	115
		98	110	109	112	114		108	115	101	93	100	106	102	117	108	116
		99	111	110	113	115		109	116	102	94	101	107	103	118	109	117
		100	112	111	114	116		110	117	103	95	102	108	104	119	110	118
		101	113	112	115	117		111	118	104	96	103	109	105	120	111	119
		102		113	116			112	119	105	97	104	110	106	121	112	120
		103			117			113	120	106	98		111	107	122	113	121
					118			114	121	107	99		112	108		114	122
					119			115	122		100		113			115	123
					120			116			101		114			116	124
					121			117			102		115			117	
								118			103		116			118	
								119			104		117			119	

그룹		17	18	19	20	21	22	23	24	25	26	27	28	29	30	31	32
지역구 순번합		1,230	662	955	768	1,003	1,090	757	1,130	567	598	1,128	721	966	1,025	998	666
나눈수1		13.000	6.000	9.000	8.000	10.000	10.000	7.000	10.000	6.000	6.000	12.000	7.000	10.000	10.000	9.000	6.000
나눈수2		12.000	5.000	8.000	7.000	9.000	9.000	6.000	9.000	5.000	4.000	11.000	6.000	9.000	9.000	8.000	5.000
범위 에서		95	110	106	96	100	109	108	113	95	100	94	103	97	103	111	111
~까지		103	132	119	110	111	121	126	126	114	125	103	120	107	114	125	133
2LINE	결과값	95	110	106	96	100	109	108	113	95	100	94	103	97	103	111	111
		96	111	107	97	101	110	109	114	96	101	95	104	98	104	112	112
		97	112	108	98	102	111	110	115	97	102	96	105	99	105	113	113
		98	113	109	99	103	112	111	116	98	103	97	106	100	106	114	114
		99	114	110	100	104	113	112	117	99	104	98	107	101	107	115	115
		100	115	111	101	105	114	113	118	100	105	99	108	102	108	116	116
		101	116	112	102	106	115	114	119	101	106	100	109	103	109	117	117
		102	117	113	103	107	116	115	120	102	107	101	110	104	110	118	118
		103	118	114	104	108	117	116	121	103	108	102	111	105	111	119	119
			119	115	105	109	117	117	122	104	109	103	112	106	112	120	120
			120	116	106	110	119	118	123	105	110		113	107	113	121	121
			121	117	107	111	120	119	124	106	111		114		114	122	122
			122	118	108		121	120	125	107	112		115				
				119	109			121	126	108	113		116				
					110			122		109	114		117				
								123		110	115		118				
								124		111	116		119				
								125		112	117		120				
								126		113	118						

그룹	1	2	3	4	5	6	7	8	9	10	11	12	13	14	15	16
	17	18	19	20	21	22	23	24	25	26	27	28	29	30	31	32
공통결과	97 98 99 100 101 102 103	110 111 112 113	106 107 108 109 110 111 112 113	106 107 108 109 110	108 109 110 111	118 119 120 121 122	108 109 110 111 112 113 114 115 116 117 118 119	113 114 115 116 117 118 119 120 121 122	97 98 99 100 101 102 103 104 105 106 107	100 101 102 103 104	97 98 99 100 101 102 103	103 105 106 107 108 109 110 111 112 113 114 115 116 117	97 98 99 100 101 102 103 104 105 106 107	111 112 113 114	111 112 113 114 115 116 117 118 119	111 112 113 114 115 116 117 118 119 120 121 122
문자변환	a b c d e f g	n o p q	j k l m n o p q	j k l m n	l m n o y z	v w x y z	l m n o p q r s t u v w	q r s t u v w x y z	a b c d e f g h i j k	d e f g h	a b c d e f g	g h i j k l m n o p q r s t u	a b c d e f g h i j k	o p q r	o p q r s t u v w	o p q r s t u v w x y z
단어찾기	a b c d e **f** g	n **o** **p** q	j k **l** m n o p q	j k **i** m n	l m **o** **w** y z	v **w** x y z	l m n o p q r s t u v w	q r s **t** u v w x y z	a b c d e f **g** **h** i j k	d **e** f g h	a b c d e f g	g h i j k l m n o **p** q r s t u	**a** b c d **r** e f g h i j k	o p q r	o p q **r** s **t** u v w	o p q r s t u v w x **y** z
결과	102	111	108	108	111	119		116	104	101		112	97	114	116	121
문자	f	o	l	l	o	w		t	h	e		p	a	r	t	y

결과

1. 지역구 7개의 순번의 합을 구한다. 순번의 각 합을 100에 가까운 숫자로 만드는 수로 나눈다.
2. 지역구 합은 100단위가 되기 때문에 결과값 1은 100 중의 0.01 이 된다. 나누는 수는 소수점 둘째자리 까지 가지는 수여야 한다.
3. 0.01의 차이로 결과 값이 1 차이가 날 수 있다. 적용한 것은 0.05단위이다.
4. 1,2 Line의 공통 수를 찾는 것에 목적을 두었다.
5. 실제 도출된 결과를 보면 아래와 같다.

	그룹	1	2	3	4	5	6	7	8	9	10	11	12	13	14	15	16
	지역구 순번합	924	1,247	1,128	845	1,292	826	711	652	855	521	939	700	862	666	711	990
1LINE	나눈수1	8.000	11.250	10.450	7.000	11.650	8.000	8.000	7.000	9.000	4.000	10.000	7.000	7.000	7.000	7.000	9.000
	나눈수2	9.050	12.000	11.000	7.850	11.000	6.950		5.600	8.250	5.150	8.000		6.250	5.850	6.150	8.150
	나눈수3							7.000				9.000		8.850			
	값1	116	111	108	121	111	103	89	93	95	130	94	100	123	95	102	110
	값2	102	104	103	108	117	119	116	104	101	117	112		108	114	116	121
	값3							102				104		97			
	그룹	17	18	19	20	21	22	23	24	25	26	27	28	29	30	31	32
	지역구 순번합	1,230	662	955	768	1,003	1,090	757	1,130	567	598	1,128	721	966	1,025	998	666
2LINE	나눈수1	13.000	7.000		8.850	9.050	10.000	6.000	11.000	5.000	6.000	10.000	7.000	7.000	10.000	10.000	6.000
	나눈수2	12.050	5.950	8.000	7.100	10.000	9.150	7.000	9.750	5.450	5.950	11.000	6.450	8.000	9.000	8.600	5.500
	나눈수3							8.000				12.000		9.950			
	값1	95	95	108	96	111	109	126	103	113	100	113	103	138	103	100	133
	값2	102	111	119	108	100	119	108	116	104	101	103	112	121	114	116	121
	값3							95				94		97			

	결과	102	111	108	108	111	119	0	116	104	101	94	112	97	114	116	121
	2진수	1100110	1101111	1101100	1101100	1101111	1110111	77	1110100	1101000	1100101	1011110	1110000	1100001	1110010	1110100	1111001
	0+	01100110	01101111	01101100	01101100	01101111	01110111		01110100	01101000	01100101	01011110	01110000	01100001	01110010	01110100	01111001
	문자	f	o	l	l	o	w	??	t	h	e	^	p	a	r	t	y

보론 및 질의응답 1:
로이킴의 ftp발견 초기 발표에서 '이동값'과 '이동변환값'이라는 데이터는 무엇입니까?

2025:05:11:08

ftp와 관련된 논란의 원인 중에는 발견자 로이킴이 스스로 야기한 것이 있습니다. 그중에 디지털 게리맨더링에 관한 것이 있습니다. 이와 관련된 매칭, 이동값, 이동변환값 등의 용어가 일으킨 문제가 있습니다. 이에 관해서는 첨부하는 『해커의 지문 발견기』(2023년)에 설명되어 있습니다.

로이킴 발견 작업의 시작은 〈프로듀스 101〉 사건처럼 선거 데이터의 조작 방정식을 찾는 것이었습니다. 로이킴은 주로 개표과정에서 조작이 일어난 것으로 가정하고 4·15총선 직후 선관위 발표 데이터를 분석하여 그 조작의 방정식을 찾는 시도를 했습니다. 로이킴은 이 작업을 통해 데이터 속에서 어떤 이색적인 패턴을 발견합니다. 앞에서 수차례 말한 더불어민주당 사전 당일 비중 그래프입니다. 더불어민주당 사전 당일 비중 그래프에 나타난 이색적인 패턴을 보고 로이킴은 '불리한 지역을 유리한 지역으로 바꾸는', 즉 '낙선 지역을 당선 지역으로 바꾸는' 일종의 디지털 게리맨더링이 일어난 것으로 본 것입니다.

더불어민주당 사전 당일 비교 그래프에서 나타난 이색적인 패턴이란 더불어민주당 당일 득표율 50% 이상과 이하로 분기되면서 전체 총합이 일치되는 것입니다. 당일 득표율 50% 이상은 모두 당일에서 얻은 표 비중이 사전보다 크다는 얘기입니다.

로이킴은 이 그래프의 실체를 게리맨더링으로 잘못 이해하여 "전체 이동값"이라는 개념을 사용한 것입니다. 음수값을 얻은 지역구, 즉 사전비중이 당일비중보다 작은 지역구와 큰 지역구가 하필 더불어민주당 당일득표율 50% 전후로 분기되며, 지역구 수는 2:1 정도로 차이나는 것을 보고 얼마큼씩이 정확히 어디서 어디로 이동되었을지에 대해 관심을 갖고 값을 구한 것입니다.

로이킴이 [follow_the_party] 발견 초기에 게리맨더링, 이동값, 이동변환값, 배분, 매칭 등의 용어를 사용한 것은 결과적으로 ftp를 대중들이 이해하는 데 걸림돌이 되었지만 애초에 조작 함수를 추구했던 로이킴으로서는 이 같은 가설을 내놓은 것은 당연한 과정이고, 이 값들의 분석을 통해 이색적인 데이터가 선거 당락을 바꾸는 조작함수가 아니라 전혀 다른 알고리즘을 반영한 결과로 나타난 사실이 발견된 것입니다. 즉 암호문자 탐색과 발견으로 나아간 깃입니다.

로이킴의 오류는 나중에 후사장의 ftp 검증과정에서 정정됩니다. VON뉴스는 ftp 검증이 자유로운 토론을 통해 이루어지도록 로이킴과 후사장 두 분에게 채널을 열어 주고 시청자들의 반론을 통해 오류가 수정되어 나가도록 유도했습니다. 일종의 브레인스토밍의 시간이 수 개월 지속되었습니다.

2020년 5월 28일의 "로이킴 무편집 직강_이동값 구하기_게리맨더링과 빅데이터" 방송은 로이킴 시행착오의 정점이었으나 방송 삭제는 없이 오류의 전 과정을 보여주면서 정리를 해 둘 필요는 있다고 봅니다. 후 사장의 해설을 참고하여 로이킴의 오류를 바로잡으면 다음과 같습니다.

(1) 게리맨더링이 아니라 일종의 '최적화'의 결과로 사전 당일 비중 차이값이 발생하였고 이 최적화 과정을 거쳐 추가적으로 ftp 로직을 설계했다. 즉 기본 설계를 유지하는 선에서 소량의 표 이동이 있었다.

(2) ftp 로직이 나타난 것은 당선과 낙선을 조작하는 개념의 '이동'이 일어난 것이 아니므로 '이동값', '이동변환값' 등의 명명은 오해를 불러일으킬 소지가 있었다고 보여진다.

(3) 이동값은 '사전 당일 비중 차이값' 정도로 풀어서 표현하는 것이 적절하고, 이동변환값은 '사전 당일 비중 차이값 × 각 지역구 당일득표수'로 바꿔 부르는 것이 대중들의 이해를 위해 더 나을 듯하다.

이상의 오류 정정은 2021년 발간된 『해커의 지문』과 2023년 『해커의 지문 발견기』를 통해 이미 밝혀 두었는데 아직도 2020년 5월의 설명 오류를 붙들고 ftp 자체를 부정하는 사람들이 있습니다.

후사장은 『해커의 지문』 발견기에서 왜 '이동', '매칭' 등의 용어를 계속하여 사용했는지에 대해 문의했을 때 후사장은 "원저자 로이킴에 대한 존중"이라고 표현했습니다.

실제로 당락을 위해 표수를 이동시킨 것은 아니지만 조작표수를 줄이기 위한 최적화 과정에서 (이미 전체표를 늘려 놓은 상황에서) 당일득표율 50%를 기준으로 추가적으로 빼고 더하는 ftp 설계가 있었으므로 후사장도 로이킴의 '이동'이라는 용어를 계속 사용했던 것으로 보입니다. 다만 이동의 목표가 당락 조작을 위해서가 아니라 최적화와 ftp 삽입을 위한 것이었다고 후사장이 거듭 설명해 준 것입니다.

관련 영상 시청하기

지난 5년간 로이킴의 설명 오류를 정정하며 각종 시뮬레이션을 통해 ftp를 검증해 왔는데 지금도 2020년 5월에 멈추어 서서 트집을 잡는 사람들은 문제적입니다. 과학과 공학 영역은 오류 없이 발전되지 않습니다. 가설이 검증 과정에서 무너진다고 해도 그 오류 자체가 발견의 과정입니다. 과학은 대체로 이런 과정을 통해 발전해 왔습니다. VON뉴스에서 ftp와 관련된 시행착오 전 과정을 노출한 것은 가설과 검증의 전 과정이 의미 있듯이 오류도 발견의 한 과정이라고 보았기 때문입니다.

더불어민주당 사전 당일 비중그래프의 중요성은 로이킴의 설명 오류에도 불구하고 ftp 발견에서 결정적인 것입니다. ftp 발견 초기에 '이동값'이라고 명명된 '비중차이값'이 어떤 연유로 발생했는지 의문부호를 던지지 않고, 내내 '항등식' 속에서 이동값을 추출했다며 발견자 로이킴에 대해 '사기꾼' 운운한 사람들은 수치심을 가져야 합니다.

항등식을 통해 구해낸 값들에서 로이킴이 어떤 종류의 '패턴'을 추출해낸 전 과정이 ftp 발견 과정입니다. 이동값, 이동변환값 등의 용어가 문제라면 좀 더 적절한 명명이 있기를 바랍니다. 조작값, 조작변환값이라고 하지 않고 중립적으로 이동(moving)이라는 단어를 쓴 것은 그 자체로 오류는 아닙니다. 다만 더해지고 빠지는(이동) 사유에 대해 초기에는 당락을 바꾸기 위한 이동이라고 추정했던 것입니다. 훗날 전문가들이 적절한 명명 작업을 맡아주기를 고대합니다.

보론 및 질의응답 2:
로이킴과 후사장의 나눈수 규칙은 왜, 어떻게 다릅니까?

2025:05:11:09

로이킴은 ftp의 발견자이고, 후사장은 초기 검증자입니다. 로이킴은 실제 데이터(선관위 발표)를 바탕으로 분석했고, 후사장은 시뮬레이션 데이터를 바탕으로 재구성했습니다.

후사장의 시뮬레이션은 앞에서 다루었지만, 민주연구원과 그 다음 후속 작업을 한 설계자들에 의해 완벽하게 계획된 선거 결과 청사진이 미리 있었음을 추정케 합니다. 42쪽 도표 참고

후사장은 이 작업을 통해 로이킴이 발견한 암호문자가 언제, 어디서 삽입되어 있었던 것인지 설득력있는 의견을 내놓았습니다. 말하자면 이근형 판세표가 암시하듯 선거가 시작되기 전에 이미 대한민국 전국 방방곡곡의 투표율과 득표율이 설계되어 있었고 그 수치 위에 약간의 표를 더하거나 빼서 ftp 문자가 나타나도록 또한 설계해 두었다는 것입니다.

로이킴은 이 숨겨둔 로직을 데이터 표준화, 평준화, 정규화(?) 등의 방법을 통해 '발견'해 낸 것이고, 후사장은 로이킴의 발견을 통해 역으로 해커의 입장에서 알고리즘을 추정 및 재현해 본 것입니다.

로이킴은 실제 데이터에서 100에 수렴시키는 세 가지 나눈수를 통해 두 세트의 [follow_the_party]를 발견했지만 기본 나눈수와 앞뒤 +1, -1값의 세 가지 범위를 적용했을 때 세트 1에서는 w가, 세트 2에서 t가 누락되어 있어서 각각의 집합의 교집합을 통해 ftp를 완성했습니다.

후사장은 시뮬레이션을 통해 세트 1과 2에 모두 온전한 ftp가 나오는 경우의 지역구 정렬이 있을 수 있었는지 시뮬레이션해 본 것입니다. 후사장은 여러 가지 상황을 고려하여 공주·부여·청양, 울산 동구을이 처음 계획과 약간 달라졌을 수 있다고 가정하고 정렬을 조정하여 ftp의 완전태를 가상해 봅니다. 따라서 후사장의 경우는 'what if' 가정이 포함되어 있습니다. 로이킴은 현실 데이터에서 ftp를 발견했고, 후사장은 선거 전에 계획했을 원 데이터를 시뮬레이션을 통해 추정해 본 것입니다.

후사장은 로이킴의 발견 규칙을 상당히 잘 반영해 주는 새로운 규칙을 제안하는데 그것은 소문자(기호 포함) 'l(엘)'을 기준으로 나눈수 규칙을 적용해 보는 것입니다.^{97쪽} 이것 역시 예시의 하나입니다.

나누기 규칙 1: 소문자 l(엘: 아스키코드는 108)을 기준으로 타겟 문자의 아스키코드가 108보다 작으면, 즉 91([)에서 107(k)에 속하면 순번합을 100으로 나누고 1을 더해 주는 값으로 나눈값이 범위 시작값[(순번합/100)+1]. 이때 소문자 l(엘)을 기준으로 하는 이유는 문자범위인 91번과 126번 사이 중간에 해당하기 때문임.

나누기 규칙 2: 순번합을 100으로 나누고 1을 뺀 값으로 나눈값이 범위 종료 값[순번합/100-1] (나누기 규칙 1, 2를 통해 기준값에 더하기 1과 빼기 1을 적용하는 규칙성이 발견된 것임).

그러나 이상 후사장의 시뮬레이션은 실제 데이터 그대로를 반영하는 것은 아니라는 점은 거듭 주의할 필요가 있습니다. 2020년 4·15총선 결과 실제 데이터에서 인위적인 패턴을 추적해 결국 두 세트의 ftp에 접근한 로이킴의 탐색과 발견은 가상 데이터가 아니라 실제 데이터를 바탕으로 했다는 측면에서 후사장의 작업과 차이가 있습니다.

후사장의 작업은 선거전에 존재했을 원 계획표수(설계표수 또는 청사진으로도 표현)를 추정해 보았던 면에서 부정선거 전체 설계 과정을 추정하는데 도움을 주었습니다. 다만 후사장의 작업은 현실적으로 나타난 선거 결과 데이터를 있는 그대로 두고 해설한 것이 아니므로 많은 오해를 불러 일으키기도 했습니다. 그러나 여전히 후사장의 프로그램 복원 작업은 ftp 알고리즘의 실체를 찾아가는 데 큰 기여를 했습니다.

보론 및 질의응답 3:
해커의 지문 ftp는 비례대표 계획표에는 반영되어 나타나지 않았습니까?

2025:05:12:09

일단 답을 먼저 말씀드리면 "네, 그렇습니다"입니다. ftp는 지역구 순번을 이용한 로직으로 기본 계획표에서 불필요한 표를 줄여 나가는 최적화 단계에서 삽입된 로직으로 보는 것입니다. 전국구 비례대표와는 무관합니다.

로이킴에 따르면 민경욱 후보 지역구 연수을만 놓고 봤을 때 ftp설계를 위해 이동된 표수는 400표 내외로 추정되고 아예 한 표도 이동되지 않은 지역구도 상당수 있다고 합니다. 로이킴은 이 조작비율을 R값으로 표시했는데 R값이 0인 지역들이 그렇습니다.

따라서 지역구 순번을 활용한 ftp 로직은 전국구인 비례대표 계획까지 연동될 필요는 없었고, 할 수도 없었을 것으로 보입니다. 그건 너무 복잡한 일이겠지요. 그렇다고 해서 비례대표 계획표가 지역구 계획표와 연동되지 않는 것은 아닙니다. 비례대표는 좀 더 복잡한 문제를 갖고 있습니다. 4·15총선 비례대표 부정의 핵심요인은 기독자유통일당 견제로 보입니다.

NO	지역구	지역	선거구	R-Data
1	129	경기	안양시동안구을	0
2	122	경기	성남시중원구	0
3	165	경기	김포시갑	0
4	128	경기	안양시동안구갑	0
5	166	경기	김포시을	0
6	106	대전	유성구을	0
7	15	서울	도봉구갑	0
8	24	서울	마포구갑	0
9	1	서울	종로구	0
10	34	서울	영등포구갑	0
11	114	세종	세종갑	0
12	85	인천	남동구갑	0
13	86	인천	남동구을	0

조작값(R-Data)가 0인 지역구. ftp 설계를 위해서 더하고 뺀 표수는 크지 않음을 뜻한다.

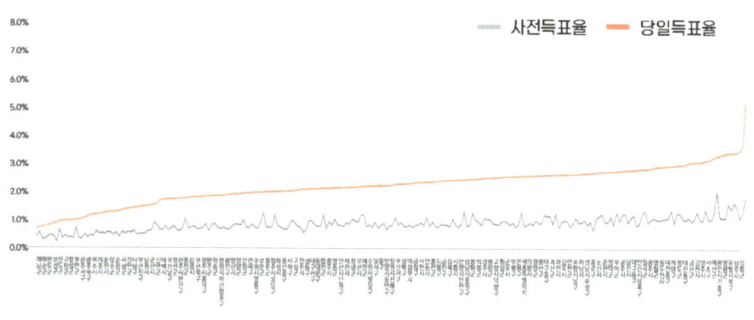

기독자유당 - 당일득표율 기준

21대 총선 기독자유통일당 비례대표 사전 당일득표율(당일기준 오름차순). ftp는 없었지만 사전투표 대량 투입은 있었다.

위조가 어려운 비례투표지야말로 부정선거 증거 그 자체입니다. 2021년 인천 연수을 지역구를 시작으로 다섯 차례 법정에서 판사들 앞에서 투표지를 열어서 보여주고 슬쩍 덮는 방식으로 재검표를 진행했는데 이때에도 이상 투표지가 쏟아져 나왔지만 표지가 표수는 맞춰져 있었습니다. 말하자면 개표가 끝난 후 선관위 홈페이지를 통해서 최종 득표수 등 데이터가 공개됩니다. 이 공개된 데이터상의 표수는 맞춰져 있고 표는 재검표를 위해 다시 만들어졌다고 믿을 수밖에 없도록 이상한 표들이 대량으로 들어있었습니다. 일명 '배여일화'(배춧잎, 여백, 일장기, 화살표 투표지 등)가 그렇습니다. 그러나 이 다섯 차례 검증 시에도 비례투표지는 한 군데도 열지 않고 갖은 소송에도 철저히 봉쇄했습니다. 후보, 시민측이 선관위를 상대로 몸싸움이 나도 단 한번도 비례투표지 개봉은 관철시킬 수 없었습니다.

중앙선관위와 대법원의 야합이란, 부정선거를 주장하는 사람들을 향해 표수만 급히 세고 "맞지? 맞지? 수가 맞네. 부정선거 아니네." 하고 입막음하는 식이었습니다. 그러나 비례투표지는 그나마도 하지 않았습니다. 비례표는 재검에 대비해 아예 프린트 자체를 다시 못 했다는 뜻입니다. 법원 보전 기한에 맞추려면 불과 1~2주일 안에 감쪽같이 다시 프린트를 해야 하는 상황에서 범법자들이 연동형 비례대표제로 정당이 난립하면서 이례적으로 길어진 비례투표지까지 재프린트할 수는 없었다는 것입니다. 대비를 못했다는 뜻이지요. 그렇지 않으면 재검을 못할 이유는 없습니다.

비례투표지의 경우 투표함을 여는 순간 표수조차도 원 발표 데이터와 맞지 않아 덜미가 잡히게 되었겠지요. 그러니 아무리 소송으로 맞서도 단 한 군데도 비례표는 다시 세어볼 수 없었습니다. 선관위와 대법원의 야합의 결과입니다.

비례투표 부정의 눈에 띄는 양상은 갑자기 뒤죽박죽으로 나타난 교차투표와 엄청난 무효표입니다. 지역구 무효투표율은 20대와 21대가 거의 비슷합니다. 2016년 20대 1.32%, 21대 1.30%. 그러나 비례는 20대 2.74%, 21대 4.21%입니다. 엄청난 무효표가 쏟아진 것입니다.

교차투표 현황은 두말할 것이 없습니다. 경기도 구리시만 갖고 봤을 때, 2016년 20대 총선의 사전 14표, 당일 684표의 교차투표 차이가 4년 만인 2020년에 사전 1,037표, 당일 2,422표로 부풀려집니다.

이렇게 된 것에는 다른 요인도 있겠지만 무엇보다도 이것은 국가 차원의 검증이 불가피한 기현상입니다. 그러나 안타깝게도 비례투표함은 영영 열리지 않았습니다. 비례대표 부정의 가장 뚜렷한 경향은 전광훈 목사의 기독자유통일당에 대한 전면적 견제입니다. 어떤 경우에도 3% 득표율 달성을 막아 기독자유통일당이 원내정당이 되는 것은 막겠다는 의지가 선명히 나타납니다.

요컨대 중앙선관위의 해명이 불가능한 수준의 증거가 바로 비례투표지인 것입니다. 아무리 우둔한 사람이라도 선관위 발표 표수와 재검표를 위해 투표함을 열었을 때 실제 표수가 맞지 않으면 이건 부정의 증거라고 말하지 않을까요? 온갖 상황에서 변명했지만 선관위도 이런 상황에서 대응은 쉽지 않았을 것입니다.

따라서 4·15총선 이래 비례투표 재검이란 영영 불가능한 일이 되어버렸고, 윤석열 대통령 역시 굳게 닫힌 투표함을 열어볼 권력이 없다는 불행한 사실이 확인된 2025년, 대한민국은 진짜 비상, 비상입니다!

보론 및 질의응답 4:
국민의힘은 부정선거 문제에 왜 침묵할까요?

2025:05:13:07

국민의힘의 부정선거 규명에 대한 일관된 방해는 '신비로운' 일에 속합니다. 규명운동 가운데에서 두 가지 뚜렷한 현상을 보셨을 것입니다.

(i) 부정선거 규명운동을 목소리 높여 방해하는 사람들은 대부분 국민의힘 진영에 있거나 소위 보수 진영에 있었던 사람들이다.

(ii) 더불어민주당 진영에 있거나 있었던 사람들은 지령이라도 받은 것처럼 일제히 침묵했다.

이 기현상에 대해서 주목한 사람들은 많지 않았을 것입니다. 그러나 최전선에서 부정선거 규명을 해 온 사람들 중에는 이유를 알고 있는 사람들이 있었습니다.

앞서 여러 차례 언급했던 이근형 판세표의 '사전투표 보정값'이 최초의 단서였습니다. 더불어민주당의 민주연구원에서 이런 판세표를 합법적인 목적으로 만든다면 그것은 선거 캠페인을 통한 표 획득을 위한 수단이어야 합니다.

이런 빅데이터를 활용한 선거운동의 성공사례로 미국 오바마 선거 캠프의 경우를 흔히 듭니다. 실제로 이근형 윗선에 있었던 고한석은 오바마 캠프에서 이 방법을 직접 배워왔고 이를 책으로 내기까지 했습니다.

그러나 더불어민주당이 단지 선거운동만을 위해 이 어마어마한 작업을 했다는 사실이 의문스럽습니다. 설령 순수한 캠페인용이라고 하더라도 '사전투표 보정값'이라는 단어는 필요가 없었습니다. 사전에 찍을 사람, 당일에 찍을 사람을 정해 놓고 사전만 따로 보정을 할 방법은 없습니다. '조작'을 위한 보정값이 아니라면 말입니다.

우리는 이근형 판세표가 2020년 4월 16일 페이스북 업로드 직후 내려지고 선거 대승의 공신 이근형이 정치 무대에서 조용히 내려가는 모습을 보며 명령자 이해찬을 주목하지 않을 수 없었습니다. 이해찬이 남영희 후보 선거소송을 취하시킬 때도 심히 오싹한 기분을 비록 소수지만 부정선거 규명운동의 최전선에 있던 사람들은 공유하고 있었습니다. 아는 사람만 아는 사실이겠지만 이근형은 숙청되어야 마땅할 만큼 큰 실수를 저질렀던 것이죠. 남영희 후보는 눈치가 없었고요.

더불어민주당의 부정선거 전략은 철저한 침묵 속 무조건 강행입니다. 입을 열어 떠들어대는 것은 국민의힘 언저리에 있는 사람들뿐이었습니다. 우리는 부정선거 규명에 나선 시민들과 육탄전으로 싸우는 정규재, 이병태, 조갑제 등 왕년의 우파 보컬들의 행태에 주목할 뿐 아니라 전 재산을 걸고 부정선거 음모론과 싸우겠다는 류OO 같은 유의 행태도 면밀히 검토했습니다.

이 시점에 우리는 이병태, 정규재가 이재명 캠프로 들어가면서 자신들의 존재를 최종 커밍아웃한 사실을 접했습니다. 숨겨져 있는 비밀들이 갑갑함을 못 참고 비명을 지를 지경입니다.

지금 이 순간, 중요한 것은 누가 힘을 가지고 있는가입니다. 미지의 권력자는 국민의힘도 좌지우지할 수 있다는 것을 우리 국민들은 부정선거 규명운동을 통해 알아버렸습니다.

[follow_the_party]가 발견된 것은 2020년 5월 20일 경이었습니다. ftp를 보는 순간 저는 '판이 너무 크다'는 사실을 직감했습니다. 처음부터 ftp 문제를 미국에 의뢰해 풀 수밖에 없었지요. 부정선거 규명운동을 해 온 사람들은 이 전쟁의 본질을 조금 수월하게 파악할 수 있었고 대체로 트럼프 줄에 서서 그와 수난의 시간을 함께 겪었습니다.

요즘 정치가 너무 드라마틱하여 영화관이 빈다는 애기가 있습니다. 당신은 누구입니까? 귀족입니까? 공산당입니까? 가진 것이라고는 표 한 장만큼의 권력뿐입니까? 그 표 한 장은 결코 알량하지 않습니다. 그것은 당신의 우주입니다. 그것이 없으면 우리는 그들의 노예가 됩니다. 목숨 걸고 지킬 가치가 있습니다.

보론 및 질의응답 5:
부정선거에 전자개표기가 사용될까요?

2025:05:13:14

전자개표기(투표지분류기)가 부정선거에 이용되는지 여부는 의견이 분분한 주제입니다. 부정선거 규명운동이 폭발적으로 일어났던 2020년 4·15총선의 경우에도 전자개표기가 부정선거의 주된 도구라고 생각하는 사람들이 많았습니다. 지금도 그렇습니다.

그러나 저는 4·15 이후의 한국 공직선거에 전자개표기는 부정을 위한 주된 방법으로 쓰이지 않는다는 입장을 갖고 있습니다. 물론 2020년 21대 총선 부여 투표소에서 문제적인 사건이 일어났다는 보도가 있었던 것을 감안하면 전자개표기에 대한 의심은 여전히 남아 있습니다. 그러나 전자개표기로는 이 정도 대규모 부정은 어렵습니다.

전자개표기로 부정선거가 일어나고 있다는 의혹은 김어준이 제작한 영화《더 플랜》(The Plan)에서 충격적으로 제기됩니다. 세팅값에 따라서 표들이 제자리를 찾아가지 않고 플랜에 따라 움직일 수 있다는 것입니다.

김어준은 이때의 실수를 만회하기 위해 '여론조사 꽃'을 만들어 조작 메커니즘에 좌판 하나를 놓았을까요? 선거를 눈 시퍼렇게 뜨고 감시한다던 '시민의 눈'은 어디로 갔나요?

2020년 4·15총선 이전에 있었던 여러 차례의 공직선거에 전자개표기 등과 같은 의혹이 전혀 없었던 것은 아닙니다. 2002년에 시작된 전자개표기는 디지털 부정선거의 시원이며 언제든지 문제를 일으킬 소지를 갖고 있으므로 전면 수개표는 반드시 필요합니다. 관우정밀 유재화 대표의 고백이 이제는 전설처럼 떠돌고 있지만 선거에 사용되는 전자장비는 여전히 모두 의심의 대상입니다.

그럼에도 불구하고 전자개표기 문제에 전면 매달리다가는 허가 찔릴 수 있음을 주의해야 합니다. 전자개표기를 쓰지 않고도 대규모 디지털 부정선거가 가능하고 또 실제로 일어나고 있기 때문입니다. 부정선거 방지 노력이 전자개표기 부정 방지에 집중되는 것은 다른 사각지대를 소홀히 할 여지가 될 수 있습니다.

ftp는 디지털 부정선거가 전자개표기 조작 수준을 벗어났음을 상징적으로 알려줍니다. 4·15 부정선거는 어떤 관점에서는 세계 역사에 유례가 없는 고도화된 디지털 대규모 부정선거의 신기원이었습니다.

출처: 오마이뉴스

보론 및 질의응답 6:
선관위는 투표관리관 개인도장 날인법을 왜 불법적으로 폐기했을까요?

2025:05:14:10

답은 간단합니다. 불법표를 만드는 가장 쉬운 수단이 도장인쇄이기 때문입니다. 사실상 도장을 안 찍는다는 얘깁니다. 심지어 도장이 없어도 유효표로 인정해 주고 있습니다. 정상적인 국가의 선거가 아닙니다.

중앙선관위가 어떤 불법을 자행해도 수사할 권력이 없는 것이 오늘날 대한민국의 가장 심각한 위험요인입니다. 수사는커녕 감사도 할 수 없습니다. 선관위가 대통령보다 세고, 그 위에 더 큰 권력이 있고, 다수의 국민들이 이 상황에 박수를 보내고 있습니다.

선관위는 대규모 가족채용 인사비리가 발각되어도 꿈쩍을 하지 않습니다. 대통령이 이 심각한 상황을 손보려고 비상계엄까지 해도 내란몰이를 당합니다. 대한민국은 선관위라는 용광로 속에 녹아 없어지고 있습니다.

중앙선관위가 중국 공산당을 칭송하고 전북선관위는 북한 노동당까지 민주주의 선거를 하고 있다는 식으로 선전한 것은 결코 우연한 일이 아닙니다.

중앙선관위는 이미 남·북·중 공산주의자들의 손에 쥐어져 있습니다. 중앙선관위가 이 악성 권력을 등에 업고 공직선거법을 자신들의 불법 권력 유지 수단으로 쓰는 것은 대낮에 다 드러난 진실입니다.

중앙선관위, 법원, 언론, 여론조사 회사가 한패가 되어 더불어민주당, 조선 노동당, 중국 공산당의 지령에 따라 계속적으로 부정선거를 자행하는 것은 이제 비밀이 아닙니다.

윤석열 대통령은 이 상황을 직시하고 타파하려 했지만 국민 상당수도 대통령의 결단을 지탄하고 저들과 함께하고 있습니다. 많은 국민들이 부정선거면 계엄해도 괜찮냐고까지 말합니다. 같은 나라 국민이라고 생각할 수 없습니다.

무서운 일이 계속되고 있습니다. 이 어둠 속에서 그래도 손톱만한 빛이 될 것은 공직선거법 제158조 3항 "사전투표관리관은 투표용지 발급기로 해당 선거의 투표용지를 인쇄해 사전투표관리관 칸에 자신의 도장을 찍은 후 일련번호를 떼지 않고 회송용 봉투와 함께 선거인에 교부한다"를 지키는 것입니다.

물론 이 조항을 지킨다고 하더라도 범죄자 소탕이 없는 한 부정선거를 근절할 수 없겠지만 그래도 이 조항은 선관위 불법을 어느 정도 견제할 수 있는 최소한의 수단입니다. 도장을 일괄 파일 형태로 보유하고 있는 선관위의 불법표 생산의 시간을 늘이고 방법을 복잡하게 하는 효과는 확실히 있을 것입니다. 벽돌더미 같은 빳빳한 투표지 투하는 어려워지겠지요?

공직선거법을 선관위 규칙으로 바꾸고, 이를 법원이 인정해 주는 악순환을 끊을 방법은 현재 보이지 않습니다. 너무 '센 놈들'이 버티고 있습니다. 선관위의 변명은 투표율을 높이기 위해서라고 하지만 낮은 투표율도 민의입니다. 투표율의 높낮이를 따진다면 보궐선거는 폐지해야 맞습니다.

불법을 용인하는 한 아무리 투표율이 높아도 민의가 아닙니다. 북한 투표율은 수십년째 100%입니다. 이것이 민의입니까? 수령절대주의의 다른 표현입니다. 불법 무한 도장 인쇄는 대한민국이 북한식 수령절대주의로 가는 다리를 놓은 것입니다.

누가 이 다리를 끊을까요? 국힘 당대표를 했던 한동훈도 투표관리관 개인도장을 찍어야 한다는 얘기는 했습니다. 그런데도 그 스스로 윤석열 대통령 등에 칼을 꽂았습니다.

이 시대 한국인들은 선거보다 먹방을 중히 여깁니다. 멸망의 기운이 진한 것을 여러분은 느끼고 있나요? 사전투표 개인도장 날인 조항을 지켰으면 대한민국 선거 결과 데이터에 [follow_the_party]가 나타나는 일은 결코 없었을 것입니다!

중앙선관위 유튜브에서 왕후닝을 긍정적으로 소개했었다.

보론 및 질의응답 7:
선관위 명부에 등장한 19세기 사람들의 실체는 무엇일까요?

2025:05:14:13

2020년 영등포을 선거인 명부에 유권자 1886년생인 당시 134세 할머니가 등장한 것은 유권자 풀을 확대시킴으로써 투표율 대폭 상승을 다소 상쇄하기 위한 고육책에 따른 것으로 추정됩니다. 사망자들을 대거 선거인 명부에 잔류시켜 유권자수를 늘려 두면 유령표를 넣어도 투표율 상승폭이 줄어듭니다.

선관위와 법정에서 다투는 변호사들이 치열하게 열람을 요청했던 선거인 명부는 2021년 9월 영등포을 재검표 때 처음으로 선관위에 의해 심각하게 변조된 채 제출되었습니다. 이 명부에 19세기 유권자들이 대거 나타난 것입니다. 118세 이상이 14명입니다!

선관위에서는 제대로 주민등록이 말소되어 있지 않은 것이 등재의 이유라고 하지만 이런 상태의 명부를 점검 없이 그대로 사용하는 것이 정상적인 선거 관리일까요? 그많은 선관위 직원들은 엄밀한 명부 관리조차 하지 않는 것입니까? 행정안전부와 협력은 제대로 이루어지지 않는 것입니까? 3,000명이 넘는 공무원을 둔 상설기구는 멈추어 있습니까? 아프리카 가나에서 문제되었던 부정선거에서 시민들의 요구에 따라 확인된 바에 따르면 5만에 이르는 죽은 사람 등과 같은 유령 유권자가 나타났다고 합니다. 하지만 우리는 죽은 사람이 투표했는지 아닌지조차 확인해 볼 수가 없습니다.

앞에서 기초 및 기본 판세표를 설명할 때, 선거 조작은 단순히 표를 얹는 것이 아니라 투표율과 득표율도 전반적으로 연동되어 조작되도록 설계되어야 하는 까닭을 말했습니다.

각 선거구별 총 투표율이 어떤 값(예: 최대 73%)을 넘기지 않아야 하는 것은, 이전 투표율보다 지나치게 높은 투표율이 나오면 투표율 조작 의심을 받기 때문입니다.

원칙적으로 같거나 비슷해야 하는 후보별 사전투표 득표율과 당일투표 득표율 차이가 아무리 커도 일정 범위(예: 사전투표 득표율 - 당일투표 득표율 = 최대 18%) 내에 있어야 하는 것은 그전까지의 선거 패턴에서 사전과 당일의 표심이 일률적으로 극심하게 차이가 난 적이 없기 때문입니다.

표수를 대폭 늘리는데 투표율 상승이 덜 눈에 띄려면 유권자풀이 커지는 것밖에 방법이 없습니다. 실제로 죽은 사람이나, 투표 자격이 없는 사람들이 200만 명 이상이 포함되어 있다는 증언도 있었습니다.

이런 의혹에도 선관위는 철저히 실물 명부를 숨길 따름입니다. 이 명부를 재판부에 제출하면 선관위는 정정당당하고 간단하게 자신들을 향한 온갖 의혹을 풀 수 있는데도 말입니다.

지금껏 부정선거 규명에 있어 가장 심각한 문제는 바로 이 '명부'를 숨기는 데 있다고 생각됩니다. 움베르트 에코의 『장미의 이름』이 연상될 정도입니다. 선거인명부가 독이라도 묻어 있을까요? 꼭 숨겨야 할 비밀이 있는 책이라도 되는 것일까요? 범죄의혹을 풀기 위한 수사용으로는 반드시 제출되어야 합니다. 사생활 침해 소지에도 불구하고 범죄수사를 위해 CCTV는 설치되고 참고되듯 말입니다.

국가정보원은 2023년 10월 10일 "사전투표를 하지 않은 사람을 투표한 것으로 바꿀 수 있었고, 사망한 사람을 유권자로 등록할 수 있었다"고 발표했고, 2025년 이 조사를 주도했던 백종욱 전 국정원 3차장은 헌법재판소 대통령 탄핵 심리 중에 "해커의 통합선거인명부 변경은 가능하다"고 말했습니다.

당일투표 시 투표자는 투표소에서 자필서명을 하고 투표를 하게 됩니다. 이때 사전에 투표를 한 사람은 당일 현장 명부에는 이미 투표한 것으로 표시가 되어 있습니다. (사전투표는 이 서명조차 남기지 않는다는 사실! 냄새가 나지 않나요?)

그래서 앞에서도 거듭 이 종이로 프린트되어 당일투표 현장에 투표소마다 비치되어 있었던 명부를 모아 한 지역이라도 제대로 투표자수를 세어보면 투표자가 부풀려져 있는지 금세 확인할 수 있다고 말해 왔습니다. 선관위는 자신들을 향한 지탄을 막을 수 있는 이 간단한 방법조차 사용하지 않습니다.

중앙선거관리위원회는 통합선거인명부를 작성하는 경우 같은 사람이 2회 이상 투표할 수 없도록 필요한 기술적 조치를 하여야 합니다. 이를 위해 선관위가 취하는 기술적 조치가 있을까요? 한마디로 '선관위' 마음대로입니다. 견제 방법이 안 보입니다. 선관위가 결심하면 명부는 고무줄처럼 늘어나기도 줄어들기도 하겠지요?

이제 공직선거법을 꼼꼼히 들여다봅시다.

공직선거법 제44조의2(통합선거인명부의 작성)

① 중앙선거관리위원회는 사전투표소에서 사용하기 위하여 확정된 선거인명부의 전산자료 복사본을 이용하여 하나의 선거인명부(이하 "통합선거인명부"라 한다)를 작성한다.

② 중앙선거관리위원회는 통합선거인명부를 작성하는 경우 같은 사람이 2회 이상 투표할 수 없도록 필요한 기술적 조치를 하여야 한다.

③ 통합선거인명부는 전산조직을 이용하여 작성한다.

④ 읍·면·동선거관리위원회는 선거일에 투표소에서 사용하기 위하여 제148조 제1항에 따른 사전투표기간 종료 후 중앙선거관리위원회가 제2항에 따라 기술적 조치를 한 선거인명부를 출력한 다음 해당 읍·면·동선거관리위원회위원장이 이를 봉함·봉인하여 보관하여야 하며, 그 보관과정에 정당추천위원이 참여하여 지켜볼 수 있도록 하여야 한다. 이 경우 정당추천위원이 그 시각까지 참여하지 아니한 때에는 참여를 포기한 것으로 본다.

⑤ 누구든지 제4항에 따라 출력한 선거인명부를 이 법에서 정하지 아니한 방법으로 열람·사용 또는 유출하여서는 아니 된다.

⑥ 통합선거인명부의 작성, 선거일 투표소에서 사용하기 위하여 출력한 선거인명부의 보관방법, 그 밖에 필요한 사항은 중앙선거관리위원회규칙으로 정한다.

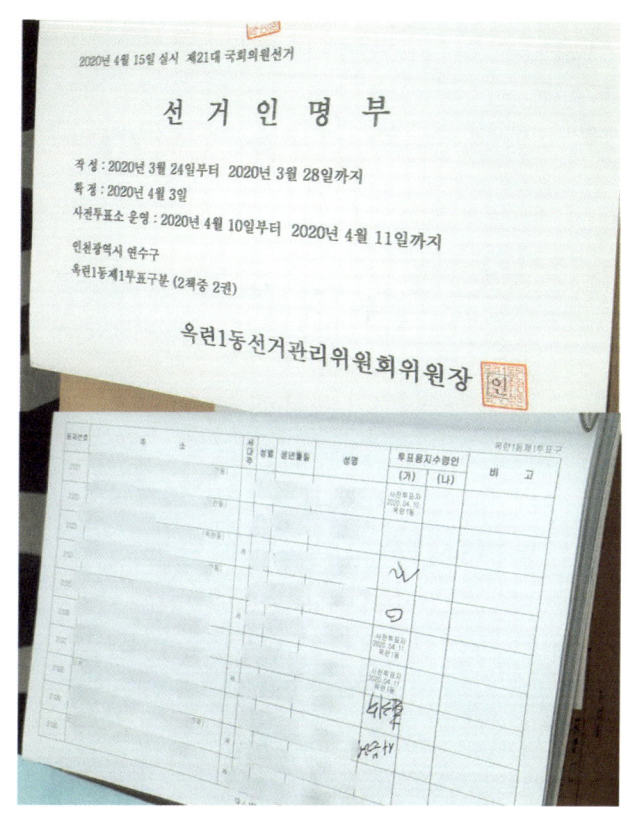

본 투표 때 유권자의 이름과 주소를 확인 후 유권자가 직접 서명하는 명부(위)와 주소와 이름이 온통 비어있는 통합선거인명부(아래). 통합선거인명부의 조작은 생각보다 간단할 것으로 짐작된다.

선거소송 과정에서 선관위가 제출한 선관위에 의해 변조된 명부

사례 13

「4·15 부정선거」는 팩트다!

1876년생 144세 유령 유권자

> 기네스북 최고령(117세)을 능가하는
> 144세 유령 유권자가 선거인 명부에 등재됨

기네스북 최고령자 보다 나이가 많은 유권자수 14명 (영등포을 통합선거인명부 기준)			
연령	생년	남	여	합계
134세	1886		2	2
131세	1889	1		1
123세	1897		2	2
122세	1898		3	3
121세	1899		2	2
120세	1900		1	1
119세	1901		1	1
118세	1902		2	2
총합계				14

세계최고령 기네스북 기록
다나카 가네 할머니
(117세, 1903년생)

부정 4.15 선거

부정선거라는 "거대 악"과의
싸움을 계속 할 것입니다

보론 및 질의응답 8:
빳빳한 투표지는 증거로서의 능력이 있습니까?

2025:05:15:08

해설 65에서 배춧잎투표지와 증거의 단계를 설명하며 ftp의 증거효력에 대해 다루었습니다. 배춧잎투표지는 영장을 신청할 만한 개연성 있는 이유(probable cause) 정도의 증거로는 충분하다고 말했습니다. **253쪽 참고** 지폐에 이런 비정상적인 문양이 있다면 곧바로 수사 착수되었을 것입니다. 조폐공사의 부실, 직무유기도 수사 대상이었을 것입니다. 그러나 선관위는 아무도 건들지 못합니다.

여러 가지 기상천외한 이상 투표지가 다섯 차례 재검표를 통해 발견되었고 그중에서 수사해 볼 만한 이유(probable cause)가 있는 투표지의 대표적인 것이 일명 배여일화(배춧잎, 여백, 일장기, 화살표 투표지)입니다.

거듭 말하지만 만일 지폐에 이런 수준의 미스 프린트가 있었으면 바로 압수수색, 관련 공무원 체포 영장이 집행되었을 것입니다. 그러나 지난 5년간 한 장에 제네시스 한 대 값이라는 투표지 미스 프린트 관련 수사가 있었다는 얘기를 못 들어봤습니다. 후보와 시민들이 아무리 고발해도 소용이 없습니다.

이 무시무시한 직무유기는 한국이 처한 총체적 비상상황을 암시합니다. 2020년 이후에도 부정선거는 계속되고 있고, 이제 재검표장이 아니라 개표장에도 노골적인 이상 투표지들이 나타나고 있습니다. 이제는 아예 더 이상의 입증이 필요 없는(clear and convincing) 또는 그 자체로 유죄입증 증거(beyond a reasonable doubt)라고 해도 될 투표지들도 나오고 있습니다.

오산 재검표 때 나온 요고레(오염) 투표지 **328쪽**나, 4·10총선 대구 중구·남구 개표장에서 나온 요고레 투표지는 도저히 문명국의 투개표 현장에서 나올 수 없는 투표지입니다. 특히 대구 중구·남구에서 나온 사전투표지의 경우 각각 전혀 다른 지역에서 프린트됐는데 오염의 모양과 위치가 같습니다. 한곳에서 찍은 위조 투표지라는 뜻입니다.

바야흐로 한국의 중앙선관위는 영혼이 털린 채로 죽음의 릴레이를 이어가고 있습니다. 누가 마지막 배턴을 잡게 될지 모릅니다. 그러나 단언컨대 이 공포의 질주는 끝나가고 있습니다. 아니 반드시 끝내야 합니다.

릴레이에 참여한 주자들 손에 무겁게 들려 있는 것이 바로 빳빳한 투표지들입니다. 우리의 애니메이션 《배투출비》(배춧잎투표지 출생의 비밀)에서 '빳투'라고 부른 것입니다. 빳투는 증거로서의 능력이 '액면 그대로는' 없지만 사실은 가장 중요한 증거입니다.

제가 앞에서 증거 계단을 보여 드렸습니다. 배춧잎투표지나 일장기 투표지, 특히 오산이나 대구 중구·남구의 요고레 투표지는 정상적인 국가였으면 바로 수사에 들어갔을 것입니다. 작금의 '이재명의 난'을 맞아 검찰과 사법부가 무력화된 시점에서는 대통령이 계엄을 선포해도 수사가 불가능한 상황이지만 말입니다.

여러분은 빳투의 증거로서의 능력을 어느 수준으로 보십니까? 이것을 근거로 검사가 압수수색을 신청하면 판사가 영장을 내줄까요? 액면 그대로 봐서는 그저 정황(circumstance)에 불과할까요? 아니면 그보다 더 낮은 단계의 낌새(scintilla) 수준일까요?

제가 볼 때는 마약 수사의 하얀 가루 그 이상입니다. 마약을 실은 배의 선미에 벽돌처럼 쌓여 있는 코카인이나 필로폰을 보고 밀가루라고 보고 무심히 넘어갈까요?

개표 현장에 벽돌처럼 무더기로 나타나는 빳빳한 투표지가 유권자 한명 한명이 찍은 진짜 투표지일까요? 위험성이 같습니다. 아니 그 이상입니다. 국민 수천만 명에게 투약할 수 있다거나 혹은 수조 원에 이르는 가치로 예상된다는 마약에 대한 수사는 충격적으로 발표하면서 왜 필로폰이나 코카인보다 더 무서운 빳빳한 투표지 더미에는 모두가 무감각할까요?

선관위가 "이거 다 정상 투표지야" 하니 경찰, 검찰, 판사가 그냥 넘어가고 있지 않습니까? 이대로 두면 앞으로도 계속 찍은 사람 없는 이런 벽돌이 개표장에 출몰할 것입니다. 마약보다 더 공포스러운 일입니다.

빳빳한 투표지는 증거로서의 능력이 있습니다. 그러나 이것을 증거로 만드는 입증책임(duty of proof)은 검사에게 있습니다. 윤석열 정부의 검사도 못 한 일입니다. 누가 언제 이 일을 하게 될까요? 그가 '이재명의 난'을 진압하고 선관위의 죽음의 질주를 끝낼 사람입니다. 그를 기다립니다. 이재명은 검찰 자체를 제거할 요량이군요!

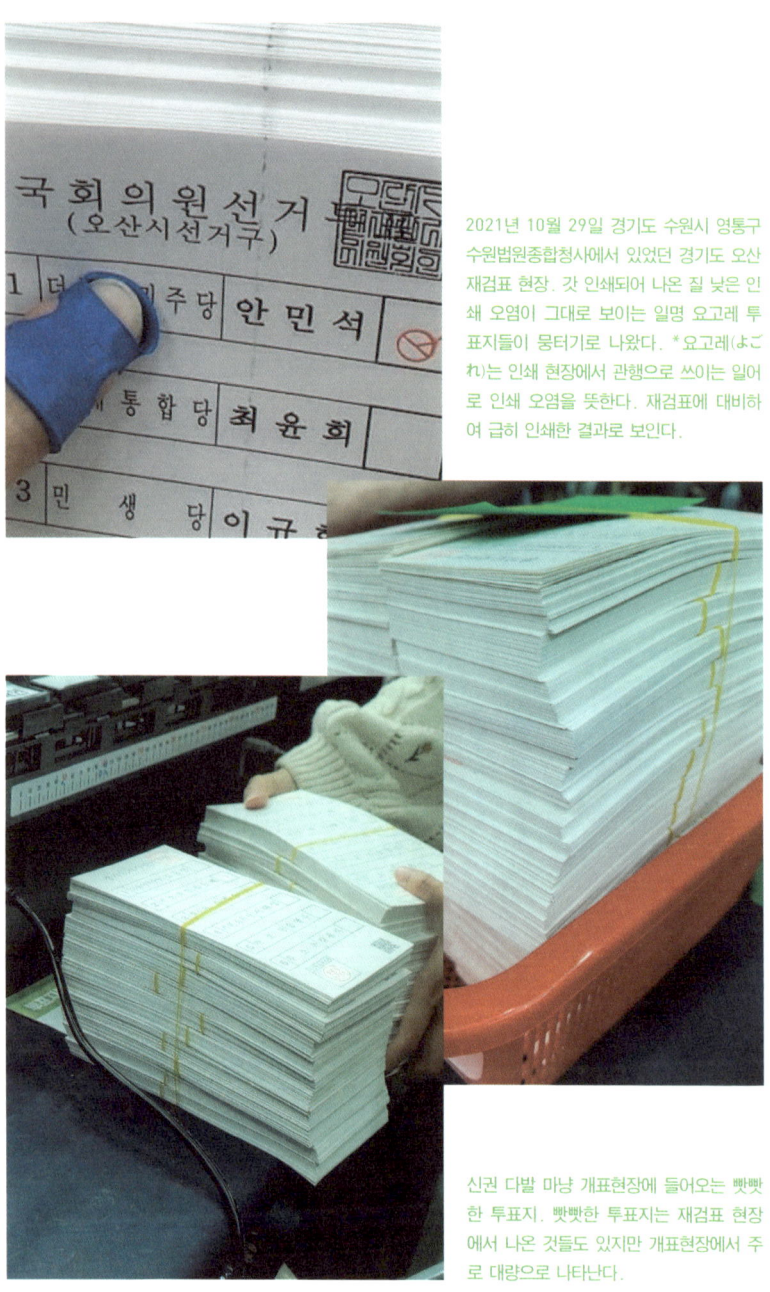

2021년 10월 29일 경기도 수원시 영통구 수원법원종합청사에서 있었던 경기도 오산 재검표 현장. 갓 인쇄되어 나온 질 낮은 인쇄 오염이 그대로 보이는 일명 요고레 투표지들이 뭉터기로 나왔다. *요고레(よごれ)는 인쇄 현장에서 관행으로 쓰이는 일어로 인쇄 오염을 뜻한다. 재검표에 대비하여 급히 인쇄한 결과로 보인다.

신권 다발 마냥 개표현장에 들어오는 빳빳한 투표지. 빳빳한 투표지는 재검표 현장에서 나온 것들도 있지만 개표현장에서 주로 대량으로 나타난다.

개표가 끝난 뒤 빈 투표지도 개표현장에서 대거 나타난다.

보론 및 질의응답 9:
A-WEB과 ftp는 어떻게 관련되어 있습니까?

2025:05:15:11

이번 편은 조금 생소할 수 있습니다. 이 질문은 거대 담론에 관심 있는 분들을 위한 것입니다.

저는 오랫동안 북한인권 문제를 다루어왔고 그 연장선에서 전환기 정의(Transitional Justice) 문제를 다루기로 결정하고 유학을 다녀와서 전환기정의연구원을 만들었습니다. 그런데 두 차례 탄핵과 부정선거 문제로 초점이 북이 아니라 남으로 향해진 것입니다.

'전환기 정의'는 꼭 맞는 번역어는 아닙니다. 이때 정의는 사법처리(judicial process)에 가까운 개념입니다. 그러나 남아공의 진실화해위원회처럼 비사법적(non-judicial) 처리도 전환기 정의에 포괄되므로 딱 맞는 말이 없어 직역하는 경향이 있습니다. 과도기 정의, 과거사 정리도 유사 개념이지만 역시 꼭 맞지는 않습니다.

지금 한국에서 겪고 있는 부정선거 문제는 전형적인 '전환기 정의' 쟁점을 포함하고 있습니다. 전환기 정의란 유엔에서 대규모 인권문제를 다룰 때 적용되기를 권장하는 하나의 이니셔티브(계획, initiative)입니다. 유엔은 이 개념을 최대한 구체적으로 제안하는데, 요약하여 간단히 말하면 "유혈 없이 대규모 정치사회적 갈등을 해결하기 위한 법치의 한 방식"이라는 것입니다.

여기서 중요한 것은 전환기 정의가 한 사회의 질적인 변화를 가져올 만한 '대규모' 인권문제 처리라는 개념을 포함하고 있다는 것입니다. 지금 일어나는 한국의 부정선거 문제가 전형적인 전환기 정의 이슈인 것은 부정선거 규모의 대규모성뿐만 아니라 여기에 연루된 '세력'의 그야말로 대규모성도 있기 때문입니다.

우리는 이 거대한 산을 '유혈 없이' 넘어갈 수 있을까요? 서부지법 대규모 구속사태는 사실상의 유혈적 상황입니다. 평화의 단계는 이미 끝났습니다.

수원 선관위연수원 선거체험관 좌측에 'A-WEB Seoul Center'라는 현판이 붙어있었다.

A-WEB 문제를 중국 문제와 결부하여 환기시킨 것은 윤석열 대통령의 계엄이지만, A-WEB을 USAID와 결부시킨 것은 트럼프 행정부입

니다. 트럼프 대통령은 이른바 '워싱턴의 늪'인 미국 딥스테이트 세력이 USAID와 결부되어 있다는 것을 직접적으로 공표했습니다. 음모론의 영역은 이미 공론의 영역이고, 공론의 영역은 음모 그 자체와 심히 얽혀 있는 시대를 우리가 경험하고 있는 것입니다.

세상의 갈등은 이제 세계 제2차대전 시절만큼이나 심플해져 버렸습니다. 국제적으로 자유진영, 공산진영, 나치-파시즘진영이 3파전을 벌였던 시대를 지나 20세기 후반에는 국제적 양극으로 갔다가, 이제 각 진영 내부에서 다시 양극, 삼극으로 갈라져 각 국가들 내부를 관통하고 있습니다.

국제적 갈등을 넘어 국가 내부의 싸움도 치열합니다. 국제전과 내전이 동시에 일어났던 6·25가 정확히 재현되고 있습니다. 미국도 리버럴 좌파가 보수주의 우파와 적대하는 강도가 날로 이례적으로 세지고 있었습니다. 이 상황을 집약적으로 보여주는 아젠다가 바로 트럼피즘(Trumpism)입니다.

트럼프냐 반트럼프냐, 이 구도는 미국도 양분시키고 한국도 양분시킵니다. 부정선거든 암살이든 탄핵이든 트럼프를 제거해야 자신들의 입지가 지속 가능하다고 믿는 반트럼프 진영은 트럼프의 미국제일주의를 국수적이고 편협한 것으로만 봅니다. 그들의 시각에서 진보란 열린사회(open society)를 지향합니다. 그러나 중국이나 북한이 열린 사회인가에 대해서는 질문하지 않습니다.

미국의 반트럼프 진영이 중국 공산당과 우호적인 관계를 맺는 이유는 실제로 드러난 것보다 훨씬 복잡할 수 있습니다. 확실한 것은 트럼프는 이 연관성을 USAID와 A-WEB을 통해 이해하고 있다는 사실입니다. 이 현상은 완전한 아이러니입니다. 주목할 만한 주제를 일단 정리해 봅니다.

(i) 열린 사회를 지향하는 글로벌리스트가 왜 폐쇄적인 중국 공산당과 손을 잡나?

(ii) USAID는 유엔인권규약 중 사회권(A규약)과 관련된 사업을 하는 기구인데 왜 자유권(B규약)과 관련된 선거권에 관련된 사업에 관여하나?

(iii) A-WEB은 자유권(B규약) 관련 사업을 왜 개발원조(ODA) 방식으로 진행하여 한국 국민들의 세금으로 타국 내정에 관여하나?

(iv) 중국은 유엔 B규약 회원국이 되는 것을 거부하고, 본국은 물론이고 홍콩의 자유선거도 부정하면서, A-WEB 틀을 이용하여 한국 등 전 세계 자유선거 파괴에 나서서 사악한 패권을 추구하는 것인가?

우리는 이미 너무나 심각한 국제 갈등 한가운데 들어와 있습니다. 윤석열 대통령은 이 새로운 전쟁을 꿰뚫어 보고 임기 내내 국회의 방해에도 불구하고 하이브리드 전쟁을 치열하게 벌여 왔습니다. 미국 딥스와 손잡은 국민의힘 배후, 중국 공산당과 손잡은 더불어민주당 배후가 반트럼프 진영에 서서 부정선거를 수단 삼아 윤석열 대통령 탄핵까지 자행했습니다.

다 음모론이라고요? 이준석은 띄우고 황교안은 투명인간으로 만드는 언론과 여론조사 회사는 결코 우리 편이 아닙니다. 이미 세상은 새로운 종류의 전쟁에 돌입해 있습니다.

1948년 유엔인권선언은 자유권과 사회권(경제권)의 온전한 실현을 인류의 소망스러운 비전으로 선포했습니다. 그러나 리버럴리스트는 자유를 넘어 방종과 타락으로 향했고, 공산주의자들은 리버럴리스트의 종노릇하며 세계 자유 파괴에 합세하고 있습니다.

우리가 결코 잊어서는 안 되는 것은 세계선거기구협의회(A-WEB)는 한국사람들의 세금으로 움직이는, 한국 중앙선관위가 쥐락펴락하는 이름만 국제기구인 NGO 즉 민간기구라는 사실입니다. 이 A-WEB을 좌우가 손잡고 함께 만들었습니다.

다시 묻습니다. 이 모든 사실이 다 음모론일까요?

해커의 지문 [follow_the_party]를 4·15총선 전국 판세 청사진에 깔아 놓은 중국 공산당과 함께 중앙선관위가 그들의 꼭두각시가 되어 우리의 주권과 자유를 파괴하는 상황은 모두 사실입니다. 잠든 국민들을 깨울 때입니다.

보론 및 질의응답 10:
중국 공산당은 왜 대한민국 자유선거를 자신들의 안보 문제로 보고 있습니까?

2025:05:17:15

    윤석열 대통령의 계엄령 이후 한국 선거에 중공이 어떻게 개입하고 있는지에 대해서 구체적인 얘기들이 쏟아져 나오고 있습니다. 미국의 고든 창 변호사는 한국 언론이 다루지 않는 얘기들까지 직설적으로 알려주고 있고, 트럼프 대통령은 노골적으로 고든 창 변호사에게 힘을 실어주고 있습니다.

    맷 슐랩 미국 ACU 의장이 윤 대통령 면담 때 들은 얘기를 흘린 것은 널리 알려진 사실입니다. "한국 선거는 중국 화웨이가 개입한다."라고 맷 슐랩 의장이 이 말을 전해주기 전에 2020년 4·15총선 결과 데이터에서 발견된 암호문자 [follow_the_party]를 통해 이 사실은 이미 자명한 것이었습니다. 이 발견은 기적이었습니다.

    중공이 대한민국 자유선거를 자신들의 안보 문제로 본 역사는 짧지 않습니다. 앞에서 말씀드렸듯이 전 북한 노동당 국제비서 황장엽 씨가 1990년대 초 중국 공산당 원로 시중쉰(1913~2002), 곧 시진핑의 아버지를 만났을 때 들었다는 얘기에 이 상황이 간명히 요약되어 있습니다.

> 우리는 북한 김정일을 지지하지 않는다. 다만 한국의 자유민주주의의 북상이 두렵다. 그래서 북한을 돕지 않을 수 없다.

이 말에 담긴 한국의 자유민주주의란 '자유선거'를 말합니다. 1948년 우리 제헌헌법에 아로새겨진 '보통·평등·직접·비밀선거'는 중국이 가장 두려워하는 것입니다. 중국 공산당은 아무리 실용주의를 표방해도 자유선거를 부정하는 한 이념적일 수밖에 없습니다.

지금 일어나고 있는 중국발 자유선거 교란은 한국 휴전선 이남의 평화에 갇혀 사는 사람들은 이해할 수 없을지 모르지만 이미 전 세계적으로 비밀이 아닙니다. 앞에서 다룬 USAID와 A-WEB문제도 결국 중국 공산당의 자유선거 교란 문제입니다. 이 사실에 대해 제대로 직시하는 정치인이 없는 것이 대한민국 현실입니다. 묵시록적 상황이라고밖에 설명할 길이 없습니다.

북한사람들이 겪었던 일을 한국사람들이 겪어야 비로소 공감대가 생기는 것이라면 숙명이라고 할 수 있겠지요? 직접 겪지는 않았지만 북한인권 문제를 다루는 동안 많은 증언자들을 통해 그 혹독함과 잔인함을 어느 정도 알고 있습니다. 저는 우리나라가 그런 일을 겪지 않도록 하는 것이 사명이라고 생각해 왔습니다.

그러나 지난 5년간 치열하게 부정선거와 싸우면서 깨닫게 된 것은 이 상황이 불가항력적이라는 것입니다. 한국의 보통사람들은 대체로 선량합니다. 그러나 정치계·법조계·언론계·학계·문화계, 소위 스스로 셀럽이라고 자랑하는 사람들의 상황은 목불인견입니다.

정말 윤석열 대통령의 계엄이 잘못된 것입니까? 이토록 만연한 대규모 부정선거는 정말 괜찮은 것입니까? 계엄령 이외의 다른 수단으로는 경고조차 할 수 없는 막다른 골목에서 지른 대통령의 비명을 아직도 다들 이해하지 못할까요?

저는 대한민국 자유선거가 본격적으로 중국의 안보문제가 된 시점을 1971년으로 봅니다. 이른바 데탕트. 닉슨의 중국 방문은 중국 공산당의 온 세계를 향한 1차 항복선언입니다.

대외적으로 소련과 영토분쟁까지 일으키며 심각한 갈등을 겪고, 대내적으로 인민공사와 문화대혁명으로 잔혹한 시절을 보냈던 중국 공산당은 스스로 패권을 추구하지 않는다고 말해왔지만, 그때부터 공산당 시스템을 유지하면서 시장경제를 도입한다는 모순을 끌어안고 자유세계와 대항하여 몸부림쳐 왔습니다.

1978년 시작된 등소평의 개혁개방조차 공산당의 약화로 이어지지 않았습니다. 경제적 부흥이 정치적 자유를 가져올 것이라는 세상사람들의 막연한 희망은 현실로 이어지지 않았습니다. 등소평이 권장했던 '도광양회(韜光養晦)'는 시진핑에 와서는 이미 외교적 덕목이 아니었습니다.

시진핑은 본격적으로 일대일로(一帶一路)를 통해 팽창주의, 패권주의를 추구했고, 중국식 패권이란 결국 공산당이 설계하는 세계의 확장을 말합니다. 오직 공산당을 따르라! Follow the Party!

홍콩에 대한 50년 자유민주주의 체제 유지 약속도 깨졌습니다. 대한민국 자유민주주의는 중공의 새로운 타겟입니다. 북한에 한국식 자유민주주의가 확장되는 것을 자신들이 맞닥뜨릴 미래의 위험으로 보는 인식은 연미항소(聯美抗蘇) 도박이 시작된 1970년대부터 이미 함께 시작되었습니다.

이것이 바로 윤석열 대통령이 말한 하이브리드 전쟁입니다. 대통령은 계엄을 통해 이 사실을 통렬히 알렸습니다. 20·30청년들은 알아듣는데 왜 다들 못 알아듣는 척하는 것입니까?

중국은 대한민국 자유선거 제도를 무너뜨리기 위해 수십 년간 막대한 자금과 인력을 투입해 왔는데, 한국 사람들은 이 심각한 사태에 대해 왜 이리도 모르쇠일까요? 노예근성이라는 단어를 쓰는 것이 외람되지만 이것 말고는 달리 떠오르는 말이 없습니다.

출처: 메가포네

보론 및 질의응답 11:
왜 줄기차게 다산그룹을 IT 부정선거의 핵심으로 지목해 온 것입니까?

2025:05:17:16

지난 2월 5일, 유튜브 그라운드C 초대에 응했습니다. 이 인터뷰는 반향이 컸습니다. 윤석열 대통령의 계엄령은 새로운 세대를 깨웠습니다. 이 사실이 신비하게 느껴졌습니다.

새로운 세대란 1980년대 공산주의를 수단으로 민주화운동을 했던 세대와는 다른 세대를 말합니다. 이들과 함께하는 것이 전략적으로 중요하다는 생각을 합니다.

이 인터뷰 직후 다산그룹의 남민우 회장이 그라운드C 채널에 장문의 항의편지를 전달했다고 합니다. 메시지의 핵심은, 다산그룹은 정상적인 사업을 하고 있고, 남민우 회장 자신은 박근혜 정부에서도 일하는 등 좌우를 넘어서 있는 사람이고, VON뉴스의 문제 제기는 부당하다는 것이었습니다.

우리가 다산그룹 문제를 제기하기 시작한 시점은 4년 전쯤부터입니다. 지난 4년 동안 우리의 문제 제기에는 '무시 전략'으로 일관해 오다가 이번에 갑자기 처음으로 간접적으로 반박 의사를 표출한 것입니다.

저는 개인적으로 만나본 적이 없지만 남민우 회장을 어느 정도 알고 있습니다.

(i) 다산그룹이 중국 단동에서 북한 프로그래머(해커) 양성에 열정을 쏟은 일.

(ii) 선관위, 우체국, 은행 포함 한국 전자정부 관련 핵심기관들에 소프트웨어를 제공하는 핸디소프트를 사들인 일.

(iii) 중앙선관위 및 A-WEB 등과 긴밀하게 사업하는 한국전자투표를 만들고 국내외에 소프트웨어를 제공한 일.

(iv) 한국전자투표 초대 사장을 민주노총 간부 출신으로 임명한 일.

(v) 한국토지신탁과 위믹스코인을 만드는 위메이드 등의 도움을 받아 판교 사옥을 팔아 거액을 벌어들인 일.

(vi) 한국전자투표 차상래 전무가 다산 프랑스 법인에 등기할 때 중국 국적을 표시한 일(현재는 국적을 한국으로 바꿔 둠).

(vii) 거액의 중국 측 사업투자를 유치한 일.

(viii) 이태복 전 장관의 서적 물류 회사를 사들여 신규 사업에 진출한 일.

이외에도 많은 의혹을 오랫동안 치열하게 제기해 왔습니다. 현재 한국 사회는 우리의 문제 제기에 반응하지 않습니다. 흥미 있는 상황입니다. 그러나 결국 언젠가는 크게 다투어질 문제입니다. 우리는 언제나 대응할 준비를 해왔고 기다려 왔습니다.

우리는 중국이 1990년대 말부터 적어도 사반세기를 한국의 선거제도를 디지털 IT화하는 데 공을 들여왔고, 빌드업의 모든 단계에 다산그룹이 관여했다는 강력한 입장을 유지하고 있습니다.

이 싸움은 결국 세대를 관통하게 될 것입니다. 남민우, 고한석, 양정철 등 부정선거 문제에 깊이 관련된 86세대와의 전쟁은 그야말로 시대정신입니다.

1987년 헌법체제와 함께 민주화에 성공했다고 자부하는 그들은 자신들이 강력한 수단으로 삼았던 공산주의를 토사구팽하지 않았습니다. 오히려 중국 공산당, 북한 노동당과 더 강고히 손을 잡았습니다. 북한은 본격적으로 이 세대와 함께 한국 내 자신들의 정치세력 구축에 사활을 걸었습니다. 인민들이 겪는 대규모 아사 사태에도 불구하고, 큰돈과 인력을 한국 내 지하당 건설에 쏟아붓게 됩니다.

1980년대 주사파 핵심들이 비밀리에 구축한 일명 민족민주혁명당은 이승만의 1948년 헌법체제를 부정하고, 김일성, 김정일을 '수령'으로 인정하는 범죄적·반역적 지하 반국가단체입니다. 1997년 황장엽 망명으로 1차 분열되어, 지금은 민족민주혁명당이라는 당명으로 활동하지는 않습니다. 그러나 이들은 대한민국 공당으로 흘러 들어가 어느덧 국회와 지방자치단체를 이념적·현실적으로 장악했습니다.

확실히 김일성, 김정일의 전략은 성공했습니다. 현재 국민의힘과 더불어민주당의 주력은 모두 구 주사파와 김일성, 김정일이 건설한 민족민주혁명당의 영향하에 비밀리에 움직이고 있습니다.

특히 김정일이 직접 지휘하여 재건한 민족민주혁명당, 소위 RO라 불리는 이들이 이재명을 대통령 후보로까지 옹립하는 데 가장 중요한 역할을 해왔습니다. 이들보다 센 권력자는 현재 한국에는 없습니다.

김일성, 김정일을 수령으로 섬기면서도 윤석열 대통령을 '내란수괴'로 운운하는 부끄러움을 모르는 자들입니다. 이들에게 판사 협박은 일상입니다.

한국의 보통사람들이 이제 이 정도 사실은 알고 있다고 생각합니다. 그들은 신고할 곳도 없애 버렸고, 처벌할 법도 모두 무력화시켰습니다. 대통령도, 국방부 장관도 그들을 이길 수 없었습니다. 그러나 그들 자신도 전향할 방법이 없습니다. 이것이 한국의 도덕적·영적 위기의 실체입니다.

제가 그동안 다산그룹과 남민우 회장을 중앙선관위와 더불어민주당 그리고 중국 공산당이 합세하여 벌이는 이 무시무시한 대규모 부정선거의 핵심으로 보는 이유는 분명합니다. 남민우 회장이 주사파를 어느 정도 알고 있는지, 민족민주혁명당을 통한 북한 공작을 어느 정도 알고 있는지는 모르지만, 이 모든 불의한 사태는 '부정선거'까지 손대며 권력을 유지하려 몸부림치는 한 세대의 타락과 영혼 상실에서 기인된 것입니다.

이들을 어찌해야 할까요? 용서는 뒷일이고, 강력한 처단이 앞서야 할 일입니다.

보론 및 질의응답 12:
한국에서 일어나는 대규모 부정선거의 주범은 누구입니까?

2025:05:18:16

2020년 4·15 부정선거는 지금 일어나고 있는 대규모 부정선거의 시원은 아닙니다. 우리는 2002년 전자개표기 도입을 전산 개입에 의한 대규모 부정선거의 기점으로 보고 있고, 지금과 같은 형태의 사전선거를 이용한 대규모 부정선거는 2017년 대통령 선거에서부터 본격적으로 일어났다고 보고 있습니다.

2017년 대선은 그 이전의 전자개표기 부정과는 차원을 달리하는 것으로, 이미 본격적으로 시행되어 온 사전투표제도는 부정선거를 위한 맞춤형 제도입니다. 전 세계 문명국에서 유례가 없는 방식의 불법적인 제도가 중앙선관위 규칙을 통해 도입되었는데, 선관위를 포함한 누구라도 선거를 오염시키기 어렵도록 법으로 정한 견제 장치인 투표관리관 개인도장 날인을 규칙으로 폐기한 것이 대표적입니다.

법이 있어도 사문화되는 경우가 종종 있지만, 이렇게 구체적인 조항이 일개 규칙을 통해 변경되는 것은 예가 없습니다. 입법으로 해결되지 않은 사항이 규칙으로 수정되어도 그것을 판사가 임의로 인정하는 것은, 중앙선관위가 사법부와 한 몸이 되어 입법부의 법률을 배척해도 제어할 수 없는 기이한 상황 때문입니다.

다른 방향에서 보면, 사전투표관리관 개인도장 날인 조항이 있는 한 대규모 조작표 삽입이 어려워진다는 의미입니다. 조작표는 한곳에서 만들어집니다. 지난 4·10총선때 대구 중구·남구에 도착한 사전투표지는 분명 전혀 다른 곳, 말하자면 거제와 여수에서 각각 투표되었는데 비슷한 오염 형태로 보아 같은 프린터에서 인쇄된 것이 분명해 보였습니다. 하지만 이런 빼박 증거를 신고해도 경찰이 꿈쩍을 하지 않는군요!

우리가 2020년 4·15총선을 기준으로 부정선거 규명운동을 해 온 이유는 이 선거를 기점으로 부정선거 규명운동이 폭발적으로 일어났기 때문이고, 이때 유일하게 결과 데이터에 ftp가 발견되었기 때문입니다. 윤석열 대통령이 계엄을 통해 본격적으로 경종을 울릴 때까지 지난 5년 동안 순수 시민들의 노력으로 대한민국 부정선거 메커니즘에 대한 설명은 거의 완결된 것으로 봅니다.

얼마 전 미국 털시 가바즈(Tulsi Gabbards) DNI 국장이 미국 국무회의에서 "전자투개표 장비는 해킹의 위험이 커서 수개표 시스템으로 바꿔야 하고, DNI가 이미 주요 증거를 확보했다."라고 말한 것은 한국의 경우를 포함하고 있다고 봅니다.

우리가 부정선거 규명운동 초기부터 트럼프 행정부와 협력하기 위해 노력했던 것은 작금의 부정선거가 몇몇 개인의 일탈과는 거리가 먼, 새로운 형태의 국제적 이념 전쟁의 일부라는 것을 파악했기 때문입니다.

2020년 4·15총선 직후 제가 주범으로 특정했던 인물들은 이해찬, 윤호중, 양정철, 고한석, 조해주 등이었습니다. 공적으로 활동하는 인물들 기준입니다. 누가 '비밀'을 많이 알고 있는가를 기준으로 말한다면 박지원, 문재인을 빼 놓을 수 없을 것입니다.

4·15총선때 '사전투표 보정값' 개념을 세상에 알린 이근형 같은 인물은 핵심 정범이 아닐 가능성이 큽니다. 이 기본 계획표 작성에 관여한 인물들도 어느 정도는 비밀을 공유하고 있을 터이지만 이근형은 그 문서의 중요성을 몰랐다는 것이 좀 의아스럽습니다. 그가 개인 페이스북에 올린 '보정값'이 계산된 도표는 모든 증거의 압축판과 같았습니다.

암호문자 [follow_the_party] 삽입은 이근형 씨도 접근할 수 없는 더 높은 비선만이 공유한 사실이 아니었을까 생각됩니다. 민주연구원 차원의 작업은 '사전투표 보정값'을 계산하는 기본 계획에서 완결되었을 것이고, 그 위에 ftp알고리즘을 얹는 작업은 중국 공산당 프로그래머가 실행했을 가능성에 대해서는 우리가 펴낸 책 『해커의 지문』에 자세히 담았습니다.

주범을 특정하는 데 있어 가장 큰 난관은 이 문제에 관련된 인물이 너무 많다는 것입니다. 부정선거 규명을 막는 사후공범(accessory after the fact)까지 고려하면 거대한 집단이 이 문제에 책임이 있습니다. 좌우할 것 없습니다. 대형 범죄의 특징입니다.

한국의 부정선거 문제는 이미 뉘른베르크 재판이나 도쿄재판과 같은 대규모 범죄를 다루는 전환기 정의(transitional justice) 문제라고 앞에서 말한 바와 같습니다. 전환기 정의적인 대규모 범죄는 A, B, C 식으로 급을 나누어 다루는 경향이 있습니다. 세계 제2차대전 이후 있었던 도쿄재판에서 A급 범죄자는 도조 히데키(東條英機) 등25명으로 기록되어 있습니다.

도쿄재판에서 일본 쪽 도조 히데키의 변호사를 맡았던 기요세 이치로(清瀬 一郎)는 "이 재판은 승자의 재판이다. 일본이 이겼으면 연합군이 저 피고석에 있을 것"이라고 말했습니다. 지금 한국에서 대규모 부정선거를 자행하는 사람들은 '승자'의 위치에 있다고 스스로 믿고 있지 않을까요?

부정선거 문제를 제기하는 사람들은 이상한 음모론자 취급을 받고 있습니다. 중앙선관위에 군인을 보내 부정선거를 경고한 대통령은 당에서 쫓겨났고 부정선거 혁파를 위해 뛰는 전 총리는 온 사회가 투명인간 취급을 합니다.

1940년의 한성에 살고 있는 기분입니다. 지금 이 단계에서 우리가 말할 수 있는 것은 그들은 승자였지만 곧 패자가 될 것이라는 것뿐입니다. 역사는 '시간게임'이고 승리의 면류관은 정의의 편이라는 사실. 이 낙관주의가 없다면 우리도 오래전에 이 일을 멈추지 않았을까요?

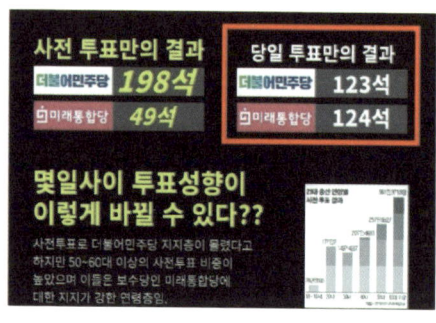

출처: 파이낸스투데이

보론 및 질의응답 13:
전문가들이 말하는 선거 결과의 '대수의 법칙' 위배 관련 학술적 견해는 증거로서의 능력이 있습니까?

2025:05:20:10

2020년 4·15총선 이후 부정선거 규명전에서 일어난 중요한 특징은 학자들의 참전에 있습니다. 세계 통계학 역사에 전무후무한 일이 일어났다는 것입니다.

'큰 수의 법칙'이라고도 불리는 대수의 법칙(law of large numbers, LLN)은 경험적 확률과 수학적 확률 사이의 관계를 나타내는 법칙입니다. 이 법칙이 오차범위뿐 아니라 상식을 완전히 뛰어넘는 그야말로 초유의 사태가 일어난 것입니다.

원칙적으로 박성현, 빅영아, 맹주성, 허병기 박사 등 권위 있는 과학자들의 학술적인 의견은 증거로서의 가치가 있습니다. 단 조건이 있습니다. 판사들의 판단이 중요합니다. 하지만 지금 한국 상황에서 이 문제에 관한 판사들의 정상적인 인식을 기대하기는 어렵습니다. 증거는커녕 이분들조차 음모론자로 몰리는 야만의 세월이 도래한 것입니다.

한국 형사소송법은 미국법의 압도적인 영향 아래 만들어졌습니다. 민법이나 형법의 모태가 일제시대 제정된 조선민사령이나 조선형사령에 있는 것과 달리 형사소송법은 자유민들의 공화국인 대한민국 건국 이후 제정된 보다 선진화된 법입니다.

진정한 인권법은 형사소송법을 말합니다. 1954년 제정된 형사소송법은 국가 형벌권을 효율적으로 행사하고 시민의 기본권을 보장하기 위해 제정되었고, 1987년에는 영미법의 800년 전통을 이어받은 '적법절차(due process of law)'를 헌법에 삽입함으로써 각 개인의 불가침의 기본권은 세계 최고 수준으로 확립되었다고 볼 수 있습니다.

한국 형사소송법에 있어 '증거'에 대한 원칙은 거의 미국법을 준용합니다. 가령 저명한 학자의 의견(expert opinion)과 권위 있는 학술서(learned treatise)는 증거로 인정되는 추세입니다. 미국연방증거규칙 803(Federal Rules of Evidence)은 전문가 증인이 증인대에 서서 직접 읽어주는 내용을 제한 없이 증거로 채택할 수 있음을 명시하고 있습니다.

그러나 헌법과 형사소송법을 통해 기본권이 확립되었다고 하지만 자유선거와 개인의 기본권을 배격하는 공산주의자들의 대한민국 파괴공작은 1987년 헌법 개정 이후 오히려 더 은밀하고도 치밀하게, 더 치열하게 이루어지고 있습니다.

각 개인의 기본권은 자유로운 정치 참여, 즉 자유선거 없이 보장되지 않습니다. 비밀리에 권력 핵심부로 진입한 공산주의자들은 가장 먼저 중앙선관위와 사법부 장악에 들어갔고, 그들의 계획은 성공적이었습니다.

이런 상황에서 학문적 권위가 보장될 수 있다는 기대는 난망입니다. 부정선거 문제와 관련해서는 더욱 그렇습니다. 전문가들의 의견을 비전문가가 경청은커녕 비난하며 음모론으로 모는 형국은 공산주의적 야만과 반지성주의가 이미 한국 사회에 만연해졌음을 보여줍니다.

한국생물공학회 회장을 역임한 바 있는 허병기 인하대 명예교수는 부정선거 관련 초정밀 분석서를 연달아 내고 있습니다. 고3처럼 수년을 공부하면서 저술했다는 허병기 교수는 자신을 법정에 불러 판사들 앞에서 자세히 설명할 기회를 주면 설득할 수 있다고 공개적으로 하소연하였습니다.

최근에 저명한 다큐멘터리 전문가인 이영돈 PD도 선거 통계에 있어서의 '대수의 법칙'이 심각하게 어긋나 있는 문제를 수준 높게 다루었습니다. 특히 한국통계학회 회장을 역임한 박성현 교수의 견해를 자세히 다루었습니다.

"하나님의 개입 없이 일어날 수 없는 통계"라는 의견은 과학적인 견지에서 4·15총선 결과는 조작이라는 의미입니다. 물리통계학자 박영아 교수가 밝힌 "동전 1,000개를 던졌을 때 같은 면만 나올 확률"이라는 설명과 함께 널리 알려진 전문가 견해입니다.

2024년 9월 19일 인하대 로스쿨에서 열린 "4·10총선 결과 분석과 선거소송의 현실 진단 그리고 대안"이라는 주제의 세미나에 참석한 홍성빈 데이터분석가는 이 문제를 좀 더 구체적으로 분석하여 4·15총선이나 4·10총선뿐 아니라 2023년 강서구청장 보궐선거 등도 대수의 법칙에 완전히 위배된다고 말했습니다.

그는 민주당 지지자들이 사전선거에 많이 참여했기 때문에 나오는 결과 아니냐는 질문에 대해 "2024년 4월 10일 발표한 사전선거 투표인은 60대 이상이 37%로 가장 많았고 40대가 15%로 가장 적었으며 민주당보다 더 진보 성향인 정당들도 사전에서 표를 더 많이 얻지 못했다."

고 말했습니다. 한마디로 '완전한 조작'이라는 것입니다.

공산주의자들의 조용한 침탈이 언론은 물론이고 전문가 집단까지 덮어버린 현 상황에 경종을 울린 대통령까지 음모론에 취한 내란범으로 몰리고 있습니다. 1818년 태어난 마르크스가 지금도 살아서 유령처럼 한국 땅을 배회하고 있는 것이 아닌가 합니다. 한국의 타락의 원인은 기본적으로 공산주의입니다.

보론 및 질의응답 14:
대규모 부정선거를 막을 수 있는 범법자들의 아킬레스건은 무엇입니까?

2025:05:20:12

중앙선거관리위원회와 각 지방 선관위 사무국, 사법부와 경찰이 범죄자들의 손아귀에 들어 있는 한 원천적으로 부정선거를 막을 방법은 없습니다. 그야말로 국가비상사태입니다.

선거관리 주체의 부정을 막기 위한 공직선거법 조항에는 공직선거법 제157조 2항과 제158조 3항이 있습니다. 널리 알려진 투표관리관 개인도장 날인 조항입니다.

선관위는 이 조항마저 입법 없이 규칙으로 폐기시켜 버리고 법원을 통해 합법화하는 식으로 불법을 저지르고 있고, 수많은 사람들이 문제를 제기했지만 결코 후퇴하지 않습니다.

2022년 10월 4일 서울행정법원은 "공직선거법 제157조 제2항, 제158조 제3항에서 투표관리관의 개인도장을 날인하도록 하고 있음에도 이에 어긋나는 방법으로 도장을 사용할 수 있도록 하는 것은 위법하다."(선고2022구합491판결)고 판시했습니다.

하지만 이것조차 소용없습니다. 대법원과 중앙선관위가 한패로 묶여 있는 한 고등법원의 판결도 의미가 없습니다. 이것은 현재 대한민국의 현실을 보여 주는 가장 확실한 상황입니다.

중앙선관위가 이 불법을 버젓이 이어가는 것은 투표관리관들까지 자신들의 명령체계에 넣기는 어렵기 때문입니다. 투표관리관은 선관위 직원이 아닌 일반 공무원이나 교사들이 맡는데, 이들까지 완전히 매수할 수는 없습니다.

조작표는 한곳에서 은밀히 만들어집니다. 조작표를 투입하거나, 투표함을 교체하는 사람까지만 비밀이 공유됩니다. 지금과 같은 사전투표 제도가 도입된 이후에는 전자개표기를 이용할 필요는 확실히 줄어들었습니다.

사전투표자는 전자기기에서 지문을 이용하여 개인 확인을 하지만 따로 서명을 남기지는 않습니다. 한 사람이 투표했지만 2장 이상으로 계수될 수 있다는 사실은 국가정보원에서 이미 확인한 바와 같습니다. 중복투표를 막으려면 실물 명부에 주민번호와 이름을 쓰면 됩니다. 하지만 선관위가 그것조차 반대합니다.

코로나19 팬데믹 시절 전 국민이 식당을 이용할 때도 곧잘 서명했는데 사전투표할 때는 서명조차 남기지 않습니다. 당일 본투표 때는 서명을 남기지만 어떤 경우에도 이 서명된 명부를 제출하여 투표자 수를 세어보도록 허용하지 않습니다. 대통령조차도 이를 검사할 수 없습니다.

우리는 지금 중앙선관위와 대법원이 손잡고 무슨 짓을 벌이고 있는지 잘 알고 있습니다. 대통령도, 국방부도, 국정원도 이것을 못 막습니다. 한국이 처해 있는 6·25 이후 최대 국난 상황입니다.

이 상황을 막아야 할 책임을 가진 국민의힘을 봅니다. 그들은 국난에 계엄을 선포한 대통령을 탄핵하고 자당에서 내쫓았습니다.

오랜 시간 아스팔트에서 국민과 함께한 김문수 후보를 결박하면서 "계엄은 잘못됐다고 말하라", "부정선거는 얼버무려라"라고 말하기를 강요합니다. 모두들 가스실에 실려가는 유대인처럼 아무런 저항할 방법이 없다는 듯 체념하며 명령에 순종합니다.

선관위를 칠 아킬레스건은 무엇일까요? 이 칠흑 같은 어둠 속에 각자의 양심은 빛을 내고 있나요?

20대 대선 당시 개표 현장. 투표지의 색깔이 서로 다르다.

ftp 해설 91

보론 및 질의응답 15:
투표율은 부정선거와 어떤 관련이 있습니까?

2025:05:21:11

'투표율'은 부정선거 관련하여 가장 중요한 비밀을 담고 있습니다. 유권자수 자체를 늘리는 명부와 함께 가장 감시가 어려운 사각지대입니다. 모든 부정선거에서 투표율 조정이 들어가는 것은 아니지만 총선·대선은 투표율이 매우 중요합니다.

2023년 국정원이 선관위 전산망을 가상 해킹했을 때 많은 문제를 발견했습니다. 인터넷망과 업무망·선거망이 망분리가 되어 있지 않은 것과 비밀번호가 '12345'였던 것은 IT문외한인 국민들에게조차 깊은 충격을 남겼습니다.

우리는 해커의 역할 중에 가장 중요한 것은 투표율 조작과 관련되어 있다고 보고 있습니다. 선관위가 투표관리관 개인도장 제도를 폐기한 것이 무서운 이유는 이것이 사전투표를 정확히 몇 명이 했는지 일반 유권자가 도저히 알 수 없게 버무려 버릴 수 있는 방법이라는 점입니다.

(i) CCTV 및 촬영 등 정확한 사전투표자 계수를 막는다.
(ii) 사전투표자의 주소지(우편물 도달지) 기준으로 투표율을 발표하므

로 투표 현장에서는 투표율이 정확히 계상된 것인지 확인할 수 있는 방법이 없다.

(iii) 사전투표 감시자들에게도 현장에서 투표자수를 정확히 알려주지 않는다.

(iv) 투표자가 지문으로 확인할 뿐 직접 서명으로 투표 내역을 남기지 않아 정확한 투표자수 사후 감사가 어렵다.

국정원은 이런 상황에서 실제 존재하지 않는 유권자 등록 가능, 사전투표용지 무단 대량 인쇄 가능, 투표지분류기 프로그램에 해커가 손쉽게 접근 가능 등 사전투표 부정을 원천적으로 막을 수 있는 장치가 없다는 사실을 확인시켜 준 바 있습니다.

감시의 사각지대가 너무 많습니다. 관련된 IT업체들은 언제나 선관위와 한 배를 타고 있습니다. 한틀, 미루시스템즈 등은 아무리 시민들이 지탄해도 변함없이 선관위와 손을 잡고 일합니다. 투표율을 올려 발표하고, 그만큼을 몰래 더불어민주당 표로 넣어준다 한들 이것을 원천적으로 감시할 방법이 없습니다.

모든 것이 전산으로 이루어지고, 우리는 그 전산을 움직이는 사람을 믿을 수 없는 것입니다. 믿게 해 달라고 하소연해도 소용없고, 투표관리관 도장을 찍는 법이라도 준수해 달라고 해도 모르쇠입니다. 선관위는 이렇게 괴물이 되어 버렸습니다. 전국 상황을 집계하는 콘트롤타워를 따로 만들어 감시하는 것이 유일한 방법입니다. 하지만 국민의힘은 이런 의지 자체가 없습니다.

이 상황의 가장 큰 조력자는 언론입니다. 2024년 4·10총선에서 KBS,

MBC, SBS 지상파 3사의 정당별 의석수 예측이 모두 틀려 사과까지 하는 일이 일어났습니다. 31.3%에 달하는 높은 사전투표율이 예측 실패의 이유로 꼽혔습니다.

출구조사는 선거 당일 투표소에서 실제 투표를 마치고 나오는 사람들을 대상으로 이루어지기 때문에 사전투표는 반영되지 않습니다. 물론 전화조사 등으로 보정 작업을 한다고는 하지만 사전투표율이 높을수록 정확한 예측은 어렵습니다.

한국기자협회는 아직도 사전투표의 문제를 제기하면 '음모론'이라는 딱지를 붙입니다. 대통령의 계엄을 음모론에 당한 것이라고 보는 것도 같은 맥락입니다. 완전한 기자정신의 소멸입니다. 기자는 기본적으로 의문부호를 던지고 덤벼드는 직업입니다. 그러나 한국 기자는 의문부호가 찍히는 순간 '음모론'으로 단죄하는 기득권 집단이 되어 버렸습니다. 예상을 심각하게 넘는 투표율이 나와도 의문을 제기하지 않고 제기하는 것 자체를 음모론이라고 말하는 한국 기자들의 현실은 비참합니다. 이제 그들은 존재 이유를 상실한 집단이 되어 버렸습니다.

일제 말기 조선일보, 동아일보 폐간 직전에 패닉에 빠진 것처럼 친일로 달려가던 상황이나, 김일성이 파죽지세로 쳐내려올 때 김일성 찬양에 힘을 썼던 언론 상황을 연상시킵니다. 거대한 권력의 수레바퀴에 깔려 겨우 숨만 쉬고 있는 것입니다.

평북 정주 오산학교 출신으로 1919년 2·8독립선언을 주도하다 투옥되기까지 되었던 조선일보 서춘(徐椿) 주필이 자주 떠오릅니다. 한때 독립운동가였던 그의 일본 군국주의 찬양 글에 심지어 진심이 엿보입니다.

이른바 민주주의를 위해 한 목숨 바치겠다고 다짐했던 한국 기자들의 오늘을 바라보며, 그 옛날 그들의 민주주의는 자유선거가 있는 자유민주주의가 아니었고, 100% 투표율, 100% 찬성율을 자랑하는 북한식 인민민주주의였음을 상기합니다.

국민들이 그들을 잘 몰랐을 뿐이었고 그들은 처음부터 자유선거 가치를 대수롭지 않게 생각했던 공산주의에 경도되었던 젊은 시절 그대로, 변함없이 일관됩니다. 북한 80년에 변화가 없듯 운동권의 습성은 변하지 않습니다. 그들에게 자유선거는 경멸의 대상입니다. 공산주의 체제를 이상으로 생각했던 그들이 그들식 노조를 만들고 그렇게 후배를 길러온 것입니다.

MBC 노조위원장과 사장을 지낸 박성제 씨의 아들 박준영 씨가 열정을 다해 부정선거 문제를 제기하는 상황은 아이러니컬하지만 희망적입니다. 제가 투병중에 이 100편의 글을 통해 부정선거 퍼즐을 맞춰볼 힘이 생긴 것도 그들 때문입니다. 이 글의 독자들이 크고 있습니다. 이제 세상은 그들의 것입니다.

출처: 연합뉴스

보론 및 질의응답 16:
부정은 사전투표에서만 이루어지고 당일 본투표는 안전한 것입니까?

2025:05:22:07

당일 본투표에서도 부정은 일어납니다. 그럼에도 부정선거 규명운동을 해온 사람들이 사전투표가 아닌 당일 본투표를 강권하는 것은 부정의 규모 면에서 그 정도의 차이가 너무 크기 때문입니다.

4·15총선이 끝나고 어떤 연구가는 부정이 90%는 사전에, 10%는 당일에 이루어졌다고 말했습니다. 그런데 10%는 결코 작은 수치가 아닙니다. 왜냐하면 한 표 차이로 당락이 결정될 수도 있기 때문입니다. 특히 국회의원 선거나 지방자치단체 선거는 박빙의 승부가 많습니다.

사전투표만으로 이길 수 없을 때 당일에 취할 수 있는 조치가 있다고 말할 수 있습니다. 여러 차례 개표와 법원 재검표를 참관했던 권오용 변호사의 증언입니다.

(i) 2025년 4월 2일 구로구청 보궐선거에서 사전투표 개표를 먼저 하고, 곧 당일투표함 개함이 있을 것이라는 알림이 있었다. 그러나 실제로 개함이 이루어지기도 전에 빳빳한 신권다발 같은 당일투표지가 개

표대에 놓여있는 것을 목격했다.

(ii) 당일투표지는 일련번호를 제거하도록 되어 있는데 일련번호를 한꺼번에 톱으로 제거한 것처럼 단면이 연결되어 있는 경우가 있었고, 어떤 경우는 일련번호가 붙어 있기도 했다. 한장 한장 떼어내는 현장 투표에서 일어날 수 없는 일이다.

(iii) 선관위는 개표현장에 날인되지 않은 빈 당일투표지를 가지고 온다. 비상시에 부정 투입이 가능하도록 가져오는 것으로 의심하지 않을 수 없다. 실제로 투표관리관 도장만 날인되어 있는 투표지도 목격된다. 100개씩 미리 찍어둘 수 있다는 변명을 하지만 사실로 보이지 않는다.

2025년 대통령이 부정선거 문제로 계엄을 하고 탄핵이 된 후에 그 수법은 더욱 대담하고 과감해지고 있습니다. 가로막을 자가 없다는 믿음입니다.

여기서 잠깐 빳빳한 신권 투표지, 일명 형상기억투표지에 대해서 설명해 두어야 할 것이 있습니다. 거듭 말했지만 일단 형상기억투표지는 현실 세상에 없습니다. 지폐도 한 번이라도 접히고 나면 다리미로 다려도 원상태로는 돌아오지 않습니다. 펄프로 만들어진 종이가 원상을 회복할 수 있다면 우리나라 중앙선관위는 이 환상의 종이를 사실상 무한 보유하고 있다는 것입니까?

지금까지 나온 형상기억투표지(빳빳한 투표지)는 네 가지로 나누어 볼 수 있습니다.

(i) 재검표 현장에서 나타난 형상기억 사전투표지.

(ii) 재검표 현장에서 나타난 형상기억 당일투표지.
(iii) 개표 현장에서 나타난 형상기억 사전투표지.
(iv) 개표 현장에서 나타난 형상기억 당일투표지.

앞에서도 설명했지만 재검표 현장에서 투표지를 본 사람들은 판사를 제외한 모두가 이구동성으로 '충격적'이었다고 말합니다. 누가 봐도 새로 한 세트를 제작해 왔다고밖에 볼 수 없는 형상기억 투표지가 대부분이었기 때문입니다.

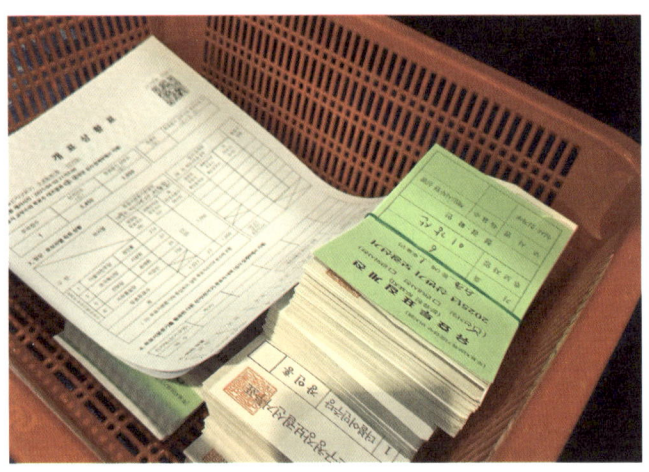

지난 4월 구로구청장 보궐선거 당시 개표현장에 있던 투표지들

그중에서도 특히 심각한 상태였던 경기 오산 재검표에서 나온 투표지와 불과 한 달 전에 나타난 구로구청장 보궐선거 투표지를 자세히 보시기 바랍니다.

선거 범죄는 유일하게 '유죄추정의 원리'가 통합니다. 그래서 문제의 소지가 있으면 적극적으로 제거해야 하는데 무소불위 선관위는 "입 열면 감옥 보내주겠다"는 식의 위협적인 태도라고 합니다. 판사를 꽉 잡고 있다는 자신감이겠지요.

하나 더 기억해야 할 것은 '대통령 선거'는 전국 어디서나 같은 표를 사용하고 있고, 전국 통틀어 집계해서 이겨야 한다는 것입니다. 20대 대선 때 당일에서 16%를 이긴 윤석열 대통령이 사전선거에서 고전하여 결국 0.72% 근소한 차이로 이겼습니다. 범법자들이 엄청난 사전선거 부정에도 불구하고 격차를 좁히지 못했던 것입니다. '풀(full)로 당겨도' 모자랐다는 것입니다.

범법자 입장에서 총선·지선과 달리 대통령 선거는 박빙의 상황을 쉽게 극복하기 힘들기 때문에 최선을 다해 부정을 했지만 0.72% 벽을 넘지 못했을 것입니다. 부정선거를 규명하는 시민들이 2022년 20대 대통령 선거 때 대통령 후보를 내어 호남 지역까지 감시자를 보내려고 했던 것은 이런 상황을 예측했기 때문입니다. 유권자가 서명한 선거인명부를 감추어두고 영영 보여 주지 않는 이상 사전이든 당일이든 실제 투표자를 확인할 길이 없습니다. 대통령도 못 합니다. 이미 소각되어 없어졌을 듯하다고들 합니다.

요컨대 이 무시무시한 범죄집단 선관위와의 싸움에서 그래도 당일투표를 권하는 이유는 다음과 같습니다.

(i) 자신이 찍은 표가 제거되지는 않는다. 사전투표는 당일 본투표까지 5일의 시간차가 있기 때문에 아예 통갈이를 해 버리는 경우가 있지만 당일투표는 사전에 비해 시간상 통갈이가 어렵다.

(ii) 신권다발을 갖고 들어온다고 해도 현장에서 투표자수가 확인되므로 대량의 부정은 어렵다.

(iii) 사전투표율이 올라가면 그만큼 중복투표 등 부정이 용이해진다.

부정선거가 거듭되어도, 부정선거 규명에 대한 목소리가 높아져도, 부정선거를 인정하면 자신들의 입지가 무너진다고 생각하는 한동훈, 이준석, 권성동 같은 자들이 이른바 '보수'의 사령탑이라고 스스로도 믿고 국민들도 믿어주는 한 사전투표는 계속될 것입니다.

남은 것은 유권자 개인의 결단뿐입니다. 이 시리즈를 쓰면서 흥미로운 선물들을 받습니다. 조용히 전해주는 샤이 목격자들의 증언입니다. 그중 선거관리를 맡아본 분들의 증언은 매우 실감납니다.

"위에서 내려오는 명령을 따랐을 뿐 그것이 불법인지도 몰랐다"는 증언에 소름이 돋았습니다. 선관위가 맺는 수의계약의 내용과 계약서를 모두 보내준 분도 있습니다.

결국 이런 분들의 양심으로 우리는 이 국난을 이겨낼 수 있을 것 같습니다. 한 사람 한 사람의 결단으로 나라를 지킬 수밖에 없습니다. 치트키는 없지만 각자가 가진 자신들만의 '금'을 모아 이겨내 보기로 하지요!

보론 및 질의응답 17:
관외사전투표에서 우편 등기번호 획득은 우정사업본부와 선관위의 공모로 이루어지는 것입니까?

2025:05:23:08

부정선거 규명운동 과정에서 가장 설명이 어려운 것이 우체국 등기번호를 어떻게 획득하는가였습니다. 관내 사전투표의 경우 회송용 봉투에 넣어 투표하는 과정이 없기 때문에 불필요하지만 관외사전의 경우 반드시 등기번호가 있어야 합니다.

2020년 4·15총선이 끝났을 때 강원도에 사는 한 프로그래머의 희생적인 노력으로 우체국 등기번호 전수조사 과정이 있었습니다. 한국에 없는 성씨를 가진 직원들, 즉 깨씨는 2,597명, 총씨는 3,201명, 히씨는 2,973명의 우편물을 각각 수령한 것으로 되어 있었다는 증언이 있었고, 이 사실이 문제가 되자 우체국 전산정보 기록을 깨씨를 김씨로 바꿔놓는 등 증거인멸 시도가 있었다는 사실도 알려졌습니다. 힉씨, 힝씨, 거씨, 광씨 등 심각하게 낯설고 무성의한 접수자명을 확인한 것입니다.

초단위로 배달되는 우편투표, 전국을 돌아다니는 우편투표 등 우편투표는 그야말로 거대한 증거더미라는 것이 분석한 시민의 증언이었습니다. 4·15 부정선거의 주된 방법이 회송용 봉투에 표를 넣어 우체국을 통해 배달하는 것이라는 의미입니다. 새벽에도 버젓이 투표함의 봉인을 떼고 가짜표를 집어넣는 모습은 이제 모두 익숙하게 되었습니다. 집어넣고 있는 선관위 직원조차 자신들이 정확히 무엇을 하고 있는지 알 수 없다고들 합니다.

우편투표는 진정한 감시의 사각지대입니다. 배달 과정, 투입 과정 등 전 과정이 사각지대에 놓여 있습니다. 부정선거 규명하는 측에서 우정사업본부 직원들을 어떻게 믿느냐고 항의하면, 경찰도 이송에 대동시키겠다고 답합니다. 하지만 경찰은 또 믿을 수 있을까요?

국가 기관의 전반적 타락과 불법뿐 아니라 거의 무정부상태까지 와 있는 한국의 상황을 정확히 직시하고 있는 사람들은 많지 않습니다. 선관위, 법원, 경찰의 총체적인 부패 없이 이토록 무시무시한 부정선거는 일어나지 않습니다.

윤석열 대통령의 계엄은 중국과 북한이 주도하는 치열한 사이버전의 실체를 대중적으로 인지시키는 데 큰 도움을 주었고, 통상적 의미의 전쟁과는 다른 차원에서 치열하게 전개되는 새로운 종류의 하이브리드 전쟁에 대해 널리 알리는 계기가 되었습니다.

부정선거 규명과정에서 저희가 인지한 것도 이 거대한 네트워크에 대한 이해 없이 부정선거 전반을 이해하기 어렵다는 사실이었습니다. 그중에서도 국내외 IT사업의 연관성은 가히 충격적입니다. 평생을 공산주의와 싸워온 애국자들도 부정선거 문제에까지 인식이 닿지 않는 이유 중에 하나가 아니었나 생각됩니다. 이 정도까지 적들이 깊숙하고 은밀하게 침투하여 벌어진 문제라는 것을 알기는 어렵지 않았을까요?

미국이 세계 제2차대전 당시 맨하탄 계획(Manhattan Project)을 통해 핵무기를 개발한 역사는 길게 잡아도 1939년부터 현실적으로 핵무기를 사용한 1945년까지 약 6년이었다면 지금 한국에서 핵무기 이상의 위력을 발휘하며 국회와 지방자치단체를 장악하고, 대통령까지 제거하는 데까지 이른, 무기와 같은 위력을 발휘하는 부정선거 메커니즘을 개발하는 데는 그보다 훨씬 더 긴 말 그대로 '빌드업'의 시간이 있었다는 것입니다.

이 문제는 VON뉴스의 〈전환기의 세계보기〉를 통해 자세히 설명해 왔습니다. 간단히 요약하면 다음과 같습니다.

(i) 중국 단동에서 하나프로그람센터를 출범하여 남북 IT 협력사업을 시작했던 2001년을 시작점으로 본다.

(ii) 한국 측 업체 하나비즈닷컴(대표 문광승)은 2025년 현재 다산그룹에 편입되어 있고, 이 사업에 함께했던 핸디소프트도 다산그룹에 편입되어 있다.

(iii) 핸디소프트는 1990년대부터 우체국 시스템 구축에 관여했고, 2008년 우정사업본부와 우편물류시스템 구축 사업에서 협력 관계를 맺어 우정사업본부의 분리 발주 사업을 수주히어 사업자 포털 시스템 구축을 담당했다.

(iv) 상장회사 핸디소프트가 상장폐지되는 과정과 다산그룹이 인수하는 과정은 통상적이지 않다. 설립자 안영경 회장이 주식을 전량 매각하고, IT 소프트웨어 전문회사인 핸디소프트가 갑자기 몽골 구리광산에 투자하는 상황과 이로 인한 불법으로 상장폐지가 된 회사를 다산그룹이 사들이는 과정, 매수 자금이 독일 지멘스 투자를 통해 확보되는

전 과정에 의혹이 있다.

(v) 인터넷 우체국, 한국인터넷진흥원, 한국전파진흥원 등이 모두 전남 나주로 본부를 옮겼다. 특히 한국인터넷진흥원 출신 은유진의 SGA와 남민우의 핸디소프트는 중앙선관위의 디지털 선거와 밀접한 관련이 있다.

(vi) 우체국 소프트웨어와 포털 시스템을 관리하는 핸디소프트, 한국전자투표, SGA, 다산그룹 등 중앙선관위 IT업무를 관장하는 인물이 거의 전북 출신으로 편중되어 있어 정치적인 편향이 의심된다. 선거 관리가 전적으로 특정 지방 출신에게 맡겨진다면 견제가 어렵다. 만일 이 업무를 대구 경북 출신이 전담하고 있다면 더불어민주당이 용인할 수 있을까? 국민의힘의 침묵은 무능인가 공모인가?

(vii) 한틀, 미루시스템즈, SGA, 한국전자투표 등 사회적으로 끝없는 의혹의 대상이 되는 기업과 선관위는 수의계약을 통해 여전히 팀을 이루고 있다.

투표지 위조를 위한 우편 등기번호 확보가 과연 어려운 일일까요? 권오용 변호사는 인천의 한 선관위 사무실에서 회송용 봉투마다 포스트잇으로 가린 소쿠리를 발견하여 사전투표 직전에 왜 이런 것을 갖고 있냐고 물었지만 관계자는 윽박지를 뿐 설명이 없었다고 말했습니다.

한국 언론의 완전한 침묵과 대통령 내란몰이는 한국이 처해 있는 절망의 상황을 대변합니다. 1930년대 독일, 오스트리아, 일본에 있었던 광기의 상황을 그때 그 사람들도 편안히 받아들였고 지금 한국인들도 편안히 받아들이는 것처럼 보입니다.

권오용 변호사가 20대 대통령 선거 사전투표일 전날 모 선관위 창고에서 찍은 관외사전투표지 회송용 봉투. 포스트잇은 무엇을 가리고 있는 것일까?

   한국인들은 지금 조용히 공산주의자들이 부는 피리소리에 따라 죽음의 골짜기를 걸어 들어가고 있는 중입니다. 공산당을 따르라. Follow the Party! 과연 구원의 나팔일까요?

   질의 응답은 여기에서 맺음합니다. 다음 편부터는 중앙선관위가 내놓은 반박에 대해 중요한 부분은 재반박하겠습니다.

선관위의 거짓말 반박 1:
선거범죄 입증책임은 후보가 아니라 '검사'가 갖고 있다!

2025:05:24:11

중앙선거관리위원회가 홈페이지를 통해 발표한 "'STOP THE STEAL'의 부정선거 주장에 대한 사실관계 설명"은 부정선거 규명 과정에서 제기된 의혹을 선관위 입장에서 해명한 자료입니다.

이 자료에는 [follow_the_party]에 대한 해명은 들어있지 않습니다. 2020년 4월 15일 총선 결과 데이터에 삽입되어 있는 암호문자 [follow_the_party]에 대한 선관위의 공식 입장은 없습니다. 선관위의 반응은 언제나 철저한 침묵입니다.

그럼에도 계엄 직후 청년들을 중심으로 본격적으로 외친 "STOP THE STEAL" 구호는 여전히 위력을 발휘하고 있습니다. 선관위가 ftp를 제외한 거의 모든 의혹에 대한 답을 정리해서 내놓았습니다. 'STOP THE STEAL' 목소리를 잠재울 뜻인 듯합니다. 이 자료는 너무나 뻔한 거짓말 혹은 동문서답으로 가득합니다.

먼저 선거소송의 입증책임이 원고에게 있다고 밝힌 것입니다. 이것은 전형적인 동문서답식 답변입니다.

『STOP THE STEAL』의 부정선거 주장에 대한 사실관계 설명

【 제21대 국회의원 선거무효소송 대법원 판결(2020수30) 요지 】

○ 원고 주장은 막연히 누군가가 사전투표지를 위조하여 투입하고, 전산 등을 통하여 개표결과를 조작하고, 개표 후 증거보전 전에 투표지를 교체하였다는 것에 그칠 뿐이고, 구체적인 증명이 없음.

○ 공직선거는 「공직선거법」 법규에 따라 선관위의 선거관리과정은 모든 과정이 외부에 공개되는 점 등을 고려할 때, 원고 주장과 같은 위조 투표지 투입, 전산조작 등의 부정한 행위를 하기 위해서는 <mark>대규모의 인력과 조직, 이를 뒷받침하는 막대한 재원이 필요할 것이나 원고는 그 실행 주체조차 특정하지 못하였음.</mark>

○ 특히, <mark>투표 단계에서는 사전투표지를 위조하여 투입하고, 개표 단계에서 전산을 조작하였다는 원고 주장은 그 자체로 양립하기 어려운 주장임.</mark>

○ 결국 <mark>이 사건 선거소송에서 입증책임을 지는 원고는 선거 관련 규정 위반 사실과 구체적·직접적으로 관련 없는 단편적·개별적 사정과 의혹만을 들어 선거소송을 제기한 것으로 선거무효사유의 증명책임을 다하지 못하였음.</mark>

I [사전]투표 단계

1 (통합)선거인명부 제출 및 증거조사 미비 등 주장

○ 대법원은 선관위의 2시간 짜리 파워포인트(PPT) 발표 내용에 근거하여 투표기록이 '분단위'로 기록되므로 투표인 특정이 불가능하다고 판결했다. 하지만, 선관위가 제출한 〈통합선거인명부 매뉴얼〉에는 투표기록이 초 단위로 기록된다는 것이 분명히 표현되어 있다 (p.22)

○ 선관위 측은 중앙선관위 통합명부시스템 DB에 초단위가 아니라 1분단위로 기록되므로 일련번호로 연결될 수 없다고 주장하였다. 그러나 선관위측이 2020년 12월 14일 중앙선관위 과천청사 대회의실에서 피피티 발표를 하며 통합선거인명부 운영 설명서를 제시한 바 있는데, 해당 운영설명서 14페이지에 나오는 통합명부시스템 DB의 타임스템프(TIMESTAMP) 상에는 분명히 1초 단위까지 기록하고 있음을 확인할 수 있었다. (p.48)

중앙선관위가 홈페이지를 통해 공개한 문서 "'STOP THE STEAL'의 부정선거 주장에 대한 사실관계 설명". 원고가 실행 주체를 특정하지 못했다고 말한다.

선거소송에는 선거무효소송과 당선무효소송이 있습니다. 이 소송은 선거에 진 후보가 재검표를 요구하는 것으로 대체로 근소한 차이로 낙선한 후보가 표를 다시 세어보는 수준의 소송입니다. 그래서 대법원 단심으로 이루어지고, 그것도 6개월 안에 끝나게 되어 있습니다. 6개월이라는 시한이 훈시조항이라고 우기지만 6개월이 더 걸릴 이유가 없고 굳이 그것을 어긴 사례도 없습니다.

만약에 표를 다시 세어보는 수준의 선거소송이라면 입증책임이 원고에게 있다고 해도 반론을 제기할 이유가 없습니다. 그래서 막대한 소송비용을 감당하면서 원고가 소를 제기하는 것입니다.

무엇보다 대법원에서 이루어지는 이 선거소송은 행정소송의 성격이 강합니다. 피해를 보았다고 주장하는 후보가 제기하는 행정소송이기 때문에 기본적으로 민사적 성격을 띠는 것입니다.

지금 문제가 되고 있는 것은 이런 민사적 성격의 행정소송이 전혀 아닙니다. 기본적으로 대규모 선거범죄가 일어났다는 국민적인 항의로 인한 것입니다. 낙선한 후보가 제기한 선거소송은 이 거대한 선거범죄에 접근해 가기 위한 하나의 고리에 불과했습니다. 이 선거소송에서 이상한 투표지인 미스 프린트를 대량 발견했고 그것은 한국 선거 역사는 물론이고 세계 선거 역사에도 유례가 없는 일이었습니다.

인천연수을, 경남양산을, 서울영등포을, 경기오산, 경기파주 등 100건이 넘는 소송 중 다섯 군데만 열어도 대규모 미스 프린트 투표지가 발견되었고, 이것은 지폐의 미스 프린트 이상으로 심각한 범죄의혹을 제기하는 것이었습니다.

지폐 한 장의 미스 프린트는 위조지폐의 증거 그 자체입니다. 이와 마찬가지로 투표지 한 장의 미스 프린트는 조작선거의 증거 그 자체입니다. 이 사실을 인정하기 싫어도 수사를 개시할 이유(probable cause)로는 충분합니다.

시민들은 수십 건의 고소고발을 통해서 경찰과 검찰이 수사를 개시하도록 탄원했지만 아무런 움직임도 없었습니다. 윤석열 대통령은 당선 후 대통령조차 부정선거 수사를 위해 경찰과 검찰을 움직일 수 없는 구조를 발견하고 국정원 등 직속기관을 통해 대통령이 할 수 있는 모든 수단을 동원하여 부정선거 문제에 접근한 것이 계엄을 통해서 확인되었습니다.

윤 대통령은 "칼에 찔린 사망 시신을 보며 증거가 없다며 자연사라 우기는 꼴"이라고 말했습니다. "피해자 가족들더러 살인자를 특정하라고 주장하는 꼴"이라고도 했습니다. 선관위와 대법원이 그렇게 우길 뿐 아니라 어떤 저항에도 아랑곳하지 않고 계속해서 부정선거를 천연덕스럽게 자행하고 있습니다.

일반 국민들이 민사 사건과 형사 사건의 차이에 대해 민감하지 못할 것으로 여겨 교묘하게 동문서답하며 속이는 꼴입니다. 선거 사건이 민사 사건에 해당된다면 입증책임이 원고인 후보에게 있겠지요. 그러나 이미 이 사건은 개인의 차원을 넘어선 지 오래입니다.

이것은 대규모 선거범죄와 관련된 사건이고, 따라서 형사 사건은 당연히 국가형벌권을 가진 국가가 입증책임(duty of proof)을 갖고 있습니다. 구체적으로 검사에게 맡겨져 있습니다.

선관위는 자료를 통해 이렇게 말합니다.

(i) 대규모의 인력과 조직, 이를 뒷받침하는 막대한 재원이 필요한 일이나 원고는 그 실행 주체조차 특정하지 못하였음.

(ii) 이 사건 선거소송에서 입증책임을 지는 원고는 선거 관련 규정 위반 사실과 구체적·직접적으로 관련 없는 단편적·개별적 사정과 의혹만을 들어 선거소송을 제기한 것.

거대한 선거범죄의 입증책임은 국가에 있습니다. 대법원은 민사적 성격의 행정소송의 결론을 단심으로 낸 적은 있지만, 입증책임을 가진 검사가 공소를 유지하는 선거범죄의 형사 심판을 한 적이 결코 없습니다. 단순한 민사적 성격의 행정소송이라면 대법원이 6개월을 넘겨 1년 2개월이 지나서 투표함을 연 이유는 무엇입니까? 선관위와 대법원은 처음부터 샴쌍둥이였습니다.

그 많은 미스 프린트 투표지들이 다 단편적·개별적 사정이라면 그 많은 지폐 중에 한 장의 미스 프린트가 나왔다고 해서 왜 위조지폐 수사에 착수합니까?

계엄을 통해 대규모 부정선거를 환기시키고 전쟁과 같은 상황임을 알린 대통령을 내란범으로 모는 세력이 사실은 범죄 집단입니다. 이들의 국가전복 사태, 즉 국난 앞에서 국민들은 너무 깊이 잠들어 있습니다.

선관위의 거짓말 반박 2:
선관위는 투표관리관 개인도장 날인법을 선관위 규칙으로 폐기시켜 날인을 거부하고 있다!

2025:05:24:12

중앙선거관리위원회가 홈페이지를 통해 공표한 "'STOP THE STEAL'의 부정선거 주장에 대한 사실관계 설명"에서 가장 노골적인 거짓말은 "투표관리관 사인 날인 때문에 조작이 어렵다"고 말한 대목이 아닐까 합니다. 선관위는 이 법을 지키지 않고 있는데도 선관위 자료는 이렇게 쓰고 있습니다.

(i) 실제 투표용지와 동일한 투표용지를 발급하기 위해서는 사전투표관리관 사인(도장), 구시군 선관위 청인, 투표용지발급기 및 전용드라이버 등을 모두 취득해야 하므로 투표용지 무단 인쇄는 현실적으로 불가능함.

(ii) 사전투표관리관의 사인(도장) 등을 등록하는 통합선거인명부시스템은 외부와의 접속이 차단된 폐쇄망인 선거전용통신망으로만 접속할 수 있음은 물론, 제한된 기간에만 접속 가능하므로 외부에서 해당 이미지 파일을 취득하는 것은 사실상 불가능함.

위의 설명자료를 쓴 선관위 직원은 정말 순진한 사람인 걸까요? '사인'은 영어 sign(서명, 署名, signature)이 아니라 개인도장을 말하는 사인(私印)인 것조차 모르고 있는 것일까요?

아니면 이미 선관위가 규칙을 통해 공직선거법 제157조 제2항, 제158조 제3항을 이미 오래전에 폐기하고 사전투표관 개인도장 대신 관인을 인쇄하는 방식으로 선거를 치르고 있는 사실을 모르고 있는 것일까요?

심지어는 도장이 없는 투표지도 유효로 인정하고 있는 사실을 모르고 있는 것일까요?

당일 본투표에서조차 개인도장이 아니라 선관위에서 일괄적으로 배급하는 도장을 날인하고, 그것조차 모두 거둬가고 있는 사실을 전혀 모르는 것일까요?

이렇게 선관위가 불법의 주체가 될 때 전혀 견제할 방법이 없어 시민들이 강력하게 항의하고 소송을 제기해도 온갖 핑계를 대며 강행하고 있는 사실을 모르는 것일까요?

입법으로 해결하지도 않은 사항을 판사의 판결에 기대 이 같은 불법을 이어가고 있다는 사실을 전혀 모르고 있는 것일까요?

도장 파일을 일괄적으로 보유하고 있는 선관위의 누군가가 불법의 주체가 되기로 결정했다면 얼마든지 모처에서 무한대의 투표지를 조작할 수 있는 길이 열려 있다는 사실을 모르고 있는 것일까요?

국가정보원에서 외부에서 통합선거인명부에 접근이 가능했고, 비밀번호도 '12345'로 사실상 공개번호인 사실을 발표했는데도 선관위 홀로 철저한 보안을 유지하고 있다고 우기고 있는 이유는 무엇일까요?

무엇보다 '제한된 기간'에만 외부와의 접속이 가능하다는 것은, 망분리가 되지 않아 외부에서 선관위 전선망에 들어올 수 있도록 열리는 시간이 있다는 뜻입니다. 그 제한된 시간이란 '해킹의 자유'가 열리는 시간을 말할까요?

이미 보안의 주체가 곧 불법의 주체인 것이 문제입니다. 선관위가 범죄와 불법의 주체인 경우 누가 이를 견제할 수 있고, 누가 이 엄청난 범죄를 차단할 수 있습니까? 국방부장관이 할 수 있습니까? 감사원장이 할 수 있습니까? 대통령이 할 수 있습니까?

불법으로 생산한 권력을 갖고, 대통령 탄핵까지 자행하는 세력의 불법공장 역할을 담당하는 선관위에 있어 이미 보안이란 무의미한 것입니다. 외부의 범법자에게 알려 주면 그만입니다. 윤석열 대통령이 한국 선거 뒤에 '화웨이'가 있다고 한 말이 과연 거짓일까요?

선관위가 최소한의 견제를 피하기 위해 공직선거법을 뭉개 버린 사실이 이미 공공연하고 김용빈 사무총장이 6·3대선에서도 강행하겠다고 한 사실이 공개됐는데도 선관위 책상에 앉아 이런 거짓말을 써서 국민들을 속이는 이유는 또 무엇일까요? 역설적으로 투표관리관 개인도장을 찍지 않고 있으니 조작을 마음껏 힐 수 있다고 신토하고 있는 것일까요?

선관위, 점입가경입니다.

선관위의 거짓말 반박 3:
선관위는 진정한 통합선거인명부를 제출한 적 없고, 선관위 명부와 행안부 명부가 다른 것은 명백히 조작 증거다!

2025:05:25:10

    선관위의 뻔뻔한 거짓말을 보면서 내내 떠오르는 것은 북한의 행태입니다. 북한은 유엔인권협약에 가입했으므로 정기적으로 보고서를 제출해야 하는 의무를 이행해야 함에도 불구하고 거의 이행하지 않다가 그나마 간혹 내놓는 보고서마저도 처음부터 끝까지 온통 거짓말과 변명으로 점철되어 있습니다.

    중앙선거관리위원회가 홈페이지를 통해 공표한 "'STOP THE STEAL'의 부정선거 주장에 대한 사실관계 설명"을 읽는 것은 말 그대로 북한 보고서를 읽을 때의 데자뷰입니다. 선관위가 숨기고 있는 가장 민감한 증거라고 할 수 있는 통합선거인명부를 내놓은 적이 없는 선관위는 다음과 같이 말합니다.

    (i) 선관위는 통합선거인명부 원본의 검증을 거부한 적이 없으며, 기술적인 문제 및 선거인의 개인정보 보호를 위해 제출 가능한 형태에 대한 검토와 협의를 거쳐 법원의 명령에 따라 출력본을 제출하여 재판 진

행에 협조하였음.

(ii) 별도 문서로 제출한 통합선거인명부 사본에 선거인 이름 등이 표시되지 않은 것은, 대법원의 문서제출명령에 따라 선거인 이름, 주소, 생일(생년 제외), 세대주 여부 등 투표자를 특정할 수 있는 개인정보를 제외하고 제출하게 된 것임.

(iii) 또한 제출한 통합선거인명부 사본은 규칙서식에 따라 투표구별로 선거인의 사전 투표여부를 기입하여 제출하였으므로 제출된 내용만으로 사전투표자수 검증이 가능함.

위의 내용은 심각한 중대범죄가 발생하여 CCTV를 제출하라고 했는데, 범죄사실이 확인될 수 있는 내용을 선제적으로 모두 가리고 제출하면서 '법원과 협의했고, 개인정보 유출을 우려했다.'고 말하는 것과 같습니다. 전국 선관위의 수장은 판사입니다. 선관위와 법원이 견제 역할을 하는 구조가 아닙니다. 그런데도 범죄사실을 확인할 수 있는 모든 사항을 가리고 법원이 시키는 대로 했다고 말합니다. 그러면서 소를 제기한 사람더러 범인을 특정하라고 말합니다. 선관위가 적에도 점령당해도 수사는커녕 경찰이 수사를 하고 검사가 기소를 한나 해도 법원이 제대로 판결을 할 수 없는 동어반복적 구조입니다. 제도의 허점을 완벽하게 파고들어 부정선거를 완전범죄화하고 있는 것입니다.

게다가 자신들이 위변조한 명부에서 투표자 숫자를 세어보라는 것은 투표자가 죽은 사람인지 산 사람인지 알 수도 없는 상황에서 자신들이 맞춰 놓은 숫자만 확인해 보라는 의미입니다. 조삼모사보다 더 심각하게 국민을 우롱하고 있습니다. 한국사람들이 정말 다 바보천치가 되어

버린 것입니까?

더구나 인천연수을이나 서울영등포을 재검에서 크게 문제된 19세기 유권자 등 유령 문제에 대해서는 행정안전부 명부와는 다른 명부를 선관위에서 사용한 것을 인정하면서도 주의를 기울이지 않으면 전혀 알아들을 수 없는 말로 호도해 버립니다.

(i) 선거인명부는 선거 때마다 구·시·군의 장이 관할구역의 주민등록을 기준으로 작성하는 것이며, 통합선거인명부는 구·시·군의 장이 구·시·군 선관위로 송부한 '확정된 선거인명부' 전산자료 복사본을 이용하여 하나의 선거인명부로 작성한 것임.

(ii) 2020년 3월 31일 기준 행정안전부 주민등록시스템상 연수구을의 100세 이상 인구수는 21명이 맞으며, 당시 제출된 통합선거인명부상의 100세 이상 선거인수는 선거일 기준 생년월일을 계산하여 연령을 산정한 것이 아니라 연도만 기준으로 산정하여 그 차이가 발생한 것으로 추정(선관위 자료 3~4쪽).

인천연수을 통합선거인명부에 100세 이상이 30명 있었는데 행안부가 제출한 실제 명부에는 100세 이상이 21명이었습니다. 선관위는 9명이 늘어나 있는 이유를 전혀 이해할 수 없는 말로 얼버무릴 뿐 아니라 1903년생 할머니가 포함되어 있는 사실에 대해서도 해명하지 않습니다. 세계 최고령 인간이 한국에 있다면 기네스북에 올라야 하는데도 말입니다. 당시 세계 최고령은 일본인 여성 1903년생 다나카 가네 할머니였습니다.

선관위가 언급을 피했지만, 영등포을 명부에는 2020년 당시 기준 기네스북 최고령자보다 나이가 많은 유권자가 1886년생부터 1902년생까지 14명이 기록되어 있었습니다.

앞에서 유권자풀 자체를 부풀려 놓은 것은 사실은 조작표를 투입하면서 투표율을 줄여놓기 위한 설계라는 의견을 낸 적이 있습니다. 선관위는 곤란한 것은 언급하지 않는 방식으로 '눈 감으면 코 베어가는' 식의 거짓말을 서슴지 않습니다. 이런 해명을 STOP THE STEAL을 외치는 20·30에게 내놓습니다.

그야말로 말도 안 되는 상황이 되어 버렸습니다. 한국에는 신종 이단사이비 종교 하나가 생겼다고 봅니다. '중앙선관위 진리교'라고 할까요? 북한 사람들이 김일성 가족을 신으로 섬기는 것 이상의 믿음입니다.

진실을 규명하는 사람들은 '극우'로 낙인 찍고 선관위에 대한 절대 신뢰를 자랑하는 자신들은 이성적이고 합리적인 사람들이랍니다. 반지성주의와 야만이 지성이라고 적힌 옷을 입고 다닙니다.

선관위는 유권자들이 당일 본투표 때 서명하는 각 투표소의 통합명부를 전량 수사 당국에 제출해야 합니다. 그것만이 진성한 명부입니다. 위변조 의혹이 있을 때 확인하기 위해 일일이 서명을 남기는 것 아닌가요? 그 명부에 중요한 단서가 들어 있습니다. 이미 소각하고 없애 버렸다는 것인가요? 만일 이게 사실이라면 무시무시한 증거인멸 국가범죄입니다.

선관위의 거짓말 반박4:
일명 신권다발 투표지는 선관위가 사용하는 형상이 복원되는 고품질 용지가 아니고, 한꺼번에 투입된 위조 투표지다!

2025:05:25:11

선관위의 해명은 대체로 민망한 수준이지만 역시 빳빳한 신권다발 투표지에 대한 변명은 단연 압권입니다.

전혀 접지 않은 투표지가 있을 수 있습니다. 저도 접지 않을 때가 있습니다. 그러나 그런 투표지가 수십 수백 장 신권다발처럼 존재할 수는 없고 존재한 적도 없습니다. 다량으로 대규모적으로 너무 자주 출현합니다. 선관위는 이렇게 설명합니다. 그래서 이제는 투표지 '벽돌'로도 불립니다.

(i) 선관위는 2002년 신속하고 정확한 개표를 위해 투표지분류기를 도입하면서, 종이 먼지 또는 걸림 등으로 인한 오류를 예방하기 위하여 투표용지에 대해 기존 대비 빳빳하고 표면을 매끄럽게 처리한 재질이 필요했다.

(ii) 이에 따라 2002년 제3회 전국동시지방선거부터 현재까지 모든 공직선거에서 이와 같이 일반 백상지 두께가 두껍고, 종이의 빳빳한 정

도("Stiffness")가 우수한 재질의 투표용지를 사용하고 있음.

 (iii) 개표소에서 투표지분류기 투입을 위하여 개함부에서 투표지를 정리하거나, 투표지분류기 및 심사계수기 통과 후 후보자별로 묶음 처리 등의 과정을 거쳐 보관함에 따라 시간이 어느 정도 경과한 시점에서는 접힌 자국이 완화될 수 있음.

 아무리 두꺼운 종이도 접히면 형상이 복원되지 않습니다. 복원되는 종이가 있다면 그것은 신물질이고 센세이널한 주목을 받게 될 것입니다. 더구나 이와 반대로 개표 현장에서 나타나는 대부분의 접히고 구겨진 형상이 복원되지 않은 종이들은 모두 가짜 투표지라는 것일까요?

 일반 종이와 재질이 다르고 더 고급스러운 특수용지인 지폐의 신권조차 접히면 복원되지 않습니다. 만일 이런 종류의 종이가 개발된다면 세계 최초일 것이고 노벨상을 받을 것으로 생각됩니다. 접힌 자국이 완화될 수는 있지만 신권다발처럼 복원되지는 않습니다.

 신권다발은 부정선거 범법자들의 뻔뻔함을 대변합니다. 지금과 같은 제도가 계속되는 한, 당분간 신권다발의 출현은 계속될 것으로 보입니다. 부표율은 서서히 올리고 가짜 투표지는 은밀히 한꺼번에 투입되거나, 개표 현장에서 긴급히 투입되기 때문이겠지요!

 또 하나 상상 그 이상의 뻔뻔함은 인쇄 오염이 묻어 있는 일명 '요고레' 투표지들에 대한 변명입니다. 앞에서 설명한 대로 거제와 여수에서 각각 투표된 투표지에 왜 같은 문양의 오염이 묻어 있는가에 대해 선관위는 이렇게 설명합니다.

(i) 투표지분류기 1대당 분류하는 투표지수는 5천 매부터 수만 매에 달하며, 투표지를 적재함까지 원활하게 이송하기 위해 각종 롤러 및 벨트 등이 투표지들과 마찰되면서 발생하는 수많은 종이 및 잉크가루, 개표장 내 다수 개표사무관계자들에 따라 발생하는 먼지 등 이물질이 각각의 투표지 이송경로와 적재함에 쌓이게 됨.

(ii) 검정 프린트 또는 검은색 줄무늬 띠가 표출된 투표지는 투표지분류기 운영과정에서 충분히 발생할 수 있는 사안으로 이를 위조한 투표지로 주장하는 것은 적절하지 않음(선관위 자료 19~20쪽).

투표지분류기는 저들의 설명으로도 지폐계수기와 비슷한 기능입니다. 경기 오산에서 나온 무더기 인쇄 오염이나 대구 중·남구의 오염은 결코 투표지분류기에서 나올 수 없고, 또 다른 과정을 통해서도 나온 적 없습니다. 더욱이 사전투표지는 잉크젯프린터를 통해 한 장 한 장 발행됩니다. 옵셋인쇄로 추정되는 사전투표지가 쏟아졌지만 국립과학수사연구원에 보내져 분석되었다는 뉴스를 본 적 없습니다. 제도권의 모든 기관이 모종의 권력에 점령된 것으로 추정됩니다.

왜 하필 1인당 GDP가 4만 달러에 육박하는 한국에서만 유독 이런 일이 일어나죠? 1948년 선거에도 없었고, 2002년 선거에도 없었고, 2016년 선거에도 없었던 일, 세계 어떤 저개발국에도 없는 일이 왜 지금 이 시대, 그것도 한국에서만 일어날까요? 그러고도 선거장비와 제도를 외국으로 수출한다? 게다가 국민 세금으로 A-WEB을 유지하며?

선관위는 그냥 정정당당히 수사를 받으면 됩니다. 변명이 필요 없습니다. 국립과학수사연구원의 몫입니다. 아뿔싸. 국과수 역시 법원만큼

믿을 수 없는 시대가 되어 버렸군요.

대한민국은 과연 회복될 수 있을까요? 이런 변명이 버젓이 국가기관에 의해 생산되고, 또 국민 전체에 공유되며, 심지어 저항 없이 받아들여진다는 것은 묵시록적(catastrophic) 현실이 아닐 수 없습니다.

더 이상 선관위의 한심한 국민 속이기를 일일이 반박하는 것은 시간 낭비입니다. 선관위 여러분, 자수하세요. 나라 지키세요. 여러분들의 오랜 범죄는 다 들켰습니다. 잠깐은 속여도 영원히는 못 속입니다.

2021년 6월 28일 인천 연수을 민경욱 후보 지역구 재검표 당시 무더기로 나왔던 빳빳한 투표지들. 이 투표지들은 잉크젯프린터로 인쇄되는 사전투표 롤 용지의 외양이 아니다. 법원은 그럼에도 불구하고 재검증 명령 없이 모두 정상 투표지로 인정하고 단순 계수했다.

100개의 퍼즐

결론 1: [follow_the_party] 발견이라는 기적

2025:05:25:19

이제 결론으로 접어듭니다. 저는 이 시리즈의 76번째 해설까지 해커의 지문 [follow_the_party]에 관해 자세히 분석했습니다. 질의 응답과 선관위의 반박에 재반박하는 작업까지 마치면서 본론을 완성했습니다.

이 시리즈를 쓰는 동안에 윤석열 대통령 탄핵 심판이 있었고, 새로운 대통령을 뽑는 정치 일정이 전개되고 있습니다. 윤어게인이라는 목소리가 있지만 크지 않고 사회는 다시 계엄 이전의 궤도로 안착 중입니다. 이 시리즈를 쓰는 저는 마치 낯선 시간 속으로 들어와 있는 느낌입니다.

오늘 본론을 마무리할 때 국민의힘 김문수 후보가 사전투표를 독려하는 뉴스가 나왔습니다. 김문수 후보와는 두 차례 인터뷰를 했고, 그 밖에도 몇 차례 뵌 적이 있어 국민의힘 후보를 '연기'해야 하는 그분의 입장을 이해 못 할 것이 없고 그분이 겪고 있을 고뇌도 공감됩니다. 문제는 이번에는 2020년 총선, 2022년 대선, 2024년 총선과 비교할 수 없는 베네수엘라 모델의 부정선거가 준비되고 있다는 것입니다.

모든 한국의 정치 일정은 "부정선거는 없었다", "선관위는 신뢰할 만한 국가기관이다", "[follow_the_party]를 포함한 모든 부정선거 의문제기는 음모론이다", "윤석열 대통령은 음모론자들에게 휘말린 내란의 주범이다"라는 대전제 아래 전개되고 있습니다.

그런데 이 대전제는 완전한 허위입니다. 진실은 반대편에 있습니다. 지난 5년 들불처럼 일어난 부정선거 규명운동은 수십 년간 스멀스멀 한국을 점령해 온 어두운 그림자에 도전하는 진실한 몸짓이었습니다. 이 몸짓에 화답해준 윤석열 대통령의 강력한 경고에도 불구하고 우리 정치 현실은 견고합니다. 난공불락의 성입니다.

의미 있는 것은 더 이상 김문수냐 이재명이냐의 쟁점이 아닙니다. 어떤 경로로 최종적으로 한국을 뒤덮고 있는 이 공포의 거짓 장막을 누가 걷어낼 것인가입니다. 국민의힘이든 더불어민주당이든 그 희망을 보여 주지 않습니다.

한국은 어디로 갈 것인가? 많은 깨어 있는 사람들은 두려움에 휩싸여 있을 것입니다. 제가 말할 수 있는 것은 이 지점은 스타트 라인이라는 것입니다. 우리는 모두 새로운 출발점에 서 있습니다.

이 시리즈의 첫 번째 결론입니다.

[follow_the_party]는 괴담이 아닙니다. 발견자 로이킴은 자신이 발견한 로직을 '게리맨더링', '이동값', '이동변환값' 등의 용어를 통해 설명함으로써 상당한 혼선을 빚었던 것은 사실입니다.

처음에 로이킴은 ftp 로직이 낙선자를 당선자로 바꾸기 위한 이동표의 추이를 보여 주는 증표인 것으로 인식했습니다. 그것을 그는 '디지털 게리맨더링'이라고 표현했던 것입니다.

후사장은 ftp는 게리맨더링이 아니라 최적화 로직을 통해 설계한 작업자 표시라고 말해 주었습니다. 한국의 선거를 설계하는 검은손이 자신의 영역을 표시해 둔 해커의 지문이라는 것입니다. 하필 그것이 공산당의 구호 [follow_the_party]라는 것이 믿기지 않는 놀라운 사실입니다. 이것이 너무 놀라운 일이어서 믿기지 않는 일이 되었다면 ftp 이해를 위해서는 이제 시간을 더 기다릴 수밖에 없습니다.

저는 로이킴의 표준화 방법을 통한 데이터 분석과 그를 통해 발견한 비중 비교 그래프를 비교적 빨리 이해했기 때문에 한국에서 일어나고 있는 부정선거의 전 메커니즘을 이해하는 데 유리한 입장에 있었습니다. 한국의 선거 결과는 미리 설계되고 주로 사전선거를 통해 실현된다는 것입니다.

두 권의 책과 다큐멘터리, 애니메이션 그리고 이 100편을 글을 쓰는 지난한 작업을 하는 5년 내내 몇 차례 외과수술을 받아야 했기 때문에 제가 이 작업을 서둘러 해 두지 않으면 영영 진실이 물밑에 깊이 가라앉을 수도 있다는 강박에 시달렸습니다.

한국의 정치 현실은 여전히 제 생각과 전혀 다른 방향으로 움직이고 있습니다. 반대쪽으로 가는 사람들은 제게 손가락질을 합니다. 저는 그런 손가락질을 개의치 않습니다. 다만 국민의힘이든 더불어민주당이든 그들이 우리 국가와 민족을 나락으로 끌고 가고 있다는 사실을 저는 잘 알고 있습니다.

오랫동안 북한 동포가 겪는 일을 목격하고 고발해 온 저로서는 이 한반도에 드리워진 어둠의 실체가 낯설지 않습니다. 우리 나라가 험한 시간을 겪을 수밖에 없다는 사실을 감지하면서 제가 할 수 있는 최소한의 일이 바로 이 ftp 해설이었습니다.

ftp는 사실이고, 그 발견은 기적이었습니다. 다음 세대의 누군가가

이 모든 진실을 이해하고, 동료들을 깨워 일으켜 우리나라와 민족 공동체에 빛을 가져 오기를 소망합니다. 허무주의는 결코 인생을 밝히는 등불이 될 수 없습니다. 끝까지 희망을 버리지 않은 누군가에 의해 이 나라와 민족은 반드시 구해질 것입니다.

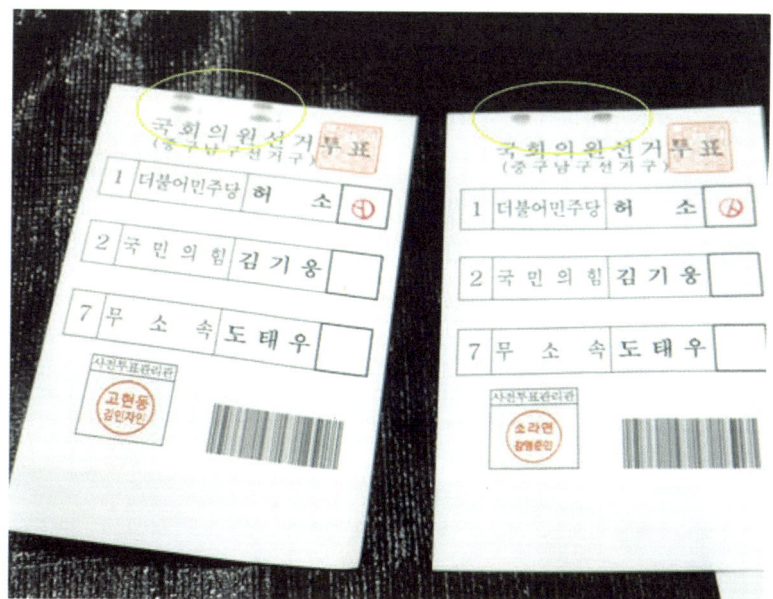

왼쪽은 경남 거제시 고현동에서 잉크젯 프린드되었고, 오른쪽은 전남 여수시 소라면에서 잉크젯 프린트되어 대구로 보내진 것이라고 선관위가 주장하지만 실상은 비밀리에 모처에서 동시에 프린트된 위조 투표지임을 알 수 있다. [follow_the_party] 해독을 통해 알게 된 분명한 사실은 사전에 전국 전 지역 투표율과 득표수가 미세하게 설계된다는 사실이다. 따라서 도장을 인쇄할 수 있는 이상 한 곳에서 필요한 전국 표를 비밀리에 미리 준비해 둘 수 있고, 투입은 우편집중국 등 사각지대를 통과하면서 교체되거나 투입된다는 뜻이다. 이 정도의 미스 프린트를 부실이라고 주장하며 수사조차 할 수 없는 것이 한국의 현실이다. 반드시 위조지폐 발견에 준하여 수사 개시되어야 한다.

결론 2: 마이 스토리

2025:05:26:11

제 이력에서 가장 중요한 부분은 북한인권 운동입니다. 부정선거 규명운동은 두 번째에 놓일 것 같습니다. 1999년부터 본격적으로 시작된 저의 활동가로서의 삶에서 부정선거 규명운동은 사실은 북한인권 운동의 연장이자 한 부분입니다.

북한인권 운동과 부정선거 규명운동의 공통점은 시야를 크게 넓히지 않으면 그 필요성이 잘 보이지 않는 영역이라는 것입니다. 시야를 넓혀서 대한민국 단위도 넘어서 보아야 겨우 보이는 세계입니다.

윤석열 대통령의 계엄은 어쩌면 우리 모두 시야를 넓혀야 한다는 경고입니다. 이 경고는 한참 즐기고 있는데 판을 깨는 호통소리처럼 불편한 것이겠죠? 바람피운 남편은 용서해도 계엄은 용서 못 한다는 사람도 있더군요.

한국 정치도 한국 사회도 한국 언론도 정해 놓은 판이 있습니다. 그 판 바깥에 있는 영역을 공감대의 영역으로 끌어오는 데에는 노력이 필요합니다. 가령 우리 사회에서 한 아이가 굶어서 죽었다면 큰 이슈가 됩니다. 그러나 북한에서 수천 수만 명의 아이가 굶어 죽어간다고 해서 우리 사회에서 공분을 일으키지는 않습니다. 그 이유가 무엇일까요?

북한이나 중국이 한국의 자유와 번영을 자신들의 체제 위협으로 간주하고 호시탐탐 노리고 있어도 그 심각성이 잘 전달되지 않습니다. 살갗에 닿기 전에는 그다지 큰 관심을 두지 않습니다. 북한인권 문제와 부정선거 문제에 무관심한 것도 같은 궤도에 있다고 봅니다. 살갗에 다가오지 않는 것이겠지요.

　한국에서 전혀 인기 없는 일을 저는 30년 가까이 해 오고 있는 셈입니다. 그래서 저는 이 일을 사명의 영역으로 생각합니다. 북한인권 탄압의 주체와 부정선거 획책의 주체는 같습니다. 북한 노동당, 중국 공산당, 권력과 돈에 매여 있는 한국이 기득권 좌익과 우익. 그들은 모두 자신들이 구축해 놓은 세상이 흔들리는 것을 좋아하지 않습니다. 그들이 원하는 현상 유지(Status Quo)를 위해 북한과 중국의 보통사람들은 희생되어 마땅한 것이 되어 있습니다.

　이들은 한국에서 그들이 유지하기 원하는 현상이 흔들리는 것을 싫어합니다. 우익조차 윤 대통령의 계엄에 짜증을 내는 이유지요. 국민의힘의 조력 없이 박근혜 윤석열 두 대통령의 탄핵은 불가능했습니다. 그러니 더욱 그들은 북한의 폭정이 무너지고 동포들에게도 자유와 번영의 시대가 오는 것을 싫어합니다. 자신들이 손에 쥔 것에 손해가 올 것으로 막연히 느끼나 봅니다.

　누구든 북한땅에도 자유세계가 열리는 비전을 선포하는 지도자는 이들 현상유지 세력의 적입니다. 박근혜 대통령은 북한의 동포들에게 자유의 넓은 품 대한민국이라는 조국이 있다고 말했고, 윤석열 대통령은 북한에도 자유와 번영의 시대가 열릴 것에 대한 비전을 거듭 천명했습니다.

현상유지 세력이 두 대통령을 가만히 둘 리가 없습니다. 두 차례 탄핵의 밑바탕에는 아무도 드러내어 말하지 않지만 이런 날것 그대로의 싸움이 있습니다. 공산주의자들과 귀족 셀럽들의 좌우합작이 두 차례의 탄핵입니다. 당신 자신도 이들과 함께 하고 있습니까?

지금 부정선거가 음모론이라서 문제되는 것이 아닙니다. 부정선거든 아니든 상관이 없어서 부정선거를 주장하는 윤석열 대통령을 포함한 누구든 불편한 것입니다. 너무도 분명하게 거듭되고 있는 부정선거를 규명하면 기만과 거짓으로 유지되는 가짜 평화의 시대가 끝나고 한반도에 새로운 시대가 열릴 것에 대한 본능적인 인식이 있는 것이 아닐까요? 그리하여 부정선거일지라도 덮어 버리고 싶은 사악한 의지가 작동되어 각자의 이익에 따라 기민하게 부정선거 이슈 자체를 틀어막아 버리는 것이 아닐까요?

우리의 비전은 한반도는 결코 공산화되어서는 안 되며, 자유는 생명만큼 소중한 것이며, 인간의 존엄성은 북한사람들에게도 보장되어야 한다는 것입니다. 자신들의 권세를 유지하기 위해 현상유지를 바라는 사람들은 우리의 이 비전이 필시 불편할 것입니다. 이런 비전을 선포하면 '극우'라고 몰아붙입니다. 참으로 악하고 불의한 사람들이 이 나라에서 힘을 자랑하며 살아가고 있습니다.

30년 가까운 시간 동안 저는 북한 사람들의 자유와 권리를 훼방하는 더러운 현상유지 세력들과 싸워 왔습니다. 그들은 마침내 대한민국에서 부정선거를 통해 권력을 쟁취하고 유지하며 누천 년 억눌려 살아온 우리 한국인들에게 자유와 권리의 터전이 된 소중한 나라를 파괴하고 있습니다. 이 상황 앞에서 제 내면이 부르짖는 고통의 소리는 이것입니다.

"하나님은 왜 이토록 길게 인내하십니까? 하나님은 왜 저들을 이토록 오래 용서하십니까?" 제게 있어 가장 큰 도전은 끝을 알 수 없는 이 나라에 대한 하나님의 사랑과 인내입니다. 요한계시록 6장에 이런 문답이 있습니다.

> 그 어린양이 다섯째 봉인을 떼시자 나는 하늘의 제단 아래에서 뭇 영혼들을 보았는데, 그들은 하나님의 말씀을 증거하다가 죽임을 당한 순교자들이었습니다. 그들이 큰 소리로 외쳤습니다. 거룩하시고 참되신 온 세상의 지배자이신 주님, 저희가 얼마나 더 기다려야 주께서 땅 위에 사는 사람들을 심판하셔서 우리가 흘린 억울한 피의 원한을 풀어 주시렵니까? 그러자 그들 각자에게 흰 두루마기가 한 벌씩 주어졌고, 그들은 믿음과 종들의 형제들 가운데서 그들과 마찬가지로 순교하기로 되어 있는 자들의 수효가 온전히 다 찰 때까지 잠시 더 기다려야 한다는 대답을 들었습니다(6:9~11).

저는 어쩌면 순교하기로 예비되어 있는 한 사람이 아닐까 생각합니다. 저는 목격자, 관찰자, 증언자입니다. 이곳에서 많은 공산주의자들을 만났고, 스스로 귀족의 권세를 가진 양 사고하는 사람들도 만나 왔습니다.

1999년 연초부터 주체사상파 전향을 도왔던 1년 여의 시간, 그들은 김정일의 폭정에 분노하다면서도 하나같이 일치된 결론을 냈습니다. "북한은 중국식 개혁개방의 길을 가야 한다."

한국의 좌익은 중국 공산주의는 실패하지 않았다고 믿고 있습니다. 북한에서 망명한 황장엽 전 북한 노동당 비서는 중국식 개혁개방에 자신의 주체사상을 얹은 통일이 한반도의 미래가 되어야 한다고 주장했습니다.

중국 공산당이 홍콩의 자유를 경멸하는 것은 한 사람 한 사람의 표를 통해 만들어지는 권력은 공산당의 엘리트 권력을 위협하기 때문입니다. 그들의 지원을 받아 지금 한국에서 중앙선관위를 장악하여 부정선거를 통해 권력을 생산하는 자들은 부정선거를 범죄라고조차 생각하지 않습니다. 권력을 쟁취하고 유지하는 능력이라고 생각합니다. 그 결과 한국에서 지금 부정선거는 이미 시스템으로 정착되었고, 마치 난공불락처럼 보이기까지 합니다.

그들은 자유선거에 대해 자신들의 정치 권력을 유지하는 데 있어 심각한 장해물로 인식하고 있습니다. 지금 한국에서 자유선거, 자유통일은 이른바 극우 아젠다가 되어 버렸습니다.

전 세계적인 현상유지파들은 사악한 패거리입니다. 돈과 권력으로 언론을 장악하고 거짓과 음모와 술수로 평범한 사람들에게 나누어진 천부인권을 멋대로 빼앗고 있습니다. 이들에 대한 하나님의 인내가 길지만 영원하지는 않다는 것이 제 믿음이고 마이 스토리, 나의 간증입니다.

저는 북한인권 운동을 할 때도 부정선거 규명운동을 할 때도 실망하지 않습니다. 중요한 것은 꺾이지 않는 것입니다. 뚜벅뚜벅 계속 가는 것입니다.

다음에 또 하나님과 동행하는 사람들이 올 것입니다. 마침내 북한에도 자유와 번영이 올 것이고, 부정선거를 통해 헛된 권력을 탐하는 사람들은 모두 멸망할 것입니다.

결론 3: 다시 이승만이냐 김일성이냐 선택의 기로

2025:05:27:10

1989년 대학에 입학했을 때 대학가는 충격적으로 공산주의에 물들어 있었습니다. 놀라운 것은 신입생들조차 입학 오리엔테이션만 마치면 붉게 물드는 것이었습니다. 선배들과 술 한 잔 하고 나면 너 나 할 것 없이 물드는 것입니다. 공산주의 포퓰리즘의 전염성은 정말 코로나19보다 더합니다.

그 시절 "깨어라 노동자의 굴레, 굴레를 벗어 던지고"로 시작되는 공산주의자들의 클래식, 인터내셔널가 번안곡을 귀에 딱지가 앉도록 들었습니다. 저만치 구석에서 김일성 찬가를 부르는 학생들도 적지 않았습니다. KIS, KIS(김일성 이니셜)거리며 그를 영웅으로 섬기던 일종의 악마숭배교 주체사상은 하나의 시내징신이었습니다.

1989년이면 동구권이 문을 열고, 독일에서 베를린 장벽이 무너지고, 소련은 페레스트로이카로 해체 직전에 있었습니다. 그런데 지구상에서 가장 신기한 반동이 여기 한국에서 일어나고 있었던 것입니다. 지금 이재명의 난은 결국 이들의 난입니다.

1989년은 북한 체제가 결정적인 기로에 서 있었던 해입니다. 김일성의 절친 루마니아의 차우셰스쿠 부부조차 국민들에 의해 고꾸라진 해입니다. 당시 김일성이 체제 위기를 돌파한 방법은 대한민국에 심어 놓은 친북 네트워크를 전면 정치세력화하는 것이었습니다.

해방 전부터 활동했던 공산주의 조직이 한국에서는 지하화되어 있었지만 완전히 궤멸된 적은 없습니다. 특히 대학가와 노동계는 이들의 해방구였습니다. 김일성 일가는 차우셰스쿠와도 비교할 수 없는 학정을 펴왔지만 한국에 심어 놓은 지하조직과 중국 공산당에 의지하여 300만 이상의 아사를 겪으면서도 체제 생존에 성공했습니다.

한국의 중앙선관위가 공산주의자들의 손에 넘어간 역사는 이 북한 체제 위기 극복의 역사와 맞물립니다. 공산주의자들은 대한민국 성공의 진정한 비밀을 알고 있었던 것입니다. 그것이 바로 자유선거입니다. 1948년 헌법에 새겨진 대통령과 국회의원을 보통·평등·직접·비밀선거로 뽑는다는 바로 그 자유선거 원칙에 대한민국 체제 비밀이 들어 있습니다. 수령 한 사람의 머리가 아니라 국민 한 사람 한 사람 수천만의 머리로 나라가 경영될 수 있는 방법이었죠.

이승만 대통령이 3·15 부정선거로 하야하게 되었을 때, 김일성이 많이 놀랐다고 합니다. 민주주의라는 이름을 국호에 넣을 정도로 자신이 민주주의 공화국을 만들었다고 믿고 있었던 김일성의 시각에서 이승만의 하야는 바보 같은 실패로 보였을 것입니다. 도저히 이해할 수 없는 일이었을 것입니다.

이승만은 하야하면서 역설적으로 자유선거를 살렸고, 일인의 지혜가 아닌 만인의 지혜로 통치될 수 있는 자유민주주의 반석을 놓았습니다. 이승만의 하야는 결국 자유선거를 살리기 위한 선택이었다고 할 수 있습니다. 1923년 「태평양잡지」에 실은 '공산당의 당부당(當不當)'이라는 제목의 기고문에 밝혔듯 공산주의로는 결국 민주주의가 불가능하다는 사실을 이승만 자신이 너무나 잘 알고 있었던 것입니다.

모든 영광을 자신과 자신의 가족이 취한 김일성과, 모든 영광을 하나님과 국민들에게 돌리고 떠난 이승만의 전쟁이 1948년 이래 다시 치열하게 재현되고 있습니다. 아이러니는 이 나라 사람들 수천 만이 김일성 쪽 줄에 서 있다는 것입니다. 그들의 눈에는 아직 권력을 갖고 있는 김일성 3대는 성공했고 기념관 하나 제대로 없는 이승만은 실패한 것으로 보이나 봅니다.

대학시절 김일성이 자신의 영웅이라고 떠들었던 주사파들이 정치계·법조계·언론계·노동계·학계 등등 어느 곳 하나 예외 없이 장악한 2025년을 살아가면서 이 어두운 한반도를 빛의 세계로 역전시킬 방법이 무엇일까 생각해 봅니다.

공산주의자들의 '사이비 민주주의'에는 한 사람 한 사람 국민의 신성한 주권과 그것을 실현하는 자유선거라는 개념은 없습니다. 그들이 추천하는 성공한 모델인 중국식 개혁개방이란 '자유선거가 없는 공산당의 시장경제'를 말합니다.

중국이 한국을 '자유선거 없는 중국식 시장경제'로 이끄는 방법으로 선택한 것이 중앙선관위 장악과, 그렇게 생산한 부정한 권력으로 좌익 세상을 연 것입니다.

1980년대 대학가에서 친공산주의 이념 교육을 받은 한국의 엘리트들은 중국 공산당이 제안하는 세상을 환호했습니다. 그들에게 부정선거라는 단어가 들릴 리가 없습니다. 목적을 위해 수단 방법을 가리지 않는 것입니다.

어쩌면 그들 마음 깊은 곳에는 '자유선거 자체가 거추장스러운 것' 입니다. 중우(衆愚) 정치를 부를 수도 있는 불안한 제도로 보이겠지요. 그래서 그들은 공산당만 따르면 된다지요? 그들은 이렇게 말하겠죠. "내가 이렇게 생각한다고?" "네, 당신이." 공산주의에 물들었거나 공산주의자들을 모르거나 둘 중 하나가 아니라면 이토록 불보듯 뻔한 부정선거가 정말 안 보일 수 있을까요? 저렇게 막가파식인데도?

저는 이승만을 푯대 삼아 일합니다. 제 세대의 '동료시민'들이 김일성을 따라간 것과 다릅니다. 그런데 이승만의 비전을 따르는 자유민주주의자를 그들은 극우라고 부릅니다.

한반도를 지옥으로 끌고 가는 사악한 세대의 패악질을 지금껏 백병전으로 맞서 싸웠지만 저는 아직 그들을 이기지 못했습니다. 얼마 전 서부지법 사태로 수감된 한 청년에게 두 통의 편지를 받았습니다. 그리고 보니 이제야 제 동지들이 나타나기 시작합니다.

이 새로운 세대는 제가 만나왔던 위선과 열등감에 절은 공산주의자들과 다른 얼굴입니다. 그들은 위선도 열등감도 없는 재미있고 밝은 친구들입니다. 저는 앞으로 이 친구들과 함께 이 소름 돋는 한반도의 어둠을 걷는 일을 더 해야겠습니다.

부정선거는 투표율 100%, 찬성율 100%를 자랑하는 김일성의 세계로 이 나라를 끌어가는 무도한 대형 범죄입니다. 반인도범죄입니다. 이 범죄에 관여하는 자는 누구라도 벌을 면할 수 없습니다. 상관이 시켰다고 주장해도 소용이 없습니다. 이것을 세계 제2차대전 직후 확립된 뉘른베르크 원칙이라고 부릅니다.

중국식 개혁 개방? Follow the Party? 무조건 당을 따르라? 그것은 인간 우상화의 길이며 노예의 길입니다. 민주주의 민주주의 하면서 공산주의를 확산시켰던 추악한 우리 세대에게 자유선거란 '반공', '극우'의 다른 이름이겠지만, 저는 그들의 오판이 낳은 잔혹한 풍경을 너무나도 잘 알고 있습니다.

탈북자 안명철의 『완전통제구역』을 읽으세요! 그 책을 만든 이들조차 중국식 개혁 개방을 주장하고 있는 아이러니가 어처구니없지만 말입니다. 정말이지 인간 지성은 너무 다양한 얼굴을 갖고 있어요.

이승만의 세계는 인간 우상화를 거부하는 세계입니다. 이승만 자신은 망명객처럼 죽고, 소박한 기념관 하나 못 가졌어도 자신이 세운 한반도 초유의 '자유민들의 공화국 대한민국'은 고려나 조선 같은 옛 나라에 비할 바 없이 소중하지 않나요? 역사상 처음으로 바로 당신을 종이 아니라 주인이라 하거든요. 이 나라는 한반도 최초의 주인들의 나라입니다. 대한민국 전체가 이승만 기념관이죠.

지난 5년 부정선거 규명에 헌신해 온 제게 손가락질하는 나의 못난 동기와 선후배들에게 대한민국 국회 속기록 제1호로 기록된 문서의 일부를 소개합니다. 또한 고초 받는 감옥의 동지 여러분들께도 보냅니다.

> 하나님이시여, 이로부터 남북이 둘로 갈리어진 이 민족의 어려운 고통과 수치를 신원하여 주시고 우리 민족, 우리 동포가 손을 같이 잡고 웃으며 노래 부르는 날이 우리 앞에 속히 오기를 기도하나이다. 하나님이시여, 원치 아니한 민생의 도탄은 길면 길수록 이 땅에 악마의 권세가 확대되나 하나님의 거룩하신 영광은 이 땅에 오지 않을 수 없을 줄 저희들은 생각하나이다. (1948년 5월 31일 대한민국 제헌국회가 처음으로 개회될 때, 임시의장을 맡은 이승만 박사의 제안으로 기도한 이윤영 의원의 기도문)

이제 100편의 시리즈는 끝났습니다. 100번부터 거꾸로 읽어가고 다시 1번부터 100번까지 한 번 더 읽으시면 이해에 도움될 것 같습니다. 댓글로 조언해 주시고 격려해 주신 분들께 감사드립니다. 6·25 직전처럼 무거운 시절입니다. 마음 단단히 먹고 끝까지 싸워 봅시다! 해 볼 만할 것 같습니다.

부록

로이킴과 후사장
『해커의 지문 발견기』 서문 중에서

　『해커의 지문』을 발간한 지 2년 만에『해커의 지문 발견기: 나는 어떻게 follow_the_party를 발견하였나』를 펴내게 되었다.『해커의 지문』발간 당시 핵심 집필자인 장영후 프로그래머(이하 처음에 불러주도록 요청했던 후사장으로 부른다.)와 작업하면서 내내 아쉬워했던 것은 로이킴은 어떻게 [follow_the_party]를 발견했는지 밝혀 두지 못한 것이었다. 이 질문에 대한 후사장의 대답은 "그것은 자연과학의 영역이라고 생각합니다. 저는 공학의 관점에서 검증할 수 있을 뿐입니다."였다. 그가 자연과학이라고 한 것은 정확하게 수학을 의미하는 것같지 않았다. 내 관점에서 후사장은 컴퓨터가 수행한 결과 데이터를 보고 알고리즘을 읽어내는 비전문가의 '정신의 능력'을 자연과학으로 표현하는 것으로 보였다.

　지난 3년 반, 나는 '로이킴'과 '후사장'이라는 두 인물과 많은 대화를 나누었다. 나는 이렇게 주고 받는 말들을 '대화'라고 표현하는 것이 맞는지도 가끔 생각해 보게 된다. 이 대화는 '공감과 소통'의 세계와는 조금 다른 것이었다. 문학과 철학, 그리고 법학의 테두리에서 크게 벗어나 있지 않았던 나의 독서 경험과 교우관계에서 보면 두 사람은 매우 낯선 계보에 속했다. 또 한 가지 특징은 그들은 학위과정을 밟아서 연구를 하거나 가르치는 직업에 속해 있지 않았다. 나의 인간관계란 대개 생활세계보다 조금 추상적인 쪽에 속해 있었다고 할까, 어쨌든 기업에서 아주 구체적이고 기능적인 일을 해온 사람들과 책을 쓰고 만드는 작업을 하는 것은 쉬운 일이 아니었다. 자연과학과 공학, 그리고 인문학의 만남이었다. 선관위 발표 데이터 속에서 암호문자를 찾아내고 검증하고, 또 세상에 알리는 이 작업은 진정한 '융합 학문'의 세계였다.

로이킴(Roy Kim)은 유학할 때 쓰던 이름이라고 한다. 실명도 널리 알려져 있지만 굳이 이 이름을 쓰는 것은 실명이 더 알려지는 것이 실생활에 이로울 것이 없다고 그는 생각한다. 그의 이력을 자세히 살펴보면 미국에서 회계학을 공부했고, 한국에서는 몇 가지 사업을 했다. 아이들을 키우는 아버지고 그 사이 40대가 되었다. 처음 [follow_the_party]를 세상에 알렸을 때는 아직 30대였다. 이 발표 이후 사람들이 자신을 향해 돌팔매질을 해대는 것에 조금 마음의 상처를 입었다고 한다. 특히 공인이라고 할 수 있는 사람들이 전화 한 통화 해서 물어보는 노력도 없이 '괴담꾼' '사기꾼' 등등의 욕설을 던진 것에 내해 여러가지 생가이 많은 쪽이었다.

후사장은 한국에서 대학을 나왔고, 화학공학을 전공하여 정유 분야의 프로그래머로 오랫동안 일한 뒤 사업체를 운영하는 사람이다. 그는 특히 석유의 여러 성분을 적절하게 조절하여 상품성 있는 가솔린을 만들어내는 일을 오래 했다. 그는 한 치의 오차도 허용 않는 정밀하고 민감한 분야의 종사자였다. 그가 우리에게 처음 연락을 취해온 것은 로이킴의 [follow_the_party] 발견에 있어 데이터가 불확실한 점이 보인다는 제보를 위해서였다.

처음 만난 이후 세 사람이 같이 만나 밥 한 끼, 차 한 잔 나눈 적도 없다. 나는 분명 로이킴, 후사장과 두 권의 책을 집필하고 만드는 데 관여했지만 진정한 의미에서 교류라는 것을 갖지 못했다. 로이킴과의 전화통화는 언제나 손님이 물건을 계산할 때 바코드나 QR코드를 찍는 소리와 함께였고, 후사장은 자신의 사업으로 짬을 내기 어려워 전화통화조차 어려울 때가 많았다.

그럼에도 그들이 보내오는 분석 데이터는 놀랍도록 치밀했다. 두 사람은 마치 다른 끝에서 시작해온 서서히 다가오는 듯했는데 처음에는 멀어서 잘 안들린다는 듯한 표정이다가 조금씩 들린다, 알겠다로 바뀌어갔다. 나는 중간쯤에 서서 잘 안들리는 부분의 말을 들어 전달하는 역할같은 것을 하면서『해커의 지문』을 정리했다. 그리고 만 2년 만에『해커의 지문 발견기』를 다시 펴내는 것은『해커의 지문』에는 로이킴이 어떻게 이 암호문자를 발견했는지에 대해서는 자세한 설명이 생략되어 있기 때문이다.

당시에도 이 부분을 채워넣기 위해 노력을 많이 기울였으나, 후사장은 자신이 알 수 없는 내용이라고 했고, 로이킴은 잘 설명할 수 없다고 했다. 후사장은 초정밀 공업 분야에서 종사해온 전문가답게 오차 가능성이 높거나, 어림짐작하는 내용은 말할 수 없다는 입장이었다. 로이킴 역시 발견자의 입장이었을 뿐 자신이 무엇을 정확히 어떻게 발견해내는지 모를 뿐 아니라 발견의 과정에서 여러 가지 시행착오가 있었다는 것이다. 로이킴이 본문에서 설명하듯 갯벌에 문어잡으러 들어갔다가 금괴를 찾아낸 형국이라면 한 동안 금괴를 두드리며 문어는 아니지만 거대한 갑각류의 등이라고 생각하는 식이었다.

처음 세상에 [follow_the_party]가 나온 지 1년 반만에 『해커의 지문』을 내고, 다시 3년 반만에 『해커의 지문 발견기』를 내면서 중간쯤에 서 있었던 나는 서쪽 끝에서 걸어 들어오는 로이킴과 동쪽 끝에서 걸어 들어오는 후사장의 목소리를, 서로보다는 좀 더 잘 들을 수 있었던 게 아닌가 한다. 내게는 로이킴의 추리력이 없고, 후사장의 분석력이 없지만 각자에게 조금 더 가까운 거리에 있었다. 조금 더 잘 들리는 자리였다.

로이킴은 발견자지만, 후사장이 없었다면 자신이 발견한 것이 무엇인지 끝까지 이해하기 어려웠을지도 모른다. 인류의 과학발전의 역사에서 발견자가 자신이 발견한 것의 향유자가 된 예는 많지 않았다. 우리가 일상 생활에서 아주 흔히 사용하는 스티로폼(Styrofoam), 즉 발포폴리스티렌(Expanded Polystyrene)을 발견한 사람은 1839년 독일의 약종상 에두아르드 시몬(Eduard Simon, 1789~1856)이다. 그는 자신이 무엇을 발견했는지 몰랐다. 이것의 실체를 파악하고 정리하여 고분자 이론으로 발표한 화학자 헤르만 슈타우딩거(Hermann Staudinger, 1881~1965)가 1953년이 되이 이 발견으로 노벨화학상을 받았다고 한다.

에두아르드 시몬은 자신이 발견한 것이 나중에 온 세상 집들에서 단열재든 택배상자든 필수품이 되어 사용될 것을 생각하지 못했을 것이다. 로이킴의 발견은 100년 후쯤 어떻게 평가될지 아직은 모르겠다. 그러나 나중에 한국에서 있었던 2020년 4월 15일 선거 결과 데이터에서 발견된 조작자의 암호문자인 것이 훗날 사실로 확인되었다고 할 때, 무엇보다 선거가 끝난 지 한 달 여만에 이것을 찾아낸 로이킴과 한국인의 저력은 세계적으로 인정받게 될 것으로 본다. 로이킴의 발견이 사실이라고 전제할 때, 민경욱 전 의원을 통해 공표된 당시 조작자는 얼마나 모골이 송연했을 것인가? 다른 사람들은 몰라도 그 암호문자를 삽입한 자는 심히 놀랐을 것이다.

2020년 총선의 결과만큼이나 [follow_the_party]의 발견은 대내외적으로 권력 세계에 보이지 않는 영향을 미치고 있다고 생각한다. 내가 많은 어려운 사정을 겪으면서 굳이 로이킴과 후사장의 잘 안들리는 목소리를 재차 재차 확인해가며 두 권의 책까지 내게 된 것은 이 작업으로 현재의 권력자들을 상대로 승부를 내기 위함이 아니다. 오늘도 생각하지만 100년 후도 생각하기 때문이다.

2020년 4월 15일 총선에서 선거 결과 데이터 속에서 발견된 암호문자 [follow_the_party]는 대법원 투표지 재검을 통해 예상치 못한 이상 투표지가 대량 발견된 사실과 관련이 있다는 것이 우리의 기본 입장이다. 이 중대한 사실은 언론의 침묵과 수사기관의 직무유기 속에서 묻혀져 가고 있다. 과연 한국인의 누가 자신에게 주어져 있는 이상한 투표지에 조용히 기표할 사람이 있을까? '배춧잎투표지'로 명명된 잉크가 여러겹 겹친 투표지, 도장이 뭉개진 '일장기투표지', 화살표가 붙어 있는 투표지, 거뭇거뭇 질 낮은 인쇄물에 들어있는 일명 요고레 투표지, 좌우 여백이 다른 투표지, 손을 탄 흔적이 없는 빳빳한 투표지들. 이런 것으로 투표할 사람은 없다. 10억이든 100억이든 현상금을 걸어도 그런 투표자는 나타나지 않았고 앞으로 나타나지 않을 것이다. 왜? 이런 투표지들은 투표 현장에 존재한 적이 없었기 때문이다.

로이킴이 발견한 암호문자 [follow_the_party]는 이 이상 투표지 출현과 매우 깊은 관계가 있다고 보고 있다. 이 책에 대본을 수록하는 애니메이션《배투출비(배춧잎투표지 출생의 비밀)》는 이 연관관계를 세상에 알리기 위해 제작되었다고 할 수 있다. 30분으로 설명할 수 없지만, 일단 이런 사실이 있다는 것은 세상에 알려야 한다는 판단이었다. 문명국에서 만일 천 원 짜리든 만 원 짜리든 오만 원 짜리든 지폐 한 장에 인쇄가 겹쳐진 '미스 프린트'가 있었다고 하면 이를 가만히 두겠는가? 왜 이 나라 사람들은 중앙선거관리위원회라는 국가 기관의 심각한 '미스 프린트'가 문제 없다고 생각하는가? 화폐의 '미스 프린트'가 과연 조폐공사의 '부실' 때문일까? 그럴 리가 없지 않나? 분명히 범죄의 흔적일 것이라 보고, 수사에 착수할 것이다. 만일 조폐공사 직원의 실수라고 하자. 그것은 범죄에 값하는 배임이고 직무유기다. 누군가 책임을 져야 한다.

대법원 재검에서 나타난 각종 이상 투표지가 과연 국가기관의 실수, 이른바 '부실' 때문인가? 왜 이 중대한 직무유기를 수사하지 않나? 유권자 한 사람의 투표지 한 장 가격은 고급 차 한 대값이라는 보도가 있었다. 5,000만 원 짜리 수표에 위조가 의심되는 '미스 프린트'가 발견되어도 수사에 돌입하지 않나? 이해힐 수 없는 이 무시무시힌 침묵 속에서 우리는 거대한 권력과 금력이 사태의 배후에서 움직이고 있지 않는지에 대한 의구심을 갖고 있다. 이것은 하나의 묵시록적 징후로 감지된다. 말하자면 '천벌받을 일'이 이 나라에서 일어나고 있는 것이다.

우리가 해커의 지문이라는 별명을 붙인 암호문자 [follow_the_party]에 대해 특별한 주의를 기울이는 것은, 이것이 중앙선거관리위원회에서 발표한 공식적인 선거 결과 데이터에 나타나 있는 이상 인멸될 수 없는 증거라는 측면에 중요성을 두고 있다. 거대한 권력을 등에 업고 벌이는 이 무시무시한 범죄는 '인멸' 역시 쉬워서 선거가 끝난 후 중요한 선거 도구를 포함한 각종 소프트웨어가 중앙선거관리위원회에 의해 거의 멸실되었다. 그러나 그들이 발표한 결과 데이터만은 더 이상 손댈 수 없다. 이 데이터는 이상 통계를 포함하여 너무나 많은 증거를 품고 있다. 그 중에 단연 암호문자 [follow_the_party]가 있다.

그러나 다시 한번 탄식하는 것은 2020년 5월 [follow_the_party]에 관련된 발표가 있은 후 발견자 로이킴은 온갖 비난에 시달려야 했다. 이 암호문자는 선거 데이터에서 우연히 발견된 것이 아니라 로이킴이라는 한 유권자의 한 달 여에 걸친 치열한 연구·천착을 통해 발견된 것이다. 나는 소음과 같은 그들의 악담이 신경 쓰이지 않았다. 왜냐하면 로이킴의 발견은 최소 다섯 단계에 걸쳐 이루어져 있었기 때문이다. 첫 단계의 발견으로도 조작을 증명하는 것임이 분명했다. 아마 이 첫 단계의 발견에 대해서도 반론이 쉽지 않을 것이다. 실제로 지난 3년 반 동안 아무도 반증하지 않았다.

로이킴의 해커의 지문 발견은 앞으로도 연구의 대상이 될 주제이지만 발견과 해독의 과정은 치밀하고 합리적인 수학적 추리에 입각해 있음을 강조해 둔다. 후사장의 검증 작업은 로이킴의 비중 그래프가 보여주는 것은 낙선자를 당선자로 바꾸기 위한 작업의 결과가 아니라, 이미 당선자와 낙선자를 결정하는 '보정'이 끝난 청사진 위에 약간의 '최적화'를 통해 조작 표수를 조정한 결과라는 설명을 결론으로 남겼다. 그리고 이 최적화와 더불어 선거구 번호를 활용한 교묘한 작업자 표시가 그 위에 또 얹혀 있어 [follow_the_party]라는 암호가 해커의 지문처럼 찍혀 있다고 로이킴 발견의 실체를 규명했다.

독자 여러분들은 [follow_the_party]에 대해 이해하기 위해 다큐멘터리《당신의 한 표가 위험하다》, 그리고 애니메이션《배춧잎 투표지 출생의 비밀》(배투출비)를 관람한 후 2021년 12월 첫 출간된『해커의 지문』과 함께 이 책(발견기)을 정독해 주시기 바란다. 이 책은 정답지가 아니라 논쟁의 장으로 들어가는 발제문과 같은 것이며, 어떤 종류의 반론과 비판에도 열려 있다. 다만 비난과 인신공격은 문명사회의 규칙을 위반하는 것이므로 사양한다.

무엇보다 IT 혁명의 시대에 태어나고 자라 유권자가 된 여러분들이 앞으로 이 논증의 장에 참여해 주시기를 바란다. 자유선거 수호의 몫은 여러분들의 어깨 위에 놓여 있다.

이 책을 기획하고 쓰면서 많은 사람들이 생각난다. 로이킴은 결론을 내면서 감사할 분들의 이름, 민경욱, 도태우, 장영후, 애니챈, 그랜트 뉴섬(Grant Newsham) 등 여러분들을 기억했지만 나는 이 모든 과정에서 이름 모를 블랙전사들을 떠올린다. 지금 이 순간, 한 사람의 이름을 적어 둔다면 얼마전 교체된 김규현 국가정보원장이다. 무슨 이유로 교체되었는지 민조들이 알 길은 없다. 다만 김규현 국정원장 재임시에 그동안 우리가『해커의 지문』을 통해 제기했던 전방위적 전산 개입을 통한 선거 조작 가능성을 공신력 있게 입증해 준 것에 대해 놀라움과 감사를 표하지 않을 수 없다.

『해커의 지문』과『해커의 지문 발견기』를 저술하는 데 참여한 로이킴과 후사장, 그리고 필자도 세상 가운데에서 고명한 셀럽이 아니라 무명의 블랙전사의 한 사람일 뿐이다. 한 사람 한 사람을 고귀하게 만들어주는 소중한 한 표 한 표가 우리의 노력이 도움이 되어 반드시 지켜지기를 소망한다.

2023년 12월

벤처 성공 신화 남민우의 '다산네트웍스' 선거 부정 카르텔의 핵심

격월간 「뉴 패러다임」(NP) 2025년 1-2월호

영상: 〈다산네트웍스 남민우를 주목하라! – 한국전자투표의 비밀〉

영상: 〈우체국 등 공기관 담당 핸디소프트는 왜, 어떻게 다산그룹에 넘어갔나 – 부정선거 메커니즘 심층 해설〉

편집자주 2024년 12월 계엄군의 중앙선관위 잠입으로 선거 부정 문제가 본격적으로 논의되고 있다. 그러나 현재 전자투표시스템의 핵심 기업인 한국전자투표와 핸디소프트를 소유한 기업 다산네트웍스에 대해서는 제대로 다루어지지 않고 있다. 선거 부정 문제에 대해 더욱 심도있는 논의가 이뤄질 수 있도록 VON뉴스에서 방영한 〈전환기의 세계보기〉 "다산네트웍스 남민우를 주목하라! – 한국전자투표의 비밀"(2024. 10. 24.), "우체국 등 공기관 담당 핸디소프트는 왜, 어떻게 다산그룹에 넘어갔나 – 부정선거 메커니즘 심층 해설"(2024. 11. 14.)을 녹취 정리한 글이다.

대외적으로 남민우 다산네트웍스 회장은 벤처 1세대로서 인정받는 사업가이다. 서울공대가 자신들의 웹진에 대선배 80학번 남민우 회장을 롤모델로 삼아 인터뷰를 실을 정도로 기업가로서의 그의 입지는 탄탄해 보인다. 1993년 통신 하드웨어를 제작하는 다산기연으로 시작된 다산네트웍스는 현재 수천억의 자산을 보유하고 있는 큰 기업이지만,

선거 부정 문제를 규명하는 문제에서 심상치 않은 의구심이 제기된다.

2004년 다산을 인수한 지멘스 뒤에 있던 중국 화웨이

다산네트웍스의 남민우 회장은 중국과의 관계를 빼놓고는 사업을 논할 수 없는 사람이다. 하지만 그의 성공신화를 다루는 다수의 기사나 인터뷰에는 중국과 관련한 내용이 실려 있지 않다. 2000년 코스닥에 상장될 정도로 성장한 다산네트웍스는 그 이듬해인 2001년 남북 IT 협력사업을 개시했다. 그리고 이 사업을 중국 단동에서 진행했고 이때부터 남민우 회장에게서 중국은 빼놓을 수 없는 사업기반이 됐다.

남민우 회장이 한민족글로벌벤처네트워크 의장이 됐을 무렵인 2004년 3월, 다산네트웍스는 경영권을 독일 전기·전자기업인 지멘스에 팔았다. 550만 주의 신주를 주당 9,000원에 인수한 지멘스 뒤에는 중국 대표 기업 화웨이의 투자가 있었다. 인수 작업이 이뤄지기 한 달 전인 2004년 2월, 지멘스와 화웨이는 중국에서 3세대 통신장비 분야 합작법인을 베이징에 설립했다. 지멘스는 중간에서 심부름을 했을 뿐, 2004년 다산 경영권 매각 거래의 주역은 화웨이였다. 화웨이는 당시 지멘스, 노키아와 손을 잡고 본격적으로 모바일 사업에 뛰어들었고, 다산을 끌어들였다.

중요한 사실은 4년 후 지멘스가 노키아와 본격적으로 손을 잡으면서 보유하고 있던 다산의 경영권을 다산에 사실상 돌려주었다는 것이다. 2008년 8월 노키아지멘스네트웍스(NSN)는 다산네트웍스 지분 790만

주(당시 1주에 3,615원)를 전량 매각했고, 그에 따라 다산의 최대주주가 다산TPS로 변경되면서 남민우 회장은 경영권을 다시 확보하게 된다. 지멘스 측이 9,000원에 인수했던 지분을 3,700원 정도에 되팔면서 사실상 절반도 안 되는 가격에 경영권을 회수한 남민우 회장은 사업수완이 너무나 뛰어난 인물일 뿐일까? 수상하게도 다산네트웍스에는 이러한 행운이 비정상적으로 자주 찾아왔다.

문재인 임기 말기 다산타워 사들인 한국토지신탁과 김남국 위믹스코인 커넥션

최근 다산네트웍스에 깃든 큰 행운 하나는 지자체가 힘을 보태어 벤처타운으로 지은 다산네트웍스의 판교 사옥, 다산타워를 한국토지신탁이 매입한 것이다. 매입의 방식은 다수의 부동산 투자자를 모으는 '리츠'(REITs, Real Estate Investment Trusts)였다. 이 리츠에 큰 지분으로 참여한 기업이 김남국 위믹스 코인과 연관이 있는 기업, 위메이드이다. 300억 원 정도로 감정평가 되어 있던 건물을 세금 포함 약 1,800억 원에 공기업이나 다름없는 한국토지신탁이 문재인 재임이 얼마 남지 않았을 시점에 사들였다. 이를 단순한 우연으로 보기에는 매우 꺼림칙하다.

다산의 맥락 없는 기업 사들이기
번번이 성공하는 이유는

　다산에 깃든 또 다른 큰 행운은 한국 기업이지만 중국 텐센트의 자금으로 만들어진 창업투자회사, 캡스톤파트너스를 손에 쥔 것이다. 800억 규모의 텐센트 출자사 캡스톤파트너스에는 우리에게 친숙한 기업인 당근, 직방, 마켓컬리 등이 엮여 있어 조 단위의 가치를 창출했다고 알려져 있다.

　텐센트가 캡스톤파트너스에 투자할 때 다산을 통했던 것이 핵심이다. 남민우 회장은 초기부터 캡스톤파트너스 지분의 20%를 소유하고 있어 의결권이 확실한 주주였고, 2019년에는 캡스톤파트너스의 등기이사로 등극했다. 이와 같은 이력으로 미루어보아 중국 텐센트의 에이전트라는 의구심이 들 수밖에 없다. 다산 측에서는 이러한 대량 주식 보유를 '단순 투자'라고 말하고 있다. 텐센트 출자사 캡스톤파트너스와 남민우 회장의 연관성을 언급하는 기사는 없다.

　최근 다산네트웍스는 엔지스테크널로지라는 독특한 회사에 투자하면서 경영권을 인수했다. 지난 10월 다산네트웍스는 230억 원의 엔지스테크널러지 주식을 추가 취득하면서 엔지스에 대한 지분 57.2%를 소유하게 되었다. 엔지스테크널러지는 작년 10월 이미지스시스템즈라는 기업과 합병했다. 이미지스시스템즈는 반도체 핵심기술을 다루는 회사로 알려져있다. 다산네트웍스가 엔지스테크널러지를 인수한 것은 이미지스시스템즈가 가지고 있는 반도체 기술을 확보하려는 것이 아닌가 추측한다.

또한 다산네트웍스는 최근 한강의 노벨문학상 수상 덕에 돈을 많이 벌고 있다. 이태복 전 장관이 설립했고 도서출판 창비의 출판물류 담당 회사인 문화유통북스를 2022년 12월 다산이 갖고 있기 때문이다. 사양산업이라 여겨지는 출판업계까지 굳이 발을 넓힌 것은 우연일까? 맥락 없는 다산의 마구잡이 사업 확장과 매각, 인수는 어떻게 바라봐야 할까?

다산네트웍스는 2011년 12월 다산타워에 입주했다. 다산 간판 왼쪽에 위믹스코인의 위메이드 간판이 보인다. (출처: 위키백과)

단 한 차례의 사법리스크 없었던 다산

노무현 정권이 들어서기 1년 전인 2002년 한국에 본격적으로 전자개표기가 도입됐다. 당시 관우정밀, SK C&C, 한틀 등의 기업이 전자개표기 개발과 제조에 참여했고, 납품 과정에서 뇌물로 로비한 것이 드러나 처음으로 중앙선관위 관계자가 금품 수수 혐의로 검찰에 수사를 받았다.

사실상 이 과정에서 다산도 함께했지만 전혀 드러나지 않았다. 이러한 정황을 봤을 때 검찰 수사가 진행되니 재빨리 기업을 지멘스에 넘겨 안전성을 확보한 게 아닌가 하는 의견이 제시되기도 한다. 확실한 사실은 다산은 지금까지 사법리스크가 전혀 없는 거의 유일한 기업이라는 것이다. 다산이 핸디소프트를 인수할 당시 이상필이라는 인물이 브로커로서 관여했다고 알려져 있다. 이상필은 옵티머스펀드에까지 연루되어 비난을 받는 인물인데, 다산은 한 번도 수사망에 오른 적이 없다. 다산의 '뒷배'는 누구일까?

중국 단동에서 북한 프로그래머 길러낸 이상산 전 다산 부사장

특히 한국전자투표와 핸디소프트를 손에 넣은 것은 눈여겨봐야 할 대목이다. 다산네트웍스 부사장을 역임했고, 2013년부터 2018년까지 핸디소프트 대표이사와 이사회 의장이었던 이상산 한동대 교수는 중국 단동 소재 하나프로그램센터에서 총경리로 일했다. 하나프로그램센터는 남북 IT 교류 협력 일환으로 만들어진 곳으로 북한 프로그램 개발자들을 길러내던 곳이다. 이상산 교수가 다산 부사장으로 있을 당시 통일IT포럼에서 "북한 개발자들의 실력이 뛰어나다"라며 칭찬한 적이 있다.

미디어에서는 남민우라는 기업가의 벤처 성공 신화를 부각하지만 정작 위와 같은 사실은 가려놓는다. 남민우 회장은 박근혜 대통령 당시 대통령 직속 청년위원회 위원장을 역임했던, 사실상 장관급 인사였다.

현재 우크라이나 재건 사업까지 추진하고 있는 다산은 테마주로서 주식시장에서 강세를 보였던 때가 있다. 박근혜 정부를 지나 윤석열 정부에서도 꽤 깊이 발을 담그고 있는 것 같다. 다산이 단지 한국 벤처 역사에서 유일무이하게 성공한 기업일 뿐일까?

핸디소프트와 한국전자투표는 하드웨어 회사였던 다산을 소프트웨어 회사로 바꿔주는 역할을 했다. 특히 투표를 관장하는 소프트웨어를 다루는 회사로 변모시킨 중요한 회사들이다. 다산타워에 선관위 하드웨어 장비 담당 회사인 MDS테크(전 한컴MDS)가 남아있다. 중앙선관위와 다산네트웍스는 떼려야 뗄 수 없는 관계이다. 그리고 항상 다산의 변론을 맡는 로펌 대륙아주 또한 선거 문제에 있어서 빼놓을 수 없는 곳이다.

지금까지의 상황으로 볼 때 다산은 좌우가 없다. 북한, 한국, 중국까지 섭렵했다. 반대로 생각하면 중국이 한국의 자유민주주의를 손보기 위해 나선 것이나 다름없다. 이미 노골적인 중국의 공작은 [follow_the_party]로 드러났다. 한국 전초기지 역할을 하는 다산이 한국전자투표와 핸디소프트를 손에 넣은 것은 정해진 수순이었다고 볼 수 있다. 소프트웨어 전문 기업을 표방해야 하기에 단둥 허니프로그램센터에서 총경리를 맡았던 이상산의 핸디소프트를 사들인 것이 단순히 남민우 회장 개인의 판단은 아닐 수 있다. 오래도록 중국의 관심은 대한민국 자유민주주의를 어떻게 봉쇄하는가이다.

우체국 담당하던 소프트웨어 기업 핸디소프트가 다산에 편입된 과정

윤석열 정권 들어서서 가장 의미있는 사건은 2023년 10월 국정원에서 선관위의 사이버 보안관리 부실을 확인해 공식적으로 발표한 것이다.

투표시스템에 관해 유권자 등록현황 투표여부를 관리하는 통합선거인명부시스템에는 인터넷을 통해 선관위 내부망으로 침투할 수 있는 허점이 존재하고, 접속 권한 및 계정 관리도 부실하여 해킹이 가능한 것으로 확인되었다.

이를 통해 사전투표한 인원을 투표하지 않은 사람으로 표시하거나 사전투표하지 않은 인원을 투표한 사람으로 표시할 수 있고, 존재하지 않는 유령 유권자도 정상적인 유권자로 등록하는 등 선거인명부 내용을 변경할 수 있었다. 하필 이 시기에만 망이 열린다.

사전투표기간 투표하러 간 선거인의 신원을 확인할 방법이 없다. 흔적을 남기지 않는 이유가 있을 것이다. 선관위에 대해서는 많은 이들이 주도면밀하게 분석하고 문제점을 지적했지만, 한 가지 해석이 어려웠던 부분이 우체국에 관련된 것이었다.

지난 7월 박주현 변호사는 감사원에 4·10 총선 우편투표에 대한 감사를 요청하며 "선관위에서 발송한 우편 투표수와 배송된 우편등기 개수 간에 불일치"에 대한 문제를 제기했다. 그간 어떻게 우체국 배송기록까지 전산으로 조작하는지 정확히 알 수 없었다. 선관위 차원에서 우체국 전산망까지 장악할 수는 없을 게 당연하기 때문이다. 하지만 핸디소프트는 그 실마리를 제공했다.

핸디소프트는 IT 벤처 역사에서 기념비적인 기업이었다. 물론 대기업이 무너지는 일이 있었지만 핸디소프트만큼 어처구니없이 무너진 경우는 찾아보기 힘들다. 핸디소프트를 만든 인물은 한국에서 보기 드문 IT 전문가였지만 흔적없이 사라진 안영경 대표로 알려져 있다. 그룹웨어 즉 여러 단말기의 전산을 한 데로 묶어 네트워킹으로 관리하는 일에 1인자였던 안 대표는 88 올림픽 전산을 담당하기도 했다.

1991년에 핸디소프트를 창립했고 1999년에 코스닥에 상장했다. 이 무렵 우체국 그룹웨어를 도맡아 관리하기 시작했다. 우체국에 있어서 안영경 대표는 중요한 인물이었다.

1999년은 정부공공기관의 기록물 관리에 관한 법률 시행령이 시행되면서 정부의 모든 기록물이 전산화되는 때로, 기초자치단체들까지 의무적으로 모든 것을 전산화하기 시작했는데 이때 핸디소프트가 큰 역할을 했다. 2005년 핸디소프트는 중앙선관위 기록물관리시스템까지 수주하기에 이른다. 또한 2008년 1기 대통령기록관리 자문위원회가 구성되면서 핸디소프트는 우편물류포털시스템을 수주했고, 2009년에는 국방기술품질원, 청와대, 대통령관리기록, 대법원까지 전산 시스템을 수주받으면서 중요한 기업으로 성장하고 있었다.

그런데 2009년경 핸디소프트가 굴욕적으로 주저앉게 됐다. 안영경 대표가 120억 원의 지분을 팔면서 문제가 시작됐다. 당시 오리엔탈리소스(동양홀딩스)라는 곳에 지분을 양도하면서 안 대표의 지분이 3%도 채 되지 않게 됐다. 당시 직원들은 오리엔탈리소스의 공격적인 인수합병에 당황스러워했고 회사의 새로운 주인이 된 오리엔탈리소스가 무엇을 하는 회사인지, 왜 인수했는지 전혀 알지 못했다고 전해진다. 이 과정에서 실질적 사주가 된 이상필은 회사 자금으로 소프트웨어 회사인 핸디소프트를 자원투자 회사로 정체성을 바꿔버리기에 이른다. 몽골 구리광산에 투자하기도 했다. 결국 이런 망동으로 인해 핸디소프트는 2010년 코스닥에서 상장 폐지 되었고, 이상필은 이 과정에서 290억을 횡령했다. 결국 안영경 대표가 '무자본 M&A'로 이상필에게 사기당한 것일까? 아니면 애초에 공모된 것일까?

핸디소프트가 주저앉고 난 직후인 2011년에 드디어 다산이 핸디소프트를 인수하기에 이른다. 2013년 이상산 전 하나프로그램센터 총경리가 핸디소프트의 대표로 취임했고, 2016년 핸디소프트는 코스닥에 재입성했다. 그리고 2018년 핸디소프트는 다산의 자회사인 한국전자투표 계열사로 편입되었다. 물론 현재 핸디소프트의 주요 주주는 다산이 아니다. 그러나 여전히 다산이 영향력을 행사할 수 있는 정도의 지분을 가지고 있다.

공산주의자들의 한국 자유선거 장악 타파해야

핸디소프트가 한국전자투표 밑으로 들어가면서 제일 첫 번째로 한 사업이 중앙선관위의 온라인 투표시스템(K-Voting)을 개발하는 것이었다. 이때부터 전자투표 사업이 본격적으로 확대됐다. 한국전자투표 대표가 민노총 KT위원장이었던 지재식인 것도, 우체국 전산을 담당하던 핸디소프트가 중국 커넥션이 뚜렷히 보이는 다산에 편입된 것도, 선관위 서버를 관리하는 MDS테크가 다산타워에 있는 것도 모두 우연일까?

결국 다산네트웍스는 소프트웨어와 하드웨어, 심지어는 서버까지 거의 독점으로 관리하는 기업이 됐다.

지난 7월 FBI는 암호화폐를 탈취한 북한 해커 림종혁에 현상금 138억 원을 내걸었다. 세계 최빈국에 가까운 북한에서 세계 최고의 해커가 양성될 수 있던 배경은 무엇인가? 이상산 핸디소프트 전 부사장이 2001년부터 10년간 몸담았던 중국 단동의 북한 프로그래머 양성소, 하나프로그램센터와 과연 아무런 관련이 없을까? 공산주의자들이 선거를 장악하려는 시도는 꽤 오래 되었다.

윤석열 대통령의 계엄 사태 이후 선거 부정 문제가 타파될 것인지 귀추가 주목되고 있다. 선거 부정을 제대로 다루지 않고는 대한민국 위기를 해결할 수 없는 것은 너무나 자명한 사실이다. 전방위적으로 막혀 있는 정치적 현실에서 해야 할 일은 선거 부정 문제를 바로잡는 것이다. 4·15 총선이 있은 지 5년이 되어간다. 하루속히 선거 시스템이 회복되고 대한민국이 정상 국가가 되어 통일의 때를 준비할 수 있기를 바란다.

중국 일대일로 대리회사
세계 부정선거 센터 A-WEB

격월간 「뉴 패러다임」(NP) 2025년 3-4월호

영상: 〈세계 부정선거 센터 A-WEB 수원 선관위 연수원에 있다!
 - 한국 전자투표는 중국 일대일로 대리회사〉

편집자주 스카이데일리의 중국인 해커 선관위 연수원 체포 보도 이후 세계선거기관협의회 A-WEB의 실체가 드러나고 있다. 한국 중앙선거관리위원회가 A-WEB을 통해 중국의 '일대일로'에 해당하는 국가에 부정선거 시스템을 제공하게 된 일련의 과정을 소개하고자 VON뉴스에서 방영한 〈전환기의 세계보기〉 "세계 부정선거 센터 A-WEB 수원 선관위 연수원에 있다! - 한국 전자투표는 중국 일대일로 대리회사"(2025. 01. 21)를 녹취 정리한 「뉴 패러다임」(NP)의 기사를 수록한다.

선관위가 밝히지 않는 연수원의 비밀 건물

세계 부정선거 센터, A-WEB의 공식적인 사무소는 인천 연수구에 있다. 하지만 수원에 있는 중앙선거관리위원회 선거연수원(이하 선관위 연수원) 건물의 등기부 등본에는 건물 용도가 외국인 공동주택으로 표기된 곳이 있어 그 용도가 의심스럽다. 또한 선관위 연수원 도로명 주소는 '경기도 수원시 권선구 수인로 126'인데 '수인로 126'은 매우 큰 부지이다. 하지만 '수인로 126'의 지번은 '수원시 권선구 서둔동 225-14에서 255-2'까지 여러 주소가 존재한다. 이 중 서둔동 225-23번지는 선관위

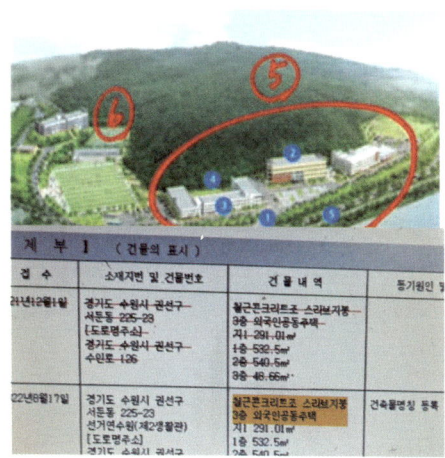

수원 선거연수원 등기사항증명서 건물 내역에 '3층 외국인공동주택'으로 표시된 건물(제공: 성태화 님)

연수원에서 어떤 용도로 사용되는 곳인지 발표하지 않고 있다. 선관위 연수원 홈페이지 시설 안내를 보면 지도상 표시된 다섯 군데만 소개하고 서둔동 225-23번지인 6번이라 표기된 곳은 숨겨져 있다. 그곳에 있는 건물이 바로 스카이데일리 보도에서 언급된 중국인 해커가 체포된 것으로 보이는 건물이다. 그리고 저 부지 내에 표기되지 않은 빌딩이 또 하나 있는데, 이 빌딩의 현패는 2022년까지 A-WEB Seoul Center 선거체험관이었다.

현재 이 건물의 현패는 떼어졌고 연수원 관계자 외 출입 금지라는 플래카드만 붙어있다. 선관위에서 숨기고 있는 이 건물의 등기부 등록을 열람해 보면 외국인 공동주택으로 명기되어 있다. 예전 농촌진흥청에서 숙소로 쓰던 건물이 2019년 이후로 용도 변경되어 선관위의 관리로

넘어갔다. 게다가 2020년 7월 소액 공사 수의계약 견적서 제출 안내 공고에 따르면 이곳 공사명이 'A-WEB 서울 연수센터 및 세미나실'이라고 명기되어 있다. 선관위에서 밝히지 않는 이 유령 건물의 용도는 무엇일까?

국가 세금으로 전 세계 자유선거 봉쇄한 A-WEB

윤석열 대통령이 새해 초 작성한 대국민 자필 편지에는 '하이브리드전'이라는 말이 등장한다. 편지는 제2차 세계대전 이후 UN이 설립되어 어떤 사유이든 분쟁을 군사 공격과 전쟁으로 해결하는 것은 국제법상 금지되고, 방어 목적 이외 전쟁은 금지되었다고 전한다. 이어 총칼로써 피 흘리는 군사공격과 전쟁 도발은 국제법상 금지되었으므로, 강대국이라 하더라도 외교상 큰 부담으로 작용하게 되어 총칼을 쓰지 않는 회색지대 전술이 널리 사용되고 있음을 설명하며 허위 선동의 심리전, 정치인 매수와 선거 개입 등의 정치전, 디지털 시스템을 공격하는 사이버전, 군사적 시위와 위협을 보태어 시행하는 하이브리드 전술이 이에 해당한다고 서술한다. 그중에서도 선거 개입이 하이브리드전의 핵심으로 보고, 이것이 남의 나라 이야기가 아닌 대한민국의 현실이라고 언급한다. 지금 한국은 대통령조차도 선거인단 명부를 보지 못하는 상황이다.

세계선거기관협의회 A-WEB(Association of World Election Bodies, 이하 A-WEB)은 이름상 국제기구 같은 느낌을 준다. A-WEB 본사 사무실이

있는 인천 송도를 명실상부 국제도시로 만든다는 마케팅 전략 속에서 A-WEB 역시 국제기구라는 식의 홍보를 해왔다. 하지만 A-WEB은 국제기구가 아니다. 국제기구는 조약을 통해 맺어지는 것이다. 조약은 만들어지기도 어렵지만 철저한 감시와 관찰을 받는다. 굳이 맞춰 표현한다면 국제민간기구다.

1948년 유엔총회에서 세계인권선언문이 발표되었다. 선언은 조약이 아니기에 비준을 하지 않지만 UN은 세계인권선언을 조약으로 만들었다. 이 조약은 먹고사는 문제 해결을 위한 사회권이라 불리는 A규약(경제적·사회적 및 문화적 권리에 대한 국제규약: ICESCR)과 정치적인 자유 보장을 위한 자유권이라 불리는 B규약으로 나누어진다. B규약(시민적·정치적 권리에 관한 국제규약: ICCPR)의 대표적인 것이 바로 선거권이다. 하지만 UN은 가입국 중 북한이나 중국과 같은 나라에게는 B규약에 대한 엄격한 적용을 요청하지 않는다. 공산주의 국가가 UN에 가입할 때 경제적 문제 해결을 우선시하여 B규약을 강력하게 적용하지 않은 것이다.

경제 성장을 이룬 한국은 ODA 방식으로 국제 개발 협력을 하고 있다. ODA는 A규약을 돕는 원조로, 정치적 자유는 조금 유보하더라도 식량권(Right to Food)을 포함한 건강한 삶을 영위할 권리를 확보할 수 있도록 지원해 주는 것이다.

그런데 A-WEB은 ODA 기구가 아님에도 불구하고 ODA 틀을 이용해서 B규약과 관련된 일을 하는 기구이다. 놀라운 사실은 조약 기구도 아닌 일개 사단법인 A-WEB을 국제기구처럼 꾸며서 우리나라 국회를 속여 ODA 방식을 이용해 전 세계 나라의 선거를 돕겠다는 명분으로

법을 제정하게 했다는 것이다. 조약 기구란 조약에 가입한 회원국이 분담금을 내고 운영하는 것인데, A-WEB은 90% 이상의 분담금을 한국이 지급한다. ODA 기구인 것처럼 속여서 법을 통과시켜 세금으로 분담금을 지급하게 한 것이다.

현재 한국에 '세계선거기관협의회 지원에 관한 법률'이 존재하는 것을 보면 국가 세금으로 전폭적 지원을 한다는 것을 알 수 있다. 이 법안은 당시 새누리당 소속 김태환 의원이 발의했다. 그는 5선 의원 김윤환의 친동생이자 역시 국회의원 아버지를 둔 경북 선산 구미 정치 명가의 보수 인사이다. 김태환 의원이 발의하여 제정된 '세계선거기관협의회 지원에 관한 법률'은 A-WEB을 마치 국가기구인 것처럼 만들어주었다. 이에 따라 국가 소유인 중앙선관위 연수원 땅을 A-WEB이 쓰게 된 것이다. 즉 국가 소유의 땅에 일개 사단법인 A-WEB이 전시관과 숙소를 지었던 것이다.

현 행	개 정 안
제5조(업무) 협의회는 다음 각 호의 업무를 수행한다. 1. ~ 3. (생 략) <신 설>	제5조(업무) ------------------ ------------------ 1. ~ 3. (현행과 같음) 4. 「국제개발협력기본법」 제2조제1호에 따른 선거분야 국제개발협력 사업
4. (생 략) 제7조(국가와 지방자치단체의 지원) 국가와 지방자치단체는 협의회의 활동과 운영에 필요한 행정적·재정적 지원을 할 수 있다.	5. (현행 제4호와 같음) 제7조(국가와 지방자치단체의 지원) - ------------------협의회의 국제개발협력 사업 및 그 밖의 활동과 운영에---------.

박남춘 의원 등이 발의한 A-WEB 지원법 수정안

ODA를 통해 A규약의 개발 지원을 하는 형태를 가져와서 A-WEB

을 통해 B규약인 선거를 지원하는, 사실상 내정간섭을 하는 것이다. 문제는 B규약의 핵심인 선거권을 인정하지 않는 중국이 이 모든 것을 배후에서 주도한다는 것이다. 중앙선관위는 저개발국의 선거 개표를 전자식으로 할 수 있도록 돕는다는 명분으로 A-WEB을 만들었고, 초창기 미루시스템즈에 전자 투개표기 독점 사업권을 허가했다. 그 후 한국의 전자투표 시스템이 들어간 콩고를 포함한 여러 나라의 선거에서 부정선거가 발각되었다.

국민에게 투표권을 주지 않는 중국이 A-WEB을 통해서 마치 A규약의 국제 개발을 돕는 형식처럼 중앙선관위를 움직여 한국 국민의 세금으로 자신들의 일대일로를 개척한 기막힌 상황이 펼쳐진 것이다.

자유선거 봉쇄 프로젝트 일대일로의 대리인 남민우

윤석열 대통령 측 대리인 배진한 변호사는 헌법재판소 변론에서 "불법 선거가 사실은 중국과 크게 관련이 있다고 생각합니다."라고 말했다. 대통령 측 대리인으로서 명백한 증거 없이 언급할 수 있는 말이 아니다. 배진한 변호사는 이어서 "한국 전자투표 투개표기를 수입한 중국의 육·해상 일대일로 대상 국가

지난 2024년 12월 16일 탄핵 심판 2차 변론기일에서 발언하는 배진한 변호사 (출처: SBS 유튜브 갈무리)

들이 키르기스스탄, 콩고, 볼리비아, 남아공, 벨라루스, 이라크, 미얀

마, 모잠비크, 엘살바도르, 피지, 에콰도르, 필리핀, 이것보다 더 많습니다."라고 설명했다. 대통령 측 변호사가 한국 전자투표라는 회사를 언급했다는 사실에 주목할 필요가 있다.

A-WEB과 중앙선관위가 전 세계를 상대로 저지른 부정선거 만행에는 남민우의 한국전자투표서비스가 있다. 한국전자투표서비스는 전자투개표 장비를 개발하는 사기업이다. 그런데 회사의 이름이 마치 국영기업인 듯 한국전자투표서비스이고 영어 이름조차 'K-evoting'으로 마치 한국을 대표하는 것처럼 보인다. 한국을 대표하는 기업처럼 보이는 사기업 한국전자투표서비스가 중국의 일대일로 국가들에 부정선거 시스템을 수출한 것이다.

한국의 전자투표 서비스는 사실상 핸디소프트가 그 시초다. 핸디소프트는 1988년 서울 올림픽 전산을 관리했던 카이스트 출신의 전산 전문가 안영경이 1991년에 창립한 회사이다. 1999년 코스닥에 상장할 무렵 우체국 그룹웨어를 도맡아 관리하기 시작했다. 1999년은 정부 공공기관의 기록물 관리에 관한 법률 시행령이 시행되면서 정부의 모든 기록물이 전산화되는 때로, 기초자치단체들까지 의무적으로 모든 것을 전산화하기 시작했는데 이때 핸디소프트가 큰 역할을 했다. 2009년에는 국방기술품질원, 청와대, 대통령 관리 기록, 대법원까지 전산 시스템을 수주를 따내며 중요한 기업으로 성장하고 있었다.

그런데 2009년경 핸디소프트 안영경 대표가 오리엔탈리소스(동양홀딩스)라는 곳에 지분을 양도했고, 이 과정에서 실질적 사주가 된 이상필은 회사 자금으로 몽골 구리광산에 투자했다. 결국 핸디소프트는 2010년 코스닥에서 상장 폐지되었다. 그 직후인 2011년 다산이 핸디소프트를 인수했고, 2018년 다산의 자회사인 한국 전자투표 서비스 계열사로 편입되었다. 지금의 한국전자투표서비스가 독점적으로 선관위와 손을 잡고 A-WEB을 통해 중국이 지정하는 나라에 들어가서 부정선거를 자행하고 있다.

중국 일대일로는 한마디로 자유선거 봉쇄 프로젝트이다. 중국이 남민우의 다산그룹을 통해 핸디소프트를 상장폐지 시킨 후 이를 사들여 한국전자투표서비스를 만들었다. 그 후 K-evoting이라는 이름으로 A-WEB을 통해 부정선거 시스템을 개발도상국 국가들에 제공하고 있다. 한국 세금을 붓고 있는 민간 사단법인 A-WEB 플랫폼을 이용해 전 세계를 상대로 자유선거 파괴전쟁을 벌여온 것은 명백한 사실이다. 윤석열 대통령은 이를 고전적 전쟁이 아닌 새로운 방식의 하이브리드 전술로 보고 계엄을 통해 대응하려 했던 것으로 확인된다.

사실상 승리한 윤석열 대통령의 계엄

지금 대통령이 구속까지 되는 엄청난 혼돈의 원인은 부정선거에 있다. 엄밀히 말하면 2022년 대통령 선거에서 반국가 세력이 부정선거에 실패한 것이 지금 일어나고 있는 모든 사태의 핵심적인 이유이다. 당시 대규모의 부정선거가 있었지만 0.7% 차이로 윤석열 대통령이 당선되었다. 이재명이 당선되었다면 국회 200석을 장악하여 절대 권력을 가졌을 것이다. 플랜 A에 실패한 저들은 이재명을 국회의원에 당선시키고 당 대표에 앉혀 다시 대선후보로 만들어서 부정선거를 통해 재도전시키는 플랜

B는 일면 성공한 것처럼 보인다. 2024년 총선에서 부정선거를 성공시킨 후 줄 탄핵을 통해 윤석열 대통령의 권력을 완전히 꺾고 계엄까지 계산했을 것으로 보인다. 문제는 윤석열 대통령이 저들의 가장 치명적 약점인 부정선거를 찔러버린 것이다. 이렇게 저들의 플랜 B가 흔들리고 있다. 사실상 윤석열 대통령의 계엄은 부정선거 문제를 더 이상 덮을 수 없게 전면화시켰다는 측면에서 성공한 것이다.

미국 정당 변천사에서 보는 부정선거 척결의 방향

격월간 「뉴 패러다임」(NP) 2024년 5-6월호

영상: 〈부정선거 척결하고 자유민주주의 건국 완성할 정통 정당 선언〉

편집자주 대내외적으로 국가적 전환기를 앞둔 이 시대 한국이 처한 상황을 냉정히 파악하고 지혜를 모으고자 〈전환기의 세계보기〉 "부정선거 척결하고 자유민주주의 건국 완성할 정통 정당 선언"(2024.02.29.) 방송을 녹취 정리한 「뉴 패러다임」(NP)의 기사를 수록한다.

미국 정당의 등장 배경

미국이 1789년 헌법을 제정하고 공식적인 연방국이 탄생되었을 당시 정당의 개념은 약했다. 미국의 건국 대통령 조지 워싱턴은 정당을 배경으로 탄생하지 않았던 것으로 이를 알 수 있다. 이승만 대통령도 마찬가지이다. 이승만 대통령의 배경에 자유당이 있었지만, 정당에서 배출된 대통령이 아니다. 초기 미국에서 정당의 역할이 다소 작았으나,

미국의 2대 대통령 존 애덤스부터 일종의 정파, 즉 정당이 본격적으로 역할을 하기 시작했다. 당시 연방파(Federalists)는 신생국 미국의 연방 시스템을 확고하게 하는 것에 관심을 두었고, 공화파(Republicans)는 각 주들이 주 단위로 하나의 정치공동체적인 성격을 갖는 것에 더 관심을 두었다.

공화파로서 민주공화당(Democratic Republican Party) 소속으로 당선됐던 미국 3대 토머스 제퍼슨 대통령은 현대의 미국 민주당과 공화당 모두의 설립자로 인식되기도 한다. 제퍼슨의 민주공화당이 현재 미국의 민주당과 공화당의 원류라고 할 수도 있다. 2대 존 애덤스 대통령때부터 미국 정치에서 본격적으로 정당의 성격이 드러나기 시작했다면, 3대 토머스 제퍼슨 때 비로소 정당이라는 개념이 정착했다고 볼 수 있다.

강력한 노예 해방 요구로 등장한 공화당

1828년 앤드류 잭슨이 미국의 7대 대통령으로 당선된다. 잭슨은 대통령 취임 후 선거인단 제도 폐지 제안 등, 2대 애덤스부터 이어져 온 기존의 엘리트 중심 정치보다 일반 국민을 더 중요시하는 정책을 폈다. 이런 잭슨에 찬성하는 사람들은 민주당으로, 반대하는 사람들은 휘그당으로 갈라지게 된다. 휘그당은 이미 2대 애덤스 대통령을 배출한 이력이 있으나 1854년 공화당의 등장과 함께 사실상 역사에서 사라지게 된다. 공화당에 흡수된 것이나 마찬가지다. 휘그당이 사라지게 된 배경에는 미국 정당사에서 중요한 사건인 1854년 오늘날 공화당의 등장이 있다.

먼저 1820년 미국에서 체결된 미주리 타협(Missouri Compromise)을 주목할 필요가 있다. 미국은 13개 주로 시작해 새로운 주들이 하나씩 들어오는 형식으로 확장되었고, 연방이 확장될 때 가장 중요한 이슈는 노예 문제였다. 미주리 타협은 미주리주의 연방 가입을 두고 북부의 '자유주'와 남부의 '노예주' 간의 타협을 말하는 것으로, 노예주였던 미주리주의 연방 가입을 인정하는 대신 북위 36도 30분 이북의 영토에 신설되는 주에 대해서는 노예를 금지하기로 한 것이다. 다시 말해 노예주의 확산을 막기 위한 타협이었다.

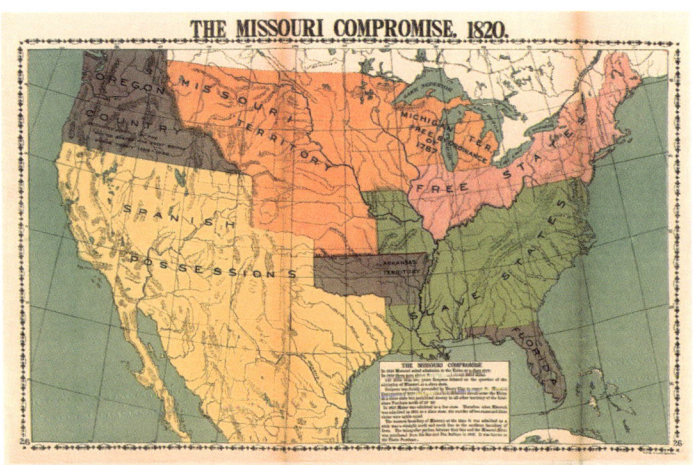

미주리 타협을 나타내는 지도

미국은 이처럼 시작 단계부터 노예 이슈가 문제가 되었다. 이미 1776년 독립선언서에서 천부인권을 선언한 미국이 흑인 노예에 대해서는 한 사람의 온전한 인간으로 보지 않았다. 흑인 노예들은 5분의 3의 권리만 인정되었고 이 권리도 노예의 주인이 대표하도록 했다. 노예가 많은 노예주들은 그만큼의 투표권을 더 가질 수 있었다.

미주리 타협은 1854년 캔자스-네브래스카 법(Kansas-Nebraska Act)으로 인해 무효가 된다. 이 법은 이름대로 캔자스 네브래스카 준주(準州)를 창설해 새로 토지를 개방하는 법으로서 토지 개척자들이 노예주로 할지 자유주로 할지 직접 결정할 수 있도록 규정했다. 노예를 반대했던 북쪽에도 노예주가 탄생할 수 있게 되면서 사실상 노예주 신설을 금지했던 미주리 타협이 의미가 없게 된 것이다. 이로써 미국은 노예 해방 문제를 두고 본격적인 갈등을 벌이게 된다.

미국 공화당의 아버지를 링컨으로 보는 것은, 링컨이라는 미국의 상징적인 대통령이 공화당을 배경으로 했기 때문이다. 그러나 공화당을 링컨이 시작했다고 볼 수는 없다. 공화당의 시작은 공화당의 창립자 중 한 사람으로 알려진 앨번 보베이(Alvan E. Bovay)가 주도한 작은 마을의 한 교회에서 열린 집회였다.

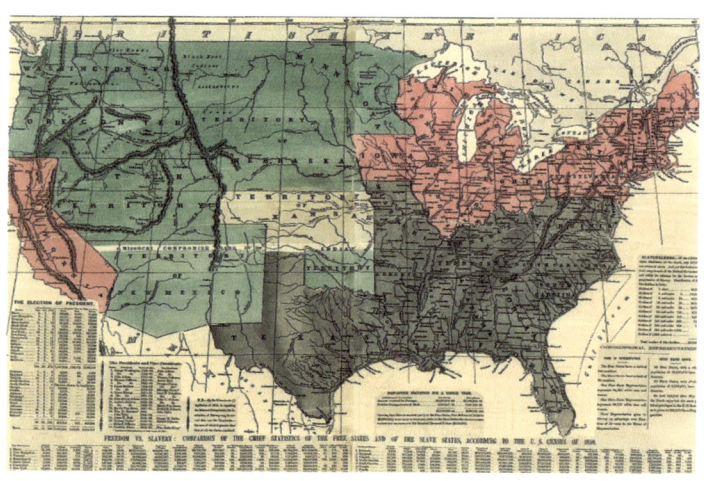

1856년 당시 미국 지도: 노예주(회색), 자유주(적색), 미국속령(녹색), 캔자스(정중앙, 회색)

메이플라워호를 타고 미 대륙으로 넘어왔던 필그림들의 정착지인 보스턴과는 달리 제임스타운 등 영국 직할 식민지였던 곳에는 노예가 존재했고 이것이 남부 노예제의 바탕이 된 것이나 다름없다. 당시에는 노예가 20명 정도였지만 150여 년이 지난 독립전쟁 때에는 50만 명, 남북 해방기에는 600만 명까지 늘어나게 된다. 소위 노예제 세력은 헌법 제정 의회에서 흑인 노예들의 '5분의 3 투표권'을 인정하지 않으면 탈퇴하겠다고 겁박하여 미국 헌법은 어느 정도 노예제를 인정하는 헌법이 되었다. 노예제 세력은 여기서 그치지 않고 노예제를 반대하던 북부에 압력을 넣으며 결국 북부도 노예제를 타협하는 수순을 밟게 된다.

캔자스-네브래스카 법으로 인해 소란스러웠던 1854년 2월 28일, 중서부 개척지 변방인 현 위스콘신의 리폰(Ripon)이란 지역의 한 교회에서 집회가 열렸다. 이 집회에서 앨번 보베이는 "노예제도 확장을 분쇄할 수 있는 유일한 소망은 오래된 당들을 없애고 새로운 이름 아래 하나로 모이는 것"이라 말했다. 이 주장은 당시 매우 큰 호응을 얻게 된다. 이런 열기가 지속되어 한 달 뒤인 3월 20일에 작은 학교 건물에서 열린 공개회의에도 많은 사람들이 모였고 자유토지당의 당원들과 휘그당의 당원들이 이때 공화당의 당원이 되면서 공화당이 처음 등장하게 되었다. 이처럼 공화당은 강력한 노예 해방 요구로부터 시작되었다.

물론 남부와 북부의 대립에는 노예 이슈뿐만 아니라 경제적인 이유도 있었다. 당시 미국은 소득세나 재산세가 없어 수출입 관세에서 대부분의 연방 수입을 채웠다. 초대 재무장관 해밀턴의 제조업 중심 성장전략으로 북부가 투자를 많이 받는 데 비해, 면화나 담배와 같은 농작물을 수출하던 남부는 수출 관세와 더불어 자신들이 수입하는 것에도 관세가 붙는 상황에 대해 불만을 갖기 시작했다. 이런 경제적인 이슈들을 제하더라도 노예 해방 문제는 가장 큰 문제였다. 결국 5분의 3의 권리를 가진 인간이 있느냐 없느냐의 문제가 종교(기독교)의 문제를 떠나 대두되면서 마침내 수정헌법 13, 14, 15조를 통해 흑인들도 온전한 사람의 권리를 인정받게 된다.

노예 해방 침묵으로 역사에서 사라진 휘그당

휘그당은 공화당의 등장과 함께 역사에서 사라지게 되었다. 현대 미국의 형성에 있어 가장 중요한 쟁점이었던 노예 해방에 대해 확실한 입장을 내지 못했기 때문이다. "미국 헌법과 연방에 대한 변함없는 애착 (reverence for the Constitution, and unalterable attachment to the National Union)"이라는 정체성을 주장했던 휘그당은 노예 해방 문제에 미지근할 수밖에 없었고 이 과정에서 북부 휘그당의 대개는 공화당에 합류하게 된다.

남북전쟁을 시작으로 노예 해방을 이룬 링컨조차 노예 해방 문제를 미지근하게 다룬다는 소리를 들었다. 태어난 지 100년이 채 되지 않은 신생 연방국의 유지와 연방 시스템 운영에 대한 문제도 다뤘어야 했기에 링컨은 노예 해방에만 집중할 수 없었다. 남북전쟁 당시인 1863년 11월 19일 있었던 게티스버그 연설에서 링컨은 다음과 같이 말한다.

> 우리 선조들은 87년 전 자유 속에 잉태되고 모든 인간은 평등하게 창조되었다는 전제에 헌신된 한 새로운 나라를 이 대륙에 건설했습니다. 우리는 큰 내전 상황에

처해 있으며 우리 선조들이 세운 나라가 과연 이 지상에 오래도록 존재할 수 있는지를 시험하고 있습니다.

Four score and seven years ago our fathers brought forth on this continent a new nation, conceived in liberty, and dedicated to the proposition that all men are created equal. Now we are engaged in a great civil war, testing whether that nation, or any nation, so conceived and so dedicated, can long endure.

이처럼 노예 해방 문제와 함께 연방의 틀을 유지하는 것이 링컨에게는 같은 비중의 문제였다. 그렇기에 링컨은 연방의 시스템을 포기하지 않는 노예 해방 방법은 무엇인가 또는 이 거대한 두 문제 중 하나를 선택해야 한다면 무엇을 선택해야 할 것인가를 진중하게 고민한 것이다. 연방 시스템을 유지하려면 미국 건국 세력이자 강력한 기독교 세력인 남부를 끌어안을 수밖에 없었다. 링컨이 연방 시스템에 더 무게를 두었다면 남북전쟁은 일어나지 않았을 것이다. 그러나 역사는 남북전쟁으로 흘러갔다. 당시 전쟁 가능한 남성 10%가 죽었다는 말이 있을 정도로 매우 큰 내전이었던 남북전쟁이라는 희생을 치른 후 노예 해방을 강력하게 요구했던 공화당은 미국에서 정통 정당이 되었다. 그리고 미국의 문제를 넘어 인류사적인 문제였던 노예 해방에 대하여 침묵했던 미국의 휘그당은 결국 역사에서 조용히 사라지게 되었다.

부정선거 침묵하는 국민의힘의 어두운 앞날

정치 영역에서 역사가 있는 정당은 매우 중요하다. 특히 대통령을 배출한 정당은 더욱 그러하다. 그런 의미에서 국민의힘과 더불어민주당이 다른 군소정당과 같은 수준으로 인식될 수 없다. 한국의 경우도 마찬가지지만 미국의 경우 당적이 없이 무소속으로 정치를 하는 경우는 매우 드물다. 버니 샌더스가 잠시 무소속으로 상원의원이 됐으나 그는 결국 민주당이었다.

현대 민주주의 정치에서 정당이라는 개념은 매우 중요하기에 무소속 국회의원이 어떠한 역할을 하기는 사실상 어렵다. 그렇기에 역사가 있는 공당이 매우 중요한 것인데 한국의 공당인 국민의힘과 더불어민주당이 휘그당과 같이 역사적으로 굉장히 심각한 문제에 대하여 답을 하지 않거나 오히려 동조하는 범죄자가 되는 형국이라면 역사 속으로 사라질 수밖에 없다. 특히 자유민주주의를 이념으로 한다는 국민의힘이 인류사적 문제인 부정선거에 침묵하고 동조하는 것은 휘그당의 노예제 침묵과 같은 수준이다. 현재 정치 영역에서의 근본적인 균열선은 두말할 것 없이 부정선거 문제다.

북한의 노예 해방과 직결된 선거부정 문제

작금의 한국 선거부정 문제는 어느 정치인이나 정당이 정치적 이익을 목적으로 하여 한두 석을 더 얻으려는 문제를 넘어선 것이다. 한 사람의 수령을 위하여 모든 권리를 포기하고 노예와 같은 삶을 살고 있는 북한 동포들에게 온전한 인권을 찾아주는 것은 노예 해방만큼이나 중요한 문제이다. 5분의 3의 인간이었던 과거의 흑인 노예들보다 더 심각한 인권적 위기를 맞은 북한 주민들을 천부인권이 부여된 자유민으로 만드는 길에서 가장 중요한 것은 대한민국의 자유민주주의와 자유선거를 지키는 문제이다. 선거부정 문제는 명백히 악성 공산주의와 관련된 외세 혹은 안보 문제이며 대한민국을 쥐고 흔들려는 국가 전복 세력의 문제다.

우파의 고명한 오피니언 리더들이 부정선거를 인식하지 못하는 이유는 공산주의를 피상적으로 인식하고 있기 때문이다. 중국공산당, 북한 노동당 입장에서 대한민국은 위협적인 자유 국가이고, 자유민주주의에 상처 내기 가장 손쉬운 방법은 선거를 손대는 일이다. 선거에 중국이 개입됐다는 것은 로이킴이 선관위 데이터에서 발견한 암호문자, [follow_the_party]를 통해 이미 드러난 사실이다. 당을 따르라는 중국공산당의 구호가 암호문자로 나타난 것에 대하여 의심하는 사람들이 여전히 많겠으나, 정보통신기술을 조금이라도 아는 사람들은 로이킴의 해설을 이해할 수 있다. [follow_the_party]는 명백히 중국의 개입을 나타내는 증거다.

2020년 4·15총선에서의 부정은 253개 지역구 전체를 대상으로 한 대대적인 범죄이며 사전투표에서 대부분의 조작이 있었다. 물론 당일투표에서도 조정이 있었으나 사전투표에 비해 전산적 개입은 미미했다.

투표지를 보전하고 법원에서 재검표를 실시한다면 당락에는 변동이 없을 것이나 이상한 투표지들이 쏟아져 나올 것이라 주장한 이유이다.

선관위의 전산 데이터와 현실 실물표의 수에 차이가 있을 것이고 이는 재검에서 치명적인 증거가 되기 때문에 전산 데이터와 실물표의 수를 맞추기 위해서 투표지를 새로 제작하여 투입했을 것이라 예측한 것이다. 그리고 투표지를 제작하는 과정에서 급하게 인쇄할 수밖에 없기에 인쇄 상태가 엉망인 투표지가 나올 것을 예상한 것이다.

실제로 2021년 6월 28일 민경욱 전 의원 선거구 총선 재검표 현장에서 배춧잎투표지와 같은 이상 투표지가 대거 발견되었다. 『해커의 지문』과 『해커의 지문 발견기』를 통해 이미 부정선거 메커니즘에 대한 설명을 상세히 했다. 대한민국이 겪는 선거부정 문제는 중국과 북한이 자신들의 체제를 위협하지 않을 세력을 유지하기 위해서 벌인 일종의 전쟁 전략이었다.

필연적인 새로운 정당의 등장

결국 근본적인 균열선은 부정선거에 있다. 1854년의 노예 해방을 이끌어 낸 공화당의 등장처럼 2024년 부정선거 척결을 이끌 새로운 정당의 등장은 매우 필연적이다. 공화당이 등장하고 10년이 되지 않아 남북전쟁이 발발했다. 이런 수준의 심각한 위험이 있을 수 있다 하더라도, 아직도 해방되지 않은 노예와 같은 삶을 사는 북한 주민들을 그대로 방치할 것인가? 북한의 해방을 방치할 것인가? 역사는 남북전쟁을 통해 노예 해방으로 흘러갔다. 이런 심각한 역사적 대전환은 우리의 선택이 아닌 하늘의 선택이다. 북한 해방은 이미 역사를 통해 증명되었듯

정해진 순서다.

휘그당은 교회와 연방을 지키기 위한다는 핑계로 노예 문제에 침묵했다. 결국 휘그당은 20여 년 명맥을 유지하다 해산되었다. 선거부정 문제에 침묵하는 국민의힘도 결국 휘그당처럼 역사의 뒤안길로 사라질 것이다. 국민의힘을 대체할 자유민주주의 정통 정당이 등장할 것을 기대한다.

100개의 퍼즐로
이해하는
해커의 지문
follow_the_party

발행 2025년 12월 1일 초판 1쇄 발행
저자 김미영
펴낸이 김미영
펴낸곳 도서출판 세이지
디자인 김현진
등록 제321-504200800007호
주소 서울특별시 종로구 새문안로5가길 28(광화문플래티넘) 603호
전화 02-733-2939
전자우편 unifica@naver.com

ⓒ 김미영, 2025

ISBN 979-11-980643-4-9(03000)
책값 24,000원

이 책의 저작권은 도서출판 세이지에 있으므로 무단전재를 금합니다.